本书得到江苏省高校"青蓝工程"优秀青年骨干教师培养对象项目出版资助

政治诠释学视域中的
公正问题研究

亓 光／著

人民出版社

序

亓光的新著《政治诠释学视域中的公正问题研究》一书付梓之际,请我作序,欣然允之。

一

众所周知,政治哲学总是以其哲学的超验性观察来透析社会政治现象,并在适应社会现实的需要中不断地"与时俱进"。20 世纪的政治哲学研究,诠释学(解释学)的转向引人注目。德沃金在《为了刺猬的正义》一书中就这样指出"在很大程度上,漫长的哲学史就是概念解释的历史。哲学家一方面在自觉而专业地解释他们所研究的概念,另一方面则帮助了被解释概念的创新"。[①] 在这一过程中,很多政治哲学家不再尝试对正义原则或者康德主义的行为规范进行评价,通过形式合理性的追诉而力图研判人类行为的特征与理性选择的客观程序,而是越来越重视理解公正问题。所谓理解公正问题,是指如果一个社会意图考量它的社会与政治原则——公正原则,那么唯一可靠的方法只有阐明这个社会的美好诉求与实践及其在历史与传统中的意义。由此便存在一个概念框架与话语解释的问题,前者是基础的、隐性的,后者是复杂的、显性的。在大家较为熟悉的理论模式中,后者占据了多数。美国政治哲学

---

① Ronald Dworkin. *Justice for Hedgehogs*, Cambridge, Massachusetts: The Belknap Press of Harvard University Press, 2011. p.157.

家沃尔泽解释自己的分配正义原则为复合平等理论。麦金太尔专门从正义与实践理性二者的历史差异性，以此来解释两种观念的差别。而罗尔斯的正义理论业已被证明是基于盎格鲁-美利坚传统中关于自由与平等的道德人的观念的。正是在这些观点的背后，都存在着不同公正概念框架的理解问题，进而建构了不同话语体系。它们是概念框架与话语解释的综合体。在我国的公正研究中，人们依然更多地关注于社会公正、分配正义甚至生产正义的"实质内容"，或者机械地将语境论吸纳进来，但却未能真正面向理解公正的一般理念，即不论是历史解释还是社会解释，仍然需要有一个政治哲学的解释。如果我们真正投身于这场诠释学转向中，如何对评价其社会意义，如何在平等的完备评价解释间的争论中作一个公道的第三人？假如无法认同某一种合理的公正解释，究竟如何进入这种解释的历史与传统、社会与实践的语境之中？倘若要探索自己的公正话语体系，又应该有怎样的"先入之见"？进而言之，诠释学转向在理解公正乃至政治哲学的发展中究竟将产生何种作用，它是充满希望的，还是已然走向没落了？

　　然而，只要诠释学路径在政治哲学中特别是在公正这样的本质存疑概念的解释中确立起来，那么，其自然就要面对解释冲突的问题。尽管古往今来人们大多认为良政、正义、法治、和谐、稳定等是一个国家的"公器"，社会利益、需求、实践与传统的制度建构是维系这些公器的基石。但是不同的政治主体对于如何理解这些公器、怎样评价相关制度建构的价值始终争讼不止。对于此种现象，既应当从本质上加以认识，也应当从现象上施以剖析。关于前者，马克思天才地指出要超越形而上学的思维框子，"当我们通过思维来考察自然界或人类历史或我们自己的精神活动的时候，首先呈现在我们眼前的，是一幅由种种联系和相互作用无穷无尽地交织起来的画面，其中没有任何东西是不动的和不变的，而是一切都在运动、变化、生成和消逝。所以，我们首先看到的是总画面，其中各个细节还或多或少地隐藏在背景中，我们注意得更多的是运动、转变和联系，而不是注意什么东西在运动、转变和联系。"①关于后者，人们已经意识到在那些孤立的概念解释之间，如何超越个别的或分别的考察，从固

---

① 《马克思恩格斯文集》第 3 卷，人民出版社 2009 年版，第 538 页。

定的、僵硬的与一成不变的研究对象中抽身而出,而进入解释的变动之流中,是一项艰巨的任务。对于公正而言,在同样都是致力于达成某种共识的不同解释路径、方式与结果之间,的确需要一种更能够反应公正作为一个本质存疑政治概念所需要的适当的理解行动与实践。

正因为如此,政治哲学的诠释学转向才明确提出并奠定了解释多元主义的新传统。因此,认同、共识不仅仅是现实政治的实践,更为主要的是对政治理论与政治哲学的挑战;不仅仅是对某个问题或价值的认同与共识,更为主要的是对于认同与共识本身的反思。对于理解公正问题而言,这种解释多元主义意味着与之相关的理论不再需要卷入对唯一的正义原则的宣誓性争论中,而是更加积极地推进这种争论。只有更好地面对既存的争论,才谈得上推进。在我看来,公正问题的诠释学路径可能产生的最大影响就在于其核心诉求是一种诠释性沟通的观念,是一种理解的品质。正如亚里士多德所言,"'理解'这个词,即我们说某个人善于理解时所指的那种品质,其实就是从学习上的理解品质那里引申出来的。"①在这个意义上,假如一种公正理论可被称为是诠释性的话,那么其必定会意识到诸多理论的片面性以及因之将必然存在的可替代解释的肯定性。为此,必然需要一种实现它的理论。

从很大程度上,直面上述问题并提出一种理论的设计,正是本书所欲实现的学术价值与理论抱负。

二

那么,解决"理解公正问题就意味着为诸多不同的公正解释寻找共识之道"。在这里,前人的一些研究值得关注。

美国学者泰勒和沃尔泽较早提出"简单调适模式",试图以此在差异性的公正解释之间找到一种机制性的解决方法,以如实呈现所有的差异性公正解释。沃尔泽在《正义诸领域》一书中就提出:"如果一个社会是以某种特定方

---

① [古希腊]亚里士多德:《尼各马克伦理学》,廖申白译注,商务印书馆 2009 年版,第200页。

式——也就是说,以一种忠实于成员们共享知识的方式过实质生活的,那么,这个社会就是公正的。(当人们对社会诸善的意义有歧义时,当人们的认识相互矛盾时,正义要求社会忠实于这些歧义,为它们的表达)宣判机制和替代性分配提供制度渠道。)"①不过,他们对此没有进行具体的论述,而且也没能说明人们在社会传统与个人诸善与行为方面无法达成共识的情况下怎样才是忠于歧义以及如何才能建立与之相应的制度渠道。更为重要的是,他们忽视了意识形态层面的分歧,而这对于理解公正而言是一种基础性的偏见,无法避免。

在此基础上,另一位美国学者麦金太尔提出,"简单调适模式"是一种典型的自由式个人主义话语体系的产物。在这个话语体系中,真理性是调适分歧解释的基本假设。正是在这里,麦金太尔认为,只有抛弃真理性假设,才能真正实现分歧解释的调适。在这个基础上,建立在诠释学路径中的辩护性沟通才是有效的调适模式。之所以沟通本身重于真理性,根本原因在于评价某个人的公正解释就要允许对自己的解释加以修正和重构。由此,麦金太尔提出,"简单调适模式"应该被"诠释性沟通"所取代。而诠释性沟通是一种面向自我修正与重构的理解方式。

诠释性沟通的提出得到了很多学者的赞同。但是,他们认为麦金太尔的认识需要进一步被丰富。特别是哈贝马斯和罗蒂提出并运用了一种非限定性交往的理想类型,并将其应用在"诠释性沟通"上,这就使其变得越发理性化与创造性了。正如哈贝马斯所言,"无论语言世界观在元历史层面上的变化被认为是存在、延异、权力或是想象,无论它是被赋予神秘的拯救内涵、审美震惊、造物主的痛苦,还是被赋予创造性的迷狂,所有这些概念都有一个共同之处,那就是:语言建构视域的创造性与一种内在世界的实践结果彻底脱离了开来,而这种内在世界的实践在语言系统中已经预先被规定了下来。"②这就意味着,解决公正理解问题不能追求一种"最终结果",而是要将解释分歧看作是诠释性沟通自身的有机组成部分。

---

① [美]迈克尔·沃尔泽:《正义诸领域》,褚松燕译,译林出版社 2002 年版,第 418 页。
② [德]哈贝马斯:《现代性哲学话语》,曹卫东译,译出版社 2011 年版,第 371 页。

时至今日,诠释性沟通的理论框架依然是多元主义解释模式下分析公正等本质存疑概念的重要途径。其基本要求包括两个方面:"第一,假定对社会过程的自我解释性讨论是建于一个公平性与独立性基础之上,那么只要可能,这些安排就应该影响到社会中关于共享的诸善、历史传统与政治说服的差异性理解;第二,这些代表性不可能存在之处以及任何行动要求排除一些解释之情况下我们需要同时去理解这种排他性以及变化的可能性。"①

不难发现,从知识谱系学的角度,上述理论正是本书的理论背景与逻辑起点。

三

明确了问题对象、学术使命与理论方位,在充分吸收了前人的研究成果并批判性借鉴的基础上,本书提出了自己的论点并对其进行了较为充分的论证。总体而言,本书的研究具有三个鲜明的特点。

第一,资料翔实,逻辑缜密。作者阅读了大量相关研究成果,从古今中外浩如烟海的公正理论入手,尝试运用政治诠释学的认识路径理解公正这个重大问题,显然极具挑战性。毋庸置疑,这是一项基础性工作。之所以称为"基础性",不仅是因为研究本身的基础性,而且是因为即便是在诠释性政治哲学中,也属于概念框架研究的基础性范围。只有在此基础上,才会有政治诠释学与理解公正的关系问题,才可能将历史解释与社会意义加以重估,进而才有理解公正的讨论。这种结构安排看似平淡,却并不容易掌控得当。正如马克思在《资本论》第二版跋中所言,"在形式上,叙述方法必须与研究方法不同。研究必须充分地占有材料,分析它的各种发展形式,探寻这些形式的内在联系。只有这项工作完成之以后,现实的运动才能适当地叙述出来。这点一旦做到,材料的生命一旦在观念上反映出来,呈现我们面前的就好像是一个先验的结构了。"②

---

① Georgia Wornke.*Justice and Interpretation*,Cambridge,UK:Polity Press,1992.pp.161-162.
② 《马克思恩格斯文集》第 5 卷,人民出版社 2009 年版,第 21—22 页。

　　第二，立意新颖，破立兼顾。应该指出的是，从知识论路径探讨政治哲学（政治理论），对于提高理解政治价值才具有开拓性意义。人们已经习惯于在伦理学的话语框架中讨论"公正"，围绕那些分配、矫正、交换及其建构其上的主体关系的道德原则进行评价与争论，但是解释作为这些原则基础的概念却依然被称为"旁门左道"。我认为，诠释学转向破解的就是独断性的解释思维，在这里，细致研究概念解释的合理性和有效性，不仅十分恰当，而且非常重要，应当予以高度重视。客观而言，本书涉及诠释学与公正这样两个重大问题，研究难度可见一斑。将诠释学与理解公正恰如其分地"纠缠"在一起，既需要理论支撑，又需要分析技艺。政治诠释学的提出就极具勇气并十分关键。作者没有从既存的解释性政治理论模式中选择一二加以应用或重塑，而是借用伽达默尔的命题，使之重构一种框架性认识路径。并在此基础上，使得重新梳理公正概念史成为可能。特别是在公正观念与要素的阐释中，展现了政治诠释学的优势，体现了理论的深度与分析的充分性。

　　第三，论述严谨，观点明确。解决理解公正问题，需要立足于前人的分析模型，提出更为有效的解释框架，这就是政治诠释学必须首先建构与阐明的理由。只有解决了政治诠释学从理论本质、认识路径到方法工具不同层面与理解公正之间的相关性之后，"死的"政治诠释学才能进入"活的"公正解释过程中进而总揽理解公正的问题。由此，才有了从历史维度、概念维度与共识维度的理论建构，证明了公正话语分析的必要性。通览本书，不难发现，这一逻辑通过作者的详细论证得到了较好的体现，在各个部分的核心观点与不同部分核心论点的衔接上，做到了丝丝入扣，很好地将一个复杂问题化解为若干简单问题，进而还维持了问题本身的复杂性。

　　与答辩时的博士论文相比，本书在篇章结构上虽未作调整，但是在具体内容的阐述特别是结论的撰写中作者进行了大量的修改与完善，充分体现了该研究论题的可延伸性，即以概念框架的建构为起点，最终完成话语解释的返乡之旅，这也正是作者目前正在研究的内容。

　　我一直主张政治学的青年学者特别是博士研究生应当注重基本理论研究，尤其是政治哲学的研究。这对于政治学的学科、学者、学术的繁荣发展具有战略意义。亓光是我的硕士、博士，在对他的指导与长期的沟通过程中，我发现他是一个心无旁骛、笃爱学术、钟情书海的青年政治学人。在理论研究中，他始终具有饱满的学术热情与端正的科研态度，勤于思考的独特意识，始终跟踪前沿的不懈品格，不甘落伍的精神和勇气。应该说，本书是一部学理性较强的著作，还有许多亟待完善之处，政治诠释学的建构还颇显稚气，公正概念史、观念与要素、共识与话语分析等相关内容的起承转合关系还需要进一步斟酌，语言仍多显晦涩。相信这些问题可以在后续研究中加以完善。

　　一个人选择了学术，也就选择了一种别样的生活。这条路很长。老子说：合抱之木,生于毫末;九层之台,起于垒土;千里之行,始于足下。愿本书的出版成为亓光踏上学术之路新的起点。

　　是为序。

2016 年 2 月 20 日

前　　言

　　本书是一项概念性研究。公正作为重大的理论与实践问题，历来备受社会科学诸领域关注，古今中外相关的研究成果可谓汗牛充栋。但也随之带来了对公正概念的"理解问题"。本书之所以选择对公正概念的理解问题作为研究主题，主要出于三个方面的考虑。

　　其一，拟为当代中国的战略发展目标提供理论支持和理论服务。众所周知，随着改革开放和社会主义现代化建设事业的不断推进，特别是经济社会的飞速发展，中国社会已经进入改革发展的关键期。随着经济体制的变革、社会结构的变动、利益格局的调整、思想观念的变化，社会各阶层间的利益冲突和区域发展的不协调等问题不断显现，城乡居民收入差距逐渐拉大，产业之间、代际之间、中央与地方之间的关系也出现了不同程度的不和谐状态。由上述问题引发了很多公正问题，而如何理解公正、怎样对待不同的公正解释是其中一个重要的基本问题，这就需要从政治哲学的高度进一步研究公正。

　　其二，针对国内理论界对公正的理解存在的问题，试图在认真考察政治哲学研究中既有的理解路径、解释方法与概念界定的基础上，提出并初步建构政治诠释学的解释框架，进而运用政治诠释学的理论和方法，从总体上全方位地审视公正概念的理解问题，并对此进行逻辑的、谱系化和诠释性分析，拓展政治哲学在概念研究问题上的思路，从而为公正理论以及政治哲学的创新与发展贡献绵薄之力。

　　其三，针对国内理论界对公正概念的解释较为任意和泛化的情况，力争在审慎考察公正概念的历史理解的基础上，在政治诠释学的视域中对公正的框架性、多维性、解释性特征进行分析，力图较为清晰地阐释"作为解释性框架概念的公正",并以此为基础,辨析公正与其他主要相关范畴的关系,以便为说明和考量公正提供理论指导。

本书主要运用规范研究的方法,对诠释学的基本内容、政治诠释学的理论谱系、政治诠释学与理解公正的逻辑关系、政治诠释学视域下的公正概念的历史理解、公正具有的概念结构与内涵、在政治概念体系中的地位、理解公正过程中的解释冲突等一些基本理论问题提出自己的一孔之见。

第一,旨在较为系统地介绍诠释学和政治诠释学。理解公正需要新的政治哲学思维,这种思维应立足理解本身。本书认为诠释学不但是关于理解的哲学理论,而且是政治诠释学的基础,由此决定了政治诠释学的本质属性、理论视野、认识结构、基本方法和具体内容。诠释学作为理解的哲学,致力于挖掘和揭示理解与解释的真理。与传统的诠释学不同,当代诠释学具有鲜明的实践哲学特点。在政治生活中,政治实践与相应的政治语言环境息息相关,政治概念具有十分重要而特殊的地位。政治语言的词语集合如果不被重视和认真使用,那么同一领域的政治实践就无法普遍实现,这也正是政治诠释学的萌生之所。在此基础上,阐释了政治诠释学的义界和特征,与此同时,阐明政治诠释学的本质,通过与哲学诠释学、解释的政治学、法学诠释学、"诠释学的伦理学"等相关理论的比较,揭示其特性。认为只有科学地认识政治诠释学,才能正确地理解政治诠释学作为一种理论视域的重要性。与此同时,为了说明政治诠释学是一种具体化的理论视域,本书从政治诠释学的根本任务、核心范畴、基本方法和认识结构四个角度论述了其主要内容,为探究其与研究公正的理解问题之间的关联性提供知识谱系学的准备。

第二,试图建立政治诠释学与理解公正之间的关系。在当代政治哲学中,理解公正的意义和重要性与日俱增,解释公正的视角、途径与方法不断增多。历史地看,不同的解释都是为了更加准确、全面、完备的理解公正。当然,人们之所以界定公正,是因为希望获得最科学的定义;人们在批判前人的同时,总是希图自己的界定能够克服前者(他者)的缺陷。不过,与理解公正相关的所有理论和实践活动都离不开一定的知识论引导。事实上,公正概念的一个定义或解释体系,其影响力和生命力不仅仅由其时代性、阶级性或系统性所决定,还与其问题视域的选择是否准确、理解过程的逻辑是否合理、解释分析的推理是否连贯等因素密切相关。日常生活中存在着林林总总的公正信念、公正观念与公正意见,关于公正的定义、原则和本质的分析阐释也各有千秋,但只有在知识论层面观察这些解释时,相关研究才可能摆脱某种关于政治基本原则的意见或一个主观确信,而真正面对理解公正的挑战。面对在理解公正时千变万化的解释及其建构其上的研究成果,在知识论层面,它们多可在思维方式上归入两种主要路径,即建构论和行动论。本书通过对建构论和行动论的意指、特征与主要结论的总结,分析了其局限性。并通过对两种理论路径、相互批判以及整体的反思,指出政治诠释学有助于更好理解公正。并通过总结和阐述政治诠释学在理解公正过程中的理论优势和可能需要克服的缺陷,进一步说明在理解公正的过程中政治诠释学在历史理解、概念解释和承认话语等方面的作用。

　　第三,运用政治诠释学考察和分析公正概念在历史上的诸种理解。作为政治学的基本概念,不同时代对公正的理解既有相互承袭的内在关联,又各具时代本色。对于公正概念的理解有其悠远的精神渊源,因而公正的概念史无法脱离特定的历史、社会和文化语境。然而,概念衍生的精神历程与历史时间脉动既有同步性也有思想的间隔性,在不同的历史语境中,人们对于公正概念的理解是否有着内在的精神契合,这需要接受"时间距离"的考验。在这里,与其根据文字符号整理历史,不如从历史理解中探究概念的思维语境。尽管对公正的概念史的研究早已有之,但现有研究模式仍有不完善之处。为此,政治诠释学只有在扬弃现有模式的基础上,才能发挥它对公正概念史的理解优势,继而才能理清政治诠释学视域中的公正概念史。本书在归纳和检视公正的历史理解的三种现有模式的基础上,论述政治诠释学在分析公正的历史理解时的优势,认为公正的概念史可以从词义史、转义史和构义史三个阶段展开,由此表现和证明公正如何在不同的时代背景、社会条件和解释者那里得到解释,并逐渐形成一个系统的分析框架。

　　第四,发挥政治诠释学的解释功能和反思功能,借助政治诠释学的基本原理和核心范畴,指出解释性分析框架内的公正在政治世界中存在三维映像,并在当代政治生活和政治实践中具有特殊的功能和作用。本书提出并论述了"作为解释性框架概念的公正",并将其对公正与近似相似范畴进行比较,揭示公正作为基本政治概念的重要性。在此基础上,揭示公正的解释冲突的实质,说明在政治诠释学的视域中公正的解释冲突有可能实现"承认的理解"。在这里,作为解释性框架概念的公正更强调恢复公正概念的整体观和内在活力,不再纠缠于公正是什么,而是如何理解公正是什么。其创新性在于:其一,作为解释性框架概念的公正首先强调的是对公正问题及其难题的经验,即从公正问题和公正难题的经验性中总结对应思维方式的类型,此种类型的总结就不再囿于认识对象、认识方法的类型模式中,也就可以在更加整体的层面上思考公正。其二,作为解释性框架概念的公正反对独断论、封闭论,而主张多元论、开放性。正是在内在逻辑和外在逻辑的区分上,公正与相似价值范畴的比较才脱离了语言习惯和自我设定的窠臼,而更加具有合理性。其三,向公正概念的实践性的回归,而非停留在公正原则、规范或准则的设计。公正原则、规范或准则是一种"理性逻各斯",即在自我选择的习惯逻辑中将某种对"公正概念的理解"上升为普遍的或优先的;与此截然不同,作为解释性框架概念的公正提倡的是一种"持续对话",是对科学主义认识论支配的政治哲学思维方式上的反动。其四,将解释公正概念的规范性和有效性结合起来,通过反思性解释真正实现实践智慧的现实要求。作为解释性框架概念的公正并不是向公正本源的还原,而是不断发掘公正原义(或者"金规")的隐喻,即在政治世界的去蔽过程中,实现解释公正概念的创造性。通过双重反思性解释,不断地理解公正意味批判一切或然性的界定及定义或那些可成为或然性判断的限制与给定。

面向未来,在政治诠释学的视域下,公正的话语分析是理解公正的未来图景,其将展现公正的要素与标准是如何在特定的语境中衔接而成为特定的节点,并分析在不可能实现的完备性中公正是如何以话语空指的形式影响社会意识的。诚然,不同公正话语或强弱,或明显隐晦,却均表现出了公正的两面性。尽管公正的应用存在一个核心的客观道德性作为基础,但是这些应用本身却是复杂与多元化的,将它们运用到不同领域,终将千变万化。在这里,理解就是在公正概念的不确定性中不断扩展对诸多争议解释的新理解,这必将是一个公正的政治哲学的变革,即理解的公正。事实上,这的确是一种新尝试,注定存在许多难题和不足。只有孜孜不倦地探索下去,才能不断接近理解公正的理想彼岸。

　　当然,本书更多提供的是一种较之于传统伦理话语框架所不同的新概念框架,试图唤醒人们审慎地对待并反思政治哲学中任何"公理思维",倡导人们运用"逻辑空间的测绘法"的政治哲学新理念。事实上从政治诠释学角度分析公正的理解问题,仅仅是这一新理念的一种尝试。面向未来,此种政治哲学的理念和路径能够被更加自然和简洁地描述出来,实现理论与实践双重维度的有机统一,真正指向对公正的政治话语分析,并以其作为考量其他政治概念的途径和方法,在某种意义上,这或许是本书的"宏大理想"。

目　　录

绪论:面向理解公正的时代挑战

这是一项关于公正的概念性研究。公正作为重大的理论与实践问题,历来是政治学、伦理学、经济学、法学、社会学等学科共同关注的热点,古今中外的相关研究成果可谓异彩纷呈、汗牛充栋。随之也带来了对公正的"理解问题"。本书主要以政治诠释学的视域理解公正,试图从政治哲学的分析性层面直面并解决公正的理解问题。具体而言,围绕这一主题主要涉及如何在理解公正的过程中规避独断论而获得更加包容的理解。前者要求探究造成独断性理解的原因,分析相应思维方法上的局限,思考人们为何"漠视"公正的理解问题;后者则谋求思维方法的改进,在科学理解公正概念史的基础上,打造更具包容性的理解基础,在公正的理解问题和政治诠释学的诠释解答之间,建构起一种"逻辑关联",以期走出一条对公正的全新的理解之途。

一、理解公正问题的缘由

词语将人们束缚于整个过去的历史,同时又反映出当前的整体。当我们在与他人进行交流以寻求一个共同的理解层次时,词语可以用来消除含义在个体之间的差异①。在政治生活中,一些基本概念,即政治概念,不但塑造了人类的政治生活,而且反映了不同时代的政治实践。解释政治概念的意义和价值不仅在于更加准确地理解它,还在于能够不断将新的政治理解增添到人

---

① [德]卡尔·曼海姆:《意识形态与乌托邦》,黎鸣、李书崇译,商务印书馆 2002 年版,第85 页。

类的理解经验中,筛选和更替政治概念。人类政治生活的历史表明,不断增多的解释冲突是形成政治概念的普遍现象,"公正"就是这样一个争议性政治概念。

随着改革开放和社会主义现代化建设事业的不断推进,中国经济社会实现了飞速发展与全面进步。与此同时,由于公正问题引发的社会矛盾和冲突呈现出不断增多的态势,社会的公平正义自然备受重视。为了维护社会公平正义,不断化解社会不公正问题是一个长期的历史过程,因此应当从理论与实践的结合上,深刻认识不公正问题的阶段性特征,科学分析社会不公正问题及其产生的原因,最大限度地培育公正理念、构建公正制度,不断促进社会公正,将公平正义作为社会发展的总要求并落到实处。不过,这只是问题的一面,应该重视的是这一切都应当建立在正确理解公正的基础上,而正确理解公正就必须全面考察公正的历史理解,探究公正概念的科学解释,积极谋求扩大公正共识。为此,就需要从革新理解公正的政治哲学思维角度,不断辨析公正这一"本质争议性概念"。

如果将上述理由视为出于对社会理想价值追求而力图对现实热点问题予以回应的话,那么从学理上解决对公正的理解问题,则是一个学人从事学术研究的内在动力。众所周知,罗尔斯作为当代西方道德哲学与政治哲学的代表人物,其所著的《正义论》推动了政治哲学的全面复兴。表面上看,罗尔斯进行的是正义理论的研究,但真正的动机则是考量"人的生活是否以及在何种程度上是可以改善的——人(无论是个人还是集体)能否过上一种值得过的生活(或者用康德的话说,在地球上过一种有价值的生活)。"①毋庸置疑,学术史表明,任何"一门学科的发展,既是一个自然的过程,也是一个自觉的过程。之所以说它是一个自然的过程,就是说学科的发展必须遵循学科发展的规律,它的产生、发展有自己的逻辑,学术的积累达到一定的程度才会有新的飞跃和升华……之所以说它是一个自觉的过程,就是说任何一门学科发展都离不开人文关怀,需要人们自觉地予以推动;需要在实践的基础上,进行抽象、

---

① [美]涛慕斯·博格:《罗尔斯:生平与正义理论》,顾肃译,中国人民大学出版社 2010 年版,第 27 页。

加工,对实践经验予以提炼,上升到理论的高度。"①自政治学产生以来,公正作为政治学的基本概念,人们对于政治生活和政治实践的争论在社会发展的基本范畴和基础结构上往往都被归结为关于"公正"真正意义的相互争辩。正因为如此,较之于民主、法治、自由、平等,公正(与正义)更符合实践理性,更具现实性,因而在政治话语分析中的地位也有所不同。与其他政治概念相比,对于公正概念的语源,人们分歧较少,认为其是一个极具中性色彩和形式理性的概念。但当公正逐渐成为我们对政治生活乃至整个伦理世界和人类社会进行思考、批评、解释、分析和论辩的焦点时,它所负载的价值或者说它意欲体现的价值观念不断分化,更加直接地体现出整个社会的权力结构,以至于面临沦为某个意识形态附庸的窘境。由此,公正作为"本质争议性概念"的特殊性得以充分显露。经过 20 世纪话语转向后的政治哲学,陷入为追求政治概念理想类型化的泥潭而不能自拔,"当人们把概念当成是某种独立于、在一定意义上甚至超越使用它们的人类的一种具体存在时,'概念拜物教'便产生了。"②在西方,公正作为政治学的一个重要理论范畴,相关研究日趋全面和系统,特别是在罗尔斯之后,公正和正义真正成为当代西方政治哲学的主题,任何政治哲学的思考或多或少都要牵涉公正论题。在此基础上,公正理论也出现了多种形态,如自由主义者的权利正义论、社群主义者的民主正义论、功利主义者的分配正义论、共和主义者的政治正义论以及新马克思主义者的经济正义论等,所涉领域众多、层次不同,而且多有交叉,关于公正的价值研究、制度设计和机制安排更是不一而足。在中国,经过多年积累,公正研究的态势良好。但是,中国的公正研究水平仍有提升的余地与空间,政治哲学高度的公正研究仍有待于突破学科壁垒创新思维。正是出于这样的考虑,选择公正的理解问题展开研究适逢其时。当然,问题的选择只是第一步,确定问题视域更为关键。事实上,之所以中国的公正研究会出现上述问题,固然与我国政治哲学研究起步较晚、公正理论自身内容庞杂等客观因素有关,但是相关研究中问题意识与问题视域之间的相互脱节问题也不容小觑。众所周知,问题意识通过

---

①　杨海蛟:《平等:人类对理想社会秩序的诉求》,吉林人民出版社 2004 年版,第 2 页。
②　[英]安格鲁·海伍德:《政治学核心概念》,吴勇译,天津人民出版社 2008 年版,第 9 页。

对实践经验与理论建构相互关系的判断就可获知,而形成问题视域则是要在全面考量上述关系的基础上限定研究主题,并证明此种限定的意义和现实可能性;问题意识是问题视域的基础,它可以广泛地应用于同一主题的不同类型的研究,而问题视域则较为集中于对研究主题的系统性、基础性的研究。以《正义论》为例,其之所以能影响当代西方哲学的发展方向,"一方面,他使人们意识到,可以无须使用分析方法来讨论实质的哲学问题,这样导致了语言哲学特别是分析哲学走向衰落;另一方面,他提出了一种平等主义的正义理论,引起了众多争论和深入讨论,激发了当代政治哲学的崛起,从而使政治哲学成为当代哲学的焦点和热点。"①显然,问题视域的形成建立在对相关研究理论谱系客观分析的基础上。在政治哲学领域,分析哲学家准确地发现了传统政治哲学中政治术语与政治语言的模糊问题,力图改变那种缺乏明确含义和意义的"词语游戏",是一种"元政治哲学"。在这种理论影响下,概念等同于客观事物,具有真理性,即相对唯一的意义和价值。当代政治哲学的主要贡献在于重新恢复了政治价值、政治制度和政治理想等实践性范畴在政治哲学体系内的核心地位,从而使得政治方面的概念成为进行政治哲学论证的工具而非目标。在这一转型中,公正理论发挥着不可替代的作用。随着公正理论理性程度的不断增强,流派和观点林立,已然包括了经济学家的思想,如肯尼斯·阿罗(Kenneth Arrow)和阿玛蒂亚·森(Amartya Sen);法学家的见解,如哈特(H.L.A.Hart)和德沃金(Ronald Dworkin);哲学家的思辨,如罗尔斯(John Rawls)和诺齐克(Robert Nozick),等等。总体而言,公正理论正在经历由罗尔斯中心主义向后罗尔斯时期的转折期。在这一历史转向中,中国学者应该大有可为。

当代政治哲学不再同于传统政治哲学,显著特征正是其置身于语言转向之中。所有理论都有一个特点,它们都试图在一个研究领域内不断扩张自身,成为一种不受限制的概括。与传统政治哲学在适用领域上的无限制要求相比,当代政治哲学追求研究论题能够实现最大限度的精确性。对于公正理论而言,"理解和对所理解东西的正确解释的现象"②是更高层次系统性的公正

---

① 姚大志:《当代西方政治哲学》,北京大学出版社 2011 年版,第 8 页。
② [德]伽达默尔:《诠释学Ⅰ:真理与方法》,洪汉鼎译,商务印书馆 2010 年版,第 3 页。

研究的必然，与其在充满争议性的解释冲突中进行选择或另辟蹊径，不如在政治概念分析的问题视域中探究高层次理论化的可能路径。我们将此称为公正的理解问题，它不同于甚至超越了"概念拜物教"与"概念工具论"。理解公正需要概念解释和话语分析，这不仅是抽象理论的关切，而且植根于公正实践的全部历史和经验。在更大的理论范围内，公正的理解问题不仅是一个政治概念分析问题和政治哲学的概念理论，而且是作为诠释学现象而长久存在的。研究这一现象的现实意义在于："只有更深入地研究理解现象才能提供这样的论证。"①研究公正的理解问题并不是为了建立一种解释公正的技艺学或相关技艺的谱系学，而是以彰显"理解"对于公正理论的存在论意义为目的，进而"证明在一切理解里实际起作用的事件何其多，以及我们所处的传统被现代历史意识所削弱的情况何其少，那么其目的并不是要为科学或生活实践制定规则，而是试图去纠正对这些东西究竟为何物的某种错误的思考。"②这种思考与主流政治哲学传统之间并不存在直接的承接关系，因而与政治哲学的主流研究范式相区别。我们在理解公正的过程中产生了不同的认识和经验的同时，又受到政治语言限制，习惯依附于既有的术语，如何在这些先在条件中证明"公正的理解问题"是一个合理的问题视域，需要一种兼容诠释学、现象学与微观政治哲学的理论思维。这个思维并不令人感到陌生却时常处于隐匿的状态，因而"这是一种新的批判的意识……这种意识……已经伴随着一切负有责任的哲学研究，并且把那些在个体同周围世界的交往中形成的语言习惯和思想习惯置于我们大家共同属于的历史传统的法庭面前。"③

二、理解公正的学术语境

从理论研究的角度，公正概念的理解境况存在于当前公正研究之中，不同的公正研究和公正理论实际上都是在理解公正。这些研究能够从一个侧面反

① ［德］伽达默尔：《诠释学Ⅰ：真理与方法》，洪汉鼎译，商务印书馆2010年版，第4页。
② ［德］伽达默尔：《诠释学Ⅰ：真理与方法》，洪汉鼎译，商务印书馆2010年版，第6页。
③ ［德］伽达默尔：《诠释学Ⅰ：真理与方法》，洪汉鼎译，商务印书馆2010年版，第8页。

映理解公正的现实境况。

　　国内公正研究出现于20世纪60年代,90年代后进入快速发展期,相关研究成果大量涌现。时至今日,公正研究已颇具规模,成为具有较为集中的问题领域和相对独立的研究体系。与几年前相比①,公正研究正在形成热潮,基本理论的研究日趋深化,研究视角更加多元化,研究的开放程度不断扩大,相关成果的学术水平有所提升,相关成果呈现出了多种新的研究态势。

　　其一,由简单向系统转化。公正是一个复杂的概念,多年来缺乏明确的定义。长久以来,国内公正研究乐于、善于或长于定义公正。按相关定义之间的相似性,大致可分为以下几类:道义说②、平等说③、应得说④、均衡必要说⑤、合理结构说⑥

---

　　① 参见郑言、亓光:《20世纪90年代以来国内公正理论研究述评》,《探索》2008年第1期;亓光:《国内公正理论研究立足点的研究综述》,《廊坊师范学院学报》2008年第2期。

　　② 其基本观点认为公正应存在于一定的道德体系内,它是人际关系、个人与社会关系的德性指导法则与道德行为准则,其主要是一种道德评价、理想状态,或道德建构的普世性品格;在现实生活中,公正是人们日常生活和矛盾处理中的基本伦理规范。如,程立显:《伦理学与社会公正》,北京大学出版社2002年版;唐代兴:《公正伦理与制度道德》,人民出版社2003年版;甘绍平:《论"公正"先于"关护"》,《哲学动态》2006年第3期等。

　　③ 相关定义的共同点在于它们强调平等是公正的价值内核,经常以公平、正义界定公正,强调公正具有对等、共享、按劳分配的价值属性。如,万俊人:《寻求普世伦理》,北京大学出版社2009年版;冯颜利:《正义、公正、公平辨析》,《南开学报》2006年第2期;冯建军:《论公正》,《河南师范大学学报》2007年第3期;任者春:《公正:当代伦理的精神指向》,《山东师范大学学报》2004年第4期;等等。

　　④ 即给人应得,保证每个人在追求个体幸福中所需、付出和所得的适配性,进而形成在一定社会范围内对社会角色的公平合理分配使得每一个成员得其所应得。如,王海明:《新伦理学》,商务印书馆2001年版;赵汀阳:《论可能生活》,中国人民大学出版社2004年版;杨海蛟:《平等:人类对理想社会的诉求》,吉林人民出版社2004年版;等等。

　　⑤ 认为公正主要是指将人的权利、人与人的关系、社会财富的分配以及其他人类社会的需要安排、交换和配置的资源通过一定的配比方式实现均衡状态,它建构与个体、群体与社会之间,其指向的是具体的社会主体和抽象的社会结构之间的相对稳定状态。如,高兆明:《制度公正论》,上海文艺出版社2001年版;丛小峰、刘溪:《社会公正与社会进步若干问题》,山东人民出版社2005年版;等等。

　　⑥ 认为公正是指向社会结构层面的规范性价值,它与一定的社会基本制度相联,在达到社会结构的合理状态的目的下实现社会成员、资源与利益的最佳状态,它不是狭义的,而是存在于社会范畴、历史范畴和学科范畴的共同架构之上,是政治性概念而非道德体系。如,吴忠民:《社会公正论》,山东人民出版社2004年版;詹世佑:《公义与公器——正义视域中的公共伦理学》,人民出版社2006年版;汪洋:《转轨中国:审视社会公正和平等》,中国人民大学出版社2004年版;等等。

等。这些定义或是具体理论对于公正问题的归纳、抽象,或是进行应用研究的前提与预设。它们证明了公正概念是一个内涵复杂且外延丰富的范畴。因此,随着研究的深化,学界愈发强调公正概念的本质层面的一致性①,而不再恪守定义的完备性,或者是将特定的公正定义与相应的概念分析结合起来。近年来,随着历史学领域中剑桥学派影响的扩大、政治学领域中施特劳斯主义的膨胀以及哲学领域分析哲学与现象学合流的加快,围绕公正的定义而建构公正体系日渐式微,而对公正概念的解释和分析方兴未艾。

其二,由舶来向自主转变。近年来,国内学界翻译了大量西方经典的公正理论著作和文章,概括并阐述西方重要公正论者的相关思想,追踪和译介西方公正研究的新命题和变化,考察和整理西方公正思想的发展历史,提炼和介绍西方思想家的公正观,等等。但随着理解公正问题的提出,"拿来主义"的研究套路已然不合时宜。当前,自主论证成为国内公正研究的新风尚,主要表现在:更加全面地引介和剖析西方公正理论,开始尝试融入"后罗尔斯时期"公正研究的浪潮,发展马克思主义公正理论,注重公正研究的新思维和基本问题的思考,有意识地培育并传播"中国的公正话语"等。

其三,由否定向批判转化。我国的公正经历了被否定到逐渐理性化的过程。否定化主要有三个表现:首先,研究公正及其相关理论的目的是揭露公正的"虚伪性",以证明公正的虚假性、意识形态性和消极性;其次,"批评"理论兴盛,体现在对西方公正理论的外部性反思中;最后,公正研究中的表象性思维和依附性思维比较普遍,就"问题"而"问题"的研究较多,其实质是缺乏独立理论思维的"假问题意识"。近年来的公正研究日趋向审慎和严格的方向发展。一方面,它们进行了重要的反思性研究,即(1)反思既有研究的缺陷,这主要通过回顾、综述和述评的形式;(2)内部性反思,这主要是关于经典公正理论的理解问题,即从该理论的思维基础、思想来

---

① 这主要有两种态度。第一种态度是"观念源起说",即公正的本质是一种基本秩序,而各种公正观的差异性来自于如何认识和确定这一基本秩序;第二种态度是"唯物史观",或马克思主义公正观,即从马克思主义经典作家的相关论述中提炼出的"政治价值说",而现实社会中的不同公正观都是在此基础上的阶级的意识形态。

源、假设合理性和理论合理性、命题有效性及其相互之间的逻辑一贯性角度加以研究,从"作者"的语境出发,以吸收其思想、思维和方法的合理性为目的而建设性地改造其论证的不调和。另一方面,它们进行了大量的建设性研究,如公正概念的分析性研究、马克思主义公正观研究、中国传统公正思想的甄别研究、分配正义理论研究、公正实现问题的研究,公正观的共识研究,等等。反思的目的是建设,而建设的基础是反思;检验反思合理性的标准是理论建设的规范性和有效性,而衡量建设必要性的前提是反思研究的科学性和全面性。二者相结合,成为批判性研究。目前,这一模式的研究正在逐步取代前一种模式,而它的许多重要命题仍需要加大研究力度。

其四,由二元主导论域向一元主导、多科并存的研究态势转变。伦理学和经济学是我国公正研究的主要领域。伦理学作为国内公正研究的主导地位十分明显,是公正研究的倡导者,以公正为主题的经典著作、重要文献和著名论题大都出现在伦理学的相关研究中。而经济学对公正的关注主要体现在"公平与效率"的持久争论中。近年来,随着新制度主义、政治博弈论等研究的兴起,特别是对均衡问题的理解有效地弥补了公正研究的若干空白,发挥了重要的作用。当代政治哲学的兴起给公正研究带来了新的机遇,对伦理学、经济学二元主导论域构成了挑战。对于当前的公正概念的理解问题而言,它更需要政治哲学的视野,而理解公正"既是当前我国的热点问题,又是个伦理学、政治学、法理学以及经济学的跨学科难题"①。它处于政治哲学的核心位置,而包容不同的研究模式。显然,公正与政治哲学的关系是当前公正研究的根本。

毋庸置疑,西方的公正理解博大精深。在当代,西方公正或者正义理论已经形成了多个流派,大都是在19世纪以来功利主义的固有之地重新开启对公正这一经典命题的重思,特别是在"直觉、判断、感觉这些在理性上不可言状的领域,(公正研究)将理性重新影响到政治评价的事务之上"②。这些研究

---

① 王海明:《新伦理学》,商务印书馆2001年版,第301页。

② Philip Pettit. Judging Justice: An Introduction to Contemporary Political Philosophy. London: Routledge & Kegan Paul Ltd, 1980, p.ix.

普遍认为,公正的价值表象背后包含了基本的理性判断——理性的思维路径和理性的原则规范等。正因为如此,西方公正研究十分庞杂,特别是20世纪70年代以来的公正研究无论在广度还是深度上均有不俗之贡献,研究著作和论文难以计数。不过,这些成果从其偏重和影响角度可以大致分为四类。① 首先是建构系统全面的公正理论,以不同理解策略或者思想派系的基本著作为代表。② 其次是批判分析导向的专题研究,以阐释性研究和学派构建性研究为多③,或可包括较为概括性的整体研究④。其三是比较关联性的延伸研究,以摆脱语言符号的一致性为共同特色,多从公正理论的内部逻辑或者某种公正思想的来源等角度探讨理解公正的思维形

---

① 因篇幅所限,本报告仅列入主要英文著作,而未计入相关论文。

② 这类方面的著作主要是: John Rawls. A Theory of Justice. Belknap Press of Harvard University Press, 1971. Robert Nozick. Anarchy, State, and Utopia. Basic Books, 1977. Ronald Dworkin. Sovereign Virtue:The Theory and Practice of Equality. Harvard University Press, 2002. H. L. A. Halt. The Concept of Law. Oxford University Press, 1997. Amartya Sen. The Idea of Justice. Belknap Press of Harvard University Press, 2009.

③ 阐释性研究,例如, Brian Barry. Theories of Justice:A Treatise on Social Justice. University of California Press, 1991. Eugene Kamenka, Alice Erh-Soon Tay. Justice. New York:St. Martin's Press, 1980. Philip Pettit. Judging Justice. London:Routledge & Kegan Paul, 1980. Tom Campbell. Justice. London :The Macmillan Press Ltd., 1988. Paul Ricoeur. The Just. University Of Chicago Press, 2003. Harry Brighouse. Justice. Cambridge:Polity Press, 2004. Samuel Freeman. Rawls. Routledge, 2007, 等等。学派建构性研究,则可包括,如 John Rawls. Political Liberalism:Expanded Edition. Columbia University Press (2nd edition), 2005. John Rawls. Justice as Fairness. Belknap Press of Harvard University Press(2nd edition), 2001. Kenneth Arrow. Social Choice and Individual Values. Wiley, 1951. Brain Barry. The Liberal Theory of Justice. Clarendon Press, 1973. Julius Stone. Human Law and Human Justice. London, Stevens, 1965. F. A. Hayek. The Constitution of Liberty. University of Chicago Press, 1978. T. Naget, Thomas Scanlon, Marshall Cohen, Thomas Nagel. Marx, Justice and History. Princeton University Press, 1980. Alasdair Macintyre. Whose Justice Which Rationality. University of Notre Dame Press, 1989. Michael J. Sandel. Liberalism and the Limits of Justice. Cambridge University Press(2nd edition), 1998. Amartya Sen, Bernard Williams. Utilitarianism and Beyond. Cambridge University Press, 1982. G. A. Cohen. Rescuing Justice and Equality. Harvard University Press, 2008, 等等。

④ 例如, Hans Kelsen. What is Justice. University of California Press, 1957. Ch. Perelman. The Idea of Justice and the Problem of Argument. Routledge, 1963. Brian Barry. Justice as Impartiality. Oxford :Clarendon Press, 1995. Onora O'Neill. Bounds of Justice. Cambridge University Press, 2000. D. D. Raphael. Concepts of Justice. New York:Oxford University Press, 2001. David Miller. Principles of Social Justice. Harvard University Press, 2001, 等等。

式、理论来源、理论模式比较、命题演变等方面的问题。① 最后则是综合性的应用研究,代表了公正研究中的跨学科导向并成为新公正命题的生长点。②

从根本上,当代西方公正研究的根本特征可以概括为罗尔斯时期向后罗尔斯时期的理论转型。2010 年,有西方学者在全美较权威的政治学理论教师中进行了一次政治理论研究现状的调查③,其中涉及重要作家的研究趋势一项。据该调查显示,在 20 世纪 90 年代以来至 21 世纪初的 20 年间,罗尔斯是最为重要的政治学理论家④;但是在预测 2010 年之后 20 年内的最重要政治

---

① 例如, Eric Havelock. The Greek Concept of Justice: From Its Shadow in Homer to Its Substance in Plato. Harvard University Press. 1978. Bernard Williams. Moral Luck, Cambridge Unversity Press, 1981. Bernard Williams. Ethics and the Limits of Philosophy. Harvard University Press, 1986. Michael Walzer. Spheres Of Justice: A Defense Of Pluralism And Equality. Basic Books, 1984. David Gauthier. Morals By Agreement. Calarendon Press, 1986. Geoffrey Cupit. Justice As Fittingness. Oxford University Press, 1999. Samuel Freeman. Justice and the Social Contract: Essays on Rawlsian Political Philosophy. Oxford University Press, 2009. Thomas Nagel. Equality and Partiality. Oxford University Press, 1995. Christine M. Korsgaard. The Sources of Normativity. Cambridge University Press, 1996. Thomas Scanlon. What We Owe to Each Other. Harvard University Press, 1998. Serena Olsaretti. Desert and Justice. Oxford University Press, 2007. Michael J. Sandel. Justice: What's the Right Thing to Do? Farrar, Straus and Giroux, 2009, 等等。

② 例如, Young. Justice and Politics of Difference. Princeton Unversity Press, 1990. Bruce Ackerman. Social Justice in the Liberal State. Yale University Press, 1981. Klaus R. Scherer. Justice: Interdisciplinary perspectives. Cambridge University Press, 1992. Brian Barry. Why Social Justice Matters. Polity, 2005. Martha C. Nussbaum. Frontiers of Justice: Disability, Nationality, Species Membership. Belknap Press of Harvard University Press, 2007. Thomas Pogge, Darrel Moellendorf. Global Justice: Seminal Essays. Paragon House. 2008, 等等。

③ 在这项调查中,作者选取了全美 2073 所学校,其中 1226 所拥有政治理论课程,420 所拥有政治科学专业但没有政治理论课程,306 所没有政治科学方面的研究。在这些高校中,作者选择了 5144 名调查对象,其中大致一半是政治理论学者,剩下一半则非此类学者。共有 4351 名受访者收到了在线问卷,并有 1086 名受访者完成了部分或者全部问卷,约占有效投放问卷的 25%(1086/4351),因此问卷显示的政治学理论学者与我们预估的同类项之比为 49.3%(1086/2203)。参见 Matthew J. Moore. Political Thoery Today: Results of a National Survey. PS: Political Science and Politics, Vol.43, 2010: 2. pp.265-272。

④ 在调查中,统计结果表明,在过去 20 年中(1990—2010),对政治学理论产生最大影响的政治学家的前 10 位分别为:约翰·罗尔斯(279 票)、于尔根·哈贝马斯(148 票)、米歇尔·福柯(122 票)、威廉姆·康奈利(Connolly, William)(84 票)、列奥·施特劳斯(73 票)、米歇尔·沃尔泽(71 票)、查尔斯·泰勒(70 票)、谢尔顿·沃林(64 票)、约德斯·巴特勒(Butler, Judith)(62 票)、汉娜·阿伦特(53 票)。参见 Matthew J. Moore. Political Thoery Today: Results of a National Survey. PS: Political Science and Politics, Vol.43, 2010: 2. p.267。

学理论家时,罗尔斯已经跌出前 10 位①,而诸如桑德尔、哈贝马斯、阿玛蒂亚·森等人也不过勉强进入前 50 位。而诺齐克、德沃金等著名学者因为得票不足 4 票而未能列入统计结果②,后罗尔斯时期到来的信号十分清晰。

　　比较而言,罗尔斯时期公正理论的最大特点是围绕《正义论》及其后续思想演进的主要观点进行的捍卫性研究和否定性研究;而后罗尔斯时期的公正理论则逐渐放弃了在命题判断上的争论,而转向以策略分析、方法审视为主的后批判主义。罗尔斯时期公正理论最重要的问题是公正是什么、公正的原则是什么、公正的社会制度何以可能的问题,而后罗尔斯时期将公正理论的视角逐步转向公正的实现途径、公正的共识可能性和理解公正的全面性等方面。罗尔斯时期的公正理论是实践哲学颠覆分析哲学的产物,而后罗尔斯时期的公正理论则要求实践哲学对其内部"概念暴政"加速整饬,形成"规范理论——元理论"相协调的研究。罗尔斯时期的公正理论将"公正"看作实现理想社会秩序的济世良药,而后罗尔斯时期的公正理论开始关注现实的不公正——如,公正共识、全球正义——的复杂性和艰巨性,更加倾向于实质上的共同优势的"公正"。罗尔斯时期的公正理论以功利主义为一般对手,而后罗尔斯时期的公正理论已然将自身设为标靶,以其为反思对象形成了更多面向现实不公正的行动论公正理论,如阿玛蒂亚·森、沃尔泽、伊丽莎白·安德森、艾里斯·扬,他们强调应该"更忠实于令人遗憾的不公正事实,因而有着远为重要的优势。(他们)希望揭示通向精确的公正理论的道路,更重要的是,更有希望促进现实世界的公正"③。而从某种意义上,西方马克思主义的公正理论就是在批判罗尔斯公正理论的基础上创立和发展起来的。罗尔斯时期公正理论的主要任务是证明并重新提出正当与善关系这一组人类共同生活中的核心命题,而后罗尔斯时期的公正理论已经逐步走向探索它们的规范性来源、获

---

　　① 在这一项调查中,罗尔斯得票仅仅为 5 票,参见 Matthew J.Moore.Political Thoery Today:Results of a National Survey.PS:Political Science and Politics,Vol.43,2010:2.p.268.

　　② 又如,查尔斯·泰勒得到 18 票、迈克尔·沃尔泽得到 15 票、哈贝马斯得到 11 票、桑德尔得到 10 票、阿玛蒂亚·森得到 9 票,等等。参见 Matthew J.Moore.Political Thoery Today:Results of a National Survey.PS:Political Science and Politics,Vol.43,2010:2.p.268.

　　③ [美]罗伯特·L.西蒙:《社会政治哲学》,陈喜贵译,中国人民大学出版社 2009 年版,第 90 页。

得同意的人类心理基础、人的自由意志与公正秩序之间的紧张关系等更加基础性的问题。人们愈发认识到"与有着对称结构的或草率达到的简明性相比,忠实于事实更有价值"①。罗尔斯时期的公正理论在形式上可以被称为社会公正理论或者分配公正理论,而它的概念基础来自斯密改造后的分配公正理论和现代国家理论内个人与国家之间关系的紧张性;而后罗尔斯时期的公正理论充分质疑将公正与分配公正相等同的倾向,至少不同意将其与斯密改造后的分配公正相等同,而出现了向亚里士多德主义的复辟倾向,出现了重估"公正的进步性角色"的理论预设,强调不但应该接受经过历史概念图景逐步变型的公正,也应厘清公正概念的原始本色②。

在上述转向中,有两个谱系性特征值得关注:

其一,体系已经基本形成,围绕新问题和新现象的扩展研究有条不紊。由罗尔斯等人建立的公正研究体系并不是一个完备的理论体系,而是一种政治哲学的思想框架。这一框架体系类似于学术共同体,它是开放和多元化的。事实证明,理解公正是一个仁者见仁、智者见智的问题,"并没有客观基础。而为什么要决定何为公道或不公道,目的也是为了人的利益,也许是为了多数人的利益,也许是为了少数人,但是终究都是人所决定,也是为了人的利益。"③而利益是一个现实的政治经济现象,它的普遍性、阶级性(集团性)和特殊性是共存的,因此新问题和新现象必然层出不穷。西方公正理论就是在这里找到了不断生长的理论根基,它既可以栖身于各种思潮之中,又可以超出现象本身而回归本质,还可以产生综合的解释性研究,因而内容十分庞杂。其二,两条路线清晰,相互争辩却相得益彰。不论内容如何庞杂,其思维形式并不可能出现太大的变动,柏拉图和亚里士多德理念论和经验论在当代公正理论的问题上出现了新形式——先验制度主义和现实行为主义(阿玛蒂亚·森的观点)。前一个路径有两个特点:一则,该路径下的公正是一种完备型的公正,而不关注公正与不公正之间的相对比较关系;二则,为了获得上述完备性,

---

① W.D.Ross.*The Right and the Good*.Indianapolis:Hackett,1988,p.23.

② D.D.Raphael.*Concepts of Justice*.Oxford:Clarendon Press,2001,p.242.

③ 戴华、郑晓时:《正义及其相关问题》,(台湾)中央研究院人文社会科学研究中心 1991 年版,第 2 页。

先验性制度主义获得正当的制度为其要务,并不直接关注现实社会。这一路径最为著名和主要的制度模式就是"契约型制度建构"。而后一种路径的一致性特点是都首要关注如何消除现实世界中巨大的不公正现象。先验的制度主义是当前探讨公正问题的主流政治哲学,而它则是支持后者取代前者称为公正理论的主流。① 这二者在思想形式和理论表现上多有不同,即便是其内部也不尽一致,如果说前期人们还在津津乐道作为公平、公道、自由、能力、资格等的正义的时候,公正还是一个辅助性概念;而两种路径的提出则揭去了正义的神秘面纱,公正概念的现实性和解释性特征更受关注;其后,公正概念可以在概念变型(reformative)的意义上完成正义概念的诠释观提升,满足古典复归与现实状态共同对能满足整合"适度、正当、善"等要素之需要。其三,后罗尔斯时期的公正研究已经发现了新的突破点。如,全球正义问题。总体而言,这些研究的新方向大都表现出一个共同的特点,即从前一阶段公正理论中的基本命题出发(重大命题为主)而将此应用到牵涉公共性、秩序性、正当性、道德性的问题领域中,并更加强调人的理解作用和实践作用,以及它们对新兴公正问题的支配作用,特别是理论的规范性与有效性的有机结合。总体而言,西方公正研究逐步展现了理解公正作为一个政治哲学问题的现实性,突出了各种理解作为"传统"的视域性,指明传统始终是我们拥有的东西,是一种范例和借鉴,一种对自身的重新认识,而历史判断与其说是新的认识,不如说是对传统的最单纯的吸收。

面对内容庞杂的公正研究与不同路径的公正理解,"理解公正"研究的缺陷与必要便不难寻觅了。

第一,就公正研究的整体状况而言,泛化研究较多、专门的深入论证较少。在当前的公正研究中,系统性的研究比较少,而零散性、耗散性的研究比较多。一方面,很多研究从公正理论的一个或者几个方面论述,由此产生一般的结论,或者直接应用到现实实践的评判之中;另一方面,绝大部分公正研究的主题是"自拟的",即不在系统考量相关论题研究状况的条件下,进行的较高重

①　Amartya Sen. The Idea of Justice. Cambridge, Massachusetts: The Belknap Press of Harvard University Press,2009,pp.5-8.

复程度的研究,或者有意选取较为成熟的论域却未有较为独立观点的跟随性研究;除此以外,上述研究的膨胀还会导致缺乏思考互动与理论争鸣,即没有共同主题、或者存在共同主题却并不彼此关注、或在相关主题中亦步亦趋的研究较多而必然导致各自为战式的研究局面。从文献特征角度而论,严格的论证公正命题的文献数量相对有限,而空泛地谈论公正命题的研究比较常见。当然,并非所有的研究都需要基本范畴的论述——如何谓公正,但基本界定应该存在,即以何种公正理解典范为基础、以公正的哪一种类型为背景、在何种公正价值体系的层次上或者领域中进行讨论、如何界定公正概念对于相关研究主题的作用和功能等。这些界定不是可有可无的,即便不能一应俱全,但也需要根据相关性而有前提性的认识和铺垫。

第二,就公正研究的布局而言,伦理公正、经济公正、社会公正(广义的社会公正)等研究较为集中,政治公正的研究比较罕见。这是公正研究的学科性方面的基本特征。上文业已提及,国内公正研究兴起至今,伦理学和经济学长期占据其主导地位。正因如此,伦理公正和经济公正成为了学科式的研究命题。而社会公正特别是广义上的社会公正研究近年来呈现迅猛发展的势头。在某种意义上,社会公正是现代分配公正、伦理公正和司法公正等论题的综合化,其主要内容仍是伦理公正和经济公正,而随着社会结构、社会分层、社会流动、社会认同等问题的兴起,社会公正开始融入社会学、心理学和人口学方面的知识,具有狭义化的发展趋向。总体而言,以伦理公正、经济公正为核心的广义社会公正研究和以田野调查、质性分析为新兴方法的狭义社会公正研究是公正研究在学科层面的两大主力,前者体现了学科对象观的研究特征,而后者则是学科方法论的研究形式。当然,随着政治哲学研究的全面兴起,关于政治哲学属性的意见分歧带来了公正研究在学科层面的新变化,学科归属性逐渐被问题领域性所取代。但是,由于政治哲学本身的学科属性尚存犹疑,因此严格意义上的政治公正研究仍旧十分有限。加之,学界对于政治公正这一称谓尚存疑虑——因为按照马克思主义政治学的基本观点,政治是利益分化、阶级斗争的产物且这些矛盾是绝对性的,所以政治公正未能获得应有的学术关注。事实上,公正的政治和政治的公正是两种不同的概念图式,公正应获得更有效的扩展。

　　第三,就公正研究的侧重点而言,中西方公正思想的梳理性研究占据数量优势,马克思主义公正话语的系统研究仍需加大力度。通过目前掌握的资料,可以发现,国内对于西方的公正思想研究主要体现为三种形态:第一种形态是对西方公正历史整体性的梳理。几乎任何一个对于公正命题的学理性、规范性研究都会全息式地回顾西方公正思想的发展变迁;第二种形态是对西方经典公正流派或者思潮的分阶段性阐述;第三种形态是集中论述西方名家的公正思想。在中国传统公正思想研究方面,思想谱系上主要介绍先秦时代的诸子百家的公正观,基本理论层面主要进行的是汉字原型的政治哲学含义与公正一词的语源梳理,其语义分析侧重文字原意的描述功能,研究地位方面中国传统公正思想的研究尚处于偏支地位,与西方公正思想相比仍较薄弱。近年来,有些学者以我国公正思想的内涵界定为主线,以人物研究和时代研究为线索,逐步形成了较为系统的中国古代公正思想谱系;还有的学者提出了公正概念在中国语境中的特殊性问题,这是提出"中国的公正话语"的良好铺垫。①与中西方公正思想的研究局面相比,马克思主义公正话语的研究仍有加强的必要。两种研究的主要差距表现在:其一,主要集中在对西方和中国古代公正思想的介绍上,而将马克思主义公正观作为一种结构性需要而略加介绍,因此,很少出现对于马克思主义、马克思主义经典作家的系统性的学派研究和逻辑体系的建构性研究,往往将马克思主义的公正理论虚无化或者泛化;其二,对于西方和中国传统公正思想的研究缺乏历史的批判,即没有将马克思主义历史唯物主义的科学方法应用到相应的研究中;其三,将马克思主义公正观同马克思、恩格斯等经典作家的公正观或公正论说相混淆。当然国内近年来关于马克思主义公正思想、公正学说和公正观的研究逐渐增多②,逐渐重视从其

①　如,罗建平:《汉字原型中的政治哲学》,广东教育出版社 2008 年版;许超:《正义与公正、公平、平等之关系辨析》,《社会科学战线》2010 年第 2 期;吴忠民:《汉语语境中的公正和正义概念的区别》,《理论视野》2011 年第 4 期。

②　如,王广:《正义之后》,江苏人民出版社 2010 年版;林进平:《马克思的"正义"解读》,社会科学文献出版社 2009 年版;董建萍:《公正视域中的中国特色社会主义:当代中国社会公正若干问题研究》,学林出版社 2010 年版;范广军:《中国共产党社会公正思想研究》,河南大学出版社 2009 年版;陈传胜:《马克思恩格斯的公平正义观研究》,合肥工业大学出版社 2011 年版;等等。

思想的本真状态、公正学说的思维形式和公正观的社会背景等角度勾勒出马克思主义公正理论的应有面貌。

第四,就公正研究的科学化角度而言,与公正相似、相近范畴交叉使用占据主流,对公正进行专门的研究略显不足。许多学者指出,国内对公正研究的不足表现在缺乏严密的概念体系,使用随意性较大。与强调"存在"、"有"的规定性和确定性的形而上学思维不同,中国思想中著名的"道"、"理"、"气"等命题更接近于"无"的放任性,因此,以语言哲学和逻辑吊诡为主要特点的"名家"的影响力远不及早已上升为"教"的儒家、道家等流派的影响力。而公正,作为一个完备性的概念,产生于西方自然哲学之中,勃发于西方理性主义的高潮时期,而滥觞于分析哲学和实践哲学的合流之际,《正义论》正是一部以分析哲学的思维和方法阐述实践哲学的经典著作。而诸如麦金太尔的《何种正义? 谁之合理性》、桑德尔的《自由主义与正义的局限》、巴里的《政治论辩》、《正义诸理论》等均具有鲜明的概念分析特点。反观国内,相关研究的概念假设和概念框架较为薄弱,由此造成了基本理论无用的假象,同时也导致国内公正研究命题丰富而论证贫乏的局面。有学者认为,"其问题之源是在汉语表达中。在英语中寻找两者区分和趋同的依据在论证方法上就是错误的,它把因果关系倒置了"①。汉语语境固然是造成公正概念模糊的重要原因,但这一原因不应停留在语言的外在形式上而误以为英语中并不存在公正概念的精确性命题。事实上,公正概念在西方语境中的演变也是其逐渐模糊的重要原因,而经过模糊后公正概念与汉语语境的交叠过程则加剧了它的模糊性。这种模糊性在文献中的表现主要有:1. 从文献的名称来看表现为公正与各种相近概念的混同,这种混同有两种表现形式:(1)整体混同,这主要出于文献自身所预设的应用范畴而不注重公正或者相近概念的实质差异,是一种"定语性"的问题混同;(2)在公正范畴内部的部分混同。2. 从文献的内容分析,概念的混同成为公正概念模糊的最大原因。这也是目前混同特征中问题最为集中但表现形式却十分零散和隐蔽的症结。其中,后者是根本性的、普遍性的和实质性的特征,而前者是后者的表现形式。当然,也有的研究体现了公正概

---

① 许超:《正义与公正、公平、平等之关系辨析》,《社会科学战线》2010 年第 2 期。

念的特殊性,较为重视概念分析,但是这些认识和研究还未成气候,又存在不同程度的研究策略问题,或者仅仅在形式上作出了比较区分的姿态而难以从根本上引起人们对严格的公正研究的普遍重视。

第五,就公正理论研究的方法而言,规范性研究较为普遍,经验性研究较为单薄。这主要表现在:其一,将公正命题看作一种抽象的意识范畴,而陷入形而上学的思辨论证,这主要集中在国内译介的许多西方公正理论的著作选择特征上;与此相应,关于这一类公正思想的注解评析往往围绕其抽象化论证后提出的概念、准则或原则规范等内容加以单纯的思辨性研究。其二,为了符合论者建构相关公正理论体系的需要,而将公正概念纳入某一理论范式之中,或者以抽象的公正定义为核心,设计若干与之相适应的理论前提、规范准则或者思维路径,以生成符合特殊研究需要的公正观。其三,在某些实证研究中,特别是在公正观及其共识问题的研究上,验证"预设结论"的特点十分明显,因此,采样的样本来源、采样的合理周期以及样本分布的科学性设计方面均代表了设计者的主观意愿,同时心理主义路径仍有泛化的趋势,无背景、立场和局限性分析的绝对中立性的心理评估实质并非是实证的,而是披着现实性外衣的抽象研究。其四,将抽象性研究与基本理论研究相混同。部分研究认为,公正的基本理论研究不合时宜,应该直接考量政治生活中的公正主张,构建公正价值原则,并将之贯彻到制度设计、权力运行、保护权利等现实问题中。而基本理论的思辨性、求真性和规范性被等同为抽象性。实质上,缺乏规范分析的公正概念的应用研究不但是不完善的感性认识的结果,而且是一种处于低级阶段的未经反思的抽象化论证。当然,还有许多研究将公正看作一种实践性的价值范畴,并以此展开了多方面的研究。诸如,关于马克思主义公正观的研究、公正观的历史演进规律的研究、公正思维的综合性评述以及现实社会中公正问题的评估性研究等,都在不同程度上体现了公正研究应该具备的辩证性和实践性的需要。

第六,就公正研究的创新意义而言,回顾、阐释性研究较多,探索性、原创性研究相对有限。客观地说,国内公正研究的主要素材仍旧是以西文文献为主。虽然罗尔斯和其他西方学者在公正理论方面造诣很深,但并不足以垄断公正研究的全部论域。当然,掌握的文献数显然对更加全面地把握公正研究的整体面貌和全景趋势有所限制,这就导致可能存在许多很重要或能够发挥重要影响的论著无法获得足够的重视。如此一来,回顾式的、清理式的和愈发细节化的研究就必然成为主流。占有资料的狭隘性限制了公正研究的理论视野,这可以通过更加开放和全面交流接触,特别是网罗一批具有不同语言能力、共同关注公正问题的学者开展探索性的研究。然而,在相对固化的理论视野背后潜藏着的是国内公正研究在思维形式和理解路径上的墨守成规。公正是一个复杂的政治概念,对于它的理解存在大量的历史素材,这些素材可能是直接相关的、可能是思想的不成熟形态抑或是某种行为、制度的价值表现,在外在语言上可能存在符号一致却内在逻辑不一的理论,也可能存在符号有别但思想实质相似的情况。在某种意义上,对于当代国内公正研究而言,重要的也许不是建构一个完备的公正价值体系,而是在理解公正中获得一种审慎、适度的学术态度。马克思主义经典作家之所以慎谈正义、自由、平等是什么,甚至回避在现实社会中给它们以明确的界定,其意在避免某种"偏见"成为价值教条而沦为他们所批判的虚假意识形态。须知,观点并不等于解释,而解释也仅是理解的一种独特的实践活动。对于公正研究而言,它是一面镜子,既是公正诸理论的映像,也是人在面对冲突的解释时的自我映像。科学主义认识论在公正研究中的扩展应引起重视和反思。僵化的理解成为一种霸权的"自我理解",而且成为它所奉行的思想形式,这是危险的。正如伽达默尔指出的,"自我理解已不再可能使一种我们自身的完全展现意义上的自我显露与我们自身完整地联系在一起。自我理解总是在路途中(on-the-way);它走在一条显然不可能穷尽的小径上"①。

三、理解公正需要新思维

通过对近年来国内外公正研究的回顾和评述可以发现,理解公正是在应对公正实践需要的基础上,对公正研究现状的具体反思与寻找合理问题视域的选择。就其自身而言,研究公正的理解问题是系统理解公正思想发展的内

① ［德］伽达默尔:《科学时代的理性》,薛华等译,国际文化出版公司 1988 年版,第 91 页。

在要求,是不断反思不公正现象的客观需要,也是尝试形成公正共识的理论基础。完成上述任务,就应当形成合理有效的政治哲学思维。

对于理解公正作为一个政治哲学问题,非但是忽视"政治概念"的人所无法理解,而且过分强调概念定义精确性的人也难免会大失所望。近代以降,自然科学以及伴随其发展而不断膨胀的科学主义、实证主义、工具主义都无一例外地认为"概念就是我们制作用来说明对象并把它置于认识之中的工具"①,与此同时,人们却认为概念是一种对对象进行测量的客观工具。因此,政治概念的境遇十分尴尬,它具有主观性但却固执地追求最精确的定义,以致只有将政治生活抛入由思维构造的完美构造、自我安排的对象世界中,这种理想才可能存在,并瞬间被现实与他者所排斥。作为一个概念,研究公正的理解问题不能像一个人从现成的工具箱里取出工具那样取用或者丢弃,不能以利用这种方式而产生的公正理论认识和驳斥与其不相吻合的其他理论。对于当代政治哲学而言,公正的理解问题认可的概念分析始终受到语言特别是政治术语的制约,需要新的政治哲学思维,认识到词和概念的关系是规定我们思维的关系②,绕开预先设定、存在框架和解释统一的束缚。

显然,理解公正具有一定的独特性。无论人们如何理解政治哲学与政治学、哲学乃至伦理学、历史学之间的关系问题,政治哲学至少需要以哲学思维考察政治现象或政治范畴,而不是用现实政治状况去裁剪哲学范畴或哲学命题。这就意味着政治哲学要追求全面性、真实性和高度理论化,并体现在概念分析、高层次的理论化和研究悖谬的哲学活动之中。虽然现实政治不以其内容决定政治哲学的思维向度,但却以其实践性决定政治哲学的反思品格。在这个意义上,政治哲学才是作为理论和实践的哲学。一般而言,不同的说明按照其思路的相似性组合起来形成相对一致的思维形式。以此推之,政治哲学主要的思维形式有分析法、文本法、解构法和问题法。文本法是政治哲学的基本方法,对于蕴藏政治词汇、命题和范畴的经典文本的选择和阅读,不但是进入政治哲学的基础性工作,而且往往决定了对于政治哲学的基本判断和研究

---

① ［德］伽达默尔:《诠释学Ⅱ:真理与方法》,洪汉鼎译,商务印书馆2010年版,第97页。
② ［德］伽达默尔:《诠释学Ⅱ:真理与方法》,洪汉鼎译,商务印书馆2010年版,第99页。

倾向。解构法是拆解以文本选择为基础、理性运用为方法、语词设定为内容和范畴体系为框架的认识论为目标和任务的政治哲学思维,旨在普遍质疑既存政治话语体系,反对公共维度和共识可能,是一种历史重建和理性重建的思维形式。适度的解构性思维有利于进行政治哲学的反思,防止思维僵化,但过度加以使用,则可能陷入拖延困境和虚无主义。问题法将理论和问题相互分离,以提出问题为内在需要,而理论解决为外在形式,主张从具体问题出发,在能够证明方法的合理性和有效性的有限条件下,提出一定的理论观点。而分析法则是上述思维形式的综合表述,即根据不同情况对上述思维形式的选择、排列与组合的方法,它注重各种思维形式之间的互补、取舍和选择,因此更具完整性。

从某种意义上,分析法更为可靠。但是,由于它缺乏实质内核,更类似于一种调配手段,因而往往会与所属思维形式甚至具体方法相混淆。当代政治哲学分析的不单是如何构建政治生活的理想状态,还应考量如何理解基本的政治词汇,应对复杂变化的政治概念,并在此基础上编织起一个分析、理论和悖谬组成的概念网络①。

当代政治哲学所强调的"对话"充分体现在对公正概念的不同理解之中。但无论是对公正概念本身的研究(公正的概念史、公正的概念分析),还是集中于公正概念的应用性(克服不公正、形成公正共识)的研究都体现了"提问决定回答"的逻辑,这样就必然导致对话主要体现为一种建立在承认某种单向逻辑的基础上。这是文本法、解构法、问题法共有的问题,分析法作为一种综合的思维形式必须克服这种单向逻辑,实现真正的对话。

只有以理解才能破解理解问题,而不断解决理解问题才能有助于创设真正的政治哲学对话。达成这一目标,需要"问答逻辑"的思维。所谓问答逻辑是关于问题和回答的辩证法,它的优势在于"它不是为了形成对某一问题的固定理解,而是通过各种对立的观点的交锋、诘难,从而达到对问题深刻、全面而不是狭隘、肤浅、片面的理解和认识,它不希求对问题有一个圆满、终极性的

----

① 〔英〕杰弗里·托马斯:《政治哲学导论》,顾肃、刘雪梅译,中国人民大学出版社 2006 年版,第 71 页。

回答,不是封闭的问题,相反是开启新的问题,而且是在各个方向上,即在矛盾对立的所有方面去敞开理解问题的可能性,进而使我们的理解愈来愈趋近'事情的本身.'"①这一逻辑要求我们真正把理解公正看作一个独立的问题。将公正概念的历史、存在与应用关系作为一个理解问题的不同方面,近而避免产生关注某一面向而被其牵制的弊端。事实上概念较之于自然更加喜爱隐藏自身,理解公正就是不断向这一概念的历史、存在和应用关系发问,不断进行解释和回答。这种政治哲学思维是对辩证唯物主义的运用,它不是一种创设,而是一种重新发现,这种"问答逻辑"恰恰存在于诠释学的发展脉络之中,有待于探寻和利用。

众所周知,诠释学是关于理解的哲学,故而研究公正的理解问题所需的新思维离不开诠释学的理论给养。当代诠释学顺应话语转向,秉持历史主义的特征,彰显了实践哲学的本色,是一种典型的跨学科方法。对本研究而言,关键在于展示诠释学如何介入理解公正概念的过程。值得重视的是诠释学与政治哲学相结合是经由哲学诠释学的转介,然后以政治诠释学这一视域嵌入理解公正之中。对于公正这样一个范畴,一般意义上的诠释学提供的是思维形式,而只有作为政治哲学的诠释学——政治诠释学——才能够提供具体的思维路径和解释方法。

本书的论述是一个新尝试。面向未来,针对公正这个本质存疑概念及其模糊性的话语特征,需要一种开放的理解思维与解释方式,以诠释的方式进行公正的话语分析,其核心要务是展现公正之要素、标准是如何在特定的语境中衔接而成为特定的节点,并进而在不可能实现的完备性中以话语空指的形式辐射影响到社会诸领域,并通过公正话语的模糊性分析框架的建构才能凸显正义解释之争中如何认识正义作为本质存疑概念的"政治性"。最终,理解公正就是在公正概念的不确定性中不断扩展对诸多争议解释的新理解。

---

① 何卫平:《通向解释学辩证法之途》,上海三联书店 2001 年版,第 317—318 页。

第一章　政治诠释学的建构逻辑

　　理解公正需要新的政治哲学思维,这种思维应立足理解本身。诠释学作为理解的哲学,致力于挖掘和揭示理解和解释的真理。与传统的诠释学不同,当代诠释学具有鲜明的实践哲学特点。在政治生活中,政治实践与相应的政治语言环境息息相关,政治概念具有十分重要而特殊的地位。正如泰勒(Charles Taylor)所言:"政治语言的词语集合如果不被重视和认真使用,那么同一领域的政治实践就无法普遍实现。"①这也正是政治诠释学的萌生之所。那么,政治诠释学如何指引人们理解政治概念,如何论证理解是政治实践的总体指向,并将其置于普遍的政治沟通之中? 回答这些问题,就应该了解和把握政治诠释学的建构逻辑。

第一节　诠释学的义界、历史与当代转型

　　诠释学,又可称为解释学、释义学或阐释学,是一门古老的哲学,它一般可"指对于本文之意义的理解和解释的理论或哲学。涉及哲学、语言学、文学、文献学、历史学、宗教、艺术、神话学、人类学、文化学、社会学、法学等问题,反映出当代人文科学研究领域的各个学科之间的相互交流、渗透和融合的趋势。既是一门边缘学科和一种新的研究方法,又是一种哲学思潮。狭义之局部解释学、一般解释学、哲学解释学等分支、学派。"②要建构政治诠释学的理论体系和分析框架首先应了解

---

　　①　Charles Taylor. *Interpretation and the Science of Man*, Review of Metaphysics, Volume XXV, no.1(September 1971),p.24.

　　②　《哲学大辞典》(上),上海辞书出版社 2001 年版,第 653 页。与《中国大百科全书》(第 3 版)中的"解释学"辞条相比,这一描述较为客观和全面。顺便提及,《中国大百科全书》(第 3 版)中"解释学"词条内"解释学一词于 1954 年首次出现于 J.丹豪色的著作中⋯⋯"应为 J.K.丹恩豪尔于 1654 年出版《圣经诠释学或圣书文献解释方法》一项之误印。

诠释学是什么。

一、诠释学的基本义界①

诠释学（希腊语"ἑρμηνεύειν"，即 Hermeneutics），来源于希腊语"ἑρμος"（英语为"Hermes"），即赫尔墨斯。赫尔墨斯是古希腊和古罗马神话中共有的神。赫西俄德在《工作与时日·神谱》中写道"阿特拉斯之女迈亚睡上宙斯的圣床，为他生下永生诸神之信使——光荣的赫尔墨斯"②。赫尔墨斯是奥林匹斯山的十二主神之一，他的主要使命之一③就是以凡人能够理解的方式（语言、词汇等）将神的意愿传达给凡人。这就意味着赫尔墨斯需要在神的语言和人类的语言之间进行相互翻译，使得神人能够彼此理解。而赫尔墨斯困境（Hermes's Predicament）意指任何人都很难准确把握对方的意图和思想，处于持续的窘境（Awkward Situation）之中，正因为如此，在"茫然"与"误解"之地，神与人类为了真正做到理解彼此永远离不开赫尔墨斯的指引。

众所周知，古希腊文化是一种公共文化形式与城邦生活的表达方式，神话（通过悲剧、诗歌等表述手段）探究了在城邦社会里人与神，以及人与人之间的冲突中人面临的各种困境。而赫尔墨斯困境形象地描绘了人类社会的理解困境。虽然后世的诠释学不必每每回溯至它的神话传统，但却无一例外地关注人类在对话与理解过程中的各种问题。以此观之，诠释学的根本使命是实现"思想的觉醒"，即"唤醒那些已然存在且沉积于我们生活世界的经验和语言中的真理"④。

---

①　所谓义界，按黄侃所释："义界者，谓此字别于他字之宽狭通别也。夫缀字为句，缀句为章，字、句、章三者其实质相等。盖未有一字而不含一句之义，一句而不含一章之义者。凡以一句解一字之义者，即谓之义界。"（语出《训诂学笔记》），这就说明依语境或者类关系而断字/词义的界划或界限。相对于"内涵"、"定义"所反映的概念中的事物的特有属性或者解释这个概念所反映的事物的特有属性的用法，"义界"这一表述能够较为精确地表达出本文中"诠释学作为哲学问题"的实质。

②　[古希腊]赫西俄德：《工作与时日·神谱》，张竹明、蒋平译，商务印书馆 2009 年版，第56 页。

③　赫尔墨斯除了是神的信使之外，还是风神、掌管畜牧、财贸、商业、旅行、工艺、演说、口才乃至偷窃，他还是体育运动和医学的保护神。

④　Gadamer, H.G. *On Education*, *Poet and History*: *Applied Hermeneutics*, ed. D. Misgeld and G. Nicholson. Albany: State Unversity of New York Press, 1992. 216.

一般认为，"诠释学的工作就是一种语言转换，一种从一个世界到另一个世界的语言转换，一种从神的世界到人的世界的语言转换，一种从陌生的语言世界到我们自己的语言世界的转换"①，体现出了语义学层面上诠释一词应具有的"言说与陈述"、"分析与说明"和"翻译与口译"的功能。诠释学主要是作为"古典学"的工具或技艺，并与文艺学、语言学或历史学保持着长期密切的关系。此种诠释学是一门辅助性学科（Auxiliary Discipline），其作用"限于在给专门的解释性学科提供方法论的说明，其目的是要尽量避免任意的解释。"②受此影响，圣经解释学、法学解释学、哲学解释学（不是哲学诠释学）等更多是一种文本理论或符号理论。长久以来，诠释学并没有表现出能够承担起探索人类社会存在与发展的真理的"能力"。所以，当诠释学转向存在论时，海德格尔也动摇过；而当诠释学介入道德哲学、政治哲学等领域时，质疑声更不绝于耳。人们只愿接受诠释作为工具存在的解释方法，习惯于在主客二分下的认识论世界中理解自我和他者，也从不在内涵与外延的世界外寻找概念的意义。

诠释学应该被看作为一个哲学问题，作为哲学问题的诠释学更为准确地表现出人类不断克服"赫尔墨斯困境"的史实。就如同神话中赫尔墨斯的形象，说明了理解问题的根本性；赫尔墨斯作为"永生诸神"的信使，暗喻了理解问题的永恒性；而赫尔墨斯解决理解困境的使命，则预示着理解问题的重要性（以至于成为主神的主要任务）。而作为哲学问题的诠释学需要具备两个要件。

其一，无解性。"一个哲学问题的条件事实上就在于：它是无法解决的。"③换言之，一个哲学问题牵涉的研究领域十分宽泛且内容具有根本性，需要人们在不同时代、地域和情况下不断思考和解答。现实中，随着相关知识的积累，人们可以通过某些认识途径、利用科学的方法将那些关于基本问题的历史解答整理组织起来。在这一过程中，人们逐渐相信即便自己无法得出最终答案，也能够在不同程度上揭示出问题的本质，并提供一种更为合理的解决途径。而作出这种判断既受到人们对确定同一性问题的自信的影响，也或隐或明地缘于对"无解"的误解和恐慌。事实上，"每个受到真正发问的问题都受

———————————

① 洪汉鼎：《诠释学——它的历史和当代发展》，人民出版社 2001 年版，第 3 页。

② ［加拿大］让·格朗丹：《哲学解释学导论》，何卫平译，商务印书馆 2009 年版，第 8 页。

③ ［德］伽达默尔：《诠释学Ⅱ：真理与方法》，洪汉鼎译，商务印书馆 2010 年版，第 100 页。

动机支配。当我们真正理解一个问题并且也许想回答它时,我们都知道我们为什么要对某事发问,我们也必然知道我们为什么受到询问……因此……其实关键在于要把真正的问题,即它怎样提出——而不是把那种抽象表述的问题可能性——视作我们必须理解的东西。"①不断提出理解在任何现象领域中的问题可能性是理解问题的实质,而这些问题所涉甚广,包括了哲学、宗教、社会政治制度、价值观、语言等各个领域,甚至在文本、交谈、表情乃至眼神等细节中也普遍存在。显然,理解问题只有在被认真对待,并在不同领域、问题或者范畴上不断体现出理解及其解释框架的重要性时,在塑造观点和解释问题的过程中才能规避独断性的分析。

其二,时代性。工具理性和科学主义的兴起在颠覆哲学问题的无解性同时不但促成了"形而上学的死亡",而且隐匿了哲学问题的时代性。在工具理性和科学主义那里,"哲学,它要求概念没有矛盾,清楚明白;规律具有确定性;最后就是要求哲学实践有用,即实用性"②,这意味着哲学问题存在一个最终的普遍的理想方案。在这种世界观和历史观的指导下,哲学问题的历史年表"就这样成了一个战场,堆满了死人的骨骸。它是一个死人的王国,这个王国不仅充满了肉体死亡了的个人,而且已经充满推翻了的和精神上死亡了的系统,在这里面,每一个杀死了另一个,并且埋葬了另一个。"③这样的观点获得了"意见"④的支持却掩盖了真理在不同时代的复杂表现。事实上,哲学是在思想中被把握的时代,只有时代问题才是真正的哲学问题。作为时代问题的哲学问题,的确具有一个本质特征或者特殊领域,即"人本身的问题"。但同时,这个本质问题在不同时代的表现是不同的,既可能是单一的,也可能是复合的;既可能是新生的,也可能是既存的;既可能是明显的,也可能是隐喻

---

① 　[德]伽达默尔:《诠释学Ⅱ:真理与方法》,洪汉鼎译,商务印书馆 2010 年版,第 101—102 页。

② 　张汝伦:《二十世纪德国哲学》,人民出版社 2008 年版,第 3 页。

③ 　[德]黑格尔:《哲学史讲演录》第 1 卷,贺麟、王太庆译,商务印书馆 2009 年版,第 23 页。

④ 　这里的"意见",借用的是黑格尔的界定,即基于感情、愿望和直观等主观的根据,一般地说,即基于主体之特殊性的信念。它与基于思想的信念,即由于洞见事物的概念和性质而产生的思想的信念相对立。在黑格尔看来,哲学意见在哲学史中占到了主流,因此必须谨慎地甄别。

的。但无论如何,哲学问题的时代性都不可被化约为"概念知识",不能以依赖于抽象的主体性原则,避免在既设定命题又进行推理的理性的基础上构建某种理想状态、概念谱系或知识体系。正如人的存在是由无限多个有限性存在而组成的一样,哲学问题也是在无限多个有限解答的变化发展中显示出时代性特征的。理解是人之为人存在的一项存在特殊本质,不会理解或者无法理解的人是不存在的。正因为诠释学的核心问题是理解,它是面向理解的"完整的思想"的"复原方式"(the recuperative gesture),即它试图去揭示何者是既存实践的必然原因①,所以它必须立基于理解问题的时代性,并因此获得作为哲学问题的时代性。

诠释学不是一门技艺或工具。尽管认知的诠释学和本体的诠释学都十分重要,但诠释学并不能等同于它们或它们的组合。概言之,诠释学的哲学义界是将理解和解释作为中心问题与人的生命存在相结合的结果,是对于当前社会中普遍存在的理解困境的哲学筹划。作为哲学问题的诠释学,不仅理解现象、解释现象,而且在创造积极的价值和实践。

二、诠释学的发展历程

总的看来,诠释学的历史是探究理解和解释问题的历史。而理解和解释是以人如何获得对意义的理解为特征的,所以"最早的诠释学是随着意义的探究而发展的"②。正如作为诠释学前史的奠基人亚里士多德所言:"正确判断和正确判断,或正确命题和正确命题,不能是彼此相反的。"③按照丹恩豪尔(Dannhaür)的分析,亚里士多德发现的"意义(sensus)和语句(sententia)之别"指明了诠释学的基本问题,即区分"表明某个陈述的正确意义"与"指明一个正确陈述的意义"④。对于前者,诠释学最终是被找到或者创造的通向目标的工具;而对于后者,诠释学则是从追问诠释学原理出发通向真理的认识。在今天看来,这一区分对诠释学明确其逻辑主线产生了极大的影响,是它变迁的

---

① 参见 Charles Taylor.*Modern Social Imaginaries*.London:Duke University Press.p.7。
② 洪汉鼎:《诠释学——它的历史和当代发展》,人民出版社 2001 年版,第 31 页。
③ [古希腊]亚里士多德:《范畴篇　解释篇》,方书春译,商务印书馆 2009 年版,第 93 页。
④ [德]伽达默尔:《诠释学Ⅱ:真理与方法》,洪汉鼎译,商务印书馆 2010 年版,第 367 页。

"理智之匙"（Clavis Intelligentiae）及划分其历史类型的基本依据。

如果以诠释学初步具备哲学问题的义界前提为标准，那么丹恩豪尔（Dannhaür）的《圣经诠释学或圣书文献解释方法》首次将诠释学作为一门学科并以哲学义界的视野表现出来。"尽管这与我们今天所说的'哲学诠释学'或'诠释学哲学'有根本意义的不同，但由于它把方法当作哲学加以强调，却为诠释学以后发展为一门独立的解释理论开辟了道路。"①以此为基点，诠释学具有三次比较重要的历史转向，"第一次转向是从特殊诠释学到普遍诠释学的转向，或者说，从局部诠释学到一般诠释学的转向……第二次转向是从方法论诠释学到本体论诠释学的转向，或者说，从认识论到哲学的转向……第三次转向是从单纯作为本体论哲学的诠释学到作为实践哲学的诠释学转向，或者说，从单纯作为理论哲学的诠释学到作为理论和实践双重任务的诠释学的转向。"②这一划分有助于人们了解诠释学发展的主要阶段。

此外，诠释学特别是近代以来的诠释学发展始终处于人文科学与自然科学及其二者的思维形式的相互交织与分歧之中，主要处于"自然科学及其思维形式的普遍有效论"、"人文科学——自然科学的相互独立论"以及"人文科学及其思维形式的优先有效论"等范型的交叠与变迁中。在这一过程中，解释和理解从一个统一命题演变成为对立命题，继而又形成"解释—理解"的综合命题。自此，诠释学才进入了当代，"从各学科所作说明结束之处谋求理解，从而开始推动诠释学③的发展。理解先行于说明并包含了说明，而说明又有分析的发展理解。理解和说明的辩证法，创造了人文科学和自然科学这两种知识的连续性和不连续性。诠释学（解释学）经常是排除绝对知识（的）活动。"④

我们所展示的诠释学历史，是以"原文中心主义——语言中心主义——

---

① 洪汉鼎：《诠释学——它的历史和当代发展》，人民出版社 2001 年版，第 43 页。

② 洪汉鼎：《诠释学——它的历史和当代发展》，人民出版社 2001 年版，第 27—29 页。

③ 原文为"解释学"，在原文用词与本文替换词之间意义一致的基础上，为了本文行文的统一性，本文将所引文献中的"解释学"、"释义学"等词全部替换为"诠释学"，下文不再赘述，只以"（原词）"形式标注。

④ ［日］久米博：《解释学的课题和发展——以原文理论为中心》，载北京大学外国哲学研究所：《外国哲学资料》（第六辑），商务印书馆 1982 年版，第 180 页。

实践中心主义"为逻辑主线,以作为哲学问题的诠释学出现以来的诠释学发展为主要时间线索的学术史。由于当代诠释学的特殊性、复杂性和综合性,我们还应兼顾诠释学历史中的"点—面"关系,即历史的整体发展与当代的分化演进之间的关系。

以诠释学发展的逻辑主线和时间线索为参照,"原文"是否作为诠释学的核心问题直接影响到了诠释学的宏观进程。

在很长的一段时期内,原文中心主义都是诠释学的核心范畴,决定了它的主要内容。其具有深远而广泛的影响,以至于诠释学的第一次转向也没能撼动原文中心主义对诠释学的决定地位。所谓原文中心主义,本文是指在以文本(或作品)及其内容为主要对象和载体,将其内容、文字、叙述等作为解释原文,并试图通过技术性的解释手段或者认识性的一般解释获得对文本(或)作品中登记的人类符号的真理与意义的诠释学。其包含以下几个典型:

其一,作为经典注释的诠释学,包括圣经诠释学以及与之相类似的中国经学,它们的任务在于将经典(主要是与神与圣人)中不为普通人直接接受的真理和思想通过诠释的手段加以阐明。

其二,作为文字方法论的诠释学,包括对文本(或作品)的文字原意的考据和论证(类似于我国的训诂学),对文本(或作品)的作者本意的揣度与复现,对文本(或作品)所体现的时代精神和普遍真意的分析和展示等。

其三,作为"'猜测—比较'—循环"理解方法的诠释学,或称为"普遍诠释学"。其主要是施莱尔马赫通过宗教解释学而逐步发展出来的一套解释的规则和方法,其目的在于改变解释自身而更加准确地进入作者的世界。为了实现这一目的,这一典型一方面将文本(或作品)的范围扩大;另一方面凸显理解方法的普遍性,提出"'猜测—比较'—循环"的理解方法,"猜测—比较"是改变解释自身的基础,"猜测尝试获得一种关于作者个性的直观理解,而比较则试图将作者归于某种普遍类型。通过猜测性知识获得人性的柔性力量,而人性的刚性力量则由比较性知识体现。"①"猜测—比较"的解释工作从某一

---

① F.Shcleiermacher.*Hermeneutics*:*The Handwritten Manuscript*.ed.H.Kimmerle,tans.J.Duke and J.Forstmann.Missoula,Montana:Scholars Press,1977,p.150.

句子、某一部分入手,缓慢向前发展,它们总是暂时的,在"最初理解→完全理解"的过程中,个别理解总是依赖于总体性理解,而经过修正的最初理解在新的理解进程开启后,相对而言,自身也就成为了"最初理解"。这不同于无意义的机械往复,而是理解活动的规律,"无论是言说文本还是书写文本,对它们的最初理解相对于整体理解而言总是暂时的和不完备的……只有我们从最初理解结束之时重新再开始新的理解(回到文本之始),我们才能提升最初理解"①,即解释循环。显然,原文中心主义的"目的是精确地理解特定的本文,而历史关系的普遍性还应当服务于这种理解"②。

其四,作为精神科学方法论的诠释学。作为精神科学方法的诠释学是原文中心主义被不断质疑、结构变动时期的形态。随着自然科学的突飞猛进,社会发展的方向、内容和方式不但因此发生了改变,而且科学主义的思维方式特别是经验主义、实证主义的方法也逐步介入人文科学的各个领域,催生出近代社会科学的中间地带,并借助其认识标准不断改造传统人文科学。为了应对这些挑战,以历史学为主要代表的精神科学认识到诠释不应是一项解释原文技术或理论,必须赋予它在精神科学(人文科学)中以更根本的价值。在这一过程中,早期诠释学的历史学家德罗伊森就尝试跳出旧的原文形式的局限,区分了"说明"(Erklärung)与"理解"(Verstand),指出"我们的问题不是说明。解释,不是以前事来说明后事,更不是用历史条件下必然的结果来说明一件演变出来的事。解释是将呈现在眼前的事赋予意义(Deutung);是把呈现在眼前的资料,将它所蕴含的丰富的因素,无限的、打成了结的线索,松开,拆清,(使之)……会重新变得活生生,而且能向我们倾诉"③。受其影响,狄尔泰(W.Dilthey)拓展了"原文",将一切历史实在及其自身整体作为理解的对象,认为"历史实在的原文"可以"包括掌握儿童的咿呀学语、嘟嘟囔囔到理解《哈姆雷特》与《纯粹理性批判》这样的鸿篇巨制。

---

① F.Shcleiermacher.*Hermeneutics : The Handwritten Manuscript*.ed.H.Kimmerle,tans.J.Duke and J.Forstmann.Missoula,Montana : Scholars Press,1977,p.151.

② [德]伽达默尔:《诠释学 I :真理与方法》,洪汉鼎译,商务印书馆 2010 年版,第 283 页。

③ [德]德罗伊森:《历史知识理论》,耶尔恩·吕森、胡昌智编,胡昌智译,北京大学出版社 2006 年版,第 33 页。

通过大理石、音符、姿态、语言以及文本、行动、经济规则和条文"①等,并进一步指出"原文"(本文、文本)已经难以准确表达上述作为理解对象的历史实在,而只有"生命"才能体现精神科学理解对象的客观实在性,即"生命的形成思想的工作"或"生命的实在"②。"生命"取代"原文"的重要性在于,它不再是"主客二分"前提下的相对于抽象主体性的静止的客观事物(如文学作品),而是在有限性意识中体现出来的潜在的无限性精神。由此,原文中心主义才走到了它的终点,诠释学面临着新的历史转向。

代替"原文中心主义"的是"语言中心主义"。利科指出,"今天,所有的哲学探讨都有一个互相交叉的领域,这就是语言这个领域。在语言领域中维特根斯坦的探讨、英国语言哲学、创始于胡塞尔的现象学、海德格尔的研究、布尔特曼学派,或其他以新约圣经释义学派的业绩、神话、礼仪、信仰为对象的比较宗教学,和人类学的研究成果以及精神分析等,都是相互交叉的。"③在处理语言的问题上,语言中心主义强调从原文中的语言出发,而不是通过诠释到达语言。正是在这个意义上,诠释学的存在论转向与20世纪语言转向之间存在着千丝万缕的联系,是语言转向的重要分支。语言的本质从工具变为人的本性,这是诠释学跳出工具论和认识论,转向存在论的重要标志。在人类的历史上,尚没有一种理论系统地提出并论证"语言是人及其社会命运的本质"这一命题。正是在这里,海德格尔大胆地提出"语言的命运奠基于一个民族对存在

---

① W.Dilthey.*Selected Writings*.ed.Trans and introduced H.Rickman,Cambridge:Cambridge University Press,1976.转引自 R.M.Berns,H.R.Pickard:《历史哲学:从启蒙到后现代性》,张羽佳译,北京师范大学出版社 2008 年版,第 241 页。

② 伽达默尔转引狄尔泰原文对这一概念的说明较为准确地描述了"扩大的原文"的范围,狄尔泰认为:"我们正试图理解生命的是在,并且以正确的概念来表现这种实在。以这种方式,客观精神不被我们看作为片面建立在那种表现世界精神本质的普遍的理性之上,并且摆脱了某种观念构造,所以关于它的新概念才变成可能的。它现在包括语言、风俗、所有各种生命的形式和方式,同样也包括家庭、市民社会、国家和法律。甚至黑格尔现在作为绝对精神而与客观东西向区别的东西,如艺术、宗教和哲学也包括在这个概念之内……"。(《狄尔泰全集》(德文版),第 7 卷,第 150 页)转引自[德]伽达默尔:《诠释学 I:真理与方法》,洪汉鼎译,商务印书馆 2010 年版,第 327 页。

③ 参见保罗·利科:《论弗洛伊德》,转引自[日]久米博:《解释学的课题和发展——以原文理论为中心》,载北京大学外国哲学研究所:《外国哲学资料》(第六辑),商务印书馆 1982 年版,第 153 页。

的当下牵联之中,所以,存在问题将把我们最内在地牵引到语言问题中去"①,
"是语言本身把自身带向语言而表达出来","我们无论何时以何种方式来说
一种语言,语言本身在那里恰恰从未达乎词语"②。既然语言决定了人的存
在,那么理解和解释必须依赖于语言,语言具有审视人的主体性的地位,而不
是相反。而所谓"词语破碎处,无物可存在"则形象地表现出了语言中心主义
的要旨。在此基础上,伽达默尔提出了一个更为挑战性的判断:"一切理解都
是语言的理解。"③这指明,语言中心主义不仅是作为一种存在的模式或一种
语言存在的模式,而且是一种鲜明的哲学倾向,它"既辨明且参与到历史的他
者与自我的共在之中"④,"正是语言不断建造并担负着这种世界定向的共同
性","这种共同性是如此的共同,以致它不再是我的意见或你的意见,而是对
世界的共同解释。正是这种共同性才使道德的统一性和社会统一性成为可
能。"⑤总之,语言作为存在方式,不是人刻意地将语言作为中心,而是人始终
自觉地甚至下意识地生活在某种语言语境的构造之中,因此语言的理解不是
人去理解语言,而是人在语言活动中通过带有意义因素的相互沟通而不断努
力发现"语言世界经验之实质",而文本、言说等则是与这种实质相关的介质。
我们认为,语言中心主义既创造了诠释学的本体论,又在存在论层面上创造了
一种新的诠释学思维,用看似与生活世界中的实践经验最不相关的语言现象
统摄了一切经验领域内共有的理解问题。诠释学也由此跳出"原文世界"而
进入"生活世界"。更重要的是,"语言并不是强加在我们身上的人们制造出
来的习俗"⑥,而"事物的解释比原文解释要优先"⑦,是"概念分析的'方法'
建立在把我们大家联系在一起的所有共同性之上。这种共同性也体现为那种
要为之进行辩护的真正对象,即认为,我们大家作为人,相互地对于我们自己

---

① 转引自陈嘉映:《海德格尔哲学概论》,三联书店 1995 年版,第 303—304 页。

② [德]海德格尔:《在通向语言的途中》,孙周兴译,商务印书馆 2009 年版,第 147 页。

③ [德]伽达默尔:《诠释学Ⅱ:真理与方法》,洪汉鼎译,商务印书馆 2010 年版,第 230 页。

④ Nicholas Davey.*Twentieth-Century Hermeneutics*.et.Dermot Moran.The Routledge Companion to Twentieth Century Philosophy.London:Routledge,2008,p.704.

⑤ [德]伽达默尔:《诠释学Ⅱ:真理与方法》,洪汉鼎译,商务印书馆 2010 年版,第 235 页。

⑥ [德]伽达默尔:《诠释学Ⅱ:真理与方法》,洪汉鼎译,商务印书馆 2010 年版,第 258 页。

⑦ [日]久米博:《解释学的课题和发展——以原文理论为中心》,载北京大学外国哲学研究所:《外国哲学资料》(第六辑),商务印书馆 1982 年版,第 157 页。

和我们自己的实践理性,都是不完善的"①。

止如希腊化世界是亚历山大征服的延续一样,实践中心主义成为语言中心主义的必然延伸。产生这种延伸的原因可能是语言中心主义有某种令人不安的独断性倾向,容易诱导人们在现实的理解过程中陷入"末世论"情结。为此,在面临自我更新和继续应对自然科学及其科学思维侵蚀的双重任务的压力下,"实践智慧"概念引起了诠释学的注意,并孕育了实践中心主义。今天看来,实践中心主义诠释学有两个基本前提。

第一,认清"知识并非只是基于统治它的疏异的东西这个问题而被提出来的,这只是自然科学对事实进行科学研究的基本激情,人文科学最关键的不是客观性,而是与对象的前行关系,正如在艺术和历史中人的主动参与是它们理论有无价值的根本标准,同样在其他人文科学中,如政治学、文学、宗教学等,实践参与正构成它们的本质特征。"②

第二,认为"在这个世界上存在着'正确的'并能为'正确的'世界政治秩序服务的政治变革,对此绝不会有人有异议。然而由此又提出了以下问题:这种正确性以什么作为标准?以一种政治秩序观作为标准?即使涉及的是极为合理的世界政治秩序观,比如关于欧洲统一的观点,但这种尺度也会变得极为不确定"③。"这里的关键要纠正我们的意识,使其重新能够为学会在变化了的以及我们能够和应该改变的事物背后保存没有改变的和现实的因素。"④

概括起来,前者是实践中心主义诠释学的思想基础,后者则是它的"经济—政治"基础。在实践中心主义诠释学中,存在三个主要流派,即以伽达默尔为主要代表的"哲学诠释学"、以利科和赫施为主要代表的"方法诠释学"以及以哈贝马斯和阿佩尔(K-O·Apel)为主要代表的批判诠释学。它们既存在传继关系又相互并列、互相争论,"以哲学诠释学为首出,开创新局,重视了解

---

① [德]伽达默尔:《价值伦理学和实践哲学》,邓安庆译,载《伽达默尔集》,严平编选,上海远东出版社 2003 年版,第 279 页。

② 洪汉鼎:《诠释学——它的历史和当代发展》,人民出版社 2001 年版,第 27 页。

③ [德]伽达默尔:《诠释学Ⅱ:真理与方法》,洪汉鼎译,商务印书馆 2010 年版,第 196 页。

④ [德]伽达默尔:《诠释学Ⅱ:真理与方法》,洪汉鼎译,商务印书馆 2010 年版,第 216 页。

的存在论向度,主张真理的开显优先于任何方法学考虑。方法诠释学继其后,补其偏,重立方法学向度,凸显解释的运作。然而此二者皆只注重于有意识且有意义的层面,对于潜意识而仍有意义的层面,无论其为个人的欲望或集体的意识形态,则显得无能为力,必须济之以批判诠释学的批判方法,始能化潜意识为有意识,以免受其宰制。"①实践中心主义诠释学强调,人只有身处实践之中才能共同理解并受教于对此种实践的诠释,这与道德哲学中"旁观者"或"建构者"观点相左,不赞同"理性中立者"能够真正理解实践的看法。尽管在上述流派因实践观、实践智慧观、实践理性观和实践哲学观的不同而各有侧重,但是它们所主张的"讲话者"、"沟通者"、"叙述者"都是在语言中心主义改造后面向复杂的自我存在的生活实践的理解、阐释、批判与筹划。它们要求实现的诠释学面貌,由于其还需要不断克服科学实践及其思维形式和概念分析对实践领域的强大影响,因此更多地集中在如何更完备地向人们展示"其关于理解的利益指向的程序"与"一切科学方法进程的同一的批判合理性标准"②之间的共契性。从某种意义上,这是它的局限性,但作为一种实践哲学,它符合其"建筑学特点"的框架结构,并为在其视域内进行"概念分析"奠定了基础。伽达默尔高度赞扬了实践中心主义,指出"诠释学本身并不是一种方法,也不是十九世纪由施莱尔马赫和伯克直到狄尔泰和埃米里奥·贝蒂作为语文科学的方法论所发展出的一组方法,它是哲学。它不仅提供关于科学应用程序的解释,而且还对预先规定一切科学之运用的问题作出说明——这就像柏拉图所说的修辞学,这是一些规定所有人类认识和活动的问题,是对于人之为人以及对'善'的选择最为至关紧要的'最伟大的'问题。"③作为这一转向的"宝贵遗产",当代诠释学跨进了实践哲学的"家族"中。

三、诠释学的当代渊源

当代诠释学的理论渊源包括当代诠释学诸理论共同接受和论证的核心问

---

① 沈清松:《解释、理解、批判——诠释学方法的原理及其应用》,载台湾大学哲学系:《当代西方哲学与方法论》,(台湾)东大图书公司1988年版,第22页。
② [德]伽达默尔:《诠释学Ⅱ:真理与方法》,洪汉鼎译,商务印书馆2010年版,第400页。
③ [德]伽达默尔:《诠释学Ⅱ:真理与方法》,洪汉鼎译,商务印书馆2010年版,第400页。

题,共同享有并应用的研究路径及思维方法,获得它们广泛认同的命题或者结论,以及那些成为具体解释规范(包括解释原则)的理论基础。既然实践中心主义诠释学是当代诠释学的主要代表,那么为了将当代诠释学的方位感和结构性简明地表现出来,我们通过演进的要素、方位、结构的三个图式对此略作说明。

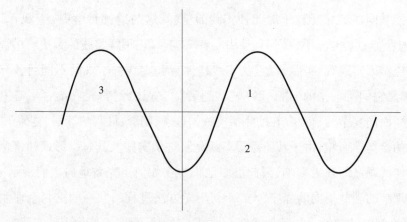

图1-1　当代诠释学的演进方位示意

在图1-1中,"1"代表实践中心主义的诠释学,"2"代表语言中心主义的诠释学,而"3"代表原文中心主义的诠释学。该图式的横坐标表示时间发展,纵坐标无意义。该图标示:"2"对"1"有结构性的决定作用,"3"对"1"则有发生性的决定作用。换言之,语言中心主义的诠释学对实践中心主义的诠释学有结构性的决定作用,此二者共同来自对原文中心主义的扬弃,因此原文中心主义的经验和原理对实践中心主义的诠释学具有发生性的决定作用。

在图1-2中,"1"代表实践中心主义的诠释学,"2"代表诠释学体系,而"3"代表"生活世界经验"体系。该图示的横坐标表示基础要素与结构表现的关系,而纵坐标则表示隐性结构与显性结构的存在关系。该图同样用于表现:"2"对"1"有结构性的决定作用,"3"对"1"则有发生性的决定作用。具体而言,在当代诠释学的横切面结构中,诠释学体系(诠释学传统的理论渊源)对实践中心主义诠释学的存在有结构性的决定作用,而生活世界经验是一种作为一种显性的发生性决定,具体表现在实践中心主义诠释学之中,而诠释学体

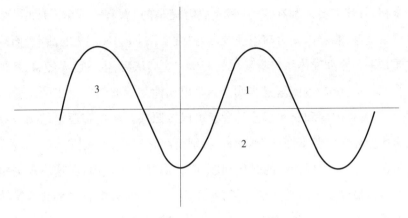

图1-2 当代诠释学的演进结构示意

系并不完全展现这一经验的发生性决定作用(如原文理论和存在论诠释学对于世界经验的决定性就并不是十分重视)。

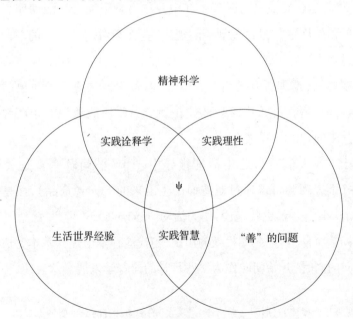

图1-3 当代诠释学的要素结构示意

在图1-3中,"ψ"代表作为实践哲学的诠释学。这表明,作为实践哲学的诠释学是在"实践智慧—实践理性—实践诠释学(实践中心主义的诠释学)"共同作用下产生的。当然,作为实践哲学的诠释学与实践中心主义诠释学并不完全相同,其主要区别在于:前者是具有完整的"解释—理解—应用"结构的诠释学范型,能够以此为知识领域参与"现实"(energeria)①的活动,而后者则主要是一种诠释学体系自身发展的变型。我们认为,生活世界经验、精神科学和"善"(Be good)的问题是当代诠释学以属性为标准而划分出的主要理论渊源,它们各自内部和交叉部分包含了可以按照层次结构和逻辑结构进行划分的当代诠释学的要素性理论渊源。特别是在它们的交融过程中,"实践"要素逐步融入诠释学,成为它的时代问题、时代属性和时代内容,这表现为精神科学与生活世界经验的交融催生了"实践诠释学"(实践中心主义的诠释学),生活世界经验与"善"的问题的交融凸显了实践智慧的时代诉求,"善"的问题与精神科学的交融则体现了实践理性的时代特征。它们的交融与综合体现了"作为实践哲学的诠释学"的基本使命,分释可见:

i. 必须"总是已经被自己受教于其中并作为整个社会生活秩序之基础的规范观念所预先规定",且这些规范的观点"存在于对迄今生效的东西不断加以改变的过程中"②。

ii. 需要"综合整理所有的科学,认识所有科学方法应用于对象的认知机会,并尽其可能地利用它们",换言之"把所有科学所能认识的东西都包括进我们处身其中的理解关联之中"③。

iii. 坚持"在人们对自己生活的指导中,'善'的问题一直是关键的问题——善并不表现为可以通过制造而产生出来的 Ergon(产品),而是表现为实践和 Eupraxis(善行,也就是说,作为活动[Energeia])"④。

对诠释学而言,它正在寻找新的历史,当代诠释学已经在基本完成实践中心主义转向的同时,开始朝向作为实践哲学的诠释学发展。这表明,当代诠释

---

① 参见亚里士多德的《形而上学》,作为"现实"的活动具有两个重要特点。其一,"现实"不是一种状态而是一种活动(ergon),即为了达到目的的活动,而"实现"(entelecheia)则是达到了目的的"现实";其二,"所有不消灭的永恒的东西都是现实"(《亚里士多德全集》:1050b6-18),而实践哲学只有努力"现实",才能避免成为仅仅为行动而行动的"创制知识",而保持其关于当前有关事情的、以行动为目的且兼顾求真目的的知识。

② [德]伽达默尔:《诠释学Ⅱ:真理与方法》,洪汉鼎译,商务印书馆 2010 年版,第 399 页。

③ [德]伽达默尔:《诠释学Ⅱ:真理与方法》,洪汉鼎译,商务印书馆 2010 年版,第 400 页。

④ [德]伽达默尔:《诠释学Ⅱ:真理与方法》,洪汉鼎译,商务印书馆 2010 年版,第 387 页。

学的历史方位和时代问题预示着实践哲学以及符合实践哲学要求的对象、基本范畴和具体概念将会逐步进入诠释学的视域中。同时,作为实践哲学的诠释学将成为诠释学演进的历史必然和时代选择。这是一幅全新的知识图景,它"不会把一种能力提升为规则意识……它是对这种能力以及作为这种能力基础的知识作的反思。因此,它并不适用于克服特定的理解困难,有如在阅读文本和与别人谈话时所发生的那样,它所从事的工作,乃是一种'批判的反思知识'。"①在这一演进过程中,诠释学的自身发展历史是其思想基础,关于"理解—解释"的工具或方法论更迭是其"结构—功能"基础,而与理解问题相关联的学科间关系则是它的语境基础。我们认为,这三个方面则是当代诠释学理论渊源的主要方面。具体而言:(1)诠释学的学术史中的较为典型的理论渊源。正如格朗丹所说,现代诠释学史"与其他历史相似,是事后撰写的,它也是一种建构。"②符合这种建构意义上的理论渊源共同具备一个特征,即它们都主张自身的普遍性。以此而观之,这样的理论渊源主要有:命题逻辑的渊源,即认为解释或翻译的工作是一种通过语言的中介,而将需要表达的有意义的命题展现或再现出来的理论方式。整体逻辑,即认为诠释学是对精神科学的整体进行把握、阐释和再现的理论方式,解释是作为一贯的整全性结构而存在的普遍原则。问答逻辑,即主张理解作为人的此在的基本结构不是符号和文本的世界对象化,而是相互理解中的内在的对话,是共同的持续"倾听"和"实现"。(2)"理解—解释"的工具或方法论更迭之中形成的具有"结构—功能"特征的方法论渊源。如果是按照诠释学的立场,人的本质就是能够理解和解释的动物,换言之,人只有在理解和解释的过程中才具备人的特性,对于个体而言,理解和解释的终点也就是人的生命终点。那么,作为理解动物的人如何实现其本质呢? 这就牵涉"理解—解释"的工具或方法论问题。毋庸置疑,从工具论、技艺学角度,理解和解释的方式有很多,这些方式不但因其工具性和技艺性而无法成为精神科学的一般方法论,而且大都是"一元的",要么是"怀疑性解释方式"要么就是"还原性解释方式",而当代诠释学经历了语言中心主义特别是存在论

---

① [德]伽达默尔:《诠释学Ⅱ:真理与方法》,洪汉鼎译,商务印书馆2010年版,第316页。
② [加拿大]让·格朗丹:《哲学解释学导论》,何卫平译,商务印书馆2009年版,第11页。

的转向后,解释方法演变为"结构—功能"的方法论知识了。因此,当代诠释学的方法论渊源包括四项:原文理论、讲解理论、行动理论和辩证法。所谓原文理论,是对关系着与原文解释相联系的理解行为性质的指示方式的方法论,其主要协调和处理事件和意义、鉴别作用和谓词作用、表现行为和非表现行为、意义和指示、现实指示和讲话者指示的对立关系,因此它与文本意义上的"原文"不同,而是一种关于语言行为的解释方法。所谓讲解理论,是关于解释行为的模型理论,主要包括讲解的缩小模型(翻译)、讲解的类推模型(二次创造)以及讲解的理论模型(结构分析),讲解理论出现在较为具体的文本、言谈的解释活动中,其往往是尝试克服不同解释境域之间差异性、疏离性和不可沟通性的方法。所谓行动理论,即具体处理"自然界之现象世界"(α)和"人类社会之行为世界"(β)之关系的方法,这里的解释方法大概有三种倾向:①$[\alpha \cup \beta]$:择 α 或 β 任一为根据而忽略另一的解释行为;②$[\alpha \propto \beta]$:α 以 β 为原则和准则的解释行为;③$[\beta \propto \alpha]$:β 以 α 为原则和准则的解释行为。相对于①而言,②、③是近代以来对当代诠释学较有影响的两种方法论倾向。当前,与日常语言中"人类行为"相一致的"行为的解释方法"不同,较为公允的行动理论认为无动机的因果性与无因果性的动机之间才存在人类的行为,这一行为标准"存在于可以说明的东西(原因)与可以理解的东西(动机—理由)的对立的根源之中"①。这就使得人的理解过程和解释行为能够兼顾因果与动机、存在与语言、说明与理解等多组对立范畴。而所谓辩证法,是关于理解循环的解释方法,即对待"整体与部分"、"前理解与当前理解"、"问—答交替演进"的理解现象时的基本方法,是排除彻底理解和完全解释的方法论依据。(3)在诠释学同其他学科门类的相互影响中所获取的可作为精神科学基础的知识语境渊源。简言之,诠释学的历史决定了当代诠释学与其他学科门类之间的复杂关系。仅仅从经典诠释学家的论述中就不难发现,逻辑学、修辞说、释经学、语文学、语法学、语义学、语用学、历史学、心理学、伦理学、现象学、美学等都曾有专门研究。当然,这些研究是从不同目的出发,且存在于不同学科甚至不同问题领域之内的。但诠释学所

---

① [日]久米博:《解释学的课题和发展——以原文理论为中心》,载北京大学外国哲学研究所:《外国哲学资料》(第六辑),商务印书馆 1982 年版,第 176—177 页。

涉学科范围之广,确实是当代诠释学在归纳其知识语境渊源时不可回避的问题。综合起来,语义学、分析哲学、现象学、历史学(历史主义)和当代实践哲学与当代诠释学之间的关系较为密切和重要。其中,语义学为诠释学提供了更为科学的语言观,"认识到语言的整体结构并由此指出符号,象征的单义性以及语言表述的逻辑形式化等错误理想的局限性……(其)最大价值尤其在于它解除孤立的语词符号所具有的同一性假象,而且它以不同的方式做到这一点:或者指出语词的同义性,或者表现为意义更深远的形式,即证明单个语词的表达是完全不可转义、不可转换的"①,为精确理解概念提供了可能性。分析哲学在意义与理解、符号与语言、思想与世界等许多方面与当代诠释学拥有共同的话题,这既显示出分析哲学对诠释学的特殊意义,又增加了在二者之间相互"撇清"且互相"利用"的难度。一般而言,在解释意义和重建理性观念的过程中,诠释学之于精神科学整体的意义更大;而分析哲学则在语言、符号和思想等的意义问题上为诠释学提供了实现普遍性的可能路径和方法。此外,现象学对于当代诠释学的影响不容小觑,其关于摹本和原型关系的理论是当代诠释学的出发点,并为当代诠释学提供了许多重要的基础命题,如面向事物本身、意向性、视域、构成性、时间意识(有限性)、主体性的"作为"、生活世界以及"前把握",这些命题或范畴都或直接或间接地决定和构成了哲学诠释学的思想基础,对当代诠释学的塑造具有奠基性作用。在哲学史家眼中,诠释学是现象学流派的一个分支。如果说上述三种知识门类都是在当代诠释学转向的过程中与之密切相关,那么历史学和实践哲学的主要影响在于上述转向的"头尾"处。一方面,当代诠释学之所以能在现代完成上述重要的转向,历史学(历史主义)居功至伟。正是历史学在解决"为历史科学的认识方式获得相应的理论上的证明"②时,诠释学才得以作为哲学思考与精神科学的基础相提并论,并且创造性地提出了精神科学的独立性和特殊性、诠释学作为精神科学普遍方法的命题。更重要的是,历史学(历史主义)不但提出了诠释学的实践价值问题,而且率先提出了"解释普遍有效性"的问题,其"由于综合精神科学的认识论、逻辑学和方法

① [德]伽达默尔:《诠释学Ⅱ:真理与方法》,洪汉鼎译,商务印书馆2010年版,第218—219页。

② [德]伽达默尔:《诠释学Ⅱ:真理与方法》,洪汉鼎译,商务印书馆2010年版,第488页。

论,这门诠释(原文为"解释")理论成了哲学和历史科学之间的重要联系环节,成了奠定精神科学基础的重要部分"①。另一方面,实践哲学极大地影响了这一转向,并推动了它的延续发展。当代诠释学的转向在人文科学内部完成了两个使命:一是对人文科学的全面反思,二是说明诠释学的普遍有效性。因此,它选择存在论为其基础既是理论的必要,也是现实的必然。但是,尽管存在论诠释学突出了诠释学以及理解问题的基础性地位,但它却并没有成为一种实际、普遍、有效的哲学知识。非但在日常生活中诠释学是一门陌生的知识,而且人文科学内的其他学科也没能重视它的存在甚至怀疑它作为一种知识门类存在的必要性,也就遑论诠释学的普遍应用了。正如伽达默尔晚年所言:"如果谁还没有训练成为一个真正的伦理(Ethos)——无论是通过自己或者是别人,那他也就不会懂得伦理学为何物"②,这种"伦理"是一种在"实践智慧"(Phronesis)指引下的"实践"(Praxis),"它只在具体的情境中证实自己,并总是置身于一个由信念、习惯和价值所构成的活生生的关系之中"③。正因为存在论诠释学还不能充分地、活生生地揭示这种具体的实践情境,因此它仍是一个恒定的规范框架,类似于规则,只有"减负效应"(Entlastungseffekt),而没有"增益效应"。而实践哲学的出现就是对"诠释学"的一种增益,它不但捍卫了诠释学是关于实质性问题而非工具技艺问题的论断,而且打开了这种实质性问题的真正空间,避免了对它的怀疑;同时,诠释学也从高高在上的关于人的理解本质的洞见转变为真正关心人、关注人的具体生活的哲学思想,从根本上阻止了诠释学陷入科学主义方法论的困境。由此,政治生活(伦理生活)中丰富的现象、范畴和概念才可能获得诠释学的理解关怀。为此,伽达默尔说"实践和政治理性仅能对话性地被实现和传达。因此,笔者认为,哲学首要任务是确定这种理性方式的合法性并捍卫实践和政治理性而反对基于科学基础上的技术主义的控制,这即是哲学解释学之关键。它纠正了现代意识——将科学偶像化——的

---

① 〔德〕威尔海姆·狄尔泰:《诠释学的起源》,洪汉鼎译,载洪汉鼎:《理解与解释——诠释学经典文选》,东方出版社 2006 年版,第 92 页。

② 〔德〕伽达默尔、杜特:《解释学、美学、实践哲学》,金惠敏译,商务印书馆 2005 年版,第71 页。

③ 〔德〕伽达默尔、杜特:《解释学、美学、实践哲学》,金惠敏译,商务印书馆 2005 年版,第68 页。

特有虚假性;重新证明了公民的崇高任务——依据自己责任来做决定而不是将任务移交给专家。就此而论,解释哲学是更古老的实践哲学传统的产物。"①

时至今日,诠释学在许多重要的时代问题上与其他研究视角相互对话而不断衍生出新的"学术背景"性的理论模式,诠释学"不必或不应归结为任何具体的学说、流派和理论,而应视之为一个具有高度探索性的意义学思考方向的泛称。诠释学代表着关注对象形成的条件、前提、背景、方法和意义层次的综合性、整体性研究,而不是直接以对象话语的意思内容为唯一对象……诠释学也暗示着,研究者需对学术研究的框架和方向予以创造性的设计和独立的探索,其中需要思想方法的革新……'诠释学'作为思想方向的提示标记,代表着有关中与西、古与今、理论与实践、历史与哲学等不同思想维面的交会和交替思考的认识论方法论机制,它可指向人类知识的四面八方,而'它本身'可能什么也不是。"②客观地说,诠释学普遍化的使命任重而道远,与其他学科发生"化学反应"也非在朝夕之功,但是"不管怎样,我们能够说出哲学诠释学和各门科学以及其结果的解释有关的四个方面:(1)诠释学的意识摧毁了客观主义者有关传统人文科学的自我理解……(2)诠释学的意识进一步使社会科学记起了在它们对象的符号式结构活动中产生的问题……(3)诠释学的意识还影响科学主义对自然科学的自我理解……(4)诠释学的意识最终会在一种解释的领域,而不是其他领域得到使用,这个领域就是具有巨大社会意义的领域:把重要科学信息翻译成社会生活世界的语言"③。这是诠释学一直坚持的"普遍化"的方向和内容。

在"非者之所是"的情境中找到诠释学的核心问题离不开它发展的历史脉络,即"真理问题如何扩大到精神科学的理解问题",而它的当代转向则不啻为理解问题扩大到实践领域里的"解释问题"。理解问题始终是面向"意

① 参见[德]伽达默尔:《解释学与社会科学》,转引自张能为:《理解的实践——伽达默尔实践哲学研究》,人民出版社2002年版,第122页。
② 李幼蒸:《历史和伦理——解释学的中西对话》,中国人民大学出版社2008年版,第372页。
③ [德]约尔根·哈贝马斯:《诠释学的普遍性要求》,高地、鲁旭东、孟庆时译,载洪汉鼎:《理解与解释——诠释学经典文选》,东方出版社2006年版,第275—276页。

义"的,而意义不过是思想和生活之间始终存在着的张力状态。这个状态决定了人——特别是活生生的、生活在生活世界经验之中的人——对诠释学的依赖。这种世界经验构成了日常的法权现象,是每一个具体的人都置身且面对的挑战。人们还没有发现或者刻意回避理解才是缔造团结、有序和发展的根本,而不是美好的目标、富有的程度、发展的速度或者道德的善恶。但是,正是这些遮蔽了理解和解释作为实践的共同目标的地位,在概念符号及其规范建构、规则设计和行为描述日渐兴盛的今天,它们并没有指引人类走向对该种建构的普遍认同,仍是工具主义的"对策"——只不过是更抽象的对策。

正因为"我们关于正确、善等的观念还不如不正确的和坏的观念那样明确,那样确定"[1],因此,是否存在正确的并能为正确的政治生活提供服务的政治活动和变革也不确定。作为实践哲学的诠释学面对第一个真正的实践问题正是理解和解释政治生活的尺度问题,而对于这种尺度的概念和范畴的界定则是实现这一筹划的首要步骤。据此,我们不能在诠释学的一般性上驻留太久,同时实践哲学的诠释学也需要一种更为现实的视角或表达形式,即所谓的"政治诠释学"。

第二节　何谓政治诠释学

毋庸讳言,政治诠释学是一个新命题。政治诠释学既是诠释学尤其是作为实践哲学的诠释学的表现形式之一,又是政治哲学的新兴边缘学科。现实中的"政治诠释学"主要表现为政治的诠释[2]或者概念解释原则[3]。在政治学领域中,这一理论倾向在政治思想研究和政治哲学研究中有所体现。大致而

---

① [德]伽达默尔:《诠释学II:真理与方法》,洪汉鼎译,商务印书馆2010年版,第195页。

② 近年来,西方学者开始关注诠释学问题,并将其引入政治学研究中,以此与强调价值无涉或客观语言主义的政治科学相区别,他们将这一研究范型称为"解释的政治学"(Interpretation of Politics),他们的研究表明政治的诠释是一种长期被隐匿的重要研究思维。参见 Michael T. Gibbons.*Interpreting Politics*.Oxford,UK:Basil Blackwell Ltd,1987.pp.1-11.

③ 德沃金在其《适于刺猬的正义》一书中,提出了道德哲学的三个原则,即道德判断的独立原则,道德价值的统一性原则以及道德价值的概念解释原则,他认为这是阐发一切道德哲学理论的基础所在。参见 Ronald Dworkin.*Justice for Hedgehogs*.Belknap Press of Harvard University Press,2011.

言,它试图将理解问题纳入政治学研究中,特别是在反思和探究政治哲学的概念、语言、思想等问题上有所革新。而较为准确的原因在于,政治诠释学是诠释学观点普遍性的自然延伸和自觉应用,是在政治领域内对理解方式的共同性的承认,也是一种具体的诠释学经验。与诠释学的基本意识相同,政治诠释学"绝不是提供一种关于解释的一般理论和一种关于解释方法的独特学说……而是要探寻一切理解方式的共同点,并要表明理解从来就不是一种对于某个被给定的'对象'的主观行为,而是属于效果历史(Wirkungsgeschichte),这就是说,理解是属于被理解东西的存在(Sein)"①。

一、政治诠释学的义界:实践诠释学在政治生活中的投射

诠释学的普遍化是构建政治诠释学的重要历史和理论背景。具体而言,诠释学的普遍化表现在两个方面:从知识谱系的角度看,这种普遍化意味着将诠释学运用到人文社会科学各个学科和不同领域中;从诠释学的知识结构看,这种普遍化是指诠释学的内部各要件或内在逻各斯的普遍性特征或要求,"不仅是内在语言的普遍性,历史性的普遍性,内在语言与外在语言的辩证关系所体现出的那种普遍性,而且它还是理性的普遍性"②,即"内在逻各斯这个诠释学(原文'解释学')的最基本的主题,很早就一直被赋予了并被称为:理性"③。这两种普遍化逻辑在政治实践领域交汇时就催生了政治诠释学。

历史地看,两种普遍化都曾出现。第一次普遍化是由局部诠释学向一般诠释学的转变完成的,它的倾向是"逐步扩大诠释学(原文'解释学')的目标,用这种方法使得各种局部诠释学汇合为一般诠释学。但是,只有当诠释学那种严格的'认识论'倾向——力图使自己成为一门科学的那种倾向——从属于'本体论'倾向,由此'理解'不再表现为单纯的'认知方式'而变成一种'存在方式',一种与存在物和存在发生联系的方式时,诠释学由局部性到一般性

①　[德]伽达默尔:《诠释学Ⅱ:真理与方法》,洪汉鼎译,商务印书馆 2010 年版,第 556—557 页。

②　何卫平:《关于解释学的普遍性的深刻沉思》,载洪汉鼎:《中国诠释学》(第 3 辑),山东人民出版社 2006 年版,第 83 页。

③　[加拿大]让·格朗丹:《哲学解释学导论》,何卫平译,商务印书馆 2009 年版,第 225 页。

的演变才能完成。"①第二次普遍化是将一般诠释学的方法论问题从属于基本的本体论的过程,这"不是为了使神圣本文或者世俗本文的释义学,由语言学、心理学、历史理论或文化理论所提出的方法论问题完善化"②。当代诠释学不但将二者有机统一起来,既使理解问题上升为人文科学的基础问题,又使解释成为人文科学的共同的基础方法论,而且将理解和解释所构筑的诠释学经验应用到具体的生活实践中。在这个意义上,政治诠释学是一种新的普遍性、实践性的诠释学,强调的是与政治实践相关的理解过程。

　　具体而言,政治诠释学应该包含四个方面的义界。

　　首先,政治诠释学是当代政治哲学与诠释学相互交融后的新领域。同传统政治哲学相比,"当代政治哲学研究的一个重要转变,在于从宏观政治哲学向微观政治哲学的范式转变。"③众所周知,传统政治哲学侧重于政治哲学的基本论域、核心问题和价值观念,即在以政治国家为核心的社会政治的法权现象领域中,围绕以权力运行为主要内容的政治实践问题,而形成的关于制度安排、体制建构和观念选择的价值判断。这种政治哲学主要关涉"何种历史条件下政治生活的问题能够成为政治哲学中的问题……即决定着人类社会形态的实践方式的变迁问题"④,是宏观的政治哲学。而微观政治哲学则关注微观政治的哲学思考,提出"内在于所有社会活动和日常生活层面的弥散化的、微观化的权力结构和控制机制"⑤的理论范式;同时,它重视基本范畴或基本概念的"微观"阐释,秉持怀疑精神,力图实现思想"除魅"。微观政治哲学不但继承了某种较为激烈的反传统观,试图较为彻底地与传统政治哲学的"宏观性"(或"政治性")决裂,而强调知识性(或"文化性"),而且它也积极谋求树立"合法化地位",在有限度地肯定传统政治哲学的研究主题和基本判断的同

---

①　[法]保罗·利科尔:《解释学与人文科学》,陶远华等译,河北人民出版社1987年版,第42页。

②　[法]保罗·利科尔:《解释学与人文科学》,陶远华等译,河北人民出版社1987年版,第65、53页。

③　衣俊卿:《论微观政治哲学的研究范式》,《中国社会科学》2006年第6期。

④　陈晏清:《政治哲学的兴起于当代中国马克思主义政治哲学的建构》,《中国社会科学》2006年第6期。

⑤　衣俊卿:《论微观政治哲学的研究范式》,《中国社会科学》2006年第6期。

时,侧重挖掘传统政治哲学的不调和、不完备之处,进行分散化、多元化的哲学思考,力求在研究思维和方法方面有所创新。这些争辩不但揭示了传统政治哲学过度依赖确定性、客观性和一致性的思维弊端,而且质疑了政治概念必须具有建构性、融贯性和指导性的一般认识。在此基础上,微观政治哲学强调重视政治概念的模糊性、不准确性和价值性(Value-laden),主张关注政治语言的评价维度,避免在塑造"政治同意"时陷入虚假前提、抽象建构以及将偶然性现象上升为普遍性观念的分析误区。在这里,人们意识到"政治有序和无序是两种政治实践的可能性,是表达主义政治理论(expressivist political theory)设计的两种可能节点,而在它们之间建立某种关联性就必须依靠表达主义解释理论(expressivist interpretive theory)。这也就要求对现象与真相的关系和这种关系本身进行更加复杂的理解,并对政治及其他实践活动进行更加复杂的理解,而非采取那种显而易见的非此即彼式的解释,即要么是还原性的解释,要么是怀疑性的解释。"①对此,德沃金(Ronald Dworkin)、泰勒(Charles Taylor)、高尔茨(Clifford Feertz)、哈贝马斯(Jürgen Habermas)、罗蒂(Richard Rorty)等人在研究中作出了不同回应。应该承认,不同理论模式的契合往往是它们各自发展中产生的交互性要求的必然结果。就在宏观政治哲学向微观化转变,微观政治哲学产生了"诠释政治"需要之时,当代诠释学对于"应用"(Applikation)的需要则巧妙地呼应了前一需要。这一呼应之所以重要,是因为"理解和解释的内在结合却导致诠释学问题里的第三个要素即应用(Applikation)与诠释学不发生任何关系"②,而属于诠释学任务的应用"不是理解现象的一个随后的和偶然的成分,而是从一开始就整个地规定了理解活动"③,因而"诠释学只有当它以这种方式被扩建成为一门关于本文理解和解释的一般理论时,它才获得其真正的规定性"④。在所有与政治实践及与之相关的本文的地方,政治诠释学就能发挥作用。而所谓与政治实践相关的本文就是围

---

① Michael T. Gibbons. *Introduction*: *The Politics of Interpretation*, ed. Michael T. Gibbons. Interpreting Politics, Oxford: Basil Blackwell Ltd., 1987, p.28.

② [德]伽达默尔:《诠释学Ⅰ:真理与方法》,洪汉鼎译,商务印书馆2010年版,第435页。

③ [德]伽达默尔:《诠释学Ⅰ:真理与方法》,洪汉鼎译,商务印书馆2010年版,第459页。

④ [德]伽达默尔:《诠释学Ⅰ:真理与方法》,洪汉鼎译,商务印书馆2010年版,第459页。

绕政治概念而形成的关于政治诠释的理解效果,这种效果体现的是诠释学应用的真正意义,它既表现在学科间际,又体现为理解形式的内部关系。在这个意义上,政治诠释学具有当代诠释学的典范意义,是一种新的诠释哲学。

其次,政治诠释学是一种新的具体诠释学,它是"分析的诠释学"与"人文主义的诠释学"相互结合后的诠释学范型。学术史中,认识论与诠释学始终保持着微妙的关系。在诠释学的发展史中,"特殊诠释学向普遍诠释学"的转向完成的是从方法论向认识论的提升,在扬弃作为方法工具的解释的基础上提出理解是精神科学基础的认识论命题。当然,诠释学并不满足于理解作为认识论的现实,海德格尔和伽达默尔揭示了"理解—解释"在"认识—方法"关系上存在不可调和的紧张关系,提出以理解为本体的存在论诠释学和以"理解—解释—应用"为本体的哲学诠释学。尽管伽达默尔认为诠释学与实践哲学是等同的,指出二者在哲学的思维、目标、渊源等方面的同构性,但其却从不承认作为实践哲学的诠释学在"本质同构"和"实现同构"之间存在"认识同构",诠释学不是认识实践问题的,而实践也没有必要通过诠释学来说明,即"问题不是我们做什么,也不是我们应当做什么,而是什么东西超越我们的愿望和行动与我们一起发生。"[1]"这份固执"既来自于德国哲学对彻底性和一致性的特殊情结,又隐隐表达出他对诠释学沦为工具的担忧。但无论如何,诠释学只有对具体的理解和解释有所助益,才能在理解政治概念的具体分析中有所作为。在这里,政治诠释学才成为一种新的诠释学范型。"因为我们对世界的理解不能始终只停留在原初的层面上,这种领悟毕竟是不清晰的、初步的,所以它最终要上升到概念、陈述和反思的水平上,进入到科学的层面,如何正确地理解是诠释学(原文为'解释学')不可回避的,所以本体论诠释学出现后并没有代替认识论、方法论解释学,一如诠释学哲学出现以后并没有取代部门解释学一样,后者仍在发展。"[2]有所不同的是,以认识论、方法论运用为主要目的的"分析的诠释学"和以本体论、存在论为本质诉求的"人文主义的诠释学"不再呈现决裂的态势,既有相互调和以实现对政治实践中的问题、命题

---

① [德]伽达默尔:《诠释学Ⅱ:真理与方法》,洪汉鼎译,商务印书馆 2010 年版,第 552—553 页。

② 何卫平:《解释学之维——问题与研究》,人民出版社 2009 年版,第 51 页。

和概念更好理解的调和型的政治诠释学(如贝蒂),又有深入挖掘二者深刻差异甚至各自派系内部不同观点本质差别进而概括其现象共性而重现"本体诠释学"的冲突性的政治诠释学(如利科)。不过,归根结底,我们是在更加关注人的理解本质和"理解—解释—应用"的本体意义上建构解释的认识论和方法论的,同时,哲学诠释学的"应用性"则为"建立一门肯定能够捍卫客观性的解释学"提供一个确定的精神科学方法论的基础。在分析的诠释学与人文主义的诠释学的综合过程中,政治诠释学是其重要的知识产品,更准确地说,政治诠释学作为一种知识门类的地位是人文主义的诠释学赋予的,而它改造了政治哲学中的解释原则,更加重视肯定性解释,而不仅仅是否定性、证伪;更加有助于我们确定某些概念的正确内涵,而不仅仅是防止我们在错误理解道路上陷入误解和偏见。因此,政治诠释学才可被称为一种具体诠释学的新典范。

再次,政治诠释学是作为实践哲学的诠释学,植根于政治实践而非语言规则的思维游戏。亚里士多德曾说:"每种技艺与研究,同样地,人的每种实践与选择,都以某种善为目的。"[1]"善"(英文"good")如果是抽象的,那么它就只能是语言游戏的空洞符号;但"善"(希腊文"τ ἀγαθ ὸν")如果指代"目的",那么它则可能在最终目的和具体目的的区分中成为现实。最终的善有总体的性质,因为更高的目的都包含了所有低于它的目的。而具体的善也有不同的情形:有些只是另一个较远目的的手段,有些则自身就是目的,但也被作为某种更终极的善的手段而被选择。[2] 在人类社会中,实践是以具体的善为目的的,但它自身就是这种具体的善的目的。对于我们而言,实践(希腊文"πρᾶξ ἱζ")并不是科学理论的运用,而是对于可因我们(作为人)的努力而改变的事物的、基于某种善的目的所进行的活动,它可以是政治的或道德的,表达了人作为一个整体的性质(品质)[3]。在这种意义上,实践不是在实现某种先在的或者设定的理论模式,更不应服从于任何理论模式或局限于某种理想伦理关

———————

① [古希腊]亚里士多德:《尼各马克伦理学》,廖申白译注,商务印书馆2009年版,第1—2页。

② 参见[古希腊]亚里士多德:《尼各马克伦理学》,廖申白译注,商务印书馆2009年版,第2页注释②。

③ 参见[古希腊]亚里士多德:《尼各马克伦理学》,廖申白译注,商务印书馆2009年版,第1页注释③。

系的生活秩序。实践就是在人的具体生活和具体情境之中不断展现出来的,它本身就是一种信念、习惯和价值,即一种作为与人的存在相一致的"善"的目的。当代诠释学之所以提出"理解—解释—应用"的本体论命题,不是为了否定理解和解释的二分,而是为了探讨诠释学的实践本质,"也就是在具体情境中,在您所处身的具体情境中——尽管这一情景与其他情境可能具有某些相似之处,但它仍然就是您所立足于其内的极其特别的这一情景——在此情景中什么是理性的,什么是应当去做的,恰恰并未在给您的那些关于善恶的总体指向中确定下来,这不像例如说关于使用意见工具的技术说明所给出的那样,认识您必须自己决定去做什么……诠释学(原文为'解释学')是理解的艺术……在我们的实践事务中,我们被理解所指引。"①以理解作为人的实践,就是将人看作理解的动物。但是,理解的实践也存在不同的性质,正如实践在具体的善与"最终善"之间存在"选择—手段"的关系一样,较高的选择和优先的手段直观地表现了实践的不同性质和层次。伦理和政治是实践的两种类型,共同体现了人之为人的实践本质,甚至具有相同或者相似的概念体系和技艺对象。不过,"尽管这种善于个人和于城邦是同样的,城邦的善却是要所要获得和保持的更重要、更完满的善"②,因此政治诠释学必须关注政治生活。政治诠释学作为一种实践哲学的诠释学,离不开政治生活的实践活动,即人在政治生活中进行"理解—解释—应用"的存在活动。

最后,政治诠释学特别注重对"政治概念"的阐释。一般而言,哲学中的概念就是通过语言等工具而据以测量其自身的对象,"概念就是真实的存在"③。众所周知,概念是一个最基本但却十分复杂的对象。概念通常是人们说明对象并把它置于认识之中的工具。④ 但是,这一观点中赋予概念的精确性与它的语言存在及其传统的经验不相匹配。事实上,概念的生成和演变时刻受到语言的束缚。因此,对概念与语言之间关系的认识在一定程度上规定

①　[德]伽达默尔、杜特:《解释学、美学、实践哲学》,金惠敏译,商务印书馆2005年版,第68—69页。

②　[古希腊]亚里士多德:《尼各马克伦理学》,廖申白译注,商务印书馆2009年版,第4页。

③　[德]伽达默尔:《诠释学Ⅱ:真理与方法》,洪汉鼎译,商务印书馆2010年版,第96页。

④　[德]伽达默尔:《诠释学Ⅱ:真理与方法》,洪汉鼎译,商务印书馆2010年版,第97页。

着人的概念思维,语言通过话语和词等形式表达不同的思维,而思维反过来借助于词和话语的不同表现形式提出不同的概念内涵。此外,由于影响思维和语言的因素是变动的,因此单一的术语往往承载复杂的概念义界,以至于一个简单的概念却充满了不同的理解和解释,成为诸多界定和规定的概念图式。因此,"任何一个单独的概念定义都不具有自明的哲学合法性——它总是思维的统一体,单个概念的功能只有在这种统一体中才得其合法的意义规定。"①政治概念充分体现了上述特征,由于它往往存在于特定的政治生活的法权现象领域,所以任何一种政治概念非但是相关政治生活实践过程的对象化结果,而是经由"语言发明"(Sprachfindung)而不断积累而形成的概念体系。传统政治哲学并不重视语言困境,将其看作语言形式多样性的结果,认为在其背后存在对象清晰、意义清楚的概念内涵。这类似于科学主义的符号演算式。问题可能是正好相反的,政治概念的符号和话语形式可能是明确的,而它的起源和内容却是在不断演变、重塑。那么,政治概念的特性就在于它一直在面对其真正要说的东西与某种真正合适的表述语之间因持续的相互寻找而产生的困境。作为一种新的概念思维,政治诠释学将政治概念作为其核心问题也就十分自然了。换言之,政治概念的上述特点是政治诠释学总是能够获得存在意义的现实依据。政治诠释学与政治概念的语言生命保持密切的联系。它虽然关注具体的政治概念,但并非只是进行界定和解释,而是要在这个概念的历史的、哲学的、政治的语言用法的冲突、断裂之处揭示它的思想的张力和意义的构造,继而能够使其在当下的语境中重新获得日常话语的活力,避免成为政治哲学语词游戏中的"术语",最终将理解的思维植入人们对政治实践的解释中,并通过对政治概念的理解和阐发引导人们趋向互相承认。因此,政治诠释学展现的是作为实践哲学诠释学的理论抱负,它"并不在于从语言的生命中分解出一种专业术语的、清晰的规范概念,而是把概念思维和语言及存在于语言中的真理整体重新连接"②。据此,政治概念是政治诠释学开启"真正的讲话或者谈话"的基础。

---

①　[德]伽达默尔:《诠释学Ⅱ:真理与方法》,洪汉鼎译,商务印书馆 2010 年版,第 99—100 页。

②　[德]伽达默尔:《诠释学Ⅱ:真理与方法》,洪汉鼎译,商务印书馆 2010 年版,第 113 页。

　　综上可见,政治诠释学以政治概念的"理解—解释—应用"为其核心问题,通过在微观政治哲学和当代诠释学的之间建立的具体的"适切性关系学",将作为"历史性、多元性、理论性(主要是指认识论和方法论)"的综合诠释学投射至政治生活特别是法权现象领域的政治实践中而形成的一种作为实践哲学诠释学的新的知识门类和具体典范。需要指出的是,这并非政治诠释学的定义,而是说明政治诠释学是一种新的思维逻辑的理论铺垫。

二、政治诠释学的特征:视域融合的可能路径和概念框架

　　近代诠释学存在两个决定性的倾向,而一般性诠释学的演变倾向只有与"朝向基本性方向的演变同时发生"①时,诠释学才成为真正的基本诠释学。这种基本诠释学不再是不断向哲学诠释学还原的"死的本体论诠释学",而是作为"跳板"存在的"活的实践诠释学"。政治诠释学是一个活的实践诠释学,它具有四个重要特征。

　　第一,整全性。在诠释学的历史谱系中,政治诠释学必须在其第二次普遍化转向完成后才获得出现的可能。因为在此之前不论是大陆哲学的"理性主义传统"还是英美哲学的"经验主义传统"并不会将"理解问题"作为核心问题来对待。正是在20世纪两大哲学流派中共同出现的"语言转向"才将"文义解释机理"从一种附属性命题上升为整全性主题。政治诠释学作为一种具体的诠释学实践,它的理论旨趣和构造不能脱离当代诠释学的整体布局和本质诉求,所以它也具备了整全性的理论特质。不难发现,"把诠释学实践及学科同一门科学的技术(不管称它为社会技术抑或批判方法)相区别之处在于,在诠释学实践中总有一种效果历史的因素在共同影响着理解者的意识。这里存在着一种根本的转折,即被理解的东西总是发展一种有助于形成新信念的信念力"②。现实中,实践诠释学成为哲学诠释学的新转向,这在诠释学的理论和实践上意味着统一了"分析的"和"人文主义的"两种诠释学派别,使"本体

---

　　① [法]保罗·利科尔:《诠释学的任务》,李幼蒸译,载洪汉鼎:《理解与解释——诠释学经典文选》,东方出版社2006年版,第410页。
　　② [德]伽达默尔:《诠释学Ⅱ:真理与方法》,洪汉鼎译,商务印书馆2010年版,第589页。

论—认识论—方法论"有机统一的诠释学通过"理解—解释—应用"而获得了真正的整全性。作为实践诠释学具体典范和分支门类,政治诠释学概莫能外。从某种意义上说,政治诠释学的整全性表现在能够完整的而非选择的把握以政治概念为核心的政治生活的传统和"先见",能够在政治生活中发现具有解释性、框架性和多维性的基本政治概念,还可以"指出多元化综合努力的新探索方向"①,有助于在复杂的政治实践的法权现象领域中提供一种非本质主义的却具有思考和规划意义的理解方向,使人们能够在各种直观体验和意义理解中确立对话和行动的"路标"。

　　第二,对谈性。政治诠释学唤醒了人的"谈话能力"。在现实语境中,"谈话能力"的丧失主要表现在:忽视"对谈"作为群体生活交往方式的重要性,误认为无限制的发表言论就是"向人类共同性深处的真正谈话",或将信息技术及其带来的直观式、碎片式的理解样式看作支配性的交谈方式,或缺乏自觉的问答语境和能动的发言与听取他人的欲望和空间。在某种意义上,"谈话能力"的衰退与过度膨胀的工具理性及高速运行的社会活动不无关系。因为,谈话能力是一种语言现象,成为语言现象意义上的交往——即对谈——需要充分的时间供给,而快节奏的现代社会生活使得人们在无意间忽视和排斥对谈的重要性和必要性。这就体现为主观和客观两个方面的无能力,亦即主观的无能力是无能力倾听,客观的无能力是不存在共同语言。② 无能力倾听是一种"自然现象",表现为错听、漏听或不听,这种"无能力"是可以通过构建对话环境而逐步改善的。"无共同语言"导致无法相互理解,只能独白、自说自话、鼓动,这已经超出了语言自身的问题,而与人们对理解问题的认识水平,谈话中的耐心、敏感、移情和宽容的程度,以及对最终获得相互理解的信念的受抑情况也有密切的关系。事实上,开放社会、多元社会对于人类的共同生活利弊参半,在人们身边关于不同政治概念、政治现象乃至某个简单的政治行为的意见都存在着"巨量"的语言信息,而在身处其中的人们从惊慌失措到基本

---

　　① 李幼蒸:《历史和伦理——解释学的中西对话》,中国人民大学出版社 2008 年版,第376 页。

　　② ［德］伽达默尔:《诠释学Ⅱ:真理与方法》,洪汉鼎译,商务印书馆 2010 年版,第 267—268 页。

适应再到融入环境甚至增加更多的语言信息。这个过程与一个家庭主妇从初入喧嚣的菜市场的不知所措到逐步成为一个熟练的"讨价还价"能手的过程颇为相似。但这并不能证明人们具备"谈话能力"。政治诠释学认为谈话能力应是一种"诠释学的对谈",即"不是一个主体面对着一个客体或者一个客体的世界。而是在人与其相遇的事物之间有一种东西在反反复复地发生作用。因此它是人所能获得的最基本的经验之一,这种经验就是他人能够更好地认识他……这意味着我们必须重视与他者的相遇……通过与他者的相遇我们便超越了我们自己知识的狭隘。一个通向未知领域的新的视界打开了。这发生于每一真正的对话,(……特别是对传统的对谈),其之所以是一种对谈,那是由于与我们相遇的东西向我们提出了一个问题,而我们又必须对它做出回答。"①可见,对谈不是漫无目的和毫无边际的,而是在构建共同的对话语境、传统和成见并在问答逻辑中不断形成的。这些对谈性的要素是完整又具体的,因此才能通过政治诠释学的实践而在法权现象领域唤醒"谈话能力",凸显理解的重要和解释的意义。总之,对谈性不是"说与听"的关系,而是"问与答"的辩证逻辑,其"总是先于解释辩证法而存在。正是它把理解规定为一种事件"②。

第三,劝导性。政治诠释学不同于作为技术学的解释工具论,体现着实践哲学的基本特征。广义的实践可以是人和动物共有的活动方式,是与他们各自生活相联系的一切活着的东西,是一种被某种具体方式(bios)所引导的生活方式。但是,在实践哲学中,实践是狭义的即人类特有的实践。实践之所以是"属人的",根本原因在于人具有"实践智慧"③(φρóνηις)。实践智慧"不

---

① [德]伽达默尔、杜特:《解释学、美学、实践哲学》,金惠敏译,商务印书馆 2005 年版,第 21—22 页。

② [德]伽达默尔:《诠释学 I:真理与方法》,洪汉鼎译,商务印书馆 2010 年版,第 663 页。

③ 所谓实践智慧,又被译为"实践的智慧"或"明智","迄今为止一直是被作为一种道德德性来说明的……明智被作为理智的一种德性而与道德德性区别开来,尽管它的确与道德德性不可分离……在亚里士多德的《政治学》中,明智被说成是适合于治理者的唯一德性,因而是实践的智慧,不过是在国家事务上的实践智慧。在《尼各马克伦理学》中,明智被与智慧相互区别,并且其范围包括了个人生活"(参见[古希腊]亚里士多德:《尼各马克伦理学》,廖申白译注,商务印书馆 2009 年版,第 188 页注释①),因此在政治诠释学的语境中,我们基本使用实践智慧。

仅仅是一个合乎逻各斯的品质,(而且更为重要的是)纯粹的合乎逻各斯的品质会被遗忘,实践智慧(原译为'明智')则不会。"①以此为准,实践哲学"或者推动那些人类的根本倾向,使其作出某些具有'完美'(arete)特征的选择,或者告诫人们,审慎地思考和采纳某些指导其行动的意见。"②虽然它们都应是"自由选择"的结果,但前者偏重指导性,后者则更具劝导性。在伦理学和政治学之间,后者往往更具强制性,因而在实践诠释学视野上,政治实践的诠释往往包含了政治生活的一切。这正是德沃金等人所主张的"解释政治学"的立场。而政治诠释学注重"自我理解",通过重塑已然倒塌的"自我理解"命题而显示人的不完整性。因为持续的不完整性,所以自我理解像是"一条无穷尽的小径"(on-the-way),而诠释学的任务就是树立"路标"。在此基础上,政治诠释学进一步否定任一"最终方案"和"完美方案",质疑"最终的"、"简约的"、"概括的"的理论设计,坚持认为人们的看法和解释"不过是某一事物的近似物,它们仅仅代表着一种企图,它们可以被接受,也可以产生积极的结果,但决不会是最终的、万古不变的。"③对政治诠释学而言,劝导性不是理论内容而是理论态度,比指导性更具现实性。它涉及的解释十分广泛,而围绕政治概念而产生的解释体系是其重中之重。它重视隐藏在解释和解释体系之内或背后的隐蔽倾向及其解释学经验。与其说它能够提供一种关于政治实践的经验原则,不如说它要求人们深刻理解不同的经验原则及其可能影响的政治实践。此外,劝导性表明政治诠释学作为一项理论事业,并不会为我们将有关正确的生活方式的理论描绘具体运用于人类生活的经验上,而是在那些具体的实践洞察力成为决定性问题的地方,体现出一种不会终止的知识渴望。④ 由此可见,劝导性体现了政治诠释学和实践哲学的密切关系。

---

① [古希腊]亚里士多德:《尼各马克伦理学》,廖申白译注,商务印书馆 2009 年版,第190 页。

② [德]伽达默尔:《科学时代的理性》,薛华、高地、李河等译,国际文化出版公司 1988 年版,第 81 页。

③ [德]伽达默尔:《科学时代的理性》,薛华、高地、李河等译,国际文化出版公司 1988 年版,第 93 页。

④ [德]伽达默尔:《科学时代的理性》,薛华、高地、李河等译,国际文化出版公司 1988 年版,第 99 页。

第四,反思性。政治诠释学不是对诠释学的结构典型化和领域局限化的产物。其之所以能够成为作为实践哲学诠释学的具体典范和知识门类,还在于它具有强烈的反思性。一方面,对于本体论诠释学及哲学诠释学而言,"反思"或批判本身就是一种被模糊的或者不被认可的意愿,因为"先见"(或者"理解的前结构"、"传统"、"偏见"等)是理解的基本预期结构,所以对它们的"反思"或"批判"就意味着否定和排斥,因而"这种可能性只有在如下情况下才能得到真实的掌握,那就是:解释领会到它的首要的、不断的和最终的任务始终是不让向来就有的先行具有、先行视见与先行掌握以偶发奇想和流俗之视见与先行掌握,从而保障课题的科学性。"①简言之,本体论诠释学及哲学诠释学本质上较为抵触反思这一命题。不过,政治诠释学要求恢复历史知识的严肃性,即任何理解都不可能是在"历史真空"中进行,而必然存在于"'解释—批判'∞更好理解"的过程中。政治生活并不存在"真理性",而更多充满了意识形态的争斗,政治概念的解释表达的是不同利益群体和阶级的诉求,对此,政治诠释学要求切断过分关注上述内容由整体性而显示出的客观性,主张向真正的认识批判回归,这也促使了"分析的"和"人文主义的"两种诠释学在理解政治实践的法权现象中得以融合,并直接推动了具体的政治诠释,即向语言学、历史学、心理学等方向的回归之路。从某种意义上,扬弃行为主义理论是在这一过程中才真正实现的。另一方面,由于政治生活中并不经常性地存在"诠释学意义上的对谈",那么为了探寻和建构的诠释学意义上的对谈,就需要矫正的政治交往既有正常的日常交往,也有被扭曲的政治交往。因此,政治诠释学首先需要辨明哪些是正常的日常交往,哪些是被扭曲的交往。在明确正常的日常交往的基础上,才能确定以政治概念为核心的法权现象的理解范围。以此为界,我们还需要面对政治概念的语言现象中的差异性,即由于这些概念及其语言"是用于世界中的客体还是用于讲话主体语言上构成的世界本身"的差异而造成的"实质性和因果性、时间和空间等范畴的意义的区别"②。在此,政治诠释学所反思的

①　[德]马丁·海德格尔:《存在与时间》(修订版),陈嘉映、王庆节译,三联书店 2006 年版,第 179 页。

②　[德]约尔根·哈贝马斯:《诠释学的普遍要求》,高地、鲁旭东、孟庆时译,载洪汉鼎:《理解与解释——诠释学经典文选》,东方出版社 2006 年版,第 285 页。

就不再是理解的形式和途径,而是政治概念的可理解性。简言之,政治诠释学对政治概念自身的对象内容、语言形式和表达层次进行反思,利于将政治概念从被误解甚至是一贯被扭曲解释的意识形态结构中解放出来,使之能够不断进入"理解的循环"中。

总之,政治诠释学是通过继承诠释学特别是哲学诠释学和实践诠释学的基本思维形式和研究路径来调整和反思当代诠释学中的"去实质化"和"形式性"的本体性叙事的不足,展示政治实践特别是法权现象领域中政治概念的历史演变、解释结构和理解导向的理论视域和应用模式,它充分重视诠释学的内在冲突和政治概念的解释冲突之间的关系及其对于日常政治生活的影响,以此提供了"传统与现代"与"自我与他者"进行视域融合的可能路径和概念框架。

三、政治诠释学的相关性:冷静智慧中的实践见识

为了更好地理解政治诠释学,有必要分别将哲学诠释学、政治的诠释学(解释的政治学)、法学诠释学(包含法学解释学)以及诠释学的伦理学与政治诠释学进行简要的比较。

(一) 政治诠释学与哲学诠释学

政治诠释学在内在逻辑和外在形式、时间演变和主题变迁、理论原型和应用发展等方面与哲学诠释学保持着广泛的一致性。一方面,政治诠释学是哲学诠释学的过去。众多研究表明,伽达默尔在其早期研究中试图通过对柏拉图、黑格尔等人的文本诠释,建立一种旨在理解政治文本和政治生活之间关系的诠释学,并在这种关系的语言特征、演进历史和理解活动中融入了现象学的基本方法和存在诠释学的思想,萌生了诸如前理解、传统观、诠释循环、效果历史等哲学诠释学核心范畴的理论雏形。另一方面,政治诠释学是哲学诠释学的现在。作为实践哲学,哲学诠释学必须跳出形式化的语言和文本,走向具有内容丰富的政治话语中,率先思考政治概念的理解问题,确定解释的方法和规则界限。这种政治诠释学表明理解的功能是一个内在的、创造性的要素。理解因其植根于普遍的政治实践而具有内在优势,而且这种优势是持续的。诠释学中共同的前理解之概念,应该证明理解在生活实践中获得承认。同时,哲学诠释学指明,表现为文本的解释假说,不是在规则引导的程序中发现,而是

在生活实践中产生的,并表现为待理解的文本。正好是对理解的前理解条件的证明,也使得解释是检验假设的过程清楚无误。而在理解的前理解之条件背后,还有解释者的立场问题。这更加契合了政治概念的意识形态性,肯定了在特定语境中理解它们的必要性,并在这种有限理解的基础上为获得与此相反的更高程度的政治认同提供了可能性。① 除此以外,政治诠释学还是哲学诠释学的未来。政治诠释学作为诠释学和政治学、政治哲学的结合物,不是凭空臆造的,而是符合政治哲学、哲学诠释学进一步发展要求的。其一,它是政治哲学在微观化特征日趋明显的条件下,继续发展的新路径。既符合对已存概念和范畴体系重解的需要,又是革新政治哲学体系和内容的新选择。其二,它表现出革新政治学思维的新尝试。以政治诠释学的建构,强调政治生活中"理解"的重要性,加大反身性政治哲学的考察,以改变固有的受到启蒙传统的主客二分(主体与客体,主观与客观)的政治认识论习惯。其三,它代表了诠释学普遍化的新方向。创建政治诠释学就是要将政治话语、政治概念、政治符号、政治语言以及作为它们载体的"政治正典"作为语言性关系的普遍中心。不但要关注政治现象,而且更要重视对同一政治现象的不同政治概念,注重从对上述政治的语言性关系中探究政治诠释学。这种普遍化,不是范式选择的交替选项的垄断形式,而是在看似"语言游戏"的解释活动中发现它的实质是在向人们诉说、建议、沉默、询问,并在这样的问答逻辑中不断趋向真正的理解。

　　准确地说,哲学诠释学并非学科。它既常用于说明海德格尔和伽达默尔所创建的新的精神科学诠释学(以下简称"αh"),又是当代诠释学的理论分支(以下简称"βh")。与前者相比,政治诠释学在"αh"为基础上,以"αh"建构的基本立场、思维形式和主要范畴为其内容,是作用于相对独立或显著的领域内的"αh"的具体典范;而较之于后者,政治诠释学与"βh"是并列关系,与"βh"共同占有或者继承了"αh"对"理解问题"是哲学时代问题的基本判断,具有共同的诠释学原则和诠释学问题域。不同之处是,政治诠释学更趋综合

---

① Ulrich Schroth , Philosophische und juristische Hermeneutik , in : A. Kaufmann/ W. Hassemer (Hrsg.) , Einführung in Rechtsphilosophie und Rechtstheorie der Gegenwart ,6. Auflage , S. 198ff. 参见并转引自郑永流:《出释入造:法律诠释学及其与法律解释学的关系》,《法学研究》2002 年第 3 期。

化和应用化,是作为实践哲学的诠释学的具体研究,而"βh"较为关注如何深入论证"αh"中的基础命题,是以完善"存在论诠释学"为核心、以实现"实践智慧"为根本的哲学理论,其包含了对现象学、语言学、修辞学、逻辑学以及诸多哲学流派的融合与再造。将政治诠释学与哲学诠释学相区别,根本目的在于突出其与"αh"之间构造与被构造的密切关系,而厘清它与"βh"之间的学科关系,由此能够有效地说明政治诠释学的"诠释学特征"又不至于与"较为抽象"的诠释学自我论证相混淆。

(二) 政治诠释学与政治的诠释理论(解释的政治学)

解释的政治学(the politics of interpretation),即政治的诠释理论,是当代西方政治学和公共行政学领域中新兴的理论分支,扮演着实证主义政治科学替代理论的重要角色。众所周知,实证主义政治科学是一种一元论的方法论体系,原则上,它的理论基础就是自然科学研究的方法论准则,而其研究内容主要体现为经验论的政治科学。这种方法论认为,"经验论政治科学的理想目标是通过在行为经验中发现统计学意义的关联性和因果性法则(casual law),并以此客观地说明政治和社会生活。"[1]在实证主义政治科学的一系列立场、观点和方法中,关于日常政治生活语言与概念的基本观点导致其硬性地割裂了政治生活与其语言之间的关系。政治的诠释理论正是在这里开始其批判和自我塑造的,认为解释政治生活中语言和行为之间的关系是更为根本的问题,其研究的基础是主观态度和经验的区别性,它建立在一个自我解释主体存在的基础上,因此政治理论不是价值无涉的,并不存在价值中立的可能。政治的诠释理论(以下简称"PI")与政治诠释学(以下简称"PH")的共同之处在于重视语言现象和概念理解在政治理论中的地位,反对将理解和解释进行程式化的二分(dichotomy),主张依据主体间意义而产生的解释会带来对政治生活或政治实践的法权现象领域的更好的理解,同时它们都不承认自己具有某种化简倾向(reducible),并不是将复杂的政治现象及其语言和概念形式简化为语言分析或某种类型的语言行为论。"PI"和"PH"都强调要避免"还原论解释"和"怀疑论解释"的误导,防止将解释的目的局限在还原和呈现所谓的政治实践的原本意

---

① Michael T.Gibbons.*Interpreting Politics*.Oxford,UK:Basil Blackwell Ltd,1987.p.1.

义上。与此同时,"PI"和"PH"具有明显的差异:(1)二者的理论原点不同,"PI"是一种政治学理论内部的方法论检视,而"PH"则是综合政治哲学与诠释学后产生的新思维;(2)二者的基本原则不同,"PI"侧重在分析政治现象的过程中对建立语言和行为关系的解释准则,而"PH"则认为理解问题是政治生活或法权现象领域内的核心问题,其原则建立在对政治概念的"理解—解释—应用"的根本准则之上;(3)二者的认识路径不同,"PI"主要用于矫正对科学主义方法论过度化应用,而"PH"则继承了"αh"(见上文)的存在论的哲学观,是其在与实践哲学的合流过程中将认识论和方法论加以解释性选择的表现;(4)二者的根本困境不同,"PI"既面临还原论和怀疑论的误解,又易于陷入相对主义困境;而"PH"则是从理解作为人的本质即永恒问题的高度出发,在诸如"意识形态斗争和批判"的问题上,反对从自我解释向社会意识发展,而是主张从社会意识的理解本质(循环、多元、前见等)向自我解释的追问而演进;(5)二者的经验基础不同,"PI"的解释经验基础是参与政治生活的语言的多样性和价值的多元性,而"PH"的诠释学经验是以"凡在理解可能的地方都是以某种一致(Solidaritaet)作为前提"①的,其关键在于理解是人在政治生活中的实践本质。当然,这些异同具有一定的抽象性。但是,这种区分是必要的。如果回到海德格尔式的以存在的还原为根基的诠释学意味着政治诠释学将变得无所作用,那么使之复归到方法论解释学、认识论解释学乃至工具替代的解释理论中,则是一种思维倒退。综上可见,政治的诠释理论不同于政治诠释学。

(三) 政治诠释学与法学诠释学

在一定程度上,法学诠释学是诠释学有待重考的基本问题。在伽达默尔看来,法学诠释学的古今差异较大。传统法学诠释学被称为"法律解释学"(以下简称"LI"),而伽达默尔的阐释和论述则称为"法学诠释学"(以下简称"LH")。法律解释学与法学诠释学有所不同,其情如图(图1-4)。简言之,法律解释学是"以理解既存文本"为目的,"想成为一种法律实践的补助措施以弥补法学理论体系里的某种缺陷和豁裂现象"②;与此相比,法学诠释学则是

① [德]伽达默尔:《诠释学Ⅱ:真理与方法》,洪汉鼎译,商务印书馆2010年版,第335页。
② [德]伽达默尔:《诠释学Ⅰ:真理与方法》,洪汉鼎译,商务印书馆2010年版,第459—460页。

"在因法律的一般性与案件的个别性之间的差异所进行创造性活动"①。政治诠释学与法学诠释学共同属于当代诠释学的具体典范,根本任务都是追求"理解的真正意义",只是"LH"追求的是确立法律的原本意义或对法律的真正理解,而"PH"则是对政治概念的意义追问。与此相比,政治诠释学与法律解释学较为疏远,差异性较大,"PH"既可以是对以文本、语言为载体的政治概念的理解过程,又可以是针对日常政治生活中的政治实践的解释;而"LI"则集中于对法律文本的解释,主要体现立法解释、司法解释、专家解释等法律解释形式。需要指出的是,"PH"与"PI"之间的关系不同于"LH"和"LI"之间的关系。前者中的二者性质更主要表现为"非此即彼的关系","PH"是对"PI"的否定和提升,而"PI"是"PH"的部分或补充;而后者中的两个要素则呈现出"决定—应用"的关系,虽然"LH"与"LI"的性质也不同,但是"LI"是对"LH"的应用、接受"LH"的原则和立场,同时法律文本的特殊性决定了"LH"的存在意义,以及对"LH"反作用的有效性。

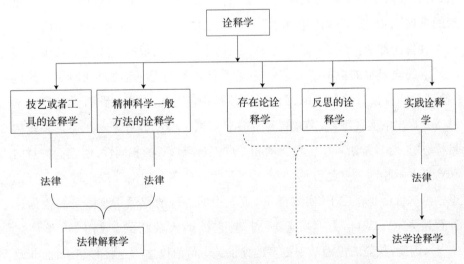

图1-4　诠释学谱系内的法律解释学与法律诠释学关系

———————————

①　郑永流:《出释入造——法律诠释学及其与法律解释学的关系》,《法学研究》2002年第3期。

（四）政治诠释学与"诠释学的伦理学"

在当代，伦理学是实践哲学的主要代表，"优良的政治"与"伦理政治"往往被等闲视之。在诠释学语境中，诠释学的伦理学也颇受关注。但是，诠释学的伦理学对伦理学的认识具有独特性，其更强调"价值伦理学"，"伦理"是"只有在具体的情境中证实自己，并总是置身于一个由信念、习惯和价值所构成的活生生的关系"，而在人类社会的实践中，"政治"是承载这种关系最高价值——或者"最大的善"为目的——的关系总和，伦理则是以此目的的具体的生活形式中的价值性关系的体现。正因为如此，政治学需要思考的题材——如德性、高尚、公正，或政制、制度、体制、行为，或意识形态、统治技艺等——十分丰富，需要理解的内容复杂性强、变动性大、不确定性明显，特别是在政治语言的历史流传中，模糊性和多元性也在不断积累。正因为如此，诠释学境遇及诠释学经验必须通过广泛而真正的对谈才能实现和澄明化，而这离不开政治生活的公共领域。当前，伦理关系要么是政治关系，要么被限定为有限的共同生活关系。就前者而言，应该被称为"作为政治的伦理"，而"诠释学的伦理学"不过就是政治诠释学的代名词；而后者则并不具备诠释学视域，换言之，特殊的、具体的、有局限的实践范围与作为实践哲学的诠释学的根本任务与普遍化诉求并不相干。正如摩尔所言，甚至"伦理学的直接目的是知识，而不是实践"①。因此，作为实践哲学的诠释学具备并提出的实践理性、实践智慧、团结、对谈、友爱、努力等内在要素和建构目标，或许与日常语言中伦理学的相关词汇具有形式的相同性，但它们的意向和意义并不相同。由此可见，"对人类理性的事实上的伦理规定性所进行的思索。这曾经是存在于'实践哲学'观念中的冷静的智慧。亚里士多德为这种智慧奠定了基础，并且如众所周知，它被纳入较高的'政治学'整体之中"②，因此，狭隘的伦理学中更多地提供关于价值概念的先验的知识，而非政治诠释学所倾心的"实践的见识"。

---

① ［英］摩尔：《伦理学原理》，长河译，商务印书馆 1983 年版，第 26 页。
② ［德］伽达默尔：《价值的本体论问题》，邓安庆译，载《伽达默尔集》，严平编选，上海远东出版社 2003 年版，第 293 页。

第三节　政治诠释学的知识体系

政治诠释学是在诠释学普遍适用过程中应运而生的。因为其是新生的，所以它的知识谱系仍在完善，与其以学科标准衡量政治诠释学，不如将其作为当代诠释学和政治哲学在共同繁荣过程中的交汇，看作一种面向未来的理论视域。同时，政治诠释学也是推动政治哲学复兴的重要力量。人们通常认为社会政治生活的变革和现实中的各种人类实践问题导致了政治哲学——作为实践哲学的重要分支——在20世纪下半叶的全面复苏，认为政治哲学是在打破僵化的分析哲学、经验主义的理论范式的过程重塑了时代精神。但是，这忽略了政治哲学之所以出现"从19世纪末到20世纪50年代"的"长期噤声"①，就是因为19世纪政治哲学滥觞过程中出现的"语言—概念乱象"，分析哲学和经验主义正是在矫正上述乱象的过程中"过正"而彻底抛弃了"政治"本身。那么，如果当代政治哲学重蹈覆辙，继续随意地使用政治语言和政治概念，过分强调复杂现象的简单化处理，就没有真正回应"分析哲学和经验主义"的质疑。这就好比有关"正义原则"、"原初状态"、"重叠共识"的理论设计离不开"新契约论"和"作为公平的正义"等理论过程中分析性话语。语言与政治的关系已经深深地嵌入当代政治哲学的肌体，而语言转向中对理解问题的重视以及对解释过程的依赖却还未在政治哲学中充分显现。当然，诸如佩蒂特、德沃金等人已然注意到了当代政治哲学需要一种新的转向动力，很多人也开始走向了"解释的政治学"之途，不过，政治诠释学仍待建构，虽然它"已经塑造了一些问题，它们并不需要通过经验检测才能成立，但这些问题是什么还没有充分显示出来"②。

一、政治理解将如何可能：政治诠释学的根本任务

受工程学思维的影响，当代政治哲学善于通过某个概念的分析或某种理论的建构而界定问题、建构理论框架、设计原则与规范。这与政治哲学的复杂

① Philip Pettit.*Analytical Philosophy*.In R.Goodin and P.Pettit（eds.）A Companion to Contemporary Political Philosophy, Oxford：Blackwell, 1993, p.8.

② T.D.Weldon.*The Vocabulary of Politics*.Harmondsworth：Penguin, 1953, p.74.

性并不相称。随着政治主体的存在发展,政治实践也在不断变化,"一个错综复杂的问题则意味着有许多决策者和利益相关者,众多可能的备选方案,对问题的界定众说纷纭,指导行动的价值观相互冲突。"①对此而言,政治诠释学更偏重在解释冲突中明确自身存在的根本目的,即"政治理解如何可能"。这也是政治诠释学的根本任务。

所谓"政治理解如何可能",就是指在政治实践的法权现象领域中,政治主体能否理解政治概念的意义,而不用将这些意义当作客观的或者先在的理论强加到政治主体之上的问题。具体而言,这就是要从诠释学的"理解命题"出发,历史地回答政治理解如何可能的实质以及它的对象和属性是什么的问题。为此,必须广泛考察与理解、政治理解等相关诠释性经验范畴之间的关系。

之所以政治诠释学的根本任务是破解"政治理解如何可能"的难题,其根基在于诠释学将整个人类社会特别是法权现象领域中的阿尔克迈之谜归结为"赫尔墨斯难题",即理解如何可能的问题。人类的有限性不仅表现在服从物质守恒、新陈代谢等自然规律上,也体现在人类无法建构一种绝对正确的生活准则上。后者实质上是人们如何理解它的有限性。因此,理解如何可能这一问题的实质就必然从超验的显露真理的实质需要向理解作为人由存在向此在的源发性筹划和对这一筹划的一致同意以及在相互理解的筹划实践中不断理解和应用这种筹划的方向发展(见表1-1)。简言之,就是不再将理解问题作为人的认识困境,而是将认识困境作为衍生的理解问题。因此,在理解中追问理解的意义是无穷尽的,是不断与历史、现实和未来接洽而互动共生的过程,这为破解"阿尔克迈之谜"提供了一个作为"自身理解"的"深解"(Auslegung)。政治诠释学不是被动地再现这一过程,而是实现或发现它的媒介、中介或载体。特别是在从"意义的把握"到"意义的获致"这一对"理解问题实质"的认识转变中,理解对象从"外在符号"变为"生活世界",真正取消了"存在世界与真理世界"之间长期存在的理性鸿沟,拓展了原本只能存在于"历史文本"与"解释主体"之间的理解关系。这是因为人们承认"本质世界"

---

① William N.Dunn.*An Introduction to Public Policy Analysis*.Englewood Cliffs,NJ:Prentice Hall,1981.转引自杰·D.怀特:《公共行政研究的叙事基础》,胡辉华译,中央编译出版社2011年版,第4页。

即便存在也不能摧毁"现象世界"存在的正当性,而且现象世界是人之为人的唯一领域,人的本质也需要通过这一领域的实践展示出来,形而上学和本质主义的通病在于过分强调在真理世界和人的存在世界两个领域中存在不同的最高原则和根本问题。人生活在"法权现象领域"中,因此,理解的此在性与它的多元性和开放性并不矛盾,"实际上,理解并不是更好的理解……如果我们一般有所理解,那么我们总是以不同的方式在理解,这就够了。"易言之,理解因人的理解而有意义,人的理解则因理解的此在性而有可能。

表 1-1　理解与政治理解的问题演进

历史别		实质		对象		属性	
		理解	政治理解	理解	政治理解	理解	政治理解
原文中心主义	圣经诠释学	显露真理	N/A	直观对象	N/A	超验性	N/A
	施莱尔马赫	重构原意	Ibid	文本	政治文本	创造性	重构性
	狄尔泰	意义的把握	Ibid	外在符号	政治文本、话语与感官活动	体验性	主观性经验型
语言中心主义	现象学	意义的获致	法权现象的自身意义	生活世界	法权现象世界	意向性	自反性
	此在诠释学	此在的自身筹划	法权现象的自我筹划	"理解"自身	"政治理解"自身	此在性筹划性	原发性筹划性
	哲学诠释学	互相理解	Ibid	带有真理性的思想	法权现象世界带有真理性的思想	内在性效果历史性	内在性多样性持续性
实践中心主义	反思诠释学	自身理解	调节政治理解自身的历史、现实和价值观念之上的赋予的意义	"意义"与"自身之间的中介"	政治概念	反思性叙事性同一性	沟通性协商性论证性开放性
	实践诠释学	应用	政治实践	实践知识	政治实践中法权现象的概念	自我性实际性	实现性框架性共识性

(示例:＊N/A:无对应项;Ibid:同前一项)

同时,"政治理解如何可能"不是抽象的,作为政治诠释学的根本任务,理解与相关的主要范畴的内涵、意蕴及其关系的状态决定了政治理解与这些相关范畴的关系,其从根本上厘定、刻画和塑造出了政治诠释学根本任务的相关性面貌(参见表1-2)。政治诠释学所进行的政治理解,不是对法权现象领域中政治概念的说明,是通过解释且必须通过一定框架性的解释而实现的应用性理解实践,其独特性在于:(1)它与作者、解释者并非直接相关;(2)它不是为了克服理解政治概念中的时间距离,而是对这种时间距离中显露出的概念含义的历史性、多样性进行全面筹划而实现的关于政治概念的历史理解、解释框架和承认基础。

表1-2　理解与相关性范畴的基本关系

历史别	相关性范畴				
	说明	解释	作者	解释者	时间间距
原文中心主义中的"理解"	说明在于构造理解在于体现或体验	非对等的异步的张力关系的	作者与间接理解相关,与直接理解无关	理解是解释者进行的第二次创造	时间间距是间接理解的基础,与直接理解无相关
语言中心主义中的"理解"	说明是外在的解释理解是阐发性内在解释	理解与解释在人的此在中是同一的	理解超越作者及其文本	理解就是作为解释者的理解	理解来源于时间间距,形成效果历史
实践中心主义中的"理解"	说明是建构性的解释理解是实践性的解释	理解与解释在应用(实践)中	无相关性		理解实践来源于时间间距对真正意义的充分显露
			作者从属于时间间距,而解释者是作为理解活动的实践者而存在,是普遍存在的		

二、诠释理论和政治实践:政治诠释学的核心范畴

政治诠释学可以通过多种途径完成其根本任务,"历史性的问题不再被理解为方法之历史认识的问题;历史性的问题指出的是生存者借以与诸存在着'共在'(est avec)的方式;理解不再是精神科学对自然主义说明做出的辩驳;理

解涉及存在与存在相靠近,而先于与特殊先存者相遭遇的一种方式。同时,生命自由地与自己保持距离、超越自己,生命具有的这种力量成了有限存在的一种结构……这是一种理解的存在论所导引的革命;理解成了此在之'投射'和'向存在敞开'的一个方面。对于一个存在者来说,真理的问题不再是方法的问题,而是存在的显明问题,一个存在者的生存就在于对存在的理解。"①更进一步,这可以从政治诠释学的核心范畴角度加以说明。在某种意义上,政治诠释学的核心范畴具有二重性,是兼具诠释理论和政治实践双重意义并体现诠释性经验的范畴,其包括五个核心范畴:本文(Text)、视域(Horizon)、"前理解,或传统、先见"、法权现象和作为解释性框架的概念。

（一）本文(Text)

"本文"(Text)是政治诠释学的一个事实性的基础问题。一般而言,"本文"被认为是"任何由书写所固定下来的任何话语"②。传统观点认为"本文"是客观的,是不同的解释者进行理解活动的共同基础,但是本文所凝固的话语、展现这些话语的形式、表现话语的意向却各有不同。原文中心主义将本文看作圣经文本、经典文本和一切文本,不同的是文本的内容和范围,实质是符号语言的具体载体;语言中心主义将"语言"即构建其上的理解从它载体的束缚中逐步解放出来,使之成为自身的基础;这一改造基础的抽象性和形式性的要求,促使在"语言"及其"载体"之间的具有普遍联系的动态载体成为新的替代,这就使得"谈话"、"对谈"中体现的实践关系成为理解的载体,即作为实践语境的"本文"。政治诠释学的"本文"则是在兼具上述三种本文的特征和要素的基础上作为实现理解活动的基础结构。因此,政治诠释学所使用的"本文"是言语和行动同时存在意义上的话语体系,是政治诠释学视域中概念的基础载体。

（二）视域(Horizon)

诠释学对自然科学及其说明方法的怀疑是从根本上质疑一切认识问题的

---

① ［法］保罗·利科:《解释的冲突——解释学文集》,莫伟民译,商务印书馆2008年版,第8—9页。

② ［法］保罗·利科:《解释学与人文科学》,陶远华、袁耀东、冯俊等译,河北人民出版社1987年版,第148页。

主客二分基础判断,反对的是关于人的主观(直觉等)与对象实在性之间形式性关联与对二者关系进行垄断性构造的意见。因此,诠释学既与传统理性主义不同,又有别于新康德主义的主观主义特征。它认为,人的主观与对象实在,换言之,"解释活动与理解的'本文'"之间具有意向性的内在关系。这种符合"意向性结构"的理解需要对当前理解的"处境"全面把握。这就要求理解主体能够"自身置入"这种"处境"。这一过程需要暴露和克服理解中的许多紧张关系,而作为暴露和克服的媒介就是"视域"。视域意味着理解总是需要向更高的普遍性水平提升的需要,"它表达了进行理解的人必须要有的卓越的宽广视界"①。在政治诠释学中,视域标明了它所能涉及的范围、规律和本质。视域有别于"视野",它不仅是可以看到的区域,而且是基于不同历史意识,是自身置入这种历史性的方式;视域不是静态的,是对历史性的自身置入过程,不是站在一个时间点上的"环绕",而是扩展,"是不断形成的过程,永远也不会固定下来"②(参见图1-5);视域的历史性和运动性决定了它的开放性,它"不是封闭的和孤立的,它是理解在时间中进行交流的场所"③,是政治诠释学能够在"政治概念"的理解过程中不断兼顾历史与现在、自我与他者、此在与存在、主体和客体的必要条件。

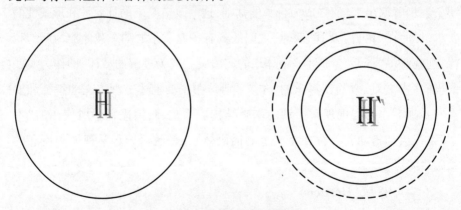

图1-5　视野与视域模型图

---

①　[德]伽达默尔:《诠释学Ⅰ:真理与方法》,洪汉鼎译,商务印书馆2010年版,第432页。

②　张汝伦:《意义的探究——当代西方释义学》,辽宁人民出版社1986年版,第193页。

③　严平:《走向解释学的真理——伽达默尔哲学述评》,东方出版社1998年版,第131页。

（三）"前理解，或传统、先见"

"前理解"是理解问题跳出认识论局限的创造。正因为人是生活在"前理解"提供的生活内容和存在模式中，因此"理解"才从人的可见的认识行为中解放出来。换言之，前理解是一切解释活动的来源和基础。前理解的"前"不仅是一个空间或者时间的前缀，而是任何进行理解——不论其是否意识到——存在的境况。在这里，解释者才可能展开意义的筹划，而"先行具有、先行视见及先行掌握构成了筹划的何所向"①，塑造了解释的"作为"结构②。前理解颠覆了人们对于"成见"、"偏见"和"传统"范畴的"误解"，要求恢复它们在人的理解活动中的应有地位，特别是否定了科学主义的"客观的普遍性"和"中立的普遍性"向精神科学（人文科学）的僭越。尽管前理解可能不利于对成见、偏见和传统的批判性诠释，但它拓展了理解的视域、反对先入为主的解释态度，将价值立场的选择与解释的"作为"结构有机地统一在对于前理解的把握之中，为诠释学循环提供了合理性。这"从哲学上否定了主体可以在认识前处于清明状态，或者可以通过自觉意识和方法涤除先见的可能"③。政治诠释学不但继承了哲学诠释学关于"前理解"的基本界定，而且发展了这一范畴。申言之，它不断存在于政治概念的前理解的存在状态中，而且通过存在事实，打破了政治实践中作为本质的经济基础与作为上层建筑的法权现象之间的对立。既承认经济基础对上层建筑的决定意义，又强调人所存在的法权现象领域的真实性，即在这个领域中的前理解结构决定了人的理解状态和存在状态。与此相应，对政治概念的理解不能一味地向本质层面还原，以主体的对经济基础的科学把握遮蔽法权现象领域的"复杂本质性"，以期形成若干认识规律和本质解释，而更应注重从法权现象领域的前理解与不断"充满"的政

----

① ［德］马丁·海德格尔：《存在与时间》（修订版），陈嘉映、王庆节译，三联书店 2006 年版，第 177 页。

② 先行具有、先行视见和先行掌握，又被译为"前有、前见和前把握"，分别是指："前有"表明人在具有自我意识或反思意识之前，就预先置身于他的世界之中，即文化背景、传统观念与习惯风俗，为理解提供了可能；"前见"则表明解释所根植于我们预先看见的东西，即切入点；"前把握"则意味着我们在理解之前已经具有的观念、前提和界定等。这些都是"主—客二分"的认识论之前的此在状态，是人在法权现象领域的本体论意义。参见严平：《走向解释学的真理——伽达默尔哲学述评》，东方出版社 1998 年版，第 125 页。

③ 殷鼎：《理解的命运——解释学初论》，三联书店 1988 年版，第 255 页。

治概念的解释框架,在解释循环内形成更加广泛的一致性。可见,"前理解"是一种真正实践性的概念理解方式。

(四) 法权现象

人们在观察政治生活的现实时,就会遇到法权现象。简单地说,法权现象就是人类社会中以国家为载体、法制为准则的政治实践现象。法权既是法律概念,也是政治概念。因为对法权的界定很难形成广泛共识,所以"在当前的科学状况下,关于'法权'的概念,要找到具有充分说服力的定义根本不可能"①。在我国,政治学对法权及其法权现象研究较为朴素,往往将其等同于"资产阶级法权"。事实上,法权及其法权现象是描述人类社会现象的重要范畴,表现于政治生活的各个方面,为政治概念提供了相关语境。政治诠释学所涉及的法权主要是介于"经济基础—上层建筑"二分和"理念—制度—行为"三维之间的中观性、现象性概念,即介乎于本质性和形式性之间的"现象"层面上。在这里,法权与法权现象是同一的,是政治实践和塑造政治概念的主要领域。首先,法权现象是一种人性化的现象,它既建构于有限的时间内而体现出变化性,又在现象本身(或整体)之上具有总体性而表现为绝对性,因而与哲学问题的时代性和无尽性相互契合。其次,法权现象具有"三方关系",它的基础主体要素是三元的,即作用者(A)、反作用者(B)与公正的评判者(C)(参见图1-6)。在二元关系中,人们形成了道德现象(人对人、人对社会、人对自身)和宗教现象(人与神),产生了一些重要的限于二元性之内的价值观念——如自由、平等,但无法形成法权现象,因而"法权不能还原为这些现象中的一种,也不能还原为这些现象的联合,法权拥有自己的固有本质和独立起源,即正义的理念。"②再次,法权现象是在"三元主体关系"及与之内在相应的"正义理念"基础上的政治社会现象。罗马有一句古谚——*Tres faciunt collegium*(三人成会),第三个主体——公正的评判者决定了社会存在的动态平等,正是因为身处特定政治生活、政治实践或者政治集团内的任何一人都可能

---

①　斯坦伯格:《法学概论》,转引自[法]科耶夫:《法权现象现象学纲要》,邱立波译,华东师范大学出版社2011年版,第1页。

②　[法]科耶夫:《法权现象现象学纲要》,邱立波译,华东师范大学出版社2011年版,第10页。

成为公正的第三者,社会才可能超越二元主体的刚性张力,避免彻底崩溃;同时,公正的第三者的任一性和条件性决定了完美的"impartial specter"是不可能存在的,因此才出现了将这一主体"神圣化"、"神秘化"和"理想化"的需要,随着这种需要从神、自然法、权威和政治权利之中超越出来,它必然与正义理念发生关系,而理念的扩散性反过来描述了法权现象的价值性,又规定了政治实践的应有属性和目的。这也是"*Fiat justicia,pereat mundus*"("不正义,毋宁死")的基本含义。由此可见,法权现象与公正概念的内在逻辑是同质的。最后,法权现象是作为前理解的实践现象。正因为法权现象中公正第三者的"虚位",才使得对它及附着其上的正义理念必然存在于前理解中而为社会所决定、或部分为社会决定。它必须在与广泛存在的这种"决定—超越"结构中不断形成前理解,并为理解其内的政治概念提供了理解意向、解释行为与对象。形象地说,法权现象是经过概念化的政治生活,或是通过政治概念整合后的政治实践,是政治诠释学的叙事基础。

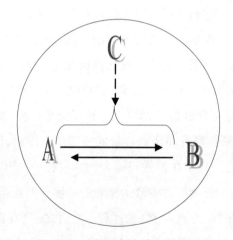

图1-6　法权现象中的三方关系

（五）作为解释性框架的概念

政治诠释学在叙事逻辑上继承了哲学尤其是政治哲学的一般结构,专注于对政治概念的分析,并以此产生了高层次理论和研究悖谬①。但政治诠释

---

① 参见杰弗里·托马斯:《政治哲学导论》,顾肃、刘雪梅译,中国人民大学出版社2006年版,第43页。

学的视域不是泛化的,其专注于作为解释性框架的概念。作为解释性框架的概念不是被动的认识对象或政治理解的辅助工具,而是政治诠释学的对象规定性,是兼具本文、视域、先见的实际对象,法权现象是在此种概念的产生、更新中不断发生发展的,它是政治实践的根本价值和理念来源。正因如此,并非所有的政治概念都能成为作为解释性框架的概念。形象地说,作为解释性框架的概念内在和主动地要求政治理解,而政治诠释学是在此种概念之上才能发现合适的概念系统并以此阐释政治实践中的法权现象。在这种内在的对象性基础上,作为解释性框架的概念不仅是对感性使用概念语言的超越,而且还强调通过理解概念来源的意义和构成合适的概念系统而"批判地理解概念本身的含义并教导如何使用它"①。除此以外,与其他政治概念不同,作为解释性框架的概念存在着根深蒂固且被掩盖的词语和概念之间的隐喻关系,并以此凸显出它对理解的整体历史和总体意义的占有要求。在所有的政治概念中,公正和正义是最明显的作为解释性框架的政治概念,具有作为解释性框架概念的特性。换言之,它们并不是因为概念的语言、词语或者承载的理念和意见而成为政治概念的,而是因为它们与政治生活、政治实践、法权现象的实际性存在相互依托、相互支撑,这样的概念性既是它们的先见、意向和意义的"框架",又是其他政治概念存在和定向的"框架",还是法权现象领域中所有政治实践借由达成相互理解的"框架"。这种框架是一种"作为……"结构,而这种"作为……"不断解释着围绕它自身的一切政治理解,即"'作为'组建着解释"②。当然,政治诠释学在扩展和综合化的过程中,能够形成不同的解释方式和路径,以此用于更为广泛的政治概念的理解。但在这里,只是在它的源起之地并围绕这一来源而进行的概念理解。易言之,只有在作为解释性框架概念的"神秘之地"被政治诠释学来回往复地走出一条通路并保持其畅通,其他具体或新生的解释路径才能显现。舍此,就容易陷入科学主义预先设定的、具有强大活力的"语词之林"。

---

① [德]伽达默尔:《概念史与哲学语言》,邓安庆译,载《伽达默尔集》,严平编选,上海远东出版社 2003 年版,第 151 页。

② [德]马丁·海德格尔:《存在与时间》(修订版),陈嘉映、王庆节译,三联书店 2006 年版,第 174 页。

三、符号与自身理解之间:政治诠释学的基本方法

从哲学史的角度看,诠释学是 19 世纪末以来反思自然主义和实证主义潮流的延续,它也曾接受过浪漫主义和理想主义的主要思想。这一时期,浪漫主义和理想主义之旧传统产生了巨大的影响,使得"自然和精神的二元性执着到了充分的尖锐了"。但是理解问题并不是狭隘的精神科学范畴,它要求"哲学总须利用一切机会防止这种争执,哲学必须尽力调解自然和精神的对立,使两者得以亲切地相互接近"①,这是哲学诠释学的历史使命。理解实际上不仅着意于存在的,而且是实践的,对于理解实践的探究目的就在于塑造一种能够成为一切有关意义的研究的叙事基础,理解问题既追求真理,但也受限于社会阶段的特殊性、多样性和波动性,每个时代都有其应该负载的使命,政治诠释学也因此获得了相应的哲学地位。在当代诠释学的"超结构"中,"理解的本体论只有通过方法论的探讨,经过认识论的层次,方能最终达到"②,而政治诠释学是一条可以"通幽"的"曲径"。

在探求一切理解形式的共同点的研究中,诠释学可在理解的"捷径"和理解的"迂回之路"之间选择。所谓理解的"捷径",是指"因为它通过与关于方法的所有讨论相决裂,一上来就处于一种有限存在的存在论层面上,以期在这个层面上把理解恢复为一种存在的模式,而非一种认识的模式"③;而"迂回之路"则是"反思的运动",是"与那些设法以方法的手段实施解释的学科保持经常的联系,并将拒绝把理解特有的真理与源自解经学的学科所操作的方法分割开来"④的方式而通向理解的存在根基的解释过程。这两种路径都希望可以将理解提升到存在论或本体论的层面上,不同的是,前者认为"理解的存在论"和"解释的认识论"之间是非此即彼的关系,后者则认为解释的认识论不

---

① [德]亨利·迈尔:《最近五十年来的西洋哲学》,贺麟译,载贺麟:《近代唯心论简释》,上海人民出版社 2009 年版,第 261 页。
② 张汝伦:《意义的探究——当代西方释义学》,辽宁人民出版社 1986 年版,第 236 页。
③ [法]保罗·利科:《解释的冲突——解释学文集》,莫伟民译,商务印书馆 2008 年版,第 4 页。
④ [法]保罗·利科:《解释的冲突——解释学文集》,莫伟民译,商务印书馆 2008 年版,第 10 页。

但可能而且必须上升为理解的存在论。理解的方法在前者那里是一个伪命题,而在后者那里则是一个必然要求。作为实践诠释学的知识门类,政治诠释学十分重视理解的方法问题。政治诠释学的基本方法是以"解释的认识论"整合"理解的存在论"的具体典范,是在诠释学的"捷径"和"迂回之路"有机统一的基础上,不断理解法权现象领域中的政治概念的中介步骤,是"介于符号理解与自身理解之间的纽带。"①

第一,效果历史法。效果历史法是历史理解的基本方法。因为政治诠释学是理解政治概念的理论,而任何政治概念都存在历史的解释,所以政治诠释学应该具备理解政治概念的历史解释的方法。众所周知,"如实直书"是治史性研究的最终目标,而"再现历史法"和"分析历史法"是实现这一目标的两种方法。它们的共同点在于尊重事实,不同的是前者止于观察并描述事实,后者则在此基础上进行解释。分析历史法是价值评价性的,解释者常常根据自身需要组合"历史再现中的事实",因此不同的历史分析展现的历史事实也是不尽一致的。在历史事实和历史分析之间始终存在"时间间距",再现历史法驻留在时间间距的起始端,而分析历史法偏向"当前",二者从两端出发都试图克服时间间距。效果历史原则与上述二者有所差异,主要表现在:第一,效果历史的区分"理解的真前见"和"误解的假前见"的一种历史意识;第二,这种历史意识的实质是意识到解释者的历史性和有限性;第三,效果历史是一种能动的"生产性"的历史解释;第四,效果历史表明解释者与理解对象始终处于形成和相互影响的过程中。政治诠释学接受效果历史原则的基本观点,认为历史解释是理解的历史对象与当下的解释者的相互交融与统一,效果历史涵盖了历史事实和历史分析。在效果历史原则基础上,政治诠释学认为时间间距无法且无须克服。效果历史是历史理解的方法而非塑造历史,它自然无法克服历史理解中的时间间距。反之,时间间距是效果历史的前提,离开这一间距,历史理解就会沦为解释者对历史素材的组合。作为政治诠释学进行历史理解的基本方法,效果历史"不是对研究的要求,而是对研究的方法论意识的

---

① 〔法〕保罗·利科:《解释的冲突——解释学文集》,莫伟民译,商务印书馆2008年版,第18页。

要求——这个要求是从对历史意识的彻底反思中不可避免产生的"。解释者置身于历史理解的"时间间距"并被"卷入"效果历史中,而效果历史的形成过程决定了何者是值得研究的、研究什么。

第二,视域融合法。视域融合法历来是诠释学的基本方法。视域是当代诠释学的核心范畴,它是传统观念与当代"处境"进行交流的场所,是以某个立足点出发所能看到的一切,它具有开放性、动态性和沟通性。在解释过程中,解释者既存在于自身当时所处的视域中,又需要将自己置身于由不同时代的共时性和同时代的同时性共同构成的视域之中。由此,解释者进行解释的过程就是破除两种视域的壁垒,不断扩大自身视域,使其与其他视域相互交融。视域融合是不断产生新的理解的辩证活动,它既是历时性的又是共时性的,既抛弃了纯客观的解释又抛弃了纯主观的解释,既体现了理解对象的决定作用又保留了解释者的决定作用,既具有诠释学的眼光又具备现象学的眼光。因此,"在视域融合中,历史与现在、客体与主体、自我与他者、陌生性与熟悉性构成了一个无限的统一整体。"①对于政治诠释学而言,视域融合认为解释者应该自我置入对理解对象的"共同意义的分有(Teilhabe)"中,强调理解对象的解释框架对容纳各种理解视域的规定性,而不是依靠理解对象的某个方面或者要素,而以一种朴素的通话去掩盖其自身的紧张关系。

第三,理解循环法。理解循环法是处理解释差异的基本方法。视域是多元的和流动的,同时视域在不断推移和扩展,这导致了意见的多样化。在传统认识论中,不同解释之间的矛盾是通过一个最终目的、优先原则或者本质认识而得以解决的,这就是"理解的多元性"和"多元性理解的一元性"之间的逻辑悖论。而传统诠释学认为对整体的意义把握必须建立在对部分的理解的基础上,而对部分意义的理解必须以对整体的把握为前提,而解释循环是建立在解释者与理解对象之间或在文本内"整体—部分"的机械循环。20世纪以来,当代诠释学从理解自身出发,在前理解、理解、理解的应用之间建立了以时间间距为基础,视域、视域融合为动力的理解循环,此种理解循环中"理解的整体是'前理解',理解的部分是被解释对象(主要指历史流转物或文本),它们之

① 洪汉鼎:《当代西方哲学两大思潮》(下),商务印书馆2010年版,第611页。

间实践是一个是一个循环互动的关系,这种互动展示为一个不断更新、扩大的往复过程。"①"这种循环在本质上就是形式的,它既不是主观的,又不是客观的,而是把理解活动描述为传承物的运动和解释者的运动的一种内在相互作用。……这种共同性并不只是我们已经总是有的前提条件,而是我们自己把它生产出来,因为我们理解、参与传承物进程、并因而继续规定传承物进程。所以,理解的循环一般不是一种'方法论的'循环,而是描述了一种理解中的本体论的结构要素。"②由此可见,理解是一种"应用"实践,而理解的共识不是认知意识介入解释对象后的一致性结果,而是在理解循环中不断发现自身的活动。

从诠释学思维角度看,一种政治诠释学所能考量的理解始终是一个被解释的理解。通过解释活动,政治诠释学才发现了依赖于它自身的多种认识样态,在政治概念的历史理解展示其对前理解或先见的依赖,在其意义的辩证法中体会到它对概念共识的依赖。当人们意识到,理解一个概念是历史理解、解释逻辑和承认话语的有机整体时,政治诠释学的基本方法就超越自身而成为一种认识结构。

四、解释冲突的优化框架:政治诠释学的认识结构

近代诠释学的发展史表明,正因为诠释学在很大程度上重构了理解问题的认识论假设③,它才能从"最卑微的神学婢女"上升为一个研究门类。在这个意义上,诠释学特别是政治诠释学对传统认识论的最大贡献就体现在它与众不同的认识结构上。

政治诠释学能够成为一种非文本解释的认识结构。诠释学从解经学演变而来,文本自然是它的核心范畴。在日常话语中,解释就是对文本意义的理解活动。当代诠释学特别是哲学诠释学兴起后,一方面从文本中将理解和解解放出来,另一方面将语言作为诠释学经验的媒介。自此,传统认识论中的解

---

① 何卫平:《通向解释学辩证法之途》,上海三联书店 2001 年版,第 145 页。
② [德]伽达默尔:《诠释学Ⅰ:真理与方法》,洪汉鼎译,商务印书馆 2010 年版,第 415 页。
③ Roy J. Howard. *Three Faces of Hermeneutics*. Berkeley, California: University of California Press, 1982, p.3.

释大都被称为文本性解释,而诠释学中的解释则以语言为主线开始了存在论的转向。当代历史解释和实践诠释的兴起打破了这种对立状态。其表明诠释学可以在非文本解释领域形成新的认识结构。任何一位想要提供历史解释和探讨实践本质的解释者的任务远远超出了"文本解释"的范围,也难以在"哲学诠释学"的"理解本质的规定性"中获得实现的可能。政治诠释学作为一种实践诠释学,不能在凸显政治理解的地位和阐释政治理解的本质之时裹足不前,因为它还在"寻求重建思想、观念及关系的复杂网络。这方面的内容并没有被历史文本记录下来,它既不是文本意义的组成部分也不是意义之含义的组成部分"①。当然,文本解释是政治诠释学认识结构中的基础元素之一,政治诠释学的理解活动要从文本解释开始。但是,政治诠释学也能具有非文本解释的认识结构。这有助于清理围绕着解释、解释的功能和解释者的任务所产生的一些混淆。在某种意义上,这些混淆与人们在进行解释的过程中追求"理解与文本"同一性密切相关,甚至将文本"拟人化"。应该指出的是,非文本解释与本文解释并不相互对抗,文本解释需要在非文本解释的过程中重组而塑造新的"文本",而"因为非文本解释的功能是引起读者对文本的非文本理解,这些理解包括根据不同的语境和眼光来考虑文本,所以由此产生的理解不必是相互冲突的。"②政治诠释学通过非文本解释的认识结构将分析的解释学、社会心理的解释学与存在论解释学有机统一起来,是实现政治诠释学核心范畴与运用其基本方法的"合页"。

　　政治诠释学具有的非文本解释的认识结构具有整全性、自发性和开放性的特征,不是设定性的、完备性的和终极性的僵化模式。对法权现象领域中政治概念的理解问题而言,政治诠释学提供的解释不是简单地提出某个新的定义,而是要发现不同概念界定之间存在的传承、冲突、互构、交融等现象及其它们对于理解这一概念的意义,进而提供解释这一政治概念的诠释性思维,在其引导下对相关政治概念"再筹划"、重构或者发现新的义界与含义。进而言

---

　　①　[美]乔治·J.E.格雷西亚:《文本性理论:逻辑与认识论》,汪信砚、李志译,人民出版社2009年版,第206—207页。

　　②　[美]乔治·J.E.格雷西亚:《文本性理论:逻辑与认识论》,汪信砚、李志译,人民出版社2009年版,第209—210页。

之,政治诠释学在解释法权现象领域中政治概念的时候,主要关注的是存在于言语行动中的政治概念,一切已死、生造或语焉不详的词语、观念和概念,要么难以成为政治诠释学的理解对象,要么必须具备言语行动意义上的新面向,否则,这样的概念至多只能成为规定某种法权现象或者设定某些行为准则的概念符号,而无法真正获得解释的可辨识性。在某种意义上,这与当代认识论中"基础融贯论"相似,定义不是理解概念的终点,认识和界定政治概念的目的应"以真理为导向,也就是说,重点关注可靠性、可能性、显示真理的性质;所以'显示真理是证成标准为了成为好的标准所需要的东西'。"①

　　从功能角度看,政治诠释学是诠释学的一个应用,也是诠释学应用功能的具体典范。伽达默尔十分重视"应用","即使在古老的诠释学传统里,应用(Anwendung)这一问题仍具有其重要的位置。诠释学问题曾按下面方式进行划分:人们区分了一种理解的技巧,即理解,和一种解释的技巧,即解释。在虔信派里,人们又添加了应用的技巧,即应用,作为第三种要素。理解的行动曾被认为就是由这三种要素所构成。"②吊诡的是,应用功能是在诠释学"原文中心主义"向"语言中心主义"的过程中,特别是一般诠释学兴起之时,逐渐削弱的。这一时期,"理解—解释"构成了一般诠释学的认识论结构,但仍旧保留了文本的基础地位。显然,以文本解释为认识结构而又反对"理解—解释"使工具论层面的方法的一般诠释学不再需要"应用功能"了。为此,贝蒂在《一般解释理论》里特别指出,只有三种解释,即"认知的解释、再现的解释和规范的解释",换言之,理解过程只有具体的解释阶段和解释类型。伽达默尔坚决反对这种认识结构上的割裂——理解是目的、解释是过程,或理解是本质、解释是现象,抑或理解是整体、解释是部分,他将应用重新置入哲学诠释学中,成为诠释学行为的有机组成部分,这揭示了一般诠释学不断虚无化的困境,充分意识到了存在论诠释学可能存在的形而上学的风险,为提出实践诠释学奠定了基础。在这一过程中,非文本解释的认识框架在"理解—解释—应用"之间

---

① [英]苏珊·哈克:《证据与探究:走向认识论的重构》,陈波等译,中国人民大学出版社2004年版,第204页。

② [德]伽达默尔:《诠释学Ⅰ:真理与方法》,洪汉鼎译,商务印书馆2010年版,第434—435页。

很好地起到了中介和整合的作用。从文本类型角度来看,政治文本不但在语言功能上兼具信息文本、指示文本、表达文本、评价文本和执行文本的功能,而且与法律文本、文学文本、哲学文本、科学文本、宗教文本、历史文本等具有不同文化功能的文本相比,对其文本形式的限制是最小,最具有"嫁接"到非文本解释认识结构的可能的。申言之,政治诠释学的应用要素实际上早于诠释学的存在论及其向实践化转向就已存在了。在这个意义上,只有政治诠释学才能真正体现出"非文本解释认识结构"的诠释学特征,才能"超出浪漫主义诠释学而向前迈出一步,我们不仅把理解和解释,而且也把应用认为是一个统一的过程的组成要素……应用,正如理解和解释一样,同样是诠释学过程的一个不可或缺的组成部分。"①

在构建话语体系备受瞩目的今天,语言与政治的关系已经深深地嵌入当代政治哲学的肌体,理解问题和解释过程逐步在政治理论的语言转向中成为政治哲学的重要论题。政治诠释学是在诠释学普遍适用过程中应运而生的,它有助于解决政治学领域的"语言—概念乱象",应是当代政治哲学有效应对"分析哲学和经验主义"质疑的重要理论。建构政治诠释学,必须充分理解"本文"、"视域"、"前理解,或传统、先见"、"法权现象"和"作为解释性框架"等核心范畴,通过效果历史法、视域融合法和理解循环法的综合运用不断探索和解决"政治理解如何可能"这一根本任务。在很大程度上,政治诠释学既是一种新理论,又是一种新视域。它不但彰显了政治概念解释中"理解问题"的规定性,而且塑造了一种政治哲学的新思维。在政治诠释学的视域中,一方面有益于全面清理和反思政治概念解释的理论传统,另一方面有助于重新解释相关政治概念。特别是对那些充满解释冲突的政治概念而言,政治诠释学具有优化理解的明显效应。

---

① ［德］伽达默尔:《诠释学Ⅰ:真理与方法》,洪汉鼎译,商务印书馆 2010 年版,第 434—435 页。

第二章　政治诠释学与理解公正

在当代政治哲学中,理解公正的意义和重要性与日俱增,解释公正的视角、途径与方法不断增多。历史地看,不同的解释都是为了更加准确、全面、完备的理解公正。当然,人们之所以界定公正,是因为希望获得最科学的定义;人们在批判前人的同时,总是希图自己的界定能够克服前者(他者)的缺陷。不过,与理解公正相关的所有理论和实践活动都离不开一定的知识论引导。事实上,公正概念的一个定义或解释体系,其影响力和生命力不仅仅由其时代性、阶级性或系统性所决定,还与其问题视域的选择是否准确、理解过程的逻辑是否合理、解释分析的推理是否连贯等因素密切相关。日常生活中存在着林林总总的公正信念、公正观念与公正意见,关于公正的定义、原则和本质的分析阐释也各有千秋,但只有在知识论层面观察这些解释时,相关研究才可能摆脱某种关于政治基本原则的意见或一个主观感性的确信,而从真正面对理解公正的挑战。

第一节　理解公正的两种知识论路径

毋庸置疑,当代政治哲学的兴起已经极大地拓展了公正研究的范围,提升了其理论高度。一旦在公正理论中出现了多元化的趋势,人们似乎就可以不断重新设计自己的论证,从而产生更多的理论见解。但与此同时,工具理性却在无形中成为一种普遍的尺度,限制、划分并约束着不同的公正研究,形成一条知识论结构上的"存在巨链"。因此,如果能够有力地论证这条"巨链"的存在,并且能够发现某些主导性的知识论路径,那么就有可能更好地认识理解公正问题的现状,而不单是沉浸在浩如烟海的"意见"中。

一、理解公正的知识论结构

近来,一些学者担心政治哲学正陷入一种"盲目的自信",这种"自信"认为只有政治哲学才能研究政治的本质和真理的正义学说。不过,"自16世纪以来,实际上已经把政治统治和政治运作中知识论述的生产、制作及其实践的策略彻底地联系在一起了"①。因此,虽然"真理论述"和"正义学说"的起点是真理与正义,但其归宿却是论述和学说。而不同的论述和学说是不同知识体系的理解映像,解释的逻辑和素材也各有差异。既然公正是一个政治概念,那么理解公正就应注重不同论述和学说中的知识论证。对理解公正的知识理论的分析和说明是一种标准的知识论活动。进一步而言,各种解释只有上升到一定程度才能成为一种政治知识,而此种知识与其证明过程的特定关系,它的实质条件以及不同知识之间的界限才真正关系到解释公正的认识结构。这些知识论结构对理解公正具有重大意义,它能够将大量的公正解释体现和整合为相对独立的论述结构,以利于把握理解公正的历史与现状;凭借这种结构和模式,它可以将关于理解公正问题的知识通过吸纳、传播和扩散的过程,与社会主体结合起来,影响他们的思想、行动和生活方式,以及对公正的认知与阐释。因此,从知识论角度探究和总结理解公正的路径是揭露公正解释及其学说复杂性面具的根本途径。

当代政治哲学充分体现了上述过程。罗尔斯率先改变了理解公正的传统思维方式,瓦解了概念分析对公正理论的独占地位,使公正的德性论、义务论能够挑战功利主义的公正解说,从而使得公正从抽象的符号游戏回归现实生活。尽管罗尔斯公正理论的"原初状态"、"无知之幕"等诸多设计在现实中无踪可寻,但是"正义作为社会制度的首要德性"②及其两个正义原则无疑来自他对资本主义国家民主政治状况的总体理解,具有强烈的现实感。由此,关于

---

① [法]高宣扬:《当代政治哲学》(上卷),人民出版社2010年版,第46页。
② [美]约翰·罗尔斯:《正义论》(修订版),何怀宏等译,中国社会科学出版社2009年版,第3页。

公正概念的见解层出不穷,除去罗尔斯的差异契约的公正[1],诸如作为占有自由的公正(诺齐克)、作为资源平衡的公正(德沃金)、作为能力发展的公正(森)、作为复合平等的公正(沃尔泽)、作为共同善的公正(桑德尔)、作为对话法则的公正(阿克曼)、作为惩罚效益的公正(波斯纳)以及作为应得补偿的公正(萨德斯基),等等。

尽管它们所处时代背景相似且大多可纳入平等主义范畴,但"它们所强调的中心以及它们的平等主义所针对的对象则大为不同"[2],引导它们解释公正的理论基础、思维模式和认识结构也不同。在政治哲学中,政治知识不同于政治意见,政治知识是以追求真正理解公正为目的,内含连贯性的反思,并且做出系统的价值判断的政治理解,而政治意见则是以说明某种关于公正的体验或者以某种公正的观念(信念)为目的,以假设、预测、描述等方法设定的定义和判断。一般意义上,"所有的政治知识都由政治意见环绕和点缀……(而)所有政治生活都伴随着政治知识取代政治意见的努力,这种努力或多或少是连贯而艰辛的。"[3]在某种意义上,既存的公正理解都是政治知识意义上的,它们都可以在政治知识的层面上各安其位,并且能够在一定的方法原则引导下按图索骥。而任何理论都在特定时代中才体现出内在张力,理论间的内在张力表现为非此即彼的现象关系,是包括人的思维存在的基本方式以及理论自身发展演进的动力。在当代政治哲学中,知识论意义上的公正理解也体现为一种二元论关系,即"作为一种正当理由的公正"与"作为一种实质原则的公正"。前者关注的是不公正原则应当满足何种正当性要求,不公正原则与公正原则冲突时应该如何做,这种行动如何体现个体的道德动机并指导其道德行为;而后者则关心人们如何判断公正原则抑或不公正原则,何种原则能够获得普遍认同,其重心更多是爱国主义和国家主义层面上的友好关系和偏狭关系[4]。它们体现了两种不同的知识论路径,要么"我们可从互动的视野看

---

① 从解释性框架的公正观而言,罗尔斯的公正理论是围绕差异平等建构的,这不同于其正义理论整体的"公平性",即作为公平的正义。

② 姚大志:《当代西方政治哲学》,北京大学出版社 2011 年版,第 9 页。

③ [美]施特劳斯:《什么是政治哲学》,李世祥等译,华夏出版社 2011 年版,第 6 页。

④ A.W. Musschenaga. The Debate on Impartiality: An Introduction, *Ethical Theory and Moral Practice*, Vol.8, No.1/2(Apr. , 2005) , p.4.

待它们,把它们当作个人或集体行动者的行动和行动的后果",要么"我们可从制度的视野去看待它们,把它们当作我们社会世界的结构——根本规则、惯例或社会制度——的效果。这两种视野描述和解释社会现象的方式是不同的"①。事实上,虽然对公正的理解和解释分别存在于经济、政治、社会的领域内,它们的规则形式、价值对象、实践性质也不尽相同,但其获得确证性的理论基础却相对固化。按照森的看法,这两种路径分别是"先验制度主义"(transcendental institutionalism)与"现实中心的比较主义"(realization-focused comparison)②。先验制度主义认为公正是完备性概念,故不关注公正与不公正之间的相对比较关系,而且为了实现公正概念的完备性,先验制度主义所设计的相应原则、规则与制度等与现实社会并不直接关联,而诉诸实现一种"先验性"正当。现实中心的比较主义则主要关注如何消除现实世界中的不公正和解决显著的不公正问题。一般认为,这两种研究路径之间的差异与对立主要是由于它们不同的问题意识造成的,例如"罗尔斯的《正义论》旨在为一个良序社会——具体而言就是有着两百多年历史的美国宪政民主国家建构正义原则,而森的《正义观》却把视野更多地投射到第三世界的各种不正义。一个坐而论道,一个起而行事,一个孜孜以求于在反思中建立现实主义的乌托邦,另一个则希望通过具体的行动改变这个坏世界"③。但从政治知识的结构性——即知识论结构——角度来看,两种问题意识相互对立实际是问题视域在知识论路径上分道扬镳的结果,而当代政治哲学对公正的解释活动都在知识论路径上可划分为建构论路径和行动论路径。

二、建构论路径与行动论路径

(一) 建构论路径

理解公正的建构论路径需要回答三个基本问题,即公正关注的是什么,公

---

① [美]涛慕思·博格:《康德、罗尔斯与全球正义》,刘莘等译,上海译文出版社 2010 年版,第 251 页。

② 森认为前者的主要代表人物有霍布斯、卢梭、康德、罗尔斯、德沃金、诺齐克、高塞尔(David Gauthier)等;而后者的支持者则是斯密、孔多塞、边沁、沃斯通克拉夫特(Mary Wollstonecraft)、马克思、斯图亚特·密尔等。

③ 周濂:《把正义还给人民》,载邓正来:《复旦政治哲学评论》(第 2 辑),上海人民出版社 2010 年版,第 214 页。

正特性能够体现在何种实体之上,哪些安排必须体现公正原则及其实现的准则是什么。简言之,公正是一种正当的社会安排,此种安排的载体和实现需要一个与其相称的原则体系以及承载这个原则体系的个体认同和基本结构,而基本结构的形成有助于个体认同的形成,进而使公正运转起来并保持其一贯性。这又包括两个基本命题:社会的基本结构是制度性的,而制度性的社会结构是公正的首要主题①。对此,"社会正义原则的主要对象或首要主题是社会的基本结构,即把主要的社会制度安排成为一种合作体系",而"制度确定的正确规范被一贯地坚持,并有当局恰当地予以解释。这种对法律和制度的不偏不倚且一致的执行,不管它们的实质性原则是什么,我们可以把它们称为'形式的正义'"②,而实质公正与形式公正能否相互结合,依赖于上述结构中公正原则的内容、它们的合理基础与人们的态度。由此可见,理解公正的主要任务不仅需要建构公正的原则、规范和具体内容,还需要使它们与具体的公正环境相协调;而对作为政治价值范畴的公正进行解释还需要说明具体情景的选择理由并阐释背景预设的合理性问题。事实上,不论公正与社会结构的安排是完全一致(罗尔斯)还是部分相符(戴维·米勒),都需要建构完备的内在规范和外在评价。因此,其共同目的在于说明"(构建的)制度的性质及不同制度的重要性,并提出关于制度正义与社会正义的合理论说,同时亦要阐释制度正义跟分配正义及个人正义的理论关系"③。归根结底,建构论路径的基本特点是保守性、论证性、先验性和理论性。

(二) 行动论路径

行动论路径较为明确地应用于政治哲学研究大约最早出现在苏格兰道德哲学家们对道德情感和道德判断的研究中。为了证明道德评价是"人为性"而非"自然性"的,他们从多个方面进行了"思想实验"。这种自我改变的主要成果表现为:一方面,作为道德评价准则,公正的确定性和优先性不

---

① H.A.Bedau.Social Justice and Social Institutions, In *Midwest Studies in Philosophy*, Ⅲ: *Studies in Ethical Theory*, eds. P, A, French, T. E. Uehling, and H. K. Wettstein. Minneapolis: University of Minnesota Press, 1978.p.159.

② [美]约翰·罗尔斯:《正义论》(修订版),何怀宏等译,中国社会科学出版社 2009 年版,第 54、58 页。

③ 梁文韬:《论米勒的制度主义社会正义论》,《台湾政治学刊》2005 年第 1 期。

需依赖某种自然的完美状态,而是取决于人们实现"完美状态"的过程,为此道德哲学不是"雄辩学",而是伦理学和法学之间的"微妙的精确"。① 另一方面,精确性取决于行为和心理的相互联系,这种关联性是全面的,既存在于个体之间,又存在于社会群体中。在行动论路径中,不公正现象因其现实性、复杂性和开放性而成为核心议题。行动论路径全面审视了建构论路径,指出建构论因其封闭性而无法"真正建构起"公正概念的实际效用并规范社会结构与人类的行为,即便是最充分的建构论研究策略,也难以全面认识现实问题;而且,建构论较为关注原初状态的程序性问题,而使该建构无法关注到那些有可能修正该程序的行为意图;此外,不论理论基础何其雄厚,建构论也无法超越人类心智和现实世界能力等方面的局限性,因而必然将陷入"完备性"的困境。与此不同,行动论提出公正是一个可以独立于道德认识的实践范畴,"它的特点是,其中不公正现象的不公正性毋庸置疑,就连不公正现象的制造者也不会为其进行道德辩护或者对其违反的规范持有道德异议"②,因而公正是一个如何摆脱"规范实现的危机"。总体看来,行动论路径的初衷很简单,即"公正旁观者"接受广阔世界,因而跨越了人为的公正建构,迈向更强意义上的公正判断。③ 这一判断来自作为公正旁观者的行动者的基本假设,"如果我们不离开自己的固有位置,并以一定的距离来看待自己的情感和动机,就绝不可能对它们做出全面的评述,也绝不可能对它们做出任何判断。而我们只有通过努力以他人的眼光来看待自己的情感和动机,或像他人可能持有的看法那样来看待它们,才能做到这一点。"④在这个意义上,公正的旁观者就能在不同具体条件下做出公正的判断,而此种行为性的"公正"反之就是公正的本意。在某种意义上,行动论路径是一种改良性策略,对建构论路径起到补充和反思的作用。但是,它提出了与建构论截然不同的概念命题,认为与现实不公正问题有效结合的程度决定了公正规范、

---

① [英]亚当·斯密:《道德情操论》,蒋自强等译,商务印书馆 1997 年版,第 434—452 页。

② 慈继伟:《社会公正的落实危机及其原因》,载梁治平:《转型期的社会公正:问题与前景》,三联书店 2010 年版,第 570 页。

③ Amartya Sen. *The Idea of Justice*. Cambridge, Massachusetts: The Belknap Press of Harvard University Press, 2009, pp.149-152.

④ [英]亚当·斯密:《道德情操论》,蒋自强等译,商务印书馆 1997 年版,第 137 页。

环境、原则、过程等结构性设计的合理性,体现出了强烈的变革性、说明性、此在性和实践性。

简言之,构建论的公正解释类似于一种证明性论证,它为其他包括许多行动论的公正解释提供了基础;而行动论的公正解释则类似于某种"二级理论化",以实现其活动的逻辑结构和范畴框架为要旨。当然,无论建构论路径和行动论路径存在何种分歧,它们都具备严格的概念前设、解释前见及规范论证,都是重要的理解思维。

第二节　两种知识论路径的不足之处

评析两种知识论路径,首先需要分析一个谓词逻辑问题。众所周知,公正至少指向评价者和被评价者。那么,根据评价者与具体的评价关系以及被评价者与"承受者"之间可能存在的不同情况,公正概念还需要牵涉评价者和被评价者之间的关系这一抽象的"对象元"。以此推之,公正是一个二目评价性谓词(因为其不具有可具体化的"对象元"),而诸如"大方的"、"热心的"、"美好的"等评价谓词则仅有评价者这一单数元是必要的。因此,公正是一个兼具假言命令和绝对命令的评价性谓词。从语词逻辑的角度看,建构论路径和行动论路径必然会回归到公正概念本身的多阶性上,而这种多阶性是建构论和行动论路径具有各自特点和不足的根源。当然,作为一种批判尺度,任何反思都不是独一无二的。其既承认既往的思考已经"确认了很多、思考了很多、体验了很多",又明确指出不论这些确认、思考和体验何等丰富,它们并不能拒绝人们对新"路标"的好奇。

一、两种路径的个别反思

所谓个别反思,是指对两种策略从其自身的方法论角度加以反思。

一方面,对于建构性路径而言,其首要的任务是在否定存在一个客观的公正实体的条件下,能够证明抽象的公正原则、规范及尤其是组成的公正范畴的合理性。建构论认为,公正是这样一种概念,即它"首先不是描述性的,而指的是对于我们所面临的某些问题的解决方案。它们在我们的观念生活中的功能,就是为这些解决方案划定空间。"①进而言之,建构论路径对待公正的基本方法是,将不公正现象或公正问题作为一种评价性活动的对象,并将解决这个评价性问题的空间进行理性设计。正因为如此,这一类研究在提出"什么是公正"的时候,必须找到一个"概念域",抑或是"在哪个范围内解决分配问题",抑或是"在什么界限内获得占有正当"等。因此,基本善、资源、最大幸福以及更为具体的收入、身份、资格等都是为了上述问题及其方案而必须设计的。由此可见,为何公正每每与分配、矫正、补偿等命题相联,而在分配、矫正、补偿中又因为分配是后二者的来源,因而公正往往等同于分配公正。除此以外,建构论还有一个明显的方法推理逻辑——推进式的三维概念图式——将公正所对应的层级和区块按照固定要素(即上述问题域)和评价层级组合起来,"在第一个维度上,这种评价要么是一阶的,要么是高阶的。在第二个维度上,这种评价要么关系到形式上的正义,要么关系到实质性的正义。在第三个维度上,这种评价分为分配正义、交换正义、矫正正义、惩罚正义四个领域"②,由此构成了三级四相十六区块的范畴域。建构论的任务就是将这一系统通过整体化、系统化,或者阶段化、领域化的结构设计使之在不同条件下实现某种规范性界定,有时还可以此为依据使之与被评价者的形态——行为者、行为者的具体行为、社会基本规范、评价性事件——相结合形成更加复杂的公正概念建构。③

建构论路径认为上述设定无疑是在纷繁复杂的政治世界和不一而足的个体心智之间构建了一个适度抽象却足够强,并且能够提供现实公正认同的"统一的正义观"。行动论路径却对此持有疑虑。仅从建构论路径的方法论观之,其并没有充分说明抽象的公正的可证明性与其实践性之间存在充分的

---

① [美]克里斯蒂娜·科尔斯戈德:《规范性的来源》,杨顺利译,上海译文出版社 2010 年版,第 4—5 页。

② [美]涛慕思·博格:《康德、罗尔斯与全球正义》,刘莘等译,上海译文出版社 2010 年版,第 288 页。

③ 这种复杂性至少可以将公正概念从 64 种概念区块加以设定,笔者以为,如此复杂的区块也就证明了为何当前公正理论中建构论者的体系、论点、内容在数量和功能上的巨大影响力;由此也可以说明,许多看似观点不同甚至对立的公正的概念见解,只不过是建构论策略自身的组成部分或者不同部分内部的认识冲突。进而言之,这也就是为何罗尔斯在提供了一种建构主义的公正论后,能够长时间影响公正理论的设计,并成为一种"罗尔斯产业"的原因。

联系。以罗尔斯的"原初状态"和"重叠共识"设计为例。即便存在满足其要求的社会主体,能够通过上述设计而认同公正二原则,并形成一个以公正为制度首善的合理均衡社会。但是,如何保证这种建构的可持续性呢? 一个良好秩序的公正社会的建构和持续并不具有同一性,而建构过程中满足的条件即便能够不断通过"反思的平衡"也必然会因为原始条件的消失而逐渐变异,这种变异如何能够保证始终处于罗尔斯设定的较弱的公正环境中呢? 也许只需要一个跳出"洞穴"的人,就能彻底打破平衡。概言之,"某一实然的证明过程能否达到公道不仅取决于人们在该过程中是否使用具有公道形式的理由,还取决于人们是否具有达到公道的愿望。"①

至于建构论对"划定问题类型"的假设,在问题意识上并无明显缺陷。而其问题在于,通过一个既定划定的范围而推证一个普遍性的概念,这是危险的。首先,问题类型的划定是否可靠直接影响到相应公正观的正当性。正如人类公正思想史所展现的,分配、交换、矫正与惩罚四个基本的公正对象领域是在长期的公正实践中逐步形成的。之所以分配公正问题是一个核心的问题空间,是因为"生产资料和收入的分配是相互作用、互为因果的辩证范畴"②,但它既不是人类永恒的经济范畴更不是公正存在的最终归宿。分配公正应是在同一生产方式内,统治阶级关于公正的观念与被压迫阶级之间形成的关系范畴。既然分配并非公正问题的唯一空间,那么以此为基础的公正概念的建构就不是完备的。同时,既然分配公正是关于现实社会条件下人们分配利益关系和自身利益关系的价值评价,那么对于分配的认识及其持久性就限制了相关公正建构策略的逻辑一致性,无法说明超越分配问题之后的事实性公正难题(如代际公正、自然正义等)。事实上,建构论者对于"普遍概念"的追求,即便如罗尔斯所辩解的——在"政治观念"的限制下,不会成为一种特殊的"整全性学说",也蕴含了一种改造"公正的现象世界及其日常语言观"的雄心。毋庸置疑,建构论发现了公正概念、公正本质与公正经验之间的非一贯性,并认识到这种一贯性的起点应该在于规范性的公正概念,为了规避元理论

---

① 慈继伟:《正义的两面》,三联书店 2001 年版,第 131 页。

② [美]齐雅德·胡萨米:《马克思论分配正义》,林进平译,载李惠斌、李义天:《马克思与正义理论》,中国人民大学出版社 2010 年版,第 44 页。

对这种普遍概念论的支配,建构论者必须在概念与经验之间建立起一种决定模式。否则,任何元理论的追问都会质疑它们的规范性来源。正因为如此过高估计了普遍概念的作用,其造成了一种利科曾经所言的"概念的帝国主义"。事实上,"如果说概念与实际经验之间的对立是合理的,并制约着科学语言或思辨语言的可能性,那么当这种对立被强制作为绝对规则并广泛用于最不相同的各个领域时,这种对立就是很可争议的了。这样的普遍化促使一种经常可概述为一种方法论的结构主义的意识形态的出现。"①由此可见,建构论路径意图实现的同一性、普遍性也就难以维系了。从方法可行性分析,建构论所主张的公正性与其能否通过严格批判审查之间仍存在着十分明显的距离。

另一方面,行动论路径更多思考的是"公正之后"的问题,即公正与不公正的关系及其人们在二者之间的行为选择、解释和塑造的问题。在行动论看来,理解公正的关键不在于公正是什么或应该是什么、它如何获得正当性以及它在整个社会结构中的优先地位应该如何设计的问题。公正的正当性、优先性本就是通过人们评价行为而客观地存在于一切人的心智中。他们认为,公正的关键问题在于如何通过某种行动模式体现出这种隐藏的价值意识,借此批判不公正现象、改造不公正行为。行动论普遍认为,只有通过"公正行动"才能够突破建构论的抽象性及它们之间的争论;只有在行为模式上获得一种公正的动力,才能够切实推进社会的正义之精神和公平之程度。因此,行动论路径往往关注集体行动的逻辑而非个体道德(义务、德性或者权利),注重行动的可理解性而怀疑社会制度对行为的支配力,倾向于评价性反思而忌惮确定性构建。在一定程度上,"追求公正是与诸多的渐进式行为模式之谱系相关的事务,在接受某些公正原则和在一定政治的公正概念引导下的人的实际行为的全面性设计之间并不存在突变性的跃迁。"②行动论是一种反思性评价,反对建构论的完美主义,是面向规模化行动模式的社会选择过程。在这

① [法]蒙甘:《从文本到行动——保尔·利科传》,刘自强译,北京大学出版社1999年版,第11页。

② Amartya Sen. *The Idea of Justice*. Cambridge, Massachusetts: The Belknap Press of Harvard University Press, 2009, pp.68-69.

里,公正的先验性、理念性与公正的现实性、可检性在理解公正的过程中出现了逻辑的松动①。

　　尽管行动论并非为了批判建构论路径而出现,但是行动论确实是一种批判性路径。正如斯密批判霍布斯、马克思批判古典政治经济学家、社会主义正义论者(如普鲁东、拉萨尔、杜林等)、森对罗尔斯的质疑一样,行动论路径不断在寻找建构论的替代方案。即便不考虑此种批判的真实性和全面性,这种反思似乎仍面临着两个反思困境。其一,行动来源于个体的意识,不同个体意识理解下的公正如何能够将简单的意识行为凝聚为一种公正的行为模式。毕竟,"简单的意识行动只有在它们适合于更大范围的行动模式时,也即只有它们适合于一种共享生活形式所认同的规则时,才是有意义的。"②而在这里,很多行动论者总是语焉不详,要么用公共性、民主、沟通、人性等其他概念加以修饰,要么借助于某种基于情感、心理或者经验的主张,抑或将这种提问归入"建构论的陷阱"。其二,即便在批判建构论路径方面形成了共识,且达成了某种公正的行动模式,但该行动模式能否将作为其基础的公正环境、公正规范和原则加以确证? 能否形成一个面对差异性公正问题的概念图式? 而身处此图式内的公正行动者如何能够全面地阐释这种公正概念呢? 很显然,在行动者的局部性和行动模式的整体性之间,存在一种解释循环。

　　除此以外,行动论路径大都体现出一种运作观,主张"从来就不曾有完美的公正。制度建构在传输公正中的确很重要,但是制度本身并不能显示出它在传输公正方面是否成功有效,人们必须通过基于行为和行动之上的制度运动来对此进行判断"③。不过,行动论因反对整全知识和普遍知识而彻底否定

―――――――――

　　①　在行动论策略中,一般存在较强性策略和较弱性策略,前者如马克思、休谟、密尔等,后者如斯密、孔多塞、森等。较强的公正行动论不但批判建构论的先验性,而且提供了一种公正概念的基本框架、本质分析乃至演变趋势等解释;而较弱的公正行动论则主要集中在批判建构论的缺陷,并以现实不公正问题为导向,采取一种"比较进路"(森)或"描述进路"(孔多塞),而较易被建构论同化(斯密)。

　　②　[美]詹姆斯·博曼:《社会科学的新哲学》,李霞等译,上海人民出版社 2006 年版,第125 页。

　　③　Neelima Mahajan-Bansal,Udit Misra.There Is No Such Thing As Perfect Justice,Forbes India Magazine,Aug 28,2009.参见 http://www.forbes.com/2009/08/23/amartya-sen-the-idea-of-justice-forbes-india.html。

一切建构性思维是值得商榷的。其实,行动论路径也是一种知识论思维,而非临时性的行为解释。公正的理解问题具有持续性,行动论路径中对公正的解释与现实政治中的公正行动是不同的,为了避免因二者相互对立对理解公正带来的消极影响,行动论路径往往也需要一定的限定性前提,这显然无法获得普遍同意,因此要么走上解释公正的相对主义路径,要么就需要建构论惯常使用的解释策略与形式。再者,理解公正是一种高层次的政治哲学活动,而有关个别行动的公正观不具备高层次理论所要求的规范性、系统性或抽象性。同时,既然不公正社会中人们的态度、阶层立场、偏见和利益倾向会"危及一个公正的制度构建",那么就没有理由认为这些问题能够在行动论路径中相继瓦解。此外,解释公正并非为了解释而解释,而是在理解公正的过程中能够形成某些共识,使之具有实践意义,但是行动论路径对"一致"的看法仅仅停留在"共同反对"不公正现象的层面上,"但是在一个被理由和意识形态重重包裹起来的政治社会里面,无论是指认不正义还是探讨什么是正义制度,人们的直觉经验往往相互冲突,当此之时,必须借助于更加复杂的说理才有可能进行真正有效的交流和沟通。"①

当然,建构论和行动论的各自缺陷并不意味着它们对公正的解释是不合理的。二者都在追求实现公正,却在如何追求及其实现路径上各有千秋。它们在方法论上的分歧不是绝对的,而且都对理解公正体现出本质的、圆融的理论主张,也均在公正经验的基础上力图形成某种普遍性解释,以此指导公正社会的建构或者公正行动模式的调整。显然,这种方法路径上的差异与不足并非它们缺陷的全部,二者存在某种共同的认识结构,而这一结构的不足则是建构论与认识论的共同问题所在。

二、两种路径的共同反思

如果说个别反思是两种路径对彼此缺陷的揭示,那么共同反思则是站在两种路径之上对二者共同缺陷的审视。与前者不同,这种反思需要一定的知

---

① 周濂:《把正义还给人民》,载邓正来:《复旦政治哲学评论》(第 2 辑),上海人民出版社 2010 年版,第 215 页。

识积累。黑格尔曾说,"当哲学把它的灰色绘成灰色的时候,这一生活形态就变老了。对灰色绘成灰色,不能使生活形态变得年轻,而只能作为认识的对象。密纳发的猫头鹰要等到黄昏到来,才会起飞。"①这说明,哲学的反思是在知识沉淀基础上探究真理的活动,不同于日常话语中对现实的反思。从知识论结构角度看,之所以说政治哲学是一种实践哲学,具有实践功能和导向功能,就因为它不断反思自身。这种反思对包括理解公正在内的政治实践意义重大,它使得"一个民族如何把他们的政治和社会制度当做一个整体来加以思考,如何把他们自己当做公民来对待,如何把他们的目标和目的当做一个历史悠久之社会(一个民族)的目标和目的或作为家庭和社团之成员的目标和目的——来加以思考。"②共同性反思的主要表现是知识论反思,它是对建构论路径和行动论路径的共同知识论特点进行的理论反思,它虽不具有具体的指导意义,但是"有知识就是有真命题底(地)发现,知识经验底继续一方面是保存与整理已有的发现,另一方面是从事于新的发现,新的发现有时寓于旧的发现底整理之中"。对理解公正的两种知识论路径的共同性反思不啻为这样一种"整理"③,有助于寻找更适当的问题视域。

(一) 概念问题

一般而言,通过理性形成的表象是概念,是可用于大量的事物并用一般的词汇表达的一般的想法或思想。④ 这一观点对公正的理解问题的影响体现在它将公正与特定事物、活动或者行为的联系,以及此种联系的广泛性和持久性成为衡量公正界定合理与否的底线标准。不过这一标准面临许多挑战,如语言的挑战,不论是"作为公平的正义"还是"作为能力的公正"都需要表达出来。问题在于,个体、群体、国家乃至不同时代的社会共同体之间没有一致的语言体系,语言的"巴别塔"造成了理解的差异。由于语言的模糊性,虽然人们对公正的不同解释大都承认一定的"金规",但认同"金规"并不能发展或转

---

① [德]黑格尔:《法哲学原理》,范扬、张企泰译,商务印书馆1961年版,序言第14页。

② [美]约翰·罗尔斯:《政治哲学史讲义》,杨通进等译,中国社会科学出版社2011年版,第10页。

③ 金岳霖:《知识论》,中国人民大学出版社2010年版,第691页。

④ 《西方哲学英汉对照辞典》,人民出版社2001年版,第177页。

变为一致性的理解。在这里,"语言的本性自身就几乎可靠无误地引导我们形成一个这种性质的判断:由于每一种语言既有一套用作褒义的语词,亦有一套用作相反意义的语词,因而无需任何推理,稍稍了解语言的习惯用法就是一直到我们收集和整理人类的各种受尊敬的或遭谴责的品质。"①可见,超越语言复杂性的"元概念"是不可能的,任何概念的解释框架内都存在矛盾和相似,没有一般意义的定义。与此相比,建构论和行动论都将自身的解释看作并力图实现普遍适用或从一般意义上界定公正,这是二者在概念分析上的共同特征,都是追求本质主义的公正概念(impartiality concept)。如果说政治概念分析应是克服政治理解过程中的悖论和模糊现象,那么任何以本质的和封闭的概念定义作为理解概念唯一出路的知识论路径终会将概念混同于术语,至多是在追求名称的真理性,而这并不是为了真正的理解,"而是仿佛为这样一种描述提供了一张空头汇票"②。当然,行动论路径开始更多地将视野投向现实生活的改造,而慎言公正定义。但这种排斥和摒弃的态度,无异于把婴儿和洗澡水一股脑儿地倒掉,其实质是在回避这一问题,试想"在一个被理由和意识形态重重包裹起来的政治社会里面,无论是指认不正义还是探讨什么是正义制度,人们的直觉经验往往相互冲突,当此之时,必须借助于更加复杂的说理才有可能进行真正有效的交流和沟通。"③有人认为概念图式是解决问题的可行方法。所谓"概念图式是组织经验的方式;它们是为感觉材料提供形式的范畴体系;它们是个人、文化或时代在消逝的场景中得以保留下来的一些观点。"④对公正的解释而言,建构论和行动论逐渐将公正作为一种概念图式而非单一概念,一个明显的实例是罗尔斯在《正义论》和《政治自由主义》中对公正的不同解释,如其所陈,是"将《正义论》所提出的公平正义学说转换为一种适应社会基本结构的政治的正义观念"⑤,即公正的概念图式的一部分而已

---

① [英]休谟:《道德原则研究》,曾晓平译,商务印书馆 2006 年版,第 25—26 页。

② [德]维特根斯坦:《维特根斯坦读本》,陈嘉映译,新世界出版社 2010 年版,第 10 页。

③ 周濂:《把正义还给人民——评阿玛蒂亚·森〈正义观〉》,《复旦政治哲学评论》(第 2 辑)2010 年第一卷。

④ Donald Davidson. *Inquiries into Truth and Interpretation*. New York: Oxford University Press, 2001, p.183.

⑤ [美]约翰·罗尔斯:《政治自由主义》,万俊人译,译林出版社 2000 年版,第 29 页。

（尽管他仍认为这是最有效的概念）。一般而言，在解决公正的本质主义概念缺陷的过程中，公正论者普遍开始区分"概念观"（concept）与"概念"（conception），前者是一种可供选择的概念立场，后者则是一个道德准则式的绝对命令。① 但事实上，这种改造仍存有实在论企图。不难发现，在蔚为壮观的公正解释中，按照建构论和行动论的路径推演下去终将面对两个困境：其一，如果他们对于概念观的界定持一种较为宽松（loose）的态度，那么不同概念观之间将很可能不存在范畴交集，而失去沟通乃至认识的必要性；其二，如果他们严格地界定各自的概念观，那么必然会陷入传统认识论中无穷无尽的规范性问题。② 由此可见，概念观和概念的区分并不能可靠便捷地解决认识论范围内的概念分析。③

在知识论结构的共同性反思意义上，人们可能需要的并不是一种本质主义的公正概念，抑或也不是一种基于获得确定性公正定义的概念观，因为它们在所谓的自然主义认识论中分别居于"本体倾向"和"方法倾向"，但忽视了公正可能具有的兼容性的概念作用。既然公正主张人的价值④，那么公正概念就意味着什么取决于他所具备的相关理论的解释框架，"同样的语词可能意味着许多不同的东西"⑤，那么对框架性概念的公正提供的应该是框架性的解释。

---

① 罗尔斯在《正义论》一书中就持有类似观点，为了更好地体现原文主旨，本处引用原文加以佐证。"Thus it seems natural to think of the concept of justice as distinct from the various conceptions of justice and as being specified by the role which these different sets of principles, these different conceptions, have in common."参见 John Rawls. *A Theory of Justice*（Revised Edition），Cambridge, Massachusetts：Harvard University Press, 1999, p.5.

② 即回到所谓的"人"的问题，特别是主客二分及其对立思维下的规范性来源问题上。而这是一个循环论证，从意志论—实在论—怀疑论—义务论—反思评价论—反思评价基础上的"实在、意志、再反思"论，即从人对于公正这种概念范畴的意志主导性回到反思的人所决定下的公正概念。正如科尔斯戈德的《规范性来源》费尽周折地论述了规范性问题的演变和批判，但归根结底还是回到了下述结论——"世界上存在着一些既能告诉我们做什么，又能驱使我们这样做的实体，这是人类熟知的事实。这些实体是我们人，还有其他动物。"参见［美］克里斯蒂娜·科尔斯戈德：《规范性的来源》，杨顺利译，上海译文出版社 2010 年版，第 191 页。

③ 参见 Arthur Isak Applbaum. *Legitimacy without the Duty to Obey*. Philosophy & Public Affairs, Volume 38, Issue 3, Summer 2010, p.216.

④ D.D.Raphael. *Concepts of Justice*. New York：Oxford University Press, 2001, p.249.

⑤ 《西方哲学英汉对照辞典》，人民出版社 2001 年版，第 179 页。

（二）价值问题

公正是一种实践价值,依赖于社会生活,不但受限于相应的社会实践,而且大都通过非此即彼的方式与社会实践相关,从属于特定依赖关系的类型中,或存在于此种依赖关系借以存在的依赖关系中①。在建构论和行动论两种路径中,一方面,公正的价值是对其他社会益品和价值要素的合理配置,是这些价值要素及其相应的社会实践之间依赖关系的衍生品,即"所有社会价值——自由和机会、收入和财富、自尊的基础——都要平等地分配,除非对其中的一种价值或所有价值的一种不平等分配合乎每一个人的利益"②,而这种依赖关系"会以某种特殊的方式受到束缚、限制和约束"③。但另一方面,公正价值则源于最原初和基本的伦理准则和人性德性,既是社会结构的首要价值,又是社会行动的根本准则。此种公正价值显然与人的社会实践之间存在普遍联系,是这种普遍性范畴的价值现象。依赖关系的不同导致它们可能会从不同层次和角度来理解公正,并对公正概念的性质与内容做出截然不同的解释。然而,建构论和行动论却从"实用性"的角度对待此种差异性,时常不予辨别,以至于在同一分析中出现前后矛盾。

这并不是偶然的。这是建构论和行动论共有的知识论结构在价值问题上的必然选择,是"主客二分"逻辑在价值分析中的必然结果。费希特曾经指出:"全部知识学的三条原理所推论出来的是这样一个命题:自我与非我互相规定,而这个命题又包含着下述两个命题:自我设定自己是被非我所规定的……自我设定自己是规定非我的。"④据此,价值不外乎就是价值主体和价值客体之间的关系,具体表现为:(1)价值实体说,即价值是价值客体的客观实在的非我本身;(2)价值属性说,即价值是客体本身固有的属性;(3)价值关系说,即价值是价值客体对价值主体的效用性。因此,价值实际上是一种事实,它自身并无意义和诉求,是由价值主体赋予其意义的象征形式。但在人们

① R. Jay Wallace. *Introduction*, see Joseph Raz. *The Practice of Value*. New York: Oxford University Press,2003,pp.2-3.
② [美]约翰·罗尔斯:《正义论》,何怀宏等译,中国社会科学出版社1988年版,第62页。
③ [英]亚当·斯密:《道德情操论》,蒋自强等译,商务印书馆1997年版,第98页。
④ [德]费希特:《全部知识学的基础》,王玖兴译,商务印书馆1986年版,第166页。

理解价值范畴的长期历史过程中却发现,价值解释"并不预先假定思想内容曾以一种想有意识表象或想交往某种社会生活东西的意图而被表现的,然而,没有这种意图的思想或任何不旨在表达思想的活动,在任何时候却可能变成解释的对象。"①价值范畴经常跳出主客二分的现象关系,且不断要求人们真正理解它们的内在意义。就此而言,理解公正价值并不仅凭借具体的现象(客体)与评价者(主体)的关系而定。

与此同时,主客二分的认识逻辑还认为:类型与一般具有互倚性,把握了典型意义就易于把握一般认识了。例如,把握了具有典型意义的艺术美,也就容易把握一般意义上的美了。② 对于理解公正而言,这一逻辑将其引向具体的公正主客体的一般性判断,而忽视了公正价值在本体意义上对社会实践的解释作用。由此可见,建构论和行动论在建构和行动问题上出现的路径分歧,与公正的价值属性本身无关,是对价值主体还是价值客体优先抑或价值主客关系的主导地位的分歧。由此,公正与正义、平等、公平的区别就只能是表象的、形式的或者语用层面上的,甚至与所有政治价值的本质完全相同。这种逻辑结构并未带来认识结构的独占性和认识方式的一元性并实现价值解释的一致性,反而造成了更多的分歧。在现实中,这种分歧被凝固在不公正现象所存在不同经验、领域或意识形态中,使之成为一种消极的价值成见,价值解释的困境由此成为共通感问题。

（三） 共通感问题（common sense）

从某种意义上,理解公正的终极目标是形成公正共识。在建构论和行动论的不同路径中,这种共识要么来自公正原则的绝对命令、要么来自对不公正的共同反思,但它们本质上都是围绕共通感这个认识论范畴而成的。共通感问题源于古希腊哲学,康德较为系统地论述了它与认识论的关系并将其作为判断力的基础。在其看来,人们能够使得自身意愿与其认同的准则系统相互吻合,并且提供绝对命令的意志以维护这些准则而行动的原因依赖于理性和合理性。"理性的特征是寻求认知的和实践的世界观的统一,而工具理性寻

---

① ［意］埃米里奥·贝蒂:《作为精神科学一般方法的诠释学》,洪汉鼎译,载洪汉鼎:《理解与解释——诠释学经典文选》,东方出版社 2006 年版,第 127 页。

② 何卫平:《解释学之维——问题与研究》,人民出版社 2007 年版,第 54 页。

求的是在给定目标下的概率最大化的手段意义上的有效性"①,而决定二者是否能够产生认识认知和价值判断的基础在于人的共通感。康德是在他的美学思想中提出共通感问题的,他认为"鉴赏判断必须有一个主观性原理,这个原理只通过情感而不是通过概念,但仍然普遍有效地规定着何物令人愉快,何物令人不愉快,一个这样的原理只能被视为共通感"②,而后来一切意欲阐明人文科学之独特性的思考都离不开"美学"提出的纯粹精神科学的方法,当代政治哲学正是在人文科学需求独立性、普遍性和实践性的过程中发展起来的,这自然就解释了共通感为何是任何公正解释共同关注的对象。

在建构论和行动论中,对公正的不同理解和解释能否满足共通感的要求,要么取决于公正和善两种标准的相融性,即两类标准及其原则所规定的观点之间,以及这些规定直接作用下的制度、行为和生活计划之间能否相融;要么寄希望于人的情感,将人们对不公正普遍反感等同于对此种理解的一致认同。但是,一方面,公正与善代表了两种不同的评价标准,公正关乎状态、善强调目的,二者及其衍生物的相融只能在严格的理论假设存在的条件下才能显现,如罗尔斯的"原初状态"、"无知之幕"和"正义感"等就是对"正义二原则"和"作为公平的正义"产生认同的前提条件,而这些条件早已被证明只能存在于"理论设计"中;另一方面,人们对不公正的普遍反感是一种感性情绪,与人们对公正社会的憧憬并无二致,假如要求每个人阐明自己反对何种不公正,或者进一步说明其反对不公正的原因时,此种一致意见也就岌岌可危了,而人们对这种"无实物"理解的认同也丧失了根基。

从知识论结构的角度而言,建构论和行动论作为探究共通感的理论路径是其知识论中确证性问题的延伸,"在知识论中,'确证'概念的含义,主要指的是命题必须有恰当的理由或证据,或者说依据一定的认识规范对信念给予证明。由此,确证作为知识要素的意义,就在于论证信念是需要理由或证据来支持、证明它是真的"③。那么,这种确证的性质、结构和标准是什么,它依靠

---

① [美]涛慕思·博格:《康德、罗尔斯与全球正义》,刘莘等译,上海译文出版社 2010 年版,第 133 页。

② [德]康德:《判断力批判》(上卷),宗白华译,商务印书馆 1964 年版,第 76 页。

③ 陈嘉明:《知识与确证——当代知识论引论》,上海人民出版社 2003 年版,第 35 页。

什么理由或者根据使得它是可靠的,回答这些问题本身就难有确定性。而且理解公正所希望实现的共识并不是那种基于"真理标准与对象的一致性"的共识,而只可能是对理解和解释所产生的确证知识和信念的共识。这种共识,就不再是一一对应的、绝对的共识,而是相对的一致,"首先,一直不是简单地等同于单纯的相容性;其次,一直必须是系统中信念之间的相互可导出性;第三,一致中的解释关系是核心的要素。"①但对于建构论和行动论而言,它们不能允许作为公正共识基础的确证性一致存在偶然性,必须通过改造确证关系中的复杂性才能实现一致和共识。这就说明了建构论和行动论在共通感问题上持有的疑虑,也较为清楚地说明了它们对共通感的认识只能存在于一种确定性关系中,而无法随着理解的变化而变化。

三、两种路径的综合反思

在一定意义上,政治哲学的主要任务就是不断思考什么是政治生活的本原和基础。为此,它需要经常拆解由既存概念和语言组织起来的知识结构,使其回到"本初"状态,以便于重新考量,正如"人类理性非常爱好建设,不只一次地把一座塔建成了以后又拆掉,以便查看一下地基情况如何"②。建构论和行动论的工作就是如此,而在它们面对其无法克服的问题时,也需要其他知识路径的介入和重构了。这里主要存在两种方向:

一种方向,是将建构论中被抽象化的公正物品具体化,并将行动论中过于具体的行动对象类型化,以实现公正的评价者和承受者共同接受的对象的复合性。这一路径的代表人物毫无疑问是沃尔泽。沃尔泽既反对罗尔斯等人提出的单一性的公共的公正原则,也不同意诸如行动论者以消除不公正的具体行动为指向的"相对主义策略"。他认为,相对不等于相对主义,相对公正是一种复合状态的公正,它的对象的领域、种类和层次各不相同,公正具体到不同的领域内必然存在一定界限内的不平等,这种不平等只有在"最弱支配"和

① Laurence Bonjour. *The Elements of Coherentism*, in Linda Alcoff. Epistemology: The big Question, Wiley-Blackwell, 1998, p.216.

② [德]康德:《任何一种可能作为科学出现的未来形而上学导论》,庞景仁译,商务印书馆1982年版,第4页。

"最小垄断"且不同领域范围内的不平等不具有"转移性"和"控制性"的前提下,才能够获得复合公正的正当性。沃尔泽把公正看作具体的"善",而这种具体善就是公正在不同不平等环境中的合理存在状态,及其背景环境的相对独立性上的公正观。自由交换、需要和应得的原则并不是同时存在具体公正范畴内和不同不平等环境之间的,因此,能够产生多种公正原则(相互组合)、公正规范和公正状态。在他看来,"任何一个社会物品 X 都不能这样分配:拥有社会物品 Y 的人不能仅仅因为他拥有 Y 而不顾 X 的社会意义占有 X。"①例如,权力不平等可以在适当规模中存在,收入不平等也因为同样的理由可以存在,但是权力不平等中的优势群体不能因为权力优势而获得收入分配上的优势,反之亦然。由此看来。相对的公正"是一种认为建构和解释的东西,就此而言,说正义只能从唯一的途径达成是令人怀疑的。无论如何……分配正义所提出的问题有许多答案,并且,在答案范围内,还为文化多样性和政治选择留有空间。这不仅仅是在不同历史背景下实施某个唯一的原则或一组原则的问题……正义原则本身在形式上就是多元的;社会不同善应当给予不同的理由、依据不同的程序、通过不同的机构来分配;并且,所有这些不同都来自对社会诸善本身的不同理解。"②沃尔泽否定了那种自然主义认识论的支配观,反对由一种思维确证形成的公正原则而必须拓展至所有人认同的理性狂热。他前瞻性地提出了公正概念的多样性、历史性问题,为公正的概念分析特别是对概念史分析提供了一种力图超越因果必然的理论构建。但是,相对公正过分夸大了认识论特别是个体认识对理解公正的支配作用,只不过他将受这种支配下的分歧看作在本质上就是合理的,从而回避了罗尔斯等建构论者在共通感问题上的困境。尽管其规定了从个人绝对命令下公正准则的普遍有效性的"垄断",却步入了个人之间诸多公正原则的相对困境中,依旧是站在主客分离甚至是更加彻底地站在主体的意志和选择一侧的。

另一种方向被称为"二元综合性方案"。随着各种公正解释的不断涌现,

---

① ［美］迈克尔·沃尔泽:《正义诸领域:为多元主义与平等一辩》,褚松燕译,译林出版社 2002 年版,第 24 页。

② ［美］迈克尔·沃尔泽:《正义诸领域:为多元主义与平等一辩》,褚松燕译,译林出版社 2002 年版,第 4—5 页。

其争论也日益激烈。人们越发认识到,"政治哲学无法一劳永逸地解决这些问题。然而,它却能够清晰地表达我们目前的这些争论"①,公正理论家们提供的可选择的事物都是一元的,要么是一元主导或多个一元交互作用而形成相对优势的一元,要么是一元独占或多个一元相互融合产生新的一元。而二元综合性的研究路径则"要界定四种类型的二阶结构和四种类型的原初状态结构,并指出如果两种理论属于同一类型就拥有了同一结构。但是这就有可能需要运用更高水平的判断力对结构加以分析,而后才能断定内容迥异的理论也会具有不同的结构。"②以此观之,对公正的既有解释仅仅是在讨论公平问题,其实质是"人要有所取,必要有所舍"。回答"这公平吗?"或者"这能否合理拒绝?"只是理解公正的首要维度,而"公正的环境"即回答上述问题的限制性也是理解公正的重要维度。③ 这两个维度都应体现理解公正的知识论路径中,第二个维度不仅是对第一个维度的补充,也是考量第一个维度内各种公正解释的标准。而且,公正的环境来源于人们在平等主义基础上构建社会共同体的义务,这使得不同的公正解释有可能在第一个维度内形成共同目标。客观地说,"二元综合性方案"是对建构论路径和行动论路径的重塑,它将公正主体的情感和理性更好地结合起来,形成了一种更加包容的公正解释。不过需要注意的是,在没有对象化思维的影响下,公正、公正的对象、公正原则、公正主体都可以成为对象,而公正评价者对对象的认知和选择又成为了新的不稳定来源。稳定的不偏不倚的公正结构难有交集,这表明任何"公正责任必须存在于公正评价者的动机框架中,而不是那些被评价者决定影响下的承受者的意图结果"④。

综上,这些重构不同程度地克服了建构论和行动论中出现的问题,但主要是局部修补,其主要任务是将公正的层次、领域或作用界定清楚,它们仍旧停留在以狭义认识论(自然主义认识论)为主导的反思框架内。显然,它们并未

---

①　[美]迈克尔·桑德尔:《公正:该如何做是好》,朱慧玲译,中信出版社 2010 年版,第 20 页。

②　[美]布莱恩·巴里:《正义诸理论》,孙晓春、曹海军译,吉林人民出版社 2004 年版,第 378 页。

③　参见 Brian Barry.*Justice as Impartiality*.Oxford:Clarendon Press,1995,p.112.

④　D.D.Raphael.*Concepts of Justice*.Oxford:Clarendon Press,2001,p.230.

撼动建构论和行动论在理解公正的知识论结构中的根本地位。"自然需要说明,人则必须理解",这就说明了"自然科学知识和人文科学知识从根本上性质不同,前者是关于物体原因与结果的知识,后者则是具有意图和意义的自我知识,因而,在理解和解释历史、文化、作品乃至整个生活时,不能采用与自然科学相同的因果关系的解释说明方法(explanation),而是要用理解(understanding)。"①以此观之,理解公正只有在理解的视域中,突破这种将框架概念的公正局限在对象层次上的思维局限,才有可能找到替代路径,既能解释自身(概念、特征等),又能解释他者(如消除不公正),为理解公正提供一种政治哲学的新视域。

四、理解公正的新境域

正因为公正是一个模糊性的概念,故而人们在面对它而试图有所言说的时常常感到手足无措。通观所有公正概念的分析,有两点至少是一致的,即(1)试图发现公正概念的真正内涵,(2)对内涵界定进行完备性阐释。这种局面的形式实际上就一种"语境选择"。具体而言,人们"要形成关于政治世界的知识,不能只靠观察,还要开发和提炼可以帮助我们理解它的概念"②,而概念形成,或者称之为概念的塑成,是一个时间化的发现,既是概念符号本身的语义指代,也是各种解释的综合,而这些指代和综合的整合使得所有的概念嵌入某种哲学或某种哲学实践,并通过它的发展有目的地展现出来。因此,任何对关于政治与社会的基本概念的研究都应是一项政治哲学任务,或者说只有上升到政治哲学的层面,类似的研究才可能更加完备。作为一个政治概念,公正概念的内涵虽然不具有通用格式,但必须存在于特定的政治哲学的结构体系中。

当代,通过《正义论》的讨论,政治哲学的基本纲要得以确立,并宣称哲学王国赋予了政治哲学以新使命,如政治哲学是哲学的时代强音,政治与伦理的结合,实践哲学的现实选择,哲学的政治之路,等等。概言之,"政治哲学研究

① 殷鼎:《理解的命运》,三联书店 1988 年版,第 11 页。
② [英]安德鲁·海伍德:《政治学核心概念》,吴勇译,天津人民出版社 2008 年版,第 2 页。

政治行动所遵循的原则,这些原则所生发出的价值观念,这些观念的基础;研究根据这些原则构成的社会基本制度和结构;研究不同的政治哲学学派就此提出的各种判断和观点;政治哲学同时还研究有关上述问题的方法论。"①

借助于公正概念的研究,我们尝试对上述问题的真实性作出初步判断。首先要考虑概念语境如何影响政治哲学,而不只局限于概念论证。无论符号化、功能化、结构化,还是观念化、意识化、历时化,概念总是意味着被描述(或界定)对象的内在特征和指代范围的综合。在传统的概念认识论中,概念的内涵决定了概念的外延,因此,对概念内涵的设定决定了选择描述对象的数量,反之对象对不同定义的规制意味着概念内涵必须在外延化的实践运用中体现出明确性。对此,剑桥学派就认为"每个用法(或者说每个恰当的用法)、每个概念说到底都必须有区别的加以解释,即它们具有具体的,暂时的决定因素。有限论不认为每个概念都有一个固定不变的特征或含义,也不认为这些含义决定了这些概念以后的用法,因此无限论否认真理和谬误是任何陈述中不变的东西",至少概念分析更为关注"政治和社会思想中所展现出来的主要概念在含义上的延续、转变和革新"②,而非概念的价值化或普世价值化。显然,概念的语境变化决定了不同时期政治哲学的属性和任务。尽管它们论述的对象、符号,甚至内容与目的都惊人的相似,但是这些相似在概念的政治解释学那里就是一种共时性的"钟摆运动"和历时性的"螺旋递进",不同的横切面具有类似的形象,导致了概念模糊和沟通障碍。假如政治哲学确实需要阐明特定时期和政治结构内的生活方式,其包含语义的、语用的、价值的、规范的等诸多要素,从而产生了"语境丰富化"的困境。这也就要求其能够准确把握政治哲学的重要概念的"钟摆位置"和正确理解它的"螺旋层次"。以此而论,对于政治概念的分析不是政治哲学的一部分或起点,而是它的全部和贯穿其体系的逻辑轴,概念语境从整体上解释了何种政治哲学的存在。

提出作为一种概念语境的政治哲学的命题,意味着政治哲学并不具有某种完备的内在逻辑,它也不是具体政治价值的决定因素,而更类似于一种诠释

① 韩水法:《什么是政治哲学》,《中共中央党校学报》2009 年第 3 期。
② [美]斯坦因·U.拉尔森:《社会科学理论与方法》,任晓等译,上海人民出版社 2002 年版,第 4、1 页。

标准。众所周知,自《正义论》出版以降,诸种公正理论都围绕着罗尔斯命题和解释结构而展开。事实上,这种分析结构融合实践哲学的目的论、分析哲学的语言论、契约理论的认识论乃至博弈论等诸多要素。但是,人们的批判和"鼓吹"都没有站在这些结构之外,而是择其一隅,这也带来了"盲人摸象"式的"深刻"。近年来,西方学界转向"后罗尔斯模式"的公正分析,而此次转向在某种意义上恰恰是从以往对罗尔斯分析的依附转向创设新的分析结构,也许更能体现公正理论在政治哲学层面的进步。

不断探寻公正概念的真正意涵,体现出了一种趋向公正内涵分析的最大合理性的思辨过程。它存在于一种概念语境的政治哲学中,但并非简单地依附于某一静态的结构,而是凭借概念分析改造历史观念、塑造抽象概念并体现自身的方法论优势,最终实现语境选择和改造语境的辩证发展。如果忽略哲学史的分类背景,价值判断可以归入四种可能类型,即价值主张、价值的语义分析、价值的应用和价值的逻辑依据。概念分析可以同时存在于上述四个层面,即"价值系统、语义分析、应用科学和形上学。它们各有不同的研究方面、方法、方向、功用和风格"①。当前的政治哲学研究充满了价值主张、价值应用的气息,而缺乏价值语义和价值形上学的审慎。如是之故,作为概念语境的政治哲学偏重对价值概念的逻辑推论演绎分析。由此,我们认为意识、信仰、经验是作为概念语境的政治哲学的基本前提。在概念论内,遵奉上述某一要素或者若干要素的组合,构成了超越价值目标和实现现实运用的两大值逻辑解释(伦理的、政治的、社会的),而是在于其对公正的多元逻辑认知系统能否提供更为清晰的认识。概念运用方向,即理性主义或者经验主义之别。事实上,作为概念分析要素,主体对它们的运用和证明并不指向公正的实践价值,而旨在说明主体公正选择的内在机制(自我说服),即以不同的方式勾勒出公正范畴的政治伦理情境结构。因此,公正范畴在概念论上的进步不仅仅是公正认同、公正规范和公正秩序的实现程度,也不是考量某种公正定义是否比其他人提出了更有效的价值逻辑解释(伦理的、政治的、社会的),而是在于其对公正的多元逻辑认知系统能否提供更为清晰的认识。

---

① 李幼蒸:《形上逻辑和本体虚无》,商务印书馆 2000 年版,第 12—13 页。

其一,以公正意识为核心的概念分析,往往指向"一切在我们心里被我们直接意识到的"公正冲动,"只是那些向心灵本身报信的形相,是心灵本身在支配着大脑的那个部分",其自认为公正感是公正概念形成的最终理由,将主体选择的作用上升到"以它为依靠存在着某种我们理会到的东西,即我们心里有实在观念的某种特性、性质或属性"①,即主体是对外部世界认知和本身行为世界认知的唯一原因,公正概念作为一种价值概念是人对自身理性能力系统考察的阶段命题。

其二,以公正信仰为基点的概念分析,既是对于公正意识外在化的最大体现,又是对公正环境需要的集中表现。由于公正意识是一种"自为"的概念,那么其始终无法脱离原初感觉(心理冲动)对其完备性的限制,并由此产生了多种公正观念。不同公正观念发展到公正信仰程度时,便产生了合理信奉的悖论,即不同的公正信仰 A 都无法获得优于彼此的理由,而更多地体现为公正环境或成长环境 B 的决定性。显然,A 的形成与日常理性并不一致,一方面 A 和 B 是一组在理性设计机制上难以共存的结构;另一方面,A 或 B 都无法证明彼此的不合理性甚至更多地彼此依赖。这种悖论表明,"一种源于成长环境而形成的信仰,既不必然也不足以造成它与理性相违背"②,其关键在于经验因素(宗教性、意识形态、政治性需求或者其他狂热性因素)干扰了其认知机制,这意味着,需要将公正经验转化为一种相对独立的公正概念认知机制。

在某种意义上,它们具有相互界限,且彼此制约。在当代,很多公正论中的这些概念因素以单独或者组合的形式出现,却对其形上学的概念论只字不提,似乎公正从来就是一个实践概念,是一个社会化、政治化的新生儿。人们热衷于从原初状态、占有形式、能力水平或者阶层划分等外在角度探求何谓公正,而从不关心或者根本回避了公正概念的内在需要。或许,公正概念分析的内在要素具有了过多的形上学因素而无法解答人们对公正应用的泛化要求? 或者,公正概念分析的内在要素并不存在? 在这里,我们发现了两条不同的怀疑路径:一方面,外部因素对内部因素的怀疑,即满足于对现实公正秩序、公正

---

① [法]笛卡尔:《谈谈方法》,王太庆译,商务印书馆 2000 年版,第 84—85 页。
② [英]G.A.柯亨:《如果你是平等主义者,为何如此富有?》,霍政欣译,北京大学出版社 2009 年版,第 19 页。

制度、公正认同(政治意识形态)的解释,侧重于归纳逻辑运用、因果分析和行为规划,强调与一般经验科学相同的公正论说;另一方面,内部因素对内部因素的怀疑,即在公正概念分析的上述要素之间及其外化形式方面的相互怀疑。由上可见,在意识、信仰和经验之间存在彼此的否定,而这种否定往往是在发展自身的过程中逐步暴露并扩大化而最终导致自我崩溃。在两种怀疑论之间,前者是用一种理想化的模式代替另外一种更为现实的模式,因而是虚假的。而后者则存在两种可能,要么是彻底的怀疑论,将概念分析内要素的彼此否定看作循环的,这仍是一种唯理主义,或结果怀疑论;要么是抽象化的怀疑,或笛卡尔式的怀疑主义,即其并不依赖于概念存在的结构背景和实践环境,且既是概念分析必须面对的界定问题,又是在给定的概念分析要素内存在的适度怀疑主义。以此观之,适度怀疑主义的"整个打算只是使自己得到确信的根据,把沙子和浮土挖掉,为的是找到磐石和硬土"①。

在这个意义上,诠释公正概念要求其必须从自身内部出发,追问"人为什么应该接受公正认同、公正秩序、公正规范等准则化的公正价值"。对此,任何更为复杂的假设或者命题的引入,都会影响确定公正概念可靠性的基点。正是在这里,公正的概念论需要探寻一种"维品",或称为选择整合上述概念要素的最简单的假设条件。而如何确定这些条件,是保证假设可靠性和概念分析合理化的基本前提,也是诠释性概念论的基本意向。

第三节 政治诠释学是理解公正的新路径

从概念分析的角度看,一种较为系统的公正理论是在理性主义的启蒙下逐渐产生和发展的,其显著特点是公正不再是人的本性(德性)或者共同生存的基本要求,而是人与人在普遍的社会交往中形成的关于彼此关系的描述和规定。这些具体解释逐步形成了建构论路径和行为论路径。在此种知识论结构中,对公正的解释主要有三种观点:(1)公正是一个美好世界的客观标准,是具有真理性的目的范畴;(2)公正是一种复杂关系的规范状态,是人们塑造

① [法]笛卡尔:《谈谈方法》,王太庆译,商务印书馆2000年版,第23页。

的共同价值和普遍制度;(3)公正是一种浪漫理想的彼岸,是通过人们之间的不断沟通、调整和包容而实现的现实性。此外,一种"综合的"观点试图提出,公正是作为一种有效性、正当性和现实性的评价体系而存在于人们多重生活世界中的基本价值。

总之,这三种解释将公正局限在特定的客观世界、主观世界和变动不居的行为世界,抑或是上述三种世界的机械叠加,却忽视了公正本身的历史变迁以及以其自身为媒介的价值传递的重要性;它们更多的是建立在对公正评价者和公正对象二分基础上的价值判断,即以公正评价者的目的、公正对象的结构(范围、特性等)或者二者平衡关系的需要而形成的概念框架,忽视了公正范畴的"承受者"作为公正主体的反思作用,即没有在超越主客二分的基础上讨论公正范畴的规范性和有效性;上述解释都希望将个人的理解和互相理解建立在某种独断论的模式之上,而试图从认识方法角度(契约论、怀疑论、比较论)形成普遍性共识,否认公正是一个可以在现实生活中不断进行探究并破除一切普遍性约束的理解对象,是不同语言共同体的行为、制度和价值的解释性框架概念。在这里,真正的问题是既有的知识论并不能发现公正的"本真性",而在复杂社会中也并不存在"作为本体存在的公正范畴"。从某种意义上说,现代人获得了前所未有的公正知识,却也陷入了理解公正概念的空前迷失。因此,公正的理解问题可能需要挖掘新的政治哲学视域。

一、政治诠释学的返还原论立场

公正确实重要! 古人赞美公正比星辰还要让人崇敬,哲人称颂公正是一切德性的总和。那么,公正是什么? "公正是给每个人以应得。"几乎所有人对此都不持异议,正如桑德尔所言,"要看一个社会是否公正,就要看它如何分配我们所看重的物品———收入与财富、义务与权利、权力与机会、公共职务与荣誉,等等。一个公正的社会以正当的方式分配这些物品,它给予每个人以应得的东西。然而当我们追问什么样的人应得什么样的东西以及为何如此时,便产生了一些棘手的问题。"[①]直观地说,认识、思考和解决这些"棘手的问

---

① [美]迈克尔·桑德尔:《公正:该如何做是好?》,朱慧玲译,中信出版社 2011 年版,第 20 页。

题"的不同认识理路通向不同的"公正理论建构"。但事实上,它们都立足于同一个话语框架——伦理话语框架。

因为话语框架是一种实践范畴,所以伦理话语框架只可能是规范性的,这种规范性又进一步可以细分为目的论、义务论、德性论。例如,亚里士多德的公正思想被认为是一种德性公正论,康德的公正学说被看作一种义务(道义)公正论,而罗尔斯的公正理论则多被归入目的(建构)公正论。尽管这种类型化并非绝对的,但是其至少表明这些公正理论类型之间存在着显著而无法调和的差异性。正因为如此,亚里士多德、康德、罗尔斯的公正与亚里士多德主义、康德主义、罗尔斯主义的公正均保持既关联又疏离的关系,而后者催生的"共同的话语框架基础"已然掩盖了前者根植的"话语的共同框架基础"。

在亚里士多德那里,无论是把德性看作精神还是品质,它们的基础都是来自一定的秩序,而这种秩序所体现的是一种稳定、原则、逻辑、有数的德性生活,而公正所彰显的这种德性生活就是符合并尊重(守)法律的(古希腊文的公正的语词分析也能证明此点)。可见,亚里士多德认为法律秩序是一种"应然的秩序",人们应生活或应追求生活在一个有合理裁定判决、法律、秩序、审判的"公正社会"中。事实上,德性公正论的极简前提,是亚里士多德坚信这个社会基本上是公正的。所以显然,这就是他为什么说"我们是把守法的、公平的人称为公正的。所以,公正的也就是守法的和平等的;不公正的也就是违法的和不平等的……这种守法的公正是总体的德性,不过不是总体的德性本身,而是对于另外一个人的关系上的总体的德性……公正最为完全,因为它是交往行为上的总体的德性。"①与亚里士多德不同,康德对公正的阐释并不那么直接。而之所以"当代关于正义的大量研究被支持者和批评者都看作是康德主义的"②,一方面是因为康德是在一种"可普遍化"的道德形而上学基础上阐述了作为绝对命令的公正原则,即"从可普遍化到公正";另一方面或许是更重要的原因是作为绝对命令的公正原则被理想化进而"被普遍化"了,即"从公正到被普遍化"。无须细致辨析这两种理路,也可发现二者大相径庭。

①　[古希腊]亚里士多德:《尼各马可伦理学》,廖申白译,商务印书馆2009年版,第141—143页。

②　[美]奥尼尔:《康德的正义与康德主义的正义》,陈晓旭译,《世界哲学》2010年第5期。

康德立足于前,而康德主义则裹足于后。实际上,康德对于公正概念的预设是很简单的,他坚信即便是理想化的有限理性的人仍可以构成一个无需经验验证的"法的"世界。康德认为,他的这个理想状态是"混杂伦理"(通俗的道德哲学)无法碰触的,唯有道德形而上学才能获知。那么,道德形而上学如何规定这个理想状态呢?康德说,"一切道德的概念所有的中心和起源都在于理性,完全无所待于经验,并且不特在于纯粹理论的理性,而且一样实实在在地在于人的极平常日用的理性。这些概念不能由任何经验的(即非必然的)知识抽象而得;就是因为它的起源这么纯洁,它才配做我们最高的实践原则。"①而人则可进入"纯然状态"——即共同体。这就是康德所说的"如果一个民族的单个成员之间都以这样的方式(统一意志之下的权利状态之中)发生联系,那么这样的一个状态就叫作公民状态;如果把它看作一个同其成员发生联系的整体,又可以把它叫作国家共同体。既然实现这一状态采取的形式是出于每个人生活在权利状态中的共同利益而建造的联盟,那么就广义的 res publica 而言,我们就可以称之为共同体"②,这是一个公正的状态。由此可见,义务(道义)公正论的极简前提,是康德所坚信的公正社会的存在,这与亚里士多德如出一辙。罗尔斯所秉持的"民主宪政主义"是他区分自由主义的公正概念的依据,更是其建构其公正理论的基础。如果有出发点和落脚点的不同,那么罗尔斯理解公正概念的出发点总是被人们看作他对于公正价值的彰显,而很少有人考虑这是一种伦理话语框架的前提假设,而假设就有"成立与否"的两种可能。这也就是罗尔斯在《正义论》开篇所做的陈述。在这里,罗尔斯的一句话被忽视了,他说:"作为人类活动的首要德性,真理和正义是决不妥协的"③,而这无需证明,是"直觉的确信"告诉我们的"正义的首要性。"显然,在话语框架的原点上,罗尔斯与亚里士多德、康德是一致的,即社会公正或公正社会是必然存在的。

　　此外,虽然森(Sen)区分了所谓的先验制度主义(transcendental institution-

　　①　[德]康德:《道德形上学探本》,唐钺译,商务印书馆2012年版,第27页。
　　②　[美]H.S.赖斯:《康德政治著作选》,金威译,中国政法大学出版社2013年版,第140页。
　　③　[美]约翰·罗尔斯:《正义论》(修订版),何怀宏、廖申白、何包钢译,中国社会科学出版社2009年版,第3—4页。

alism)框架与比较性框架,认为"建构"是无意义的,但其强调的"着眼于现实"的诉求最终仍是在探寻一种基于"个人意志"、"生命存在"或"心理情绪"等在他们看来更本原的公正状态。由此可见,以"好坏之辨"为基础的伦理话语框架,为理解公正提供的是一种规则感。正如德波顿(Alain de Boton)所言:"当一个人行为正确而仍然遭受祸事,就惑然不解,无法就这件事纳入公正的框架中。世界看来很荒唐。于是这个人就会在两种可能中徘徊:或觉得自己终归还是坏人,所以才受到惩罚;或觉得自己实在不坏,因此一定是对公正的管理发生了灾难性的失误,自己是它的牺牲品。对不公正抱怨的本身就暗含着一种信念:坚持认为这个世界基本上是公正的。"①简言之,任何一种公正理论都是建立在此基础上的符合论证,任何一种公正理论对公正价值的评价都依托于这种最一般的话语框架,对"不公正"与"公正"的不同侧重成为了具体的理论框架,并由此出发对其所主张的公正观加以具体阐释。

在伦理话语框架中,公正越发成为人与人在普遍的社会交往中形成的关于彼此关系的描述和规定。这些具体解释逐步形成了建构论路径和行为论路径。这一话语框架对公正的共同解释为:公正是一个美好世界的客观标准,是具有真理性的目的范畴;是一种复杂关系的规范状态,是人们塑造的共同价值和普遍制度;是一种浪漫理想的彼岸,是通过人们之间的不断沟通、调整和包容而实现的现实性。简言之,公正是作为一种本真性的评价体系而规定了人们多重生活世界中的基本价值。然而,伦理话语框架将公正局限在特定的客观世界、主观世界和变动不居的行为世界,抑或是上述三种世界的机械叠加,却忽视了公正本身的历史变迁以及以其自身为媒介的价值传递的重要性;它们更多的是建立在对公正评价者和公正对象二分基础上的价值判断,即以公正评价者的目的、公正对象的结构(范围、特性等)或者二者平衡关系的需要而形成的概念框架,而忽视了公正范畴的"承受者"作为公正主体的反思作用,即没有在超越主客二分的基础上讨论公正范畴的规范性和有效性;上述解释都希望将个人的理解和互相理解建立在某种独断论的模式之上,而试图从认识方法角度(契约论、怀疑论、比较论)形成普遍性共识,否认公正是一个可

---

① [法]德波顿:《哲学的慰藉》,资中筠译,上海译文出版社 2013 年版,第 106 页。

以在现实生活中不断进行探究并破除一切普遍性约束的理解对象,是不同语言共同体的行为、制度和价值的解释性框架概念。在这里,真正的问题是既有的知识论并不能发现公正的"本真性",而在复杂社会中也并不存在"作为本体存在的公正范畴"。在某种意义上,现代人获得了前所未有的公正知识,却也陷入了理解公正概念的空前迷失。因此,理解公正有必要在伦理话语框架之外发现新的解释思维。

二、政治诠释学的理论结构

超越理解公正的伦理话语框架,实质上要建立在一种怀疑性假设之上———假如世界原本并不该公正而是非公正或者与公正无涉的呢? 以此为核心,理解公正并不等同于界定公正,而是在通向理解公正的"澄明之境"的道路上确立一个可以界定公正并包容冲突理解的解释框架。在这里,政治诠释学不同于那些形而上学的精神科学,能够提供这样一种解释框架。

"世界万物,相伴而生,对立统一,几乎是矛盾无处不在,无处不有。但是许多理论研究者为了追求深刻,不得不走上形而上学之路。面对各种各样的理论,难免使人们陷入认识上的困境并在实践中难以选择。"①事实上,在通向理解公正的"澄明之境"道路上,政治诠释学可以替代那些形而上学的精神科学的解决方案。相对于后者,政治诠释学在面对理解公正的问题时,存在五个方面的优势。

(一) 政治诠释学的立场

毋庸置疑,理解公正概念的对象必然是公正概念,而不论如何界定公正的内涵、判断公正的外延,这一理解活动的对象只能是以概念、概念群或者概念体系等具有概念特征的公正范畴。那么,理解者的解释立场就成为一个重要问题。一般认为,探求"公正是什么"是解释公正的当然立场。但问题在于公正不是一个客观存在,不存在真理性的概念形态。在既往的理解活动中,人们是为了探求一个"最真"、"最根本"的公正定义,但却最终不得不依据自己的经验和构想进行想象性建构。解释者时而充当对象的设定者,时而又是对象

---

① 陈金钊:《法律解释(学)的基本问题》,载洪汉鼎主编:《中国诠释学》(第 2 辑),山东人民出版社 2004 年版,第 291 页。

的解析者,甚至是对象的评价者,这种角色转换加剧了理解的困境。造成这一情况的原因是立场问题。政治诠释学是为理解公正提供的一种政治哲学方案,不是为有目的的公正定义提供论证。这个关系很微妙,因为在理解过程中,任何解释都需要涉及对公正内涵及外延的判定。但是,政治诠释学中的这种判定并不是为了将其贴上"最真"或"最本质"的概念标签而希图获得一种优越性,而是为各种追求"最真"和"最本质"的概念解释提供包容的和可持续的解释框架。这是概念的"立法者"和概念的"解释者"的不同立场。政治诠释学体现的是解释者的立场,认为公正作为一种原本就是"调节性"的法权概念,它的实践意义就在于站在理解本身的立场上考虑不同的公正概念解释,与其探求普适或本质的公正概念,不如考虑具体和可能的公正概念。

（二）政治诠释学的目的

政治诠释学的目的是指通过政治诠释学重新理解公正概念究竟要达到一个什么结果。许多公正理论认为,理解公正概念的主要目的有二:一是建构某个公正概念;二是解析特定公正概念。不论建构还是解析,由于解释者所处的环境、持有的立场、经验、认识水平、解释方法等的局限,它们的理解只可能是片面的。在政治哲学中,偏狭不应是一个贬义词,而是一个中性词,说明了某种解释的不同基础和视角。但是,试图在暂时性、部分的对公正概念的解释之上概括总结一个公正的标准答案,这就不是偏狭的解释,而是独断的解释。政治诠释学承认,不同公正概念的解释都存在着探求公正原意的努力,其既存在于论述公正的文本描述中,也体现为某种具体理解的活动经验中。它们可以通过建构和解析的形式体现出公正概念概括性的原意,如"给人以应得"。但是,原意不应是偏狭的解释成为独断的解释的理由,它只是解释者的出发点,即理解思维处理前见的标准,它并不等于建构和解析公正概念的目的,而最多起到了一种原则的作用。政治诠释学的目的就是要根据公正概念的理解前见,在诠释学原则的指导下,不断地去理解公正。

（三）政治诠释学的重心

解释以往是一个方法,是一种技艺。这种技术来自解释者的选择,更准确地说就是解释者的"意识形态派系"、"出身"、"知识结构"、"兴趣"等内在化的外在条件在约束对作为方法的解释的选择。在这种思维下,解释当然是不重要的,甚至没有必要投入过多的精力进行探究。但是,人作为一种社会关系的存在物,除去其社会属性、生理属性之外,它的精神世界的自身属性是什么呢? 人们创造概念以说明经验,这种创造的本质什么? 海德格尔和伽达默尔创造性地指出,理解是人的精神世界乃至人的存在的基本方式。如果没有理解活动,就没有概念,就没有人们生活的语言和行为世界。这被认为是哲学诠释学的重大发现。对于重新理解公正概念而言,我们不过是在既有的主导理解的思维垄断中提供一种更加面向"理解本身"的概念思维,以期能够更好地综合各种解释方法,能够建立一种依语境变化而变化的实践智慧,一种实践诠释学的新典范。由此,人们不但可能更全面地理解公正概念的前见,而且能够使得那些现存的解释和判断更加精确化,排除那些任意的选择,倡导更加审慎的意义探究。

（四）政治诠释学的原则

与追求公正概念的本质不相称的是,既存的公正理解几乎没有明确的解释原则。当然,这是因为其并不认为解释是理解公正概念的基础。人们往往认为公正概念本身存在一个根本原则或者原初标准,而不同的概念解释只要是为了实现上述原则、标准,或者创制出更加完美的原则和标准就是对公正概念的合理解释。正因为如此,人们并不重视公正概念的语言要素、解释语境和历史类型以及话语本质等要素。与此不同,政治诠释学是一种诠释哲学,它要求解释必须符合一定原则,反对任意解释,这些原则中,前理解原则、语言中心原则、解释循环原则、应用原则都十分重要,下文各章将展示这些原则在理解公正过程中的独特价值。在这里,可以指出的是,政治诠释学要求按照解释原则验证不同公正概念解释的有效性,考察它们之间的冲突,防止"独断的解释"的出现。或许,在理解这样一个主观活动中,追求客观性和合理性是不可能的任务,但是政治诠释学的原则试图在这一方面优于既存的公正理解。

（五）政治诠释学的方式

对公正的既有理解方式主要有封闭和开放两种类型。传统上,解释公正是以建构一个公正概念为核心,并逐渐发展到对这一建构概念的认同和广泛应用。例如,近代以前的公正概念基本上以提出"什么是公正"为任务,而当代政治哲学复兴以来的公正理论不再热衷于"什么是公正",而更加关注"公正是什么、为什么是、如何让其成其所是"等问题。当然,这是在解释的完备性和逻辑性上的进步。但是,从理解的方式来看,它们仍旧是封闭的。唯一不同的是,"什么是公正"的封闭性是赤裸裸的,它选择特定的对象作为一个公正概念的标准而不论其他,如"正义是强者的利益"(色拉叙马霍斯)、"公正意味着共同拥有国家的法律"(西塞罗)、"公正是守约"(霍布斯)、"公正是公民均势"(爱尔维修),等等。而"公正是什么、为什么是、如何让其成其所是"的封闭性更为隐蔽,它或者通过理解条件的限定将一些影响其解释的要素排除,如"作为公平的正义"等;或者提供一种主导性要素而包容其他影响因素,如"持有的正义"、"能力的公正"、"资源的公正"等;或者追求一种同质性的公正状态而将现实的任何解释都作为其发展阶段,如"公正美德说"、"最大福利说"等;抑或直接拒绝承认公正概念的可理解性,如哈耶克的"正义幻想说"等。与此相反,政治诠释学对重新理解公正概念提出了新的更为开放的方案。从对于公正概念史的前见观,到公正概念的解释框架论再到对上述解释的应用都在试图说明将某个公正概念或某种解释方案作为唯一的或最优的选择并没有脱离封闭模式。唯此,提出"重新理解"才有更加宽广的解释空间。

三、政治诠释学的解释过程

政治诠释学通过四个基本的解释过程进行对公正的理解。

(一) 反思的解释过程,或者说改造的解释过程

公正概念不是一个随意的术语符号,而是在政治世界的开显过程中逐步展开的,是在各种实践交往关系的形成和破裂中产生、发展和变化的。因此,语词符号不仅具有历史语境,而且携带历史语境的有限性,并在有限性的累加过程中产生了不同的概念理解和概念应用。任何一种主张公正具有唯一不变的概念本质的解释都不过是在这种有限性上增加新解释而已。反思是哲学的思维形式,政治诠释学既属于它又有其特殊性,正如利科所言,"哲学是反思,那么为什么反思还必须诉诸于一种象征语言呢? 反思为什么必须成为解释呢? 因此,我们必须回过头来并构思一个反思概念,这个反思概念直到现在为止一直是一个简单的前提"[1]。解释方法的多样性和本体论的多元性要求我

---

[1]　[法]利科:《解释的冲突——解释学文集》,莫伟平译,商务印书馆 2008 年版,第 403 页。

们不断进行"语境的解构"和"重构语境",理解的间距化既决定了我们任何的解释都是无限趋近"本体意义",而反过来却又形成一种"反思的本体",使得人们对于概念的理解和解释变得合理有效,并成为未来解释的基本框架。这既不同于自然主义认识论,又"把方法论与本体论内在地联系在一起,坚持它们的多样性和多元性原则,就使得释义学始终对存在保持开放,而这正是释义学普遍性的先决条件。"①

（二）普遍化的解释过程

公正概念的可普遍化的解释过程的基础不同于建构论和行为论将其归结于共通感的设计,而是建立在一种"深层解释"的基础上的。除去上文已经提到的诠释学的普遍性,它还有另一层重要意义。普遍化的解释过程提供的应该是能够超越将理解的前结构作为唯一权威以及将元语言结构——公正、正义、公平作为一种内在一致的语言符号——作为解释合法性来源的综合性框架。这就是说,作为框架概念的公正既不能仅从它的观念史前见中形成现有概念,也不能依托一种被规定的可普遍化的概念符号作为人们一致同意的规范性来源,而应该在上述活动的交替优势中不断形成公正概念的普遍性。马克思在分析平等问题时,就充分使用这种普遍化的解释过程,一方面指出平等与社会生产方式之间的因果关系(非法权现象领域内的理解的前结构),又从道德话语中判断不同阶级的平等主张及其合理性(法权现象特别是政治世界的政治解释话语)。总之,那些局限在时空和社会结构差距以及语言本身的非一致性(这里所说的语言不仅仅是日常语言逻辑下话语,而是人类沟通的根本手段)内的解释普遍性是虚假的,只有"一种批判的、有启迪性的、区分洞察与误会之诠释学,综合了元诠释学对一贯被曲解的交往只可能条件的认识,它将理解过程同合理谈话的原则结合起来,根据这一原则,真理只能以那种意见一致来保证,即它是在没有控制、不受限制和理想化的交往条件下取得的,而且能够长久保持下去。"②

---

① 张汝伦:《意义的探究——当代西方的释义学》,辽宁人民出版社 1986 年版,第 273 页。

② ［德］哈贝马斯:《诠释学的普遍要求》,高地等译,载洪汉鼎:《理解与解释——诠释学经典文选》,东方出版社 2006 年版,第 297 页。

（三）辩证综合的解释过程

辩证综合的解释过程与割裂化的概念认识是对立的。这种对立普遍存在于当代公正理论中,如公正的历史观与现实性的割裂、公正的评价主体与承受主体的割裂,公正的价值本质与价值功能的割裂,公正的语义体系与价值体系的割裂,等等。这些割裂的最初意图呈现一个更加明确和清晰的公正概念,从而能够将处于公正评价范畴内的任何事物(包括对象化的人本身)都放置在一定的"矩阵体系"中加以衡量。类似于词典式优先、公正指数、公正认同的心理结构以及公正行为模型等都从不同侧面显示出上述意图。尽管公正论者普遍认为自己寻求的是一种本质的、基础的且开放的公正原则体系,但"知识塑造——行为接受"的二元化结构确实存在。我们并不是否认其合理性,而是质疑它对于包括公正这样实践概念的"认识垄断"的合理性。正因为如此,理解公正特别是政治世界中的公正,是塑造某种公正的知识论并以此为指导进行行动的基础,这需要的"是当我们不再关心认识论以后所获得的东西"[①],即辩证综合的解释过程。伽达默尔在"效果历史"和"视界融合"的论证中体现了上述过程,展示了在历时性和共时性层面上的普遍的辩证综合,提出"效果历史意识这个概念合理地存在着某种两重性,这种两重性在于:它一方面用来指在历史进程中获得并被历史所规定的意识,另一方面又用来指对这种获得和规定本身的意识"[②],而在与概念相关的时间和语词的复杂条件中探求其意义是永无止境的,其根本意图在于指出问题不是我们做什么,也不是我们应当做什么,而是什么东西超越我们的愿望和行动与我们一起发生[③]。换言之,公正并非一个有待被认识的客观事实,也不是评价者支配的价值符号,更非单纯的意识形态话语,它要求将对自身的理解历史与现象解释结合在一起,并以一种解释性概念框架的形式应用到政治实践中,不断形成具有共通感的公正共识。需要再次强调的是,虽然在社会生产方式的基础层面,主客二分是基于人和对象世界的现实而划定的,这的确是本质的;但是本质的与现象世界的关

---

① ［美］罗蒂:《哲学与自然之境》,李幼蒸译,三联书店 1987 年版,第 285 页。
② ［德］伽达默尔:《诠释学Ⅱ:真理与方法》,洪汉鼎译,商务印书馆 2010 年版,第 560 页。
③ ［德］伽达默尔:《诠释学Ⅱ:真理与方法》,洪汉鼎译,商务印书馆 2010 年版,第 552—553 页。

系并非直接因果,因此法权现象领域①的存在具有必要性和合理性。这一领域中对公正的解释也是辩证综合的,改变的仅仅是"评价者—受害者"的理解关系,而接受"解释者—承受者"模式,将绝对的客观性转变为"视域融合"的客观性,同时不断弥合因相对主义而产生的解释分歧,促进形成理解实践的公正共识,在解释公正中不断理解公正。

(四) 参与化的过程

桑德尔指出,"一种对于道德分歧的更加有力的公共参与,能够为相互尊重提供一种更强而非更弱的基础。我们应当更加直接地关注同胞们所带入公共社会的各种道德和宗教信念——有时质疑并反对之,有时聆听并学习之,而不是加以回避。我们并不能保证,关于棘手道德问题的公共慎议,在任何情形中都会达成共识——或欣赏他人的道德和宗教观点……与回避的政治相比较,道德参与的政治不仅仅是一种更加激动人心的理想,也为一个公正社会提供了一种更有希望的基础。"②而米勒则提醒人们"正义理论要比仅仅报道大众信念包含更多的内容;它还必须标明所探讨的原则是哲学融贯的并且能够结合在一起形成一个凝聚性的整体。"③那么,在人们"如何理解与他们一起行使正义抑或对其行使正义的人们的关系"之上的公正观,以及应该被普遍尊重的公民参与的公正观之间如何实现对理解公正而言合理、普遍、有效地参与呢? 这需要将参与和解释有机统一起来。政治诠释学同样重视语言作为理解媒介的重要性,其中一个很主要的原因在于语言是一切人都可以参与的解释实践活动。在这里,可以包裹人的判断、命令、评价等诸多经验活动,也可以体现制度运行、行为模式和价值体系等抽象内容。而利科的文本理论更是将语言媒介上升到一种人类日常交往的普遍形式,抑或哈贝马斯所言的"交往形

---

① 对法权现象和公正观之间的内在关联,科耶夫曾经有过一段重要的阐释,他指出:"法权是某种正义理念向特定社会相互作用的活动。因此,它的内容既取决于作为其基础的正义理念的性格,又取决于作为这一理念适用对象的相互作用的性质。因此,研究法权的起源与进化,也就是研究社会相互作用本身的起源与进化、研究历史的产生和作为整体的历史进程。"参见〔法〕科耶夫:《法权现象学纲要》,邱立波译,华东师范大学出版社 2011 年版,第 251 页。

② 〔美〕迈克尔·桑德尔:《公正:该如何做是好》,朱慧玲译,中信出版社 2010 年版,第 317 页。

③ 〔英〕戴维·米勒:《社会正义原则》,应奇译,江苏人民出版社 2005 年版,第 363 页。

式"。在这里,发言者和听众,从他们自己所解释的生活世界的视域,同时论及客观世界、社会世界和主观世界中的事物,以研究共同的状况规定。① 更为重要的是,这种解释基础上的参与是为一种论证的公正提供准备或者可能的基础。它们"是建立在语言系统是合适的这样的假设之上,在这样的语言系统中,需要证明的建议、引用作支持的普遍所接受的需求,以及规范都是被解释了的……实践商谈必须担保参与着任何时候都可以改变商谈的层次,并且明白不适当的传统是需要解释的;它们必须能够发展那样的语言系统,它容许在特定的条件下,着眼改变环境的可能性,让人们说他想要的东西,并且在普遍共识的基础上,说他们应该想要的东西"②。简言之,解释作为一种媒介结构,其不但为参与解释提供了途径,而且为理解这种解释框架提供了参与的可能。

　　总之,政治诠释学认为"我们的各种看法(如我们作出的解释等)都不过是某一事物的近似物,它们仅仅代表着一种企图,它们可以被接受,也可以产生积极的效果,但却决不会是最终的、万古不变的"③。因此,理解公正的解释性框架并不意图提供一个独一无二的公正定义,也不诉诸可作为"金规"的公正原则和规范的具体化,这些活动在本质上并没有缩小公正的承受者与不公正现象之间的距离,反而成为一种不平等合理性的辩解。进而言之,理解的可能性和多样性是人之为人的必然性决定的,甚至蕴含在生命定律之中——"在死中,向存在趋达之不可能,这种不可能应该成为任何一种释义学可能性的先决条件"④,"吾生也有涯,而知也无涯。以有涯随无涯,殆已;已而为知者,殆而已矣"⑤。在理解公正的过程中,政治诠释学作为一种视域意在提供一种说明人们解释公正的普遍基础,以此提出人们在政治世界中如何理解公正及其评价他者(行为、制度、价值)的有效性,提供

① 洪汉鼎:《诠释学——它的历史和当代发展》,商务印书馆2001年版,第283页。

② 转引自[美]托马斯·麦卡锡:《哈贝马斯的批判理论》,王江涛译,华东师范大学出版社2010年版,第395—396页。

③ [德]伽达默尔:《科学时代的理性》,薛华等译,国际文化出版公司1988年版,第93页。

④ [德]安东尼娅·格鲁嫩贝格:《阿伦特与海德格尔——爱与思的故事》,陈春文译,商务印书馆2010年版,第114页。

⑤ 庄周:《庄子》内篇·养生主(第三)。

的是一种与不平等永不妥协的解释框架,是一种基于平等的实践智慧的诠释学立场。

四、政治诠释学的反思逻辑

上文之所以强调政治诠释学是重新理解公正概念的新思维,是为了清楚地显示它与现有理解路径的差异。但问题是,何为重新理解呢? 重新理解是否需要推翻一切既有的公正解释呢? 答案是否定的。事实上,政治诠释学的理解问题将重新理解上升为一种本体、认识和方法的综合体,这当然不能是抽象的假设,而需要实际的论证。在踏上"重新理解"的道路之前,还需要认清并克服某些诠释学困境。

(一) 独断论的困境

独断论的困境存在两种主要形式:其一,认为理解的真理是唯一的,解释就是为了获得这种唯一性的真理,为此,只有建构一种整全性的理论和方法论体系才能实现真正的理解。其二,认为理解是非此即彼的,即在探求理解真理的过程中,只存在唯一的整全性,或只有一种整全性学说是最优的。对于这两种形式,海涅曾有一段有趣的例证,他谈到"关于理解,他(指费希特)完全有他自己一套奇怪的想法。赖因霍尔德和他持有同样见解的时候,费希特便说,没有人比赖因霍尔德更理解他。但赖因霍尔德后来和他意见相左的时候,费希特便说,赖因霍尔德从来没有理解过他。当他和康德有了分歧的时候,他便发表文章说:康德不理解他本人。我在这里触及了我国(指德国)哲学家的一个滑稽的侧面。他们经常埋怨不为人理解。黑格尔临死时曾说:'只有一个人理解我';但他立即烦恼地加了一句:'就连这个人也不理解我。'"①这段描述何尝不就是在描述当前的公正研究。与此同时,它还衍生出来了"学说神话"的新问题。一方面,正因为认定存在关于公正概念的整全性学说,因此人们不断强化自启蒙运动以来日益高涨的理性主义,认为理解是一种知识论活动,作为理性行为的理解活动必须克服人的本能、意志、欲望和情感,不断将现实、鲜活和复杂的实践概念固态化,并通过对感性材料的不断加工,提升、归

---

① [德]海涅:《海涅选集》,张玉书编选,人民文学出版社 1983 年版,第 307 页。

纳、演绎甚至抽象出一个"完美概念"。另一方面,由于整全性学说存在唯一性或者唯一优先性,那么各种整全性学说之间往往纠缠于对方细枝末节的问题以显现自身的先进,并认为在"你死我活"的理论争论中,只有那些整全性学说才能进入他们的视野,甚至会为原本无涉整全性的理论找到它的整全性逻辑。这样一来,非但要求自身是整全的,而且要求"古人"、"来者"是整全的。

这是独断论的诠释,诠释学和政治诠释学反对这种思维方式。甚至,这最早并非诠释学的观点,而是马克思早已发现和批判过的,它的缺点是对"对象、现实、感性,只是从客体的或者直观的形式去理解,而不是把它们当做感性的人的活动,当做实践去理解,不是从主体方面去理解"①。笔者认为,特别应该警惕那种以所谓现实感推证抽象概念的活动。

（二）还原论的困境

在某种意义上,过度强调"公正的本原"似乎在暗示人们未被理解过的"忒弥斯女神"真的存在。人们在追求原初公正的时候,无非想要获得来自历史深处的合法性支撑。但是,当"还原"公正的概念史时,公正其实是人类对于万物尺度的一种想象。公元前2500年,古埃及神话中的 Ma'at（玛特）女神就将她的"正义"、"秩序"、"和平"、"法律"的神性赐予其治下的四十二名"玛特牧师",赋予他们称量死者心脏的特殊权力,牧师手中的天平决定了死者要么进入轮回,要么就坠入万劫不复的地狱。而公正作为万物尺度的神圣形象经由古希腊神话中的忒弥斯（Themis）和古罗马神话内的朱斯蒂提亚（Justitia）的现实化而逐步成为人的德性——即便它仍是四主德之一且具有极高的道德属性。但是,当健康理智的人成为万物尺度的时候,公正的意义却没有变得更加清晰和更广泛的相互认同。特别是在人类社会永无止境的战争、欺压和不平等的历史以及不公正社会的沉重负担面前,公正近于一种意识形态的符号或者乌托邦式的理想。公正的描述越是美好,越是会引起更加强烈的不安。甚至在许多情境中,作为正义女神最后专属领地的司法领域,也不得不面临何为公正的困惑和其不断被侵蚀的危机。事实上,问题并不在于公正描述和设

① 《马克思恩格斯选集》第1卷,人民出版社1995年版,第54页。

计的不够周全,而在于解释这些描述和设计的逻辑起点不同。比如,某些人具备了公正的德性,某些人能够掌握公正尺度的设定规范,某些人则尊重那种最自然的外在约束和相互之间的互利衡平,而某些人则偏向于服从于内心的公正的义务,他们虽然一致追求公正、都表达了各自的理解,但他们自由的理解却似乎在抛弃公正。在这一意义上,与其提供一种更加完备的公正方案,不如更加"努力"地去理解。因此,如果有一种还原论可以接受,那么就必须脱离自我论证的狭隘性;而没有人能够没有立场、完全客观地描述任何事物,因此对公正概念的最真实的还原,无非就是告诫人们需要注意理解,认识到"理解的有限性"。实际上,只要思考和解释公正,就会不断出现新的字面意义,而"回归从来就不是现在向过去的归属"①。

(三) 相对主义的困境

与前两个困境相比,这一困境更显"诠释学"特征。否定了独断论和还原论,就等于打消了从其首尾两端彻底理解公正概念的可能性。但是,诠释学及政治诠释学还需要证明这种连接是不必要的,否则它就陷入了"阿尔克迈之谜"②——相对主义的困境。对于理解公正而言,政治诠释学似乎没有明确界定公正,抑或建构公正的原则等实质内容。不过,绝大部分的"实质性的公正界定"都代表了某种倾向,如罗尔斯的公平倾向、德沃金的平等倾向、哈耶克的自由倾向;等等,当然这些倾向也是比较复杂的,但是这些公正观终究是被他者解释;而政治诠释观对公正概念的重新理解的基础是公正本身,是显示公正为何能够产生如此多的公正界定、如何整合界定并论证其能够引领社会进步,在这里,解释框架的形式就是公正的实质。质言之,一切追求"实质性"的公正解释,都离不开某种普世价值的立场,即以符合这种背景和设计逻辑的准则或现象为解释什么是公正的根据。而政治诠释学更注重理解过程本身及其实践智慧性的适用,承认公正也是一种立场,而这种立场在政治诠释学视域中

---

① 俞吾金:《实践诠释学——重新解读马克思哲学与一般哲学理论》,云南人民出版社2001年版,第36页。

② 阿尔克迈,据说是毕达哥拉斯的学生,他曾经说"人类之所以走向毁灭,是因为他们不能把起点与终点联结起来",这被现代哲学解释为"我们之所以走向毁灭,是因为我们不能思考一种我们能从其整体性出发正确生活的原则或统一根据。"诠释学,特别哲学诠释学,被认为对这一问题所有解构活动的最终表达,因此屡屡被质疑为相对主义。

可能脱去虚假意识形态的外衣,而成为更加彻底的价值范畴。

当然,上述内容并不能全面展现理解公正的全部内容。诚然,政治诠释学普遍患有"怀乡病",不过,这也许有利于从其他视角审慎思考公正与政治哲学之间的相互性。至少,它要求认真对待公正概念的理解问题,承认"公正与不公正都是多种意义的。可是,由于这些不同的意义紧密地联系着,它们的同名异义指出就不易察觉,不甚明显"①。

――――――――

①　[古希腊]亚里士多德:《尼各马克伦理学》,廖申白译,商务印书馆 2009 年版,第140 页。

第三章 公正概念史的政治诠释学理解

作为政治学的基本概念,不同时代对公正的理解既有相互承袭的内在关联,又各具时代特色。对于公正概念的理解有其悠远的精神渊源,因而公正的概念史无法脱离特定的历史、社会和文化语境。然而,概念衍生的精神历程与历史时间脉动既有同步性也有思想的间隔性,在不同的历史语境中,人们对于公正概念的理解是否有着内在的精神契合,这需要接受"时间距离"的考验。在这里,与其根据文字符号整理历史,不如从历史理解中探究概念的思维语境。尽管对公正的概念史的研究早已有之,但现有研究模式仍有不完善之处。为此,政治诠释学只有在扬弃现有模式的基础上,才能发挥它对公正概念史的理解优势,继而才能理清政治诠释学视域中的公正概念史。

第一节 理解公正概念史的现有模式

理解公正概念史的模式是指研究公正概念的出现及其意义变化的研究模式。长久以来,人们一方面受到既有理解的影响,另一方面又用自己的解释影响着公正的概念史发展。对于理解公正的概念史而言,造成不同研究模式出现的根本原因是"时间距离"问题,而如何看待和处理时间距离问题则是形成不同研究模式的基本标准。

一、三种现有模式的构成

20世纪60年代,伴随着分析哲学的衰落与政治哲学的兴起,人们开始厌倦对政治概念进行纯粹的语言分析,认为当时的政治学术语普遍缺乏实践意义与功能。但在概念理解问题上，"新""旧"势力仍争论不断，都试图掌握理论话语权。而概念史的理解问题不但是争论的主战场之一，而且也奠定了它在政治哲学中的理论地位。在当代，概念史的理解问题上主要有政治理论、历史主义政治哲学和概念史三种研究模式。

（一）政治理论研究模式

一般而言，政治理论研究模式最为常见。广义上，政治理论就是人类为了有意识地理解和解决其群体生活和组织中的各种问题而做出的种种努力。① 按照哈贝马斯的观点，"政治理论更多的是搞清楚关于法治国家和民主的诸规范设想。政治理论探讨这样一些观念，它们部分地在政治制度和实践中体现出来，部分地是还应形成的观念"②。作为研究模式的政治理论在对待历史问题时，其研究的"基本对象乃是大量的文献或论著，而不是实际的政治制度、惯例和习俗，即使把后者作为研究对象在较为宽泛的意义上讲是可能的"③。这意味着政治理论在考量概念历史时较为重视词语分析和逻辑脉络，即注重词语符号的同一性和概念逻辑的融贯性。

政治理论的研究模式注重基本概念，认为政治概念只有满足"跨越时间和文化的亘古不变的固定参照点"④的标准才是"基本的"，而只有基本的政治概念才能够被理解。在这里，理解政治概念的历史就是获得概念中那些没有时代偏见的成分，即借由概念话语而表达出来的普遍的和永恒的真理。为此，政治理论能够选择的最佳路径就只能是"将注意力集中于每位作者就某一'基本概念'以及道德、政治、宗教、社会生活中的'永恒问题'都说了些什么。也就是说，我们在阅读经典文本时，必须将其视为'似乎是出自一位当代人之手。'事实上，我们也不得不这么做，完全专注于他们的论证，考察他们在那些永恒的问题上会告诉我们什么"⑤。

---

① ［美］乔治·萨拜因：《政治学说史（第四版）》（上），邓正来译，上海人民出版社 2008 年版，第 12 页。

② 《哈贝马斯在华演讲集》，人民出版社 2002 年版，第 78 页。

③ ［美］乔治·萨拜因：《政治学说史（第四版）》（上），邓正来译，上海人民出版社 2008 年版，第 13 页。

④ ［美］杰弗里·托马斯：《政治哲学导论》，顾肃、刘雪梅译，中国人民大学出版社 2006 年版，第 45 页。

⑤ ［英］昆廷·斯金纳：《观念史中的意涵与理解》，任军锋译，载《思想史研究》（第一辑），上海人民出版社 2006 年版，第 96 页。

在政治理论的研究模式中,政治概念的历史实际上并非历史性的。因为,既然政治概念是在发展中逐渐完备的,那么较新的解释就包括了此前一切的解释,而且概念符号的同一性和逻辑的融贯性也表明历史文献终将融入确定的、永恒的当下解释之中。历史文献只是作为当下政治概念史研究的理论素材。"尽管人们通常把'政治理论'细分为两类,一类是按照历史的时间顺序对'作者'进行编年研究,另一类是对'概念'进行一种非时间性的研究(a-temporal study),而在这两种类型的研究实践中,几乎没有什么学科性的分野或差异"①。以此观之,政治概念历史仅仅是政治理论的操练场,它的确是所有政治理论问题和政治哲学论辩的素材库,但是它对政治理论的整体而言,"只是一个起跳点,而不是一个其自身就拥有某种正当性和价值的历史研究主题"②。

政治理论研究模式突出了公正作为政治学基本概念的地位,但却未能认真对待概念史的历史性。站在今人的立场上,公正有多种价值取向、不同的实践领域和解释维度,但是这些理解方式是当下的,通过它们进入公正概念史就意味着为历史设定主题。由此,古典主义者看到的是城邦与秩序的公正,神甫只愿揣摩上帝的公正,自由主义思想家则关心维护自由与权利的公正,而功利主义论者沉醉于分配正义的迷香。以此推之,政治哲学史就不会是政治哲学的历史,而是由今人选择的著作、人物和学说构成的。那么,理解概念史的目的只能是证明现有政治实践的合法性,是对现实经验的"历史"验证而已。在这种研究模式中,概念史的"传统是由著作家和他们的读者共同努力构建的。这种构建是共同的,因为,正是著作家和读者持久地共同生产并珍视政治哲学的成果,最后总是要由选民来决定是否将他们的理念转化为基本的制度"③。总之,政治理论研究模式中展现的是作为当下理解的概念史。

---

① [英]伊安·汉普歇尔-蒙克:《比较视野中的概念史》,周保巍译,华东师范大学出版社2010年版,第46页。

② [英]伊安·汉普歇尔-蒙克:《比较视野中的概念史》,周保巍译,华东师范大学出版社2010年版,第46页。

③ [美]约翰·罗尔斯:《政治哲学史讲义》,杨通进等译,中国社会科学出版社2011年版,第2页。

（二）"历史主义政治哲学"研究模式

在某种意义上,政治理论研究模式是"按照'融贯性'、'一致性'和'整全性'这种哲学标准,再辅之以政治相关性的考量,来'利用'过去的理论以作为其自身理论化活动的基础,这种'利用'与非历史的概念分析异曲同工。"①对此,历史主义率先表达了不同意见,其观点主要包括"（1）抛弃了事实与价值之间的区分,因为每一种理解,无论多么理论,都暗含着特定的评价。（2）否认现代科学的权威特征,认为现代科学不过是世界上诸多人类思考方式中的一种。（3）拒绝把历史进程看作在根本上具有进步性,或更一般地说,他拒绝认为历史进程是合理的。（4）否认进化论者论题的切题性,辩称从非人向人的进化无法使人的人性得到理解。历史主义认定社会和人类思想本质上的历史的特性,从而拒斥好社会的问题,也就是说拒斥唯一的好社会的问题"②。随着历史主义在精神科学领域的影响日甚,政治哲学逐渐开始重视历史理解中的"古代的场景",进而"为政治哲学创造了一种全新的处境"③,这一变化同样体现在了对政治概念史的理解中。

历史主义政治哲学作为一种研究模式,尽管继承和吸收历史主义的许多立场、观点和方法,但无论从哪个角度分析,它并不能归属于历史主义,不是历史主义的政治哲学。就二者的关系而言,历史主义政治哲学接受历史主义的语义学（以下简称历史语义学）,认为政治概念是在历史理解的知识传承中构成的,而这些理解的根基来自不同时代,它们之间不存在替代关系。但是,历史主义政治哲学既不赞同将现代拉回古代,也不否认对政治概念的理解是不断进步的。在此基础上,历史主义政治哲学认为时间序列中的不同阶段的理解应该被融合进当下的理解中,"这种融合在已标明的限度中,不可避免地建立在现代哲学的基础之上,而现代哲学既不同于前现代的哲学,也不同于'未来的哲学'。"④在这里,历史主义政治哲学将哲学研究与历史研究融合起来,

---

① ［英］伊安·汉普歇尔-蒙克:《比较视野中的概念史》,周保巍译,华东师范大学出版社2010年版,第47页。
② ［美］施特劳斯:《什么是政治哲学》,李世祥等译,华夏出版社2011年版,第18页。
③ ［美］施特劳斯:《什么是政治哲学》,李世祥等译,华夏出版社2011年版,第48页。
④ ［美］施特劳斯:《什么是政治哲学》,李世祥等译,华夏出版社2011年版,第65页。

在澄清政治观念的自身发展同时,厘清政治概念史与政治观念史的关系,突出了理解政治概念史的特殊性。

客观地说,历史主义政治哲学对概念史研究具有重要意义。第一,早期的政治哲学是较为单一和片面的,"而时间较晚的进一步发展出来的哲学乃是思维精神的先行工作所获得的主要结果;它为较早的观点驱迫着前进,并不是孤立地自己生长起来的"①;第二,因为早期的基本政治概念不论在数量还是深度上都不同于较晚的基本政治概念,所以我们既不能以较晚的政治哲学观批判早期政治哲学的不完善,也不应试图在早期政治哲学中找出在他们理解水平里上没有形成的认识;第三,基本政治概念的义界在政治哲学的不同阶段具有一定的一贯性,也有各自的独特性,而这种特殊才决定了它在概念史理解上的意义和价值。

在历史主义政治哲学模式中,*dike* 与 *to dikaion* 中包含了多种意涵构成部分,如补偿或司法程序、每人得其所当得、道德总括以及自然法等。这些不同的构成部分可以通过它们的存在进入不同时代人的思维方式中。但是,并没有一个现代术语能够充分包括 *dike* 与 *to dikaion* 的全部意涵。"justice"尽管与之最为接近,却并不完全一致。此外,公正并不仅仅来自于古希腊传统,甚至古希腊的 dike 也有其语义词源,那么,哪些更为古老的意涵如何被当前的公正概念完全表达呢? 于是,可以发现"在政治话语的传统中,概念也是发展的。随着实际环境的改变和论证环境的变化,概念的构成部分也会得到增加、减少、修改、忽视或强调。在希腊诗人荷马或赫西奥德笔下的 *dike* 与柏拉图和亚里士多德所说的就不是一回事……通常,当经过分析而增加、减少或修改其构成部分时,深化就发生了。而当不同的理论家忽视或强调不同的构成部分时,概念的动摇一般就会出现"②。

(三) 概念史研究模式

20 世纪 50 年代以来,概念史作为一种历史科学研究中的新设想在政治概念史的理解问题上逐渐成为一种重要的研究模式。概念史研究模式既关注

---

① [德]黑格尔:《哲学史讲演录》,贺麟、王太庆译,商务印书馆 2009 年版,第 48 页。

② [美]杰弗里·托马斯:《政治哲学导论》,顾肃、刘雪梅译,中国人民大学出版社 2006 年版,第 45 页。

基本概念,又强调概念史理解的历史语义①性,这就融合了上述两种研究模式的特点。在概念史研究模式看来,概念综合了众多独特意义,并且关注更高层次的意义,针对哲学体系、政治形式、历史条件、宗教信条、经济结构与社会分层等。只要这些概念不可替找或交换,那么它们就成为基本概念。没有这些基本概念,任何政治共同体和语言共同体都不会产生。而且极其复杂的基本概念是不可替换的,因而有争议的区别于其他概念,而且每个基本概念都包含着历史性的转变潜力②。

一般而言,概念史研究模式可分为两种类型。第一种类型被称为"两派说"。所谓"二派说",是将概念史研究的理论和方法概括为两大学术流派的观点。一是以波考克、约翰·邓恩和昆廷·斯金纳为代表的"剑桥学派"(观念史学派),其核心观点认为考察概念历史演变不仅是考察这种演变本身,也应对产生概念及其演变的合法性基础进行研究,探讨概念所包含的意义维度与语言使用方式之间的关系③。二是以德国历史学家科塞雷克、里特尔(Joachim Ritter)、洛特哈克尔(Erich Rothacker)为代表的"纯粹概念史学派"或"历史语义学派",其研究重点在于将概念史与社会史联系起来,在社会变迁中考察概念演进及其相互关系,在长时段中把握概念的命运,即概念的兴起和衰亡④。第二种类型则称为"三类说"。这是将概念史研究的理论和方法概

---

① 历史语义学是德语"Historische Semantik"的汉译,其意图通过概念考察在人的认识领域、思维方式、学科体系上的差异对时代、科学、社会、政治的差异的影响。"历史语义学探索的是以往不同社会中含义之生成的条件、媒介和手段。它深究各种文化用以表达自己的知识、情感和观念的含义网络的先决条件。历史语义学的目光对准的是话语和文字的、图像和音响的、礼仪的和习惯的表述形式的差异性。它阐发不同的文化取向和知识结构之载体的共存和互动,以及它们各自的能量和表达语义的可能性。历史的语义学永远只有在社会结构的框架内才得以把握,因而进入视线的是技能和切磋、规则和策略,语词含义只有借助于此才可能生成、稳固或者被拒绝,调整、确立、边缘化或者变迁。含义同时也是微观历史与宏观历史现象,它要求微观的深入挖掘与宏观的文化比较相结合。"参见冯天瑜、[日]刘建辉、聂长顺:《语义的文化变迁》,武汉大学出版社2007年版,第16页。
② [德]赖因哈德·科泽勒克:《概念史》,载[德]斯特凡·约尔丹:《历史科学基本概念词典》,孟钟捷译,北京大学出版社2012年版,第20—21页。
③ 李宏图:《〈比较视野中的概念史〉导言》,载[英]伊安·汉普歇尔-蒙克:《比较视野中的概念史》,周保巍译,华东师范大学出版社2010年版,第2页。
④ 李宏图:《〈比较视野中的概念史〉导言》,载[英]伊安·汉普歇尔-蒙克:《比较视野中的概念史》,周保巍译,华东师范大学出版社2010年版,第2—3页。

括为三条研究路径。主要包括:德国史学界以"概念史"(Begriffsgeschichte)研究或"历史语义学"(Historische Semantik)研究著称;英美史学界尤其是剑桥学派倡导"观念史"(history of ideas)模式,探索原本意义上的文本语境;法国史学界以"话语分析"(analyse du discours)或"概念社会史"(socio-histoire-des concepts)研究见长,将话语的语言形态或社会背景纳入研究范围。①

不论何种分类方法,概念史研究模式都不同于思想史(特别是政治社会思想史、政治观念史)研究,而在整体上都关注基本概念的研究,认为基本概念在历史进程中既是一个推进器又是一个指示器,社会历史、社会经验以及人的行为及其生存环境是通过"概念"得以表达的。概念史研究模式凸显了 20世纪人文和精神科学中"语言转向"的重要意义,"既聚焦于语言的'历时性'层面,也聚焦于语言的'共时性'层面,它不仅在一个特定的历史时间点上,在一个特定的语义域内对'基本概念'(原文为'核心概念')做'共时性'分析,而且还对'基本概念'做一种'历时性'分析,这种'历时性'分析将凸显出'概念'的意义变迁"②。更为重要的是,它与社会史、政治史的关系日益密切,在现实生活中发挥着重要作用。

概念史研究模式对于恒定观念、普世价值保持高度警惕,十分强调基本概念意涵的丰富性和多样性,主张进行"历时性"和"共时性"的解释。这意味着需要综合考虑"概念在时间之流的意义变迁"与"概念的社会情境和时间框架"之中的变动性。正如科塞雷克所言:"对于不加思考地把当下生活以及与当下生活密切相关的固定措辞一直到过去的批评,以及对于'思想史'(原文是'观念史')的批评——因为迄今为止,在'思想史研究'中,这些观念都好像被看作恒定的、一成不变的"③。对于诸如自由、平等、正义等政治概念,概念史研究发现它们是在某些特殊的历史转折期而成为基本概念的,如 1750—

① 参见方维规:《概念史研究方法述要》,载丛日云、庞金友:《西方政治思想史方法论研究》,社会科学文献出版社 2011 年版,第 255—256 页。

② [英]伊安·汉普歇尔-蒙克:《引论〈比较视野中的概念史〉》,载[英]伊安·汉普歇尔-蒙克:《比较视野中的概念史》,周保巍译,华东师范大学出版社 2010 年版,第 3 页。

③ 转引自[德]汉斯·恩里克·鲍德克:《概念·意义·话语:重新思考"概念史"》,载[英]伊安·汉普歇尔-蒙克:《比较视野中的概念史》,周保巍译,华东师范大学出版社 2010 年版,第 74 页。

1850 年以及 1928—1971 年等。这对理解公正的概念史具有重要的启示作用,主要表现在:(1)需要审慎地评估经典作家在基本概念的传播中的作用,从柏拉图到马克思再到罗尔斯,他们关于公正的解释究竟在多大程度上影响到其生活的时代及其之后的社会公正观;(2)需要认真对待原本仅存在于受教育阶层的概念理解在"民主化"(教育普及化)过程中成为日常语言的这一事实,充分认识到这与概念理解的进步性之间并不存在因果关系;(3)诸如"公正"这样的基本概念的确越来越多地成为进行论辩的工具或武器,在这一过程极有可能加剧概念意涵的意识形态化,从而导致概念意义的模糊和混同;(4)应该关注基本概念"以它们所由以构成的经验为代价,'概念'带有越来越多的预期和目标,并因之正成为具有未来取向的'运动概念'(concepts of movement)(时间化和政治化)"[1],这恰恰充分体现在当代公正概念的解释性研究中。

二、三种现有模式的争论

不同的研究模式往往会夸大对方的缺陷,"鼓吹新的研究方法的人很容易把其他的研究者简单化、脸谱化,夸大人家的缺点,夸大自己和别人的区别和对立"[2]。为了避免上述问题,比较三种模式应从它们共同具有、关注和讨论的对象出发,借此进一步展现它们各自的特点和彼此之间的差异。

严格地说,政治理论研究模式是起点,历史主义政治哲学、概念史的研究模式是它的发展及反思的结果。首先应该指出,这三种研究模式存在于现、当代政治哲学之中。一般而言,人们开始接触政治概念时并不了解它的历史,对于这些基本概念的兴趣往往来自于个体在政治生活中的生存境遇、实践经验或制度理想。为了证明自己的想法或者使自己的判断合法化,人们就需要借助理性及政治理性的思维和方法。由此,政治理论研究模式应运而生,它通过

---

① [德]汉斯·恩里克·鲍德克:《概念·意义·话语:重新思考"概念史"》,载[英]伊安·汉普歇尔-蒙克:《比较视野中的概念史》,周保巍译,华东师范大学出版社 2010 年版,第 75 页。

② 丛日云:《西方政治思想史研究方法论的几点思考》,载丛日云、庞金友:《西方政治思想史方法论研究》,社会科学文献出版社 2011 年版,第 308 页。

设置和修改某些假设、增加一定的概念设定、采取特定的推论演绎、借助格式化的理论图式等方法塑造政治概念,而"这样做都是为了让文本对于当前的哲学论辩有所贡献"①。当理性重建超越了理性而进入历史的固有领域时,政治理论研究模式对政治概念的论述格局就遭到了"历史重建者"的抵制。对于那些为了迎合政治理性重建需要而机械地按照时间顺序排列经典文本、经典作家,并在其中寻找当下论述需要的素材的方法,洛夫乔伊曾指出,大思想家和经典文本中对基本概念的阐释不一定具有社会代表性,它们与常用的政治和社会用语之间很可能缺乏钩稽。对这种思维批评主要形成了两种风格,这就是历史主义政治哲学和概念史研究。前者更加偏重古典政治哲学的传统,而主张放弃当代政治哲学,反对当代政治哲学对"哲学技术"和"现代宇宙观"的迷恋,回到朴素的古典时代。而后者则试图从历时性和共时性角度考察政治概念,既关注概念的自主的历史演进及其历史语义的嬗变,又注重这一过程中不同阶段概念含义与其"大环境"(社会背景、语言形态)和"小环境"(文本的语境、作者的意图、作者的行为等)之间的因果关系。需要指出的是,不论是理性重建还是历史重建,这三种研究模式的最终意图都在于对政治概念历史理解的"建构",这也就清楚表明它们不同于解构主义。

就方法关系而言,政治理论研究模式是"化约主义"的,而历史主义政治哲学和概念史的研究模式则是"复杂主义"的。政治理论研究模式强调对统一的政治观点的论证,往往具有明显的学理范畴和基本框架,政治概念的历史理解在相应的论证框架内才具有意义,这种融入和应用体现为对历史理解的化约处理。例如,罗尔斯提出"政治观点是关于政治正义和公共善以及哪种制度和政策更好地促进政治正义和公共善的观点"②,为此"思考关于正义这样一种政治观念:它试图对这些价值作出合理的、系统的和连贯的说明,试图弄清楚,这些价值如何被组织起来以便应用于基本的政治和社会制度。政治哲学的大部分著作(既使它们历史悠久)都属于一般性的背景文化的

---

① [美]杰弗里·托马斯:《政治哲学导论》,顾肃、刘雪梅译,中国人民大学出版社 2006 年版,第 65 页。

② [美]约翰·罗尔斯:《政治哲学史讲义》,杨通进等译,中国社会科学出版社 2011 年版,第 5 页。

一部分"①。与此相应,政治理论研究模式的学理范畴和基本框架大都是在政治人性的基础上,从政治理性和政治道德出发,逐渐形成政治平等、政治自由、自由民主等政治生活的规范标准,并建构以政治公正(或正义)为鹄的的政治权力和政治权利的协调关系,由此通向更加文明的政治生活状态②。然而,认识和答案、现实与语言以及历史与当下之间,基本概念不但具有不同的意涵而且同一意涵的各种解释之间也大相径庭,同一个历史理解可以作为不同建构的素材而存在,人类的不确定性思想对政治思考带来了很大的混乱。历史主义政治哲学和概念史由此认为,历史理解是复杂的,而将复杂性因素化约或进行简单化处理,并不能真正建立一致性的逻辑解释体系,概念框架不同于政治学说、政治理论及其背后的政治理性框架。在这里,狄尔泰倡导的历史理解成为一种概念解释的历史主义意识,正如波考克(G.A.Pocock)所指出的,要用历史的方法而不是哲学的方法来研究思想史。对此,历史主义政治哲学和概念史的研究模式较为充分地体现了复杂主义的方法论,即从基本概念历史理解的历史特性出发,展示它的具体性、过去性、变动性、复杂性和多样性。这就要求在研究方法上重视任何历史理解都是发生在具体时间、具体地点和具体氛围中的,尽量按照过去的样子来理解过去,不能在不断变动的时间之上建构绝对的一致性,应该承认历史理解受到史料的制约而具备未知的复杂性,不能用固定的、单一的、整齐的模式对待历史③。

就概念分析的相关度而言,历史主义政治哲学与概念分析的关系较为薄弱,而政治理论研究模式和概念史研究模式都较为重视政治概念的分析。政治概念的历史理解有两个基本要件:概念分析与历史分析。尽管历史主义政治哲学十分注重历史分析,但是它对于概念分析的态度却不太明确。这并不是说历史主义政治哲学没有政治概念的分析,造成这一现象的主要原因是历史主义政治哲学的理论旨趣较为宏大。其核心"是古代与现代之间永无休止

① [美]约翰·罗尔斯:《政治哲学史讲义》,杨通进等译,中国社会科学出版社2011年版,第6页。
② 王岩:《西方政治哲学史》,世界知识出版社2010年版,第17页。
③ 参见李剑鸣:《历史语义学、语境主义与政治思想史研究》,载丛日云、庞金友:《西方政治思想史方法论研究》,社会科学文献出版社2011年版,第252页。

的斗争"①,而施特劳斯更明确指出:"'政治哲学'这一措辞中,'政治的'这个形容词与其说指明一种主题,不如说指明一种处理的方式;从这一观点出发……,'政治哲学'的首要含义不是指以哲学的方式来处理政治,而是指以政治的或大众的方式来处理哲学,或者说是指对哲学的政治指引"②。就此而言,政治理论和概念史的研究模式都更为重视概念分析。政治理论的概念分析致力于发现某种受到普遍认可的概念意涵,反对存在本质上是争议性的政治概念。韦伯提出的"理想类型"正是对政治概念存在最佳解释的有力论证,它试图通过引入一项逻辑大前提来从另一个几乎无限复杂的现实中抽象出内涵的精神构造,并在剥离概念的价值负载同时强调概念仅仅是用来分析的工具。同时,他们认为对抗和分歧对把握概念的本质是重要的,但并不意味着有什么"本质上"有争议的概念③。对概念史研究模式而言,概念分析更是其核心。它的一切研究都是围绕概念展开的,是纯粹的概念分析。即便是近年来出现了其与社会史、政治史的合流,逐步关注现实政治的倾向,它的出发点也是概念分析。概念史的研究模式认为"概念,就像个人一样,有着自己的历史,并且镌刻着无法磨灭的岁月风霜"④,其意在使"人们远离那种静态的、非历史的'概念分析'事业,而走向一种更为动态的、历史主义的、强调'概念变迁'和'概念建构'的'概念史'"⑤。由此可见,因为政治理论和在历史分析上的态度不同,所以它们二者的概念分析并不是一致的。

就研究模式的逻辑而言,三种研究模式也各有千秋。其一,政治理论研究模式中,研究者一般以经典文本对概念的界定为题材,分析它们的内涵以及相互之间的传承、发展和影响。他们一般认为不同的历史理解都是针对某一政治概念的若干相同基本问题的思考和解答,而集中最多思考和解答的政治概

---

①　[美]郎佩特:《"什么是政治哲学"中的论证》,李雪梅译,载[美]施特劳斯:《什么是政治哲学》,李世祥等译,华夏出版社 2011 年版,第 305 页。

②　[美]施特劳斯:《什么是政治哲学》,李世祥等译,华夏出版社 2011 年版,第 81 页。

③　参见[英]安德鲁·海伍德:《政治学核心概念》,吴勇译,天津人民出版社 2008 年版,第8—9页。

④　SØren Kierkegaard.*The Concept of Irony*,transl.L.M.Capel,London 1966,p.47.

⑤　[美]特伦斯·保尔:《"概念史"和"政治思想史"》,载[英]伊安·汉普歇尔-蒙克:《比较视野中的概念史》,周保巍译,华东师范大学出版社 2010 年版,第 116 页。

念就是基本政治概念,包括自由、平等、民主、正义、共和、权力,等等,这些基本
政治概念的根本含义是不变的,只是在定义的形成和传播过程中表现为不同
维度、层面和领域的差异性,因此,政治概念的历史理解存在确定的逻辑或体
系。其二,历史主义政治哲学与政治理论研究模式在历史理解的结论方面恰
好相反,认为探索"政治现象的本质以及最好的或公正的政治秩序"必须"面
对过去思想的正确性"①,它继承了历史主义的"历史意识",但并不同意历史
主义的价值相对主义和虚无主义。历史主义政治哲学认为历史理解存在"显
白"和"隐喻"的表达方式,这使得政治知识和政治意见同时存在历史理解之
中,它的任务就是从政治意见中遴选出政治知识。继之,有关政治概念历史理
解的政治知识也有"独立的"和"传承的"之分,而历史主义政治哲学旨在探究
前者的研究模式。其三,概念史研究模式强调"概念史"真正体现了政治世界
(即政治生活及其历史发展)的概念特性,提示人们应保持对政治世界的概念
争论及其后果的敏感,它希图说明政治概念历史理解的普遍境况——"各种
观点的延续、转化和调整,继之而起的是瓦解、扭曲和消亡,而各种观点的瓦
解、扭曲和消亡反过来又促成其复兴、再发现和获得新生"②。作为人文科学
的新分支,"它从历史的角度考察特定社会语境中的语言运用,探讨概念的历
史语义","概念史试图用自己的方法彰显其理论假设,即历史见之于一些基
本概念;它分析历史经验和理论嬗变的语言表述。不同概念的起源及其含义
嬗变,是我们今天认识文化、语言和概念的决定性因素"③,其包括了词语(词
源、词义)史、概念(概念要义、概念表述)史、范畴(概念场域、概念情境)史、实
现(概念运用)史等主要内容。

除此以外,三种研究模式的时间观上也有所不同。其一,政治理论研究模
式承认政治概念有其历史理解,也承认不同的历史理解和古今之间的解释是

① [美]列奥·施特劳斯、约瑟夫·克罗波西:《政治哲学史》(下),李天然译,河北人民出版社1993年版,第1046页。
② [德]博纳德·舒尔茨:《语境中的"概念史":重建一门研究性学科的术语》,载[英]伊安·汉普歇尔-蒙克:《比较视野中的概念史》,周保巍译,华东师范大学出版社2010年版,第133页。
③ 方维规:《概念史研究方法要述》,载丛日云、庞金友:《西方政治思想史方法论研究》,社会科学文献出版社2011年版,第263页。

不同的,这表明政治理论承认政治概念历史的理解存在"时间距离"问题。对于这种"时间距离",政治理论研究模式采取以今涵古的态度,认为概念史的演进就是概念边界不断扩大的过程,"时间距离"是在这种概念意义的包涵与扩张中被克服的。这种"克服"实际上是在取代过去和否定过去中获得的,而不是在历史的理解中产生的。其二,历史主义政治哲学对待"时间距离"的态度不同于政治理论研究模式。在历史主义政治哲学的视野中,时间距离是存在的,是政治概念的历史理解成为可能的基本条件。它体现了历史理解的重要性,表明政治概念史的问题本质是开放的。但在对待时间距离的态度和方式方面,历史主义政治哲学并不认为只有克服时间距离才能真地获得历史理解,而认为历史理解作为一种历史意识应该承认时间距离的客观性,不同时间次序上的历史理解共同构成了政治概念的整体意义。这并不是悬置时间距离,而是强调时间距离是历史理解的绝对条件,这意味着历史语义在理解政治概念所有条件中居于首要地位。其三,概念史研究模式不仅承认、尊重和重视时间距离的存在,而且将其作为研究的目的、意义和唯一可能存在的领域,这也是它坚决反对"教义神话"、"连续性神话"、"预期神话"和"狭隘主义神话"的根本原因。在概念史研究模式看来,它们是"当下的历史",而概念史则是"历史的历史"。人们易于接受"倘若我们需要了解早先的社会,我们就需要尽可能宽容地持同情的态度去重新发现这些社会的不同精神状态",但真正的困难在于"我们怎么可能希望实现这种对历史的理解,如果我们作为政治思想的研究者继续把我们的主要注意力放在那些以他们的人和同时代人都难以匹敌的那种抽象知识水平来讨论政治生活问题的人身上"①。在概念史研究模式看来,这种由"时间距离"带来的理解困难并非绝对的,只要真正理解历史性质的要求,借助那些基本概念存在的时代语境、实践环境和意识形态(或话语)背景,谨慎而持续地加以探讨,就可能描绘出一幅符合基本概念历史理解的画卷。换言之,能够克服时间距离的不可理解性,从而在政治概念的历史理解与现实解释之间建立起一些有益的联系。

---

① [英]昆廷·斯金纳:《近代政治思想的基础》(上卷:文艺复兴),奚瑞森、亚方译,商务印书馆 2002 年版,第 4 页。

三、三种现有模式的启示

对于理解公正的概念史而言,上述三种模式既有关联,又有不同。它们提出的观点都有一定的合理性,为我们科学地理解公正概念史奠定了一定的理论基础,提供了不少原则和方法。总体而言,它们带来了四点启示。

（一）理解公正的概念史首先要具有历史意识

所谓历史意识,是指在理解公正的概念史时应将其作为一种意义的"出现"的历史。具体而言,就是要注意公正的历史含义及其主要变化,以认识这一现象为目的,力求重现公正的各种基本意涵。真正的历史意识反对片面的、孤立的"自我认识下的历史"和"意识的历史自我认识",而主张将二者有机统一起来。一方面,不能离开自由、平等、正义、公正、共和、权力等现代政治术语,离开它们就无法真正回到历史文本中去思考相应的概念表述和研究题材;另一方面,应该谨慎使用较新的、当前的概念解释,特别警惕将今人的观点强加给古人,为了建构政治概念历史理解的系统性、融贯性、普遍性和永恒性而做出以今譬故、以新取旧的举动。之所以说概念的历史是作为一种意义的"出现"的历史,是因为这一思维将"自我意识的'近'路和意识的历史的'远'路重合在一起"[1],就是说"在理性方面,哲学家假设理性阐明了历史,因为理性属于要求、任务、义务、调节概念的范畴,因为一项任务只有在历史中才能实现;在历史方面,哲学家假设历史通过某种价值的出现和提高获得了纯属人的资格,哲学家能再现价值和把价值理解为意识的发展"[2]。这种双重保证和证明体现了历史意识在政治概念历史理解中的重要性,它是理性的概念分析和历史的概念理解的"缝合线"。历史意识不是抽象的,而是具体的,它能够通过描绘具体的历史对象、再现历史主体的说话方式和语言所指、梳理术语符号的多样性以及回归文本当时的词典（或借助工具书、大众媒介,如报纸、版画、壁画甚至雕刻等具体途径和方法加以体现。即便是学术话语或经典文本中的概念分析,研究者也可以借助多种文本的比较和梳理等方式有益于从而形成

---

① ［法］保罗·利科:《历史与真理》,姜志辉译,上海译文出版社 2004 年版,第 17 页。
② ［法］保罗·利科:《历史与真理》,姜志辉译,上海译文出版社 2004 年版,第 18 页。

较为准确的历史理解,减少主观臆断,谨慎避免印证式解释。

（二）理解公正的概念史必须认真对待时间距离问题

按照科泽勒克的观点,"所有的概念都包含了一种时间上的联系结构。根据有多少此前存在的体验被融入其中,根据有多少创新型的期待内容被纳入其中,每一个概念都有着不同的、历时性的价值"①。正因为如此,对概念史的理解只能以人作为理解性存在为基础,这种存在是时间性,亦是有限的。时间距离意味着,"时间总是表现为过去、现在和将来,它不可避免地具有一种时间性的距离,这种距离由于历时久远而成为我们读解古典遗传物及古典文本的障碍,它妨碍我们对它们的理解"②,公正作为基本概念无法在跨越时代的观念或问题而独善其身。三种研究模式都承认时间距离的存在,只是在如何对待和处理时间距离的问题上有所不同。不过,不论它们是主张现实超越历史、古典代替现代还是实现概念史的"串并结构",它们的任务都在于"克服"时间距离。例如,政治理论研究模式是用以今譬古之法希图克服时间距离,而历史主义政治哲学和概念史研究模式或侧重历时性,或侧重共时性,或兼而顾之,以图验证历史理解就是某种概念上所定义的内容。但是,"时间距离"必需要克服吗?对公正的历史理解不是"死"的素材而是鲜活的创造。在概念的转换中,历史理解既在索取意义,又在创设意义。由此可见,历史理解创新的知识是理解公正概念史的必要条件和真正动力,在这里,时间不再是一种由于其分开和远离而必须被跨越的鸿沟,并不是某种必须被克服的东西,而是理解的一种积极的创造性的可能性。只有从某种历史距离出发,才可能达到客观地认识③。总之,时间距离不要被克服,而应被展示,"展示"时间距离中的历史理解自然就能够体现概念演进的逻辑,为概念的解释框架提供"历史前见"的基本内容。

（三）理解公正的概念史需要审慎处理概念与语言符号之间关系

概念与语言符号之间的关系十分复杂。对公正而言,在术语层面它可以

---

① ［德］赖因哈德·科泽勒克:《概念史》,载［德］斯特凡·约尔丹:《历史科学基本概念词典》,孟钟捷译,北京大学出版社 2012 年版,第 21 页。

② 严平:《走向解释学的真理——伽达默尔哲学述评》,东方出版社 1998 年版,第 129 页。

③ 参见［德］伽达默尔:《诠释学Ⅰ:真理与方法》,洪汉鼎译,商务印书馆 2010 年版,第 420—421 页。

与正义、公平、平等、公义、公道等术语相互替换,而其符号形式更是难以枚举。在政治理论利用统一的符号形式将概念分析的历史与实践建构成一个有目的性的解释框架,这样就是为什么正义与公正可以不加区分地被使用且"justice"成为公正概念的普遍符号的原因。历史主义政治哲学发现了"符号"的历史多样性,并主张最原初的语言符号反映出最直接和准确的概念意义,而复合与变形的语言符号则不可避免地具有"隐喻"的性质,因而需要甄别。概念史研究模式则力图从语言学、认识论、符号理论等学理层面上区分"符号"和"概念"。显然,纵然不同研究模式的处理方式不同,但理解公正概念史就必须注重"概念"、"语言符号"及"意义"的相互关系。择要述之,"一个'概念'是一个已经'吸融其被使用时的全部意义语境'的'词语'。'词语'因而具有'多种潜在的意义'。而'概念'则内在地聚合了'大量的意义',并且'与语词相比,概念总是隐晦而多歧义的'"①,但意义一旦与概念相结合,就从可能的观念转变为一种事物的品质。对于作为确定意义的概念而言,语言符号是其标准化存在形式。简言之,语言符号具有形式的单纯性,却是复杂的意义合成物;而概念则与之相反,它往往表现出复杂的形式性,却具有单一的意义指向。例如,"分配正义"概念就是符号相同而具有不同概念意涵的术语,"开始于亚里士多德、消失于十八世纪后期的那个概念,和由约翰·罗尔斯根据十九世纪和二十世纪初的一些直觉而提出的概念存在很大不同"②;而"正义就是给予每个人应该得到的东西"(语出查士丁尼《法学汇编》*Digest*)的概念意涵却曾经出现在正义、公道、国家、公权、均衡、平均、公平等很多术语中。由此可见,处理好"概念—语言符号"之间此种"复杂—合成"的意义关系是进行政治概念历史理解的方法论基础,以符号的一致性证明概念意义的独断性,或者以概念意义的复杂性否定语言符号的确定性都是值得商榷的。在这里,符号选择与概念意义的建构应该具有一致性。

---

① [德]汉斯·恩里克·鲍德克:《概念·意义·话语:重新思考"概念史"》,载[英]伊安·汉普歇尔-蒙克:《比较视野中的概念史》,周保巍译,华东师范大学出版社2010年版,第78页。
② [美]塞缪尔·弗莱施哈克尔:《分配正义简史》,吴万伟译,译林出版社2010年版,第168页。

（四）理解公正的概念史不能忽视历史理解的所处的语境

语境主义是剑桥学派的概念史研究的基础方法论,尽管其内部存在政治语言的语言情境主义和行为情境主义的分歧,但总体上都认可理解政治概念应该立基于所处历史阶段的"文本语境"之上。语境主义对政治概念历史理解的积极意义在于为抽象枯燥的概念的历史语言理解(如概念与语言符号)提供了具体真实的理解网络,从而为发现或重建一套完整的概念语汇、意义结构及与之配套的语词符号的概念分析结构提供了较为可靠的依据。语境主义认为,"历史都以高深莫测的方式,融合了经济的、社会的和政治的经验的厚重语境与对这一语境的含义极为重要且常常高度创造性的探索活动,它既力图理解那种语境,又力图促进或阻挠其中的某些特定目的"①,因此语境主义方法的"注意力不应放在个别作者身上,而是放在更具普遍性的他们那时代的话语之上"②。语境主义充分展现出历史意识、时间距离感与概念意义的复杂性,是"普遍主义"的天敌,正如斯金纳质疑"永恒正义"时所言,"不仅在于每一个思想家都是以他自身的方式来回答关于正义的问题,还因为表述这一问题时所使用的词语在他们的不同的理论中是以如此相去甚远的方式体现出来的,认为可以挑出任何稳定的概念来。不过是明显的混乱。易言之,错误在于假定存在着某一组问题,是不同的思想家都会想自己提出来的"③。不过,剑桥学派的语境主义并非无懈可击,它对文本语境的强调时常会被诟病为"相对主义"。事实上,语境并不是单一的,文本语境只是其中的具体类型。对于公正概念史的解读而言,语境是立体、多面和变动的,是一个包裹着文本和事件,又与文本和事件进行交流的沟通结构,其可以是有形的也可以是无形的,历时性和共时性都交叠其中,是由多种相互关联、相互作用的因素或条件交织而成的"历史场景"④。语境不是构建的也不是形式的,而是为了历史理

① ［英］约翰·邓恩:《政治理论史》,傅乾译,《政治思想史》2011 年第 2 期。

② Quentin Skinner.*Meaning and Understanding in the History of Ideas*,Visions of Politics,Vol.1,Cambridge,Cambridge University Press,p.118.

③ Quentin Skinner.*Meaning and Understanding in the History of Ideas*,Visions of Politics,Vol.1,Cambridge,Cambridge University Press,p.86.

④ 李剑鸣:《历史语义学、语境主义与政治思想史研究》,载丛日云、庞金友:《西方政治思想史方法论研究》,社会科学文献出版社 2011 年版,第 247—248 页。

解的真实性,或找到所谓的"历史原意",即以求"真"为目的。据此,语境既包括文本环境,又涵盖了文本语境存在的社会思想背景和社会生活特征。此外,具体的解释者、使用者的历史角色,特别是他们的解释和应用时的地位、立场与行为方式,通过学术研究的方式表现出来而形成的学术语境也十分重要。总之,在理解公正的概念史中,多重语境不但存在,而且它还指明"在历史脉络的进路中,公正看起来不再首要地被作为哲学话语的一种构造,而是来自具体的生活实践,并且被法的不断发生改变的自我图像所重构。(这样一种历史铺展)将被掩盖起来的公正语义和社会结构之间的联系发掘出来,(并)借助由理论所引导的经验研究,来分析公正和社会结构的共同变化"①。

第二节 理解公正概念史的政治诠释学优势

通过上文分析可见,理解公正的概念史离不开理解的历史意识,需要面对或解决历史理解中的时间距离问题、语言符号和概念意义的关系问题,并尽量发现和把握不同历史意涵的多重语境。尽管理解公正概念史的现有模式具有诸多合理性,为我们深入思考公正概念史的理解问题提供了很多思维启发,然而它们仍有缺陷。从一定程度上,这些缺陷都归结为现有模式在历史方法论基础上的不足。只有客观分析这种不足,了解政治诠释学与历史方法论的不同之处,才能进而发现政治诠释学在理解公正概念史问题上的理论优势。

一、政治诠释学的思维优势

在公正概念史的理解问题上,政治诠释学既与其他三种现有模式同时存在,又不同于三者。这种不同主要体现为政治诠释学与三种现有模式在理解思维上的不同。如果说政治理论、历史主义政治哲学与概念史在理解公正概念史时都或多或少表现出了历史方法论的特征,那么政治诠释学则正是在扬弃历史方法论过程中体现出它的思维优势的。

---

① [德]贡特尔·托依布纳:《自我颠覆的正义——法的或然符咒,或是超验符咒?》,载郑永流:《法哲学与法社会学论丛》(总第14期),北京大学出版社2009年版,第234—235页。

从根本上讲,政治诠释学与历史方法论在理解思维上的差异是哲学诠释学与历史方法论之间的区别造成的。对于历史理解,哲学诠释学特别强调其与历史方法论的不同,它"并不试图发展历史方法论。甚至它也不寻求成为一种替代性的方法论。这是因为哲学诠释学不是一种方法,它的目的与历史方法论是截然不同的"①。具体到概念史的理解时,哲学诠释学意图证明它进行历史性争辩(Auseinandersetzung)的目的在于塑造对概念的历史理解中的基础问题,质疑历史方法论所塑造的哲学问题并不具备自明性,而"是被对手投在路上的,既是不可逾越的障碍,又是不可解决的难题。我们今天在哲学意义上所说的那些问题明显地是这样的:它们不可能构成合适的提问,因为它们缺乏合适的概念系统来理解并提出自身"②。因此,在概念史的理解中,哲学诠释学虽然也像历史方法论一样强调以概念为中心,但是它将概念上升到了理解哲学核心问题的高度,认为概念史也就是哲学史,概念的历史意涵是"不老的、现在活生生的东西"③,进而指出概念史的任务"并不是哲学史研究的补充工作,而是属于'哲学'本身应该进行的工作"④。

政治诠释学不但继承了哲学诠释学在理解思维上与历史方法论的差异性,而且在政治概念史的解读实践中表现出了新的研究旨趣,更加具体地表现出其对历史方法论的思维优势。这主要表现在三个方面,即历史研究的知识旨趣(The Interest for Knowledge in Historical Inquiry)、历史与沟通旨趣(History and the Interest for Communication)以及超越客观主义和相对主义的旨趣(Beyond Objectivism and Relativism)。

（一）政治诠释学彰显了历史研究的知识旨趣

历史方法论是在寻求历史主义的科学范式过程中提出并创设的,如较为典型的是德罗伊森提出的精神科学群、狄尔泰的以历史解释为基础的历史世界和精神科学。在理解概念史的问题上,政治理论、历史主义政治哲学与概念

---

① Paul Ricoeur.*History and Hermeneutics*.The Journal of Philosophy,Vol.73,No.19.p.683.

② ［德］伽达默尔:《概念史与哲学语言》,邓安庆译,载《伽达默尔集》,严平编选,上海远东出版社 2003 年版,第 150 页。

③ ［德］黑格尔:《哲学史讲演录》第 1 卷,贺麟、王太庆译,商务印书馆 2009 年版,第 46 页。

④ ［德］伽达默尔:《诠释学Ⅱ:真理与方法》,洪汉鼎译,商务印书馆 2010 年版,第 100 页。

史的研究模式都在理解思维上直接或间接受到历史方法论的影响,如古典与现代的绝对划分表现了历史知识的独特性和不可积累性,而语境主义则反映了历史主义关于一切认识皆是历史环境的必然结果的判断。政治诠释学指出历史方法论在思维上过分强调了科学主义,这就使对概念史的理解在科学化的道路上有可能沦为单纯的技艺学,认为历史方法论并不能被理解为"走向人类完全的历史的自我展示的一步"①。尽管历史方法论也质疑历史理解中的科学主义和科学知识倾向,但却下意识地接受了科学主义的思维和逻辑。对此,政治诠释学严肃地批判了这种客观主义,改造了传统认识论中"主客二分"前提下的主观性,而且还将概念史的理解作为一种"存在的主观性"或"生活的主观性",这种批判"并不意味着他在其所主张的社会生活的意义上约束主观主义"②,而是关注法权现象领域中概念史的理解特性。由此可见,政治诠释学的历史知识旨趣无意建构客观主义的历史意识,也不追求政治概念历史意涵的客观性,而是"区分客观性承续(即这种客体的传接)与主观性承续(即现象意义上的传承)。或者说,我们必须反对使客观的时间次序委身于一种与其并不相关的而围绕表象运动的简单承续的控制之下"③。这就超越了历史方法论所追求的"一致的解释方式"和"范畴的一致性"的局限性,不再将概念史作为历史学家的历史材料、绝对的现实或自在的历史",真正突出了历史理解的不可比性,为厘清概念史与语言史、事件史之间的关系提供了合理的思维基础。

(二) 政治诠释学更加强调历史与沟通旨趣的重要性

在过去的40年间,公正理论已经成为现代政治哲学话语体系中的一部分了,力图对政治社会进行抽象化,与任何特定环境都保持一定距离④。当政治哲学真正响应语言转向的呼声时,它就向自身提出了新挑战——把语言问题引入一般意义上的政治哲学研究,究竟会发生什么? 而认真对待语言问题将

---

① [德]伽达默尔:《哲学解释学》,夏镇平、宋建平译,上海译文出版社 1994 年版,第 48 页。

② 邹诗鹏:《解释学史学观批判》(上),《学术月刊》2008 年第 1 期。

③ Paul Ricoeur. *History and Hermeneutics*. The Journal of Philosophy, Vol.73, No.19. p.684.

④ [英]杰拉德·德兰迪、恩勒·伊辛:《历史社会学手册》,李霞、李恭忠译,中国人民大学出版社 2009 年版,第 320 页。

会对包括公正在内的政治概念的历史理解带来怎样的变化？或许，概念史研究模式已经表达了政治哲学开始对作为语言现象的概念的兴趣，概念已经不再仅是历史研究或思想史研究中的辅助工具。这不仅提升了政治概念历史理解在整个政治哲学研究体系中的地位，而且改变了当代政治哲学的理论旨趣，实现了"历史与重合性旨趣"向"历史与沟通性旨趣"的转向。历史与重合性旨趣是历史方法论的思维特征之一，是指通过对政治概念历史意涵的分割化、领域化，历史理解与现实解释之间只能存在"重现关系"。历史方法论认为只有借助这些重合关系中才能区分基本概念与从属概念。在这里，概念史的理解就是"一系列不连续的出现，其中每一个出现都要求每次都是新的，每次都是忠实的重合"①。但是，政治概念的历史意涵变迁并非如此。越来越多的考古发现、史实考证和历史研究都证明"使那些跨越不同时空的社会现象稳定下来的，不是那种时间和空间跨度很大的大型结构，而恰恰是概念的运行，也就是语言现象的运行"②，表现在概念史的理解过程中。由此可见，理解概念史的目的不应是实现"前后印证"的概念话语，"历史与重合性旨趣"需要改变。与此不同，政治诠释学的概念史研究希望存在另外一方的"回答"，而不是要求与自己的理解相一致。利科称此为"戏剧化的叙述，它从纽结到纽结，从皱纹到皱纹"③。政治诠释学认为应该以历史与沟通性旨趣取代历史与重合性旨趣，认为理解概念史需要具备以下六个条件："①有作为"作者"的主体存在，②作为"作者"的主体将通过他们解释他们的行为展现出相应的动机，③对于他者的影响是通过作为他者的主体考量作为作者的主体的行为意涵而产生的，④程序的规则是由规范决定的而规范的规则则是由机制决定的，⑤此种机制的建立、沉积，决定了其⑥内容的接续，解构或重塑的传输过程。"④历史与沟通性旨趣将理解思维提升到了一个较高层次上，指出概念史的理解可以不依赖于身份标签，如"我认为、古人认为、某某认为"，而是所有作为理解

---

① 〔法〕保罗·利科：《历史与真理》，姜志辉译，上海译文出版社 2004 年版，第 22 页。
② 〔英〕杰拉德·德兰迪、恩勒·伊辛：《历史社会学手册》，李霞、李恭忠译，中国人民大学出版社 2009 年版，第 319 页。
③ 〔法〕保罗·利科：《历史与真理》，姜志辉译，上海译文出版社 2004 年版，第 24 页。
④ Paul Ricoeur.*History and Hermeneutics*.The Journal of Philosophy, Vol.73, No.19.p.688.

存在的主体的共同诉求和自觉行为。这种沟通性就不再是认识论意义上的关于客体的主体间关系,而是关于历史性意义的主体间关系。

（三）政治诠释学试图建构一种超越客观主义和相对主义的新思维

一般而言,哲学社会科学研究无法置身于客观主义和相对主义的对立之外。客观主义或称为基础主义,它认为"存在有或者必定有一些永久的与历史无关的模式或框架,在确定理性、知识、真理、实在、善行和正义的性质时,我们最终可以诉诸这些模式或框架"①。而相对主义,则多表现为怀疑主义、"历史主义"或虚无主义,在其"最强的形式下是一种根本的信仰,那就是当我们着手调查哲学家亦已认为是最基本的那些概念(不管它是理性、真理、实在、正义、善行的概念还是规范的概念)时,我们就会被迫认识到所有的这些概念归根结底必须作为与特定的概念结构、理论框架、范式、生活方式、社会或文化相关的事物来理解"②。就此而言,政治理论研究模式偏重于客观主义,概念史研究模式主要表现出了相对主义的理论旨趣,而历史主义政治哲学的"历史方法论"则意图表达"相对主义"对"客观主义"的优势。近代诠释学是由历史诠释学演进而来的,而哲学诠释学特别反对以科学主义逻辑、自然科学思维等为根基的认识论和方法论,这使其往往被误划入相对主义阵营。事实上,当代诠释学力图跳出客观主义和相对主义的束缚,表现出新的理论旨趣。从以概念的语言现象为主要内容的历史知识旨趣和沟通性旨趣出发,政治诠释学试图将超越客观主义和相对主义的尝试转向以对话为基础的实践诠释学。当代诠释学在对待历史问题时,普遍采取了对语言的思辨性见解,或论述了现象学意义上的对话、谈话和提问(伽达默尔),或不断地将这种沟通引向当代社会系统的特征(哈贝马斯),或彰显这种对话在共同体生活中的实用性(罗蒂),或主张为了真正实现沟通而不断克服作为在平等人中的共同行为的实践的虚弱性(阿伦特)。不论怎样,它们都证明了一种日益增强的现实感,深

---

① ［美］理查德·J·伯恩斯坦:《超越客观主义和相对主义》,郭小平等译,光明日报出版社 1992 年版,第 9 页。

② ［美］理查德·J·伯恩斯坦:《超越客观主义和相对主义》,郭小平等译,光明日报出版社 1992 年版,第 9—10 页。

刻质疑了客观主义和相对主义。对概念史的理解而言,这一理论旨趣代表了一种重要的危机意识,切实认识到了政治概念的自主性及脆弱性。而政治诠释学之所以在研究思维上优于代替历史方法论,就在于它力求将公正等政治概念"看作提出问题及目标的智慧,实践言谈,判断和所有的那些预想共同体和联合的意义存在的概念"①,将概念史的理解看作一种实践,寻求真正对话、沟通之上的理解,指明人应该在理解概念史的实践中"证明自己思维的真理性,即自己思维的现实性和力量,亦即自己思维的此岸性"②。

二、政治诠释学的认识优势

尽管政治诠释学在理解思维上对历史方法论有所超越,但要改变长久存在的思维习惯还需要具体的认识方法的支撑。在公正概念史的理解中,政治诠释学的优势不能仅停留在思维中,而应该进入概念史的理解之网中,在理解方式的转换中,体现了自身的认识优势。政治诠释学具有完整而包容的理解结构,能够在更为广泛的语境关联中来审视公正概念史自己的问题领域,具有"富有提示性的意义"③。

(一) 基础:符号的选择

以往在面对公正概念史时,符号仅被看作一个语言问题。事实上,恰当区分概念与语词对历史理解而言十分重要。语词是概念的符号要素,一个概念就是一定形式的语词符号的构成物,这种语言符号在一定的语境中被"作者"选择、排列并赋予某种意向,由此形成并传达出其所构成的概念的特定意义。因为"Justice"总是作为"正义(公正)"的语词符号,所以理解正义(公正)概念就需要分析"Justice"一词的文本语境、所涉的领域,需要考虑不同阐释者对其使用的方式方法,探究不同阐释者使用这一符号的意图,进而才能通过综合归纳的方法、或通过建构演绎的方法论述"正义"(公正)的概念意涵。同时,语词符号的复杂性程度关系到概念的复杂性。一个政治概念的复杂性既与其负

---

① [美]理查德·J.伯恩斯坦:《超越客观主义和相对主义》,郭小平等译,光明日报出版社1992年版,第287页。

② 《马克思恩格斯选集》第1卷,人民出版社1995年版,第55页。

③ [美]理查德·帕尔默:《诠释学》,潘德荣译,商务印书馆2012年版,第98页。

载的价值和语词符号的复杂性相关。哲学之所以具有"造词性"这一特点,就是因为哲学家在思考和写作的时候,往往无法在现有的语词符号中找到准确表达其意向的术语。语词符号的复杂性主要表现为:其一,简单的符号既能够合成构成一个复杂的概念,例如,分配正义的概念;它也能直接表达出一个复杂的概念,例如,"being"、"democracy"等概念。其二,复杂的符号系统或许能够精确地表达复杂概念的准确意义,但也有可能掩盖某个概念的直观意义而达到隐喻的效果。此外,语词符号能够反映一个概念的语言逻辑,"通过语词构成而被意指的一般概念自身也通过每次的对事物的直观而得到充实,从而最终也产生出一种更适合于直观事物特殊性的新的、更专门的语词构成。因此,说话尽管适宜使用具有普遍意义的前定词为前提的,但它同时有确实是一种经常的概念构成过程,语言的意义生命就通过这种过程而使自身继续发展"①。综上,语词符号不仅是定义的语言文字形式,也是体现概念义界的"基础",是直接传达概念意义的实体。

　　在很大程度上,语词符号影响着公正概念史的理解。其一,符号的选择决定了对理解的视域。直观地看,概念史与观念史的重要区别在于是否使用"符号书写思想",概念史往往具有较为严格的语词符号系统,而观念史则不太受限于语词符号。理解公正概念史的基础是概念史,离不开符号选择。在"Justice"与"正义(公正)"的关系中:(1)确定"justice"是公正或正义的语词符号,就意味着,概念史的挖掘与梳理需要以"justice"的词语流变为基本视域;(2)对"justice"的语义、语用解释直接决定了对公正或正义概念的历史意涵的选择和归纳;(3)对"justice"与公正或正义之间是否存在"严格对应关系"的判断,决定了不同生活经验中具有公正或正义因素的共同性选择。其二,符号的选择决定了理解的语言建构。语言是理解的主线,只有用语言表述出来的概念才具有可对话的意义。公正概念之所以具有多种历史意涵,语言的多样性是其重要原因②。在政治诠释学体系中,语言是人们进行理解的不可或缺的要素。在历史方法论视域中,"每一门科学的基本概念……不再被

---

　　①　[德]伽达默尔:《诠释学Ⅰ:真理与方法》,洪汉鼎译,商务印书馆 2010 年版,第 604 页。
　　②　这不仅是指语言形式的多样性,还因为语言属于任何可被理解的事物,是"能被理解的存在"。

视为某种特定事物的消极图像,而是被视作由精神自身创造出的符号"①,符号一旦与概念理解直接相关,也就跳过且等同于语言了,符号的选择与概念意义就成为唯一的关联。据此,justice 就是正义或公正的摹本或"图像",而公正与正义在语言意义上就无区分之必要了。但符号具有任意性和复杂性,它与概念意义的机械组合既有僵化的可能,又可能会产生更多的不确定性,为了避免出现后者的结果,只能依靠"符号标准模式"。政治诠释学认为,概念史表现为一种符号的封闭系统,而"概念用词与语言的生命保持着联系,而且日常生动的语言用法在使用精心塑造的专业术语时也共同起作用,这一点不该被看作概念构造的缺陷。正是在这种承担者概念构造的语言生命的继续作用中,产生了概念史的任务。它所涉及的并非只是对单个概念作历史的解释,而是要复活在哲学语言用法的断裂处所表现的思想的张力,因为概念的努力就在哲学语言用法的断裂处'扭曲'。词和概念的关系在这种'扭曲'(Verwer-fungen)处裂开,而且常用语词则经过人工处理变成新的概念陈述,这种'扭曲'就是概念史能成为哲学合法性。……这就是说,要重新回到从概念词到语言词的道路上去,并离开从语言的词走向概念词的道路"②。进而言之,"言说就是总结用法的整个历史。语词就是它们的使用传统:它们通过具体的言说来保存用法和主题。历史世界在语词上留下了不可磨灭的痕迹,因此,语言不能脱离其言说来理解"③。这就意味着理解公正的概念史应该在符号选择的基础上,将语言视为理解的过程和实践的具体方式,以此理解公正的历史意涵。这就意味着要尝试从概念的词语(符号意义)、言说(语言意义)、范畴等角度建立过去与现在的联系,更为全面地理解公正的概念史。

(二) 主题:作为先见的历史理解

在历史方法论视域中,系统完备的理解与先见("前见"或"偏见")之间的矛盾是难以调和的。以罗尔斯为代表的公正论者的"独特和雄心在于,他

---

① [美]约埃尔·魏因斯海默:《哲学诠释学与文学理论》,郑鹏译,中国人民大学出版社 2011 年版,第 97 页。

② [德]伽达默尔:《诠释学 II:真理与方法》,洪汉鼎译,商务印书馆 2010 年版,第 111—112 页。

③ [美]约埃尔·魏因斯海默:《哲学诠释学与文学理论》,郑鹏译,中国人民大学出版社 2011 年版,第 119 页。

(们)想为这种综合提供一个系统而完整的正确理论"①。这种进步是一种"几何学式"的进步。

公正的历史意涵是作为理解的先见而存在的。对于公正而言,没有一种界定和定义是当代人的创造和全新发现。历史上,与此相关的界说往往通过不同的语词和形式,甚至隐喻的方式透露过相同或者相似的意向。这并不是说,人们的理解都是陈旧的,而是说任何新的理解都能够在旧的语言体系中找到它们的"影子"。

"先见"或理解的前结构是政治诠释学的核心范畴,上文已有所论述。现在的问题是,在政治概念的历史理解中,"先见"如何成为一种主体进行理解前的已理解的精神储备? 对此,可从三个主要方面阐述。

第一,"先见"是历史理解的先决条件。先见(前理解、前见、理解的前结构)是诠释学问题的出发点,"进展"、"发展"、"提升"这样的概念与先见之间是相互对立的,从历史理解角度看,"目的"和"水平"都是今人附加给历史的,因而历史理解就意味着历史地理解。简言之,就是要进入公正概念史的多样性、变化性和波动性中去理解。理解公正的概念史会"在不同的时间或从不同的方面历史地表现自身的诸不同方面……这些方面并不是简单地在继续研究的过程中被抛弃,而是像相互排斥的诸条件,这些条件每一个都是独立存在的,并且只由我们才结合起来。我们的历史意识总是充满了各种各样能听到过去反响的声音"②。由于公正的历史意涵既与其所处时代的历史文化、社会价值和认知取向之间存在普遍的联系,又具体地存在于人的历史形态——实践经验之中,因而"先见"的内容和范围都十分广泛,内部也充满了矛盾。在这里,许多历史理解非但具有不同的名称,而且并非每一种历史理解都是一贯的。显然,对"先见"的误解特别是对其范围的限定不利于公正的历史理解。此外,"先见"是通过语言表达的理解,它与语言和语词符号是同一理解过程的不同层次,即"语言表达的理解,当视作理解语言使用者生活历程的同一过程时,理解的精神活动现象便与个人的生活存在打成一片。个人生活同时是

---

① [英]迈克尔·H.莱斯诺夫:《二十世纪的政治哲学家》,冯克利译,商务印书馆2001年版,第295页。

② [德]伽达默尔:《诠释学Ⅰ:真理与方法》,洪汉鼎译,商务印书馆2010年版,第407页。

理解的'前理解'存在和由'前理解'而展开的生活的理解"①。

第二,"先见"为公正概念提供了"作为……"的解释性框架概念结构。时下所常见的作为公平的正义、作为互利的公正、作为相互性的公正、作为公正的正义等就是"作为……的正义(公正)"的典型例子。这种"作为"式结构既包括在公正的历史理解中积累显现的概念要素,也体现出被理解对象的有限性。任何一种"作为"式结构都建立在已经存在的历史理解之上,是"把某某东西作为某某东西加以解释,这在本质上是通过先行具有、先行视见与先行掌握来起作用的"②。对理解公正的概念史而言,解释者应尊重历史理解的客观性,明白进入这一概念的视角或"切入点",承认此种切入已然具有的"问题视域",这一切都影响到历史理解的范围和内容。虽然不同的解释者有不同的历史理解,但"先见"的这三个因素都必然对其产生直接影响,否认这种影响或者贬低"先见"的作用,也就无法获得真正的历史理解——尽管此种理解的内容可能是合理的、有效的。由此可见,"先见"是理解公正概念史的栖身之所,是一种政治诠释学的筹划,是"先行具有、先行视见及先行掌握构成了筹划的何所向"③。

第三,"先见"体现了实践哲学的真正立场。解释者之所以需置身于先见之中,是因为"先见"是历史理解的经验本质,是理解的基本结构和前提条件。在这个意义上,理解公正概念史就是努力进入公正概念的先见。对于理解公正概念史而言,"先见"从三个方面显示了实践哲学的基本立场:(1)实践哲学中的实践"意味着全部实际的事物,以及一切人类的行为和人在世界中的自我设定"④,而先见是对历史理解的全部占有,解释者在先见中才能发挥实践智慧而完整地把握公正概念史;(2)实践哲学认为"最内在地理解的、最深层地共有的、由我们所有人分享的信念、价值、习俗,是构成我们生活体系的一切

---

① 殷鼎:《理解的命运》,三联书店1988年版,第43页。

② [德]马丁·海德格尔:《存在与时间》(修订版),陈嘉映、王庆节译,三联书店2006年版,第176页。

③ [德]马丁·海德格尔:《存在与时间》(修订版),陈嘉映、王庆节译,三联书店2006年版,第177页。

④ [德]伽达默尔:《赞美理论——伽达默尔选集》,夏振平译,上海三联书店1988年版,第69页。

概念细节之总和"①才是真正实践的,而先见恰恰是人们在解释公正的历史积累中才形成、存在和显现的,蕴含着政治共同体和语言共同体全部"公正经验";(3)实践哲学认为应以正确对待和应用人的知识和能力作为实践的目标和基础,而认真对待"先见"正体现了理解公正的概念史不但尊重具体历史理解的唯一性,而且可以客观呈现历史理解历时性的等级序列。总之,"先见"的存在,指明了理解公正的概念史并不是通过定义而发现所谓的包含关于它的本质是什么的知识②,而是启发、引导和推动人们去探求公正的不同历史理解何以产生、演变和发展,是一项实践哲学的任务。

（三）方式:诠释的循环

诠释的循环,或被称为解释的循环,在哲学诠释学之前一直是一个方法论命题,主要用于解释部分理解和完整理解之间的关系。这种"解释的循环"屡遭诟病,成为同义反复和循环论证的代名词。这的确是一种恶性循环(circulus vitiosus),而克服这种恶性的循环论证,就必须从对象的部分与整体的关系视野中抽身出来,而进入历史意识和视域的结构。正如海德格尔所言,"决定性的事情不是从循环中脱身,而是依照正确的方式进入这个循环。领会的循环不是一个由任意认识方式活动于其间的圆圈,这个用语表达的乃是此在本身的生存论上的'先'结构。……这种可能性只有在如下情况才能得到真实的掌握,那就是:解释领会到它的首要的、不断的和最终的任务始终是不让向来就有的先行具有、先行视见与先行掌握以偶发奇想和流俗之见的方式出现,它的任务始终是从事情本身出来清理先行具有、先行视见与先行掌握"③。在政治诠释学理解公正的概念史时,诠释的循环就成为解释者进入公正概念史理解的基本方式。在这里,这种循环既扬弃了在新旧概念的定义之间区别部分和整体的传统做法,又直接反映概念义界的视域变化。

---

① [德]伽达默尔:《赞美理论——伽达默尔选集》,夏振平译,上海三联书店 1988 年版,第 71 页。

② [德]伽达默尔:《伽达默尔论柏拉图》,余纪元译,光明日报出版社 1992 年版,第 11 页。

③ [德]马丁·海德格尔:《存在与时间》(修订版),陈嘉映、王庆节译,三联书店 2006 年版,第 179 页。

　　一方面,整体性与部分性在政治诠释学的诠释循环中获得了新的意义。在这里,整体性不再是部分性的重点,理解公正概念史并不是为了获得公正的全部、最终的含义,而是对历史理解的真实体现,并在此基础上阐明公正的概念史具有的理解规律和意义转向的基本情况。在政治诠释学视域中,公正的概念史始终"存在各种不同的共时性与历时性交错现象"①,历史理解既在时间次序上是其一部分,也是内容结构的一部分。进而言之,公正的概念史并不会停止在某一个时刻,这就意味着各个时代的人都能够对同样的历史素材进行解释,产生不同的历史理解,因而公正的概念史是开放的。在理解公正的概念史过程中,诠释的循环"对预先筹划的每一种修正都可能是对意义一种新筹划的预先筹划;相互矛盾的筹划可以互相加工,指导清楚地确定意义的统一体;解释是带着前把握进行的,这种前把握将被合适的概念取代;正是这种不断更新的重新筹划构成理解和解释的意义运动"②,因此历史理解绝不是相对主义的产物,而是具有构造正确的、与概念的真实意义相称的筹划,是概念意义生成过程中的一部分。

　　另一方面,政治诠释学中的诠释循环能够体现出历史理解的未完成意义,使得当下的解释具有合理性,保证视域融合。既然公正的概念史是开放的,那么对它的理解就将未完成状态,而历史理解基本都是未决性的,而随着新理解的产生,未决性也在扩大。这表明公正不能停留在某种历史理解上,不应由一种解释而获得其全部意义。在现实中,理解公正的概念史就是在形成新的理解经验,这种经验是独有的且不断更新的,不仅昨日的经验与今日有不同,他人的经验与自己的经验有不同,即便是同一人的经验,也是每时每刻不重复。显然,在面向通往新的理解经验的道路上,凡是参与到理解公正概念史中的主体就能共同分享历史理解的生成过程。与此同时,对共同意义的分有使得政治诠释学的诠释循环成为一种中介性的认识路径,进行历史理解总是包含了过去的概念与当下的观念,因而循环是不断地置入未知领域的"扩大循环",

---

　　①　[德]赖因哈德·科泽勒克:《概念史》,载[德]斯特凡·约尔丹:《历史科学基本概念词典》,孟钟捷译,北京大学出版社2012年版,第21页。
　　②　[德]伽达默尔:《诠释学Ⅱ:真理与方法》,洪汉鼎译,商务印书馆2010年版,第73—74页。

这就不再仅仅停留在时空范围,而成为不同视域的交流。这就是诠释学提倡的"在历史视域的统一体中与自己本身再度相统一"①,而公正概念史始终保持吸引力的原因就在于它始终依赖于新的领会和解释。

第三节　政治诠释学视域中的公正概念史

公正概念史不是在人物与时代的传接中形成的,而是被重新发现的,而其"合理证明的标准本身是从一种历史中凸显出来的,也是该历史的一部分"②。在政治诠释学视域中,这一历史应由公正的词源或词义史、要义与表述史、概念的"作为……"结构史共同组成的。在以往的研究中,或根据特定目的将这些内容混合起来讨论,或择其一二论述而忽视其他。与此不同,政治诠释学视域中的公正概念史既区分了三者,又将三者有机统一起来,有利于完整地展示公正概念的理解史。

一、符号为本:公正概念的词义史

所谓"公正词义史",是指公正概念的词源和词义从前文本构想向文本构想的发展状况。政治诠释学认为,"某一个词的沿用史的基本特征只能由它的第一次出现所决定"③,发现"词语"和"概念"之间形成质的联系,这是词源与词义史在概念史研究中的任务。上文业已指出,符号是概念的基础,符号不同于概念,语词符号有待上升为概念。考斯莱克曾经指出:"一个词语的意义总是指向其所意指的,无论其所意指的是一种思想,还是一个客体。因此,意义总是固着在词语上,但是词语的意义总是由口头或书面的语境维系,同时,词语的意义源于它所指涉的场景。如果意义的这种语境——词语是在这种语境中被使用的,并切实为这种语境而被使用的——完全融合进词语自身,那么这个词语就成为一种概念。概念系于词语,但与此同时,概

---

① 〔德〕伽达默尔:《诠释学Ⅰ:真理与方法》,洪汉鼎译,商务印书馆 2010 年版,第 434 页。
② 〔美〕阿拉斯戴尔·麦金太尔:《谁之正义? 何种合理性?》,万俊人、吴海针、王今一译,当代中国出版社 1995 年版,第 10 页。
③ 〔德〕伽达默尔:《科学时代的理性》,薛华等译,国际文化出版公司 1988 年版,第 90 页。

念又不仅仅是词语"①。一般而言,荷马史诗首次被译成英文后,"justice"就被用于表述"公正"这一概念了。但从词源和词义角度,却可能发现更为古老的语词符号传统。

公正可能来源于人类对于万物尺度的一种想象。公元前2500年,古埃及人就将公正(正义)的朴素观念映现在 Ma'at(玛特)女神及其下属牧师的神性中。进入古风时代后,近东古代文化深刻地影响了古希腊地区,直接体现在古希腊神话之中,作为"希腊人讲述的关于自己民族的起源以及与神的关系的故事——满含着源自近东地区的传说和任务。最能证明埃及文化对希腊产生了深刻影响的是大量重要的宗教思想从埃及流入了希腊:如……用天平秤量死者的灵魂"②这一代表古老正义观的思想传统。随着时间的流逝,公正作为万物尺度的神圣标准经由古希腊神话中的忒弥斯(*Themis*)和古罗马神话内的朱斯蒂提亚(*Justitia*)而现实化并逐步成为人的德性——即便它仍是四主德之一且具有很高的道德属性。与此相应,《旧约全书》就是在讨论如何在人类社会建立一种公正的秩序。尽管在《旧约全书》中使用很多不同的词汇来具体描绘这种"秩序"的形式和内容。具体而言,《希伯来圣经》(*Hebrew Bible*)就曾概括了这种"秩序"的两面:*mishpat* 与 *tzedek*。前者偏重于法律术语(legal term),其与判断的词根是一样的,是作出判断或评价的决定(如"审判"、"规则"、"权利"、"责任"等都可以有这个词引申而出),又指应该作出何种判断,什么是应该作出的真正判断;而后者多作为伦理学术语(ethical term),其与表达一个正直(righteous)和诚实的(upright)人的词汇具有相同词根,它还有一个较长的语词形式——*tzedakah*,也是指"正当、正直、公正",后亦指"慈善"。《圣经》中"Justice,justice,shalt thou follow"③是当代道德哲学在强调"公正"的重要性时经常引用的名言,但实际上这句话仅仅表达了"justice"在《旧约全

---

①　转引自[英]伊安·汉普歇尔-蒙克:《比较视野中的概念史》,周保巍译,华东师范大学出版社2010年版,第77—78页。

②　[美]托马斯·R.马丁:《古希腊简史:从史前到希腊化时代》,杨敬请译,上海三联书店2011年版,第22页。

③　这是《申命记》(Deuteronomy 16:20)中的一句话,后来 King James 的《圣经》权威版将其又译为"That which is altogether just shalt thou follow",这也是流传最广的译法;此外还有一种较新的译法"Justice,and justice alone,you shall pursue"。对此,较为通行的汉译法为"你要追求至公、至义"。

书》中的第二种含义,而且这一表述已经与希伯来文的原意发生了不小的变化。后世看来,《圣经》关于"justice"的要点至少应包含"律法的"和"道德的",但是二者的关系纠缠不清,而被称为社会正义(或社会公正)的观念在《圣经》并不来自于"justice",而是其他道德要求①。《圣经》所强调的 justice 当然是一种公共性的价值,但其同时突出了 justice 在词源意义上的"秩序性"和"评价性",是一个总体性概念。除此以外,"Justice"与"dikē"的关系甚为紧密,后者作为一个重要的语词符号,在古希腊的政治哲学中居于核心地位,极大地影响了道德和欧洲的道德和政治哲学传统②,作为一个描述总体性秩序的语词符号,其较早地存在于公正概念的语言体系之中。正如麦金太尔所言:

"自从荷马史诗第一次被翻译成英文以来,荷马史诗中的'dikē'这个词便一直被译为'正义'(justice)。但是,在现代说英语的社会里,有关如何理解正义的问题已经发生了各种变化,这些变化使得这一翻译越来越容易引起误解。这远不是荷马史诗已经逐渐变得愈发不可翻译的唯一方面,但却是最重要的一个方面。因为,无论是荷马本人,还是他所描绘的那些人,对'dikē'的使用都预先假设了一个前提,即宇宙有一种单一的基本秩序,这一秩序既使自然有了一定的结构,也使社会有了一定的结构,所以我们通过自然与社会的对照所划出的分别,依然是无法表达的。要成为正义的(dikaios),就是要按照这一秩序来规范自己的行动和事务"③。

由此可见,"Justice"至少应具备两个基本内涵:一是它是一种单一的基本秩序的代称,二是它在自然和社会中的体现出的秩序结构是未定的。这两种含义仍不够明确,斯密曾说:"正义犹如支撑大厦的重要支柱,如果这根柱子松动的话,那么人类社会这个雄伟而巨大的建筑必然会在顷刻之间土崩瓦解"④。而正是第二点中的模糊性,要求"Justice"获得一个确定性的来源:

"'dikē'从词根'deiknumi'(意指'我表明','我指出')中推导出来;

① D.D.Raphael.*Concepts of Justice*.New York:Oxford University Press,p.18.

② Eric A.Havelock.*The Greek Concept of Justice:from its Shadow in Homer to its Substance in Plato*.Cambridge,Massachusetts:Harvard University Press,1978,p.13.

③ [美]阿拉斯戴尔·麦金太尔:《谁之正义? 何种合理性?》,万俊人等译,当代中国出版社 1996 年版,第 19—20 页。

④ [英]亚当·斯密:《道德情操论》,蒋自强等译,商务印书馆 1997 年版,第 106 页。

'themis'则从词根'tithēmi'(意指'我提出','我制定')中推导出来,所以,'dikē'是指划分(划定)出来的[东西];而'themis'是指制定出来的[东西]。而且,这些名词与这些动词是相联系的,以至于我们所要处理的不仅仅是已经固定的词源学,而且是在大量日常言谈中预先设定宇宙秩序之本性的那种方式"①。

换言之,"Justice"在自然和社会的秩序结构中的模糊性是通过"统辖这一秩序"的最高神明所确定的。换言之,正义是最高神明的本性所固有的。这也就是亚里士多德关于正义本性说的来源。如此一来,"Justice"并非完全克服它的任意性。毕竟人与神的距离只能通过神的转述而得到解释,而人对于神的解释能否完全理解则是一种未知数,这种未知性决定了它在概念的内在逻辑上存在着一种外部支撑的需要。在笔者看来,这就说明了为什么 Justice 在"善"和"正当"之间犹豫不决。一方面,Justice 对于其最高本性的追求要求"去做我的角色要求我好好施展、让某人履行他对别人应表现的角色所必需的那些技巧,也就是成为'agathos'。'Agathos'这个词渐渐地被翻译成'善'(或'善的');而'aretē'这个相应的名词则被译为'优秀'(excellence)或'美德'(virtue)"②,这是这针对现实中人的行为而设定的;另一方面,Justice 要求作为一种"总德",这种总德就是上文提及的满足"单一的基本秩序"的最高神明的本性,其实质是一种本质世界的秩序,类似于康德的"物自体"、胡塞尔的"事情本身"、海德格尔的"此在"抑或伽达默尔的"真理",即一种存在于人类生活世界之上的有待发现的"秩序世界"。

不难发现,当代部分道德哲学家(以及政治哲学家)热衷于语词演变的逻辑性。虽然这是一种有意义的知识活动(现代科学意义),但并不是判断道德哲学和政治哲学是否伟大的决定性因素。

历史证明,关于公正概念可以在"Justice"的词源和后来的正义理论中寻找概念框架的解释性要素和原型,但是它的解释性框架结构以及最终体现出

---

① [美]阿拉斯戴尔·麦金太尔:《谁之正义? 何种合理性?》,万俊人等译,当代中国出版社 1996 年版,第 20 页。

② [美]阿拉斯戴尔·麦金太尔:《谁之正义? 何种合理性?》,万俊人等译,当代中国出版社 1996 年版,第 21 页。

来的概念图式只能在其具体应用中展示出来,唯此,才能更加接近一种严格主义的概念分析。正如有的学者所言,"我们可以谈论补偿或司法程序,让每人得其所当得,道德的全部总和,以及与自然相适应。我们因而可以指出这一希腊概念(指的是"dikē"——笔者注)的构成部分,它们存在于我们自己的思维方式当中(以这种或那种形式散见于不同的词或短语中)。可是,还没有一个现代的概念是这样将其所有成分组合起来的,即完全按照古希腊人在 *dikē* 或 to *dikaion* 之下组合其全部构成部分的方式进行的,尽管'justice'与其最为接近。"①不过,Justice 的词源和型变也够提供概念分析上的另一种启示——在麦金太尔看来——"这些概念中的每一个概念所根植于、并从它内在于其中的更大的概念图式中抽绎出不同特征的那种方式。……无论'正义'还指别的什么,它都是指一种美德;而无论实践推理还要求别的什么,它都要求在那些能展示它的人身上有某些确定的美德"②。申言之,理解公正概念是与"那些后续的不断变化着的概念图式之更广阔的历史不可分割的"③,而关于"美德"——广义上的——则在人本身和其所生活的政治世界中通过不同的表达方式获得展现,而作为解释性框架的公正概念就是在上述两个层面上获得语言的内在逻各斯而应具有必要的形式语言符号的独立性。

在汉语中,"公"、"正"、"义"以单字出现的。与 Justice 的词源相近似,这些单字具有相对集中但十分丰富的含义,而且现代意义上的公正、正义等概念也是由于这些含义的相通性结合成为"公正"或"正义"。那么,问题自然转化为,在"公"、"正"、"义"这些单字的语源和原型中具有何种基本含义和相似性,并且这些相似含义的组合的形式中何者更适合政治世界中"公正概念"的内在语言逻辑。

由于能力所限,本文难以进行系统的词源分析,只能提供一种基本判断。斯密曾将 Justice 看作国家社会的基本,而这一观点也曾出现在中国哲人的论

①　[英]杰弗里·托马斯:《政治哲学导论》,顾肃、刘雪梅译,中国人民大学出版社 2006 年版,第 45 页。

②　[美]阿拉斯戴尔·麦金太尔:《谁之正义? 何种合理性?》,万俊人等译,当代中国出版社 1996 年版,第 34、35 页。

③　[美]阿拉斯戴尔·麦金太尔:《谁之正义? 何种合理性?》,万俊人等译,当代中国出版社 1996 年版,第 34 页。

说中,最为明显的是明代学者吕坤在其《呻吟书·治道》(卷五)中认为"'公正'二字是撑持世界底。没了这二字,便塌了天",此可称为不约而同。中国古人早已将"公正"与"政治世界的秩序"相提并论,如《春秋公羊传注疏·隐公卷》中论道:"周五等爵法五精:公之言公,公正无私;侯之言候,候逆顺,兼伺候王命矣;伯之言白,明白于德;子者,孳恩宣德;男者,任功立业。皆上奉王者之政教、礼法,统理一国,脩身絜行矣"①,《尔雅注疏》则称:"辟者,法也,为下所法则也。公者,通也,公正无私之意也"②,班固的《白虎通义》也屡次提及:"公之为言,公正无私也"、"卿大夫降緦,重公正也"③,可见"公正"是一种位阶较高的品行,与在整个政治结构中的地位密切相关;另有古人认为:"灸者,太阳之精,公正之明也,所以察奸除恶害也"④、"唯之为言独也。盖无私心,然后好恶当于理,程子所谓'得其公正'是也"⑤,又若提及"中书政本,国家枢机,宜以通明公正处之"⑥、"执政与人主同执天下之权,其任至重,必有才德公正无邪"⑦,等等,此等论述则将那种具体的德性论上升为了人际关系、政治结构乃至社会结构的基本秩序的属性。显然,在中国古代语言用法中,公正也具有 Justice 的语源和型变的基本意涵。

当然,单字的含义更为重要。在中国古代思想中,"公"与"私"的词义是对立的。从字形角度,"公"(𠫛)即意味着对"厶"(私)的背反(八)。《说文解字》中就认为"公,平分也。从八从厶。八犹背也,韩非曰背厶为公"⑧。中国古人特别将"公"作为一种受人尊敬和值得向往的目标,如傅玄所言:"夫能通天下之志者,莫大乎至公。能行至公者,莫要乎无忌心。惟至公,故近者安焉,

① 《经部·十三经注疏》,(东汉)何休解诂、徐彦疏《春秋公羊传注疏》隐公卷一(起元年,尽元年)/阮元校刻本。

② 《经部·十三经注疏》,(东晋)郭璞注、宋邢昺疏《尔雅注疏》卷一·释诂第一/阮元校刻本。

③ 《经部·其他》,(东汉)班固《白虎通义》卷一、卷十一/道光陈立白虎通疏证本。

④ 《子部·道家》,汉《太平经》丙部之十六(卷五十)/重刊道藏辑要本。

⑤ 《经部·其他》,(宋)朱熹《四书章句集注》论语集注·卷二/江宁局本。

⑥ 《史部·别杂史等》,(宋)司马光《资治通鉴》卷二十八/世界书局影印鄱阳胡氏本。

⑦ 《史部·别杂史等》,(宋)李焘《续资治通鉴长编》卷四百三十·哲宗元祐四年/四库全书本。

⑧ (东汉)许慎;《说文解字》,徐铉校订,中华书局 1963 年版,第 28 页。

远者归焉,枉直取正,而天下信之",而"有公心,必有公道,有公道必有公制"①;值得注意的是,"公"字具有多种字义变型,它可以表示公共设备或者物品,也可以表示社会或者政治领袖的地位或者标准,进而衍生出不偏不倚、平等对待的伦理含义,更引申为一般意义上的均等、公正、公开、共有、共同。而这已经与当代 Justice 含义的多维性十分近似。归根结底,不论它指代的是什么,它必定与私相背离;同时,不论个体感知在何种程度上会顾及他人感受或者社会需要,它必定是以自身的利益或者需要为根本诉求,那么个体感知应该是一种"私"。《礼运》尝言:大道之行,天下为公。不难发现,"公正"的一种动机是平分,而其应该居于"天之公",易言之,它不应是一种个体感知,至少不能从个体感知的规范性来源中获知它的确定性。

"正,是也。从止,一以止,凡正之属皆从正"②。在古字中,"正,从一足,足者亦止也",其与乏相对,而所谓乏则是指"行而无资"。可见,正的本意在于"足够"。如若将之做一延伸,则"正"可用于以表示人们进行生产生活等实践的充分基础③。从字象表义看,作为充分实践基础的"正",来源于古代氏族时代的结构体系,更多地体现为氏族内部的团结一致,对于首领的信任和认同。在更为广泛的意义上,"正"与"是"、"道"密切相关,其包含了"是"字包含的至高(从"日")、原则(从"止")的本意,并可引申为真理性、合理性和根本性的意义范畴;其又包含了"道"的意味,具有"譬'道'之在天下,犹川谷之于江海"(《道德经》第三十二章)和"上善若水。水善利万物而不争,处众人之所恶,故几于道"(《道德经》第八章)的内涵,可意指"统治的依据"、"关系的根本"或"交往的本原",即在行为、心理和规范的最高原则。古人对于"正"赋予了十分严格的界限,如贾谊所言:"方直不曲谓之正,反正为邪"(《新书·道术》),特别提出了"正心"、"正己"、"正国"、"身正"、"名正"等多种标准。由此可见,"正"所涉十分广泛,其表层义为系词或指真理,而深层关系为远古政治联盟。字义从深层向表层的转化结果表现出政治联盟于国家生存而言是至关重要的。换言之,任何政治、伦理的标准都不能离开特定的政治关系、政治心理和政治行为而独立

---

① 《子部·儒家》,(晋)傅玄《傅子》/《丛书集成》本。
② (东汉)许慎:《说文解字》,徐铉校订,中华书局 1963 年版,第 39 页。
③ 罗建平:《汉字原型中的政治哲学》,广东教育出版社 2008 年版,第 79 页。

存在。不过,"正"无法独立支撑整个政治世界的价值趋向,而必须与类似"公"等这样的单字组合后才能成为现代意义上的价值概念。

义,简化自"義"。《说文解字》将其归入"我部",而非"羊部"。具体而言,"義,己之威仪也。从我羊"①。之所以其从我、从羊,表明"义"在中国古代是用于描述祭祀的评价谓词,即指的是祭祀是合乎天理的行为,具有神明护佑的正当性和必然性。在这个字中,还能够表现出人对于天理和神明法则的尊重与追求。对此,中国古代经文典籍中,《周易》对于"义"有过大量描述,如"又当以义协和万物,使物各得其理而为'利'也"②,"义无咎也"③,"天地之大义也"④,等等;如果说《周易》中的"义"近乎于其本义,那么一切与现实社会生活关系较为密切——特别是论述交往准则、礼法体制——的典籍中则描述了该字的"现实含义",如"道德仁义,非礼不成,教训正俗,非礼不备"⑤,"惟德惟义,时乃大训。不由古训,于何其训"⑥,"多行不义,必自毙,子姑待之"⑦,"君子义以为上"⑧,"人皆有所不为,达之於其所为,义也"⑨,等等。凡此种种都表明,"义"是一个较高位阶的道德评价标准。正因为它最初来自"人神之间"的信仰和尊崇关系,因此,它在人类社会生活中具有先验性和抽象性。人们将其向往的称为"义",将其意愿实现的目标、制度或者关系状态称为"义",而将反感却难以用具体社会规范排斥的称为"不义"。除此以外,"义"还可指适宜且可以被人接受的意思,其意出《说文解字》中"义者宜也"一说,又见于"义者,宜此者也"(《礼记·祭义》),"义者,谓其宜也"(《韩非子·解老》),"事得其宜之未义"(《法言·重黎》)等处。此意的用法也十分广泛,如《中庸》就提出"仁者人也,亲亲为大;义者宜也,尊贤为大",而《汉

---

① 徐铉注:"此与善同意,故从羊宜寄切。"参见(东汉)许慎:《说文解字》,徐铉校订,中华书局1963年版,第267页。

② 《经部·十三经注疏》,王弼等注、孔颖达等疏《周易正义》上经乾传卷一/阮元校刻本。

③ 《经部·十三经》,《周易》下经/阮元校刻本。

④ 《经部·十三经》,《周易》下经/阮元校刻本。

⑤ 《经部·十三经》,《礼记》曲礼上第一/阮元校刻本。

⑥ 《经部·十三经》,《尚书》周书·毕命第二十六/阮元校刻本。

⑦ 《经部·十三经》,《春秋左传》隐公(元年——十一年)/阮元校刻本。

⑧ 《经部·十三经》,《论语》阳货第十七/阮元校刻本。

⑨ 《经部·十三经》,《孟子》卷十四·尽心下/阮元校刻本。

书·公孙弘传》也有"明是非,立可否,谓之义"等说法。作为可接受性的"义",是"位于元伦理层面的,试图指出人们首先是在下面这种共通性的意思上理解和运用正义概念的:尽管不同的人对于社会生活中各种制度规范的价值评判在规范性层面往往不同,以致你认为正义的我认为不义,但在正义概念本身的元伦理学理解上却是彼此相似的:他们都会把自己认为可以接受的制度规范视为正义的,而把自己认为无法允许的制度规范视为不义的。"①可见,这是一个具有多元性且较强道德感的评价谓词。

在政治诠释学的视域中,公正作为政治概念首先是一种语义学成就。词源和词义的历史分析也许并不能直接决定公正的含义,但的确促使其从松散的、神话般的隐喻性语言发展成为活生生的、对象化的文本构造(literate formulation)。尤其重要的是,公正的词源和词义史基本上确定了"justice"作为公正概念的语言符号,这集中体现在柏拉图的公正思想中,他所使用的概念方法已经向后延伸以至于可以涵盖古希腊传统中与公正概念相关的所有语词符号的全部历程和态度②,其体现在《理想国》的谋篇布局和思想阐释之中,如《理想国》一书的副标题就是公正,在今天看来,以描述性语言构筑起来的公正概念十分庞杂,犹如有的学者所言,"以'正义'为核心,来表明此书十卷的话,则有下列的过程出现:正义的意义、正义之起源、正义之养成、正义之定义、军人之正义、群体之正义、哲学王子之正义、各种制度之正义、个人正义、正义之报偿"③。在某种意义上,也就是在这里,公正的词源和词义史——从前文本构想向文本构想的转变——完成了它的历史使命,而真正成为与其他不同观念密切相关的公正概念史,这就是公正概念的转义史。

二、语义拓展:公正概念的转义史

所谓转义(tropic),是指超越语言符号层面的概念话语的变化过程。转义

---

① 刘清平:《析"正义"作为"可接受性"的核心语义》,《中国社会科学论丛》2011年秋季卷,复旦大学出版社2011年版,第16—17页。

② Eric A. Havelock. *The Greek Concept of Justice: from its Shadow in Homer to its Substance in Plato*. Cambridge, Massachusetts: Harvard University Press, 1978, p.14.

③ 邬昆如:《柏拉图〈理想国〉的"正义"概念及其现代意义》,载戴华、郑晓时主编:《正义及其相关问题》,中央研究院中山人文社会科学研究所1991年版,第13—14页。

并不是单线条的,而是伴有相互区分、相关诠释、相互指涉的"螺旋式"演进。由于,语言符号的选择带有多义性和化约性,也就是说,对某个政治概念进行文本构想的背后往往包含着多个语言符号及与这些符号相应的社会经验,而符号选择却是相对单一的。这种内容的复杂性和形式的单一性共同存在的情况使得解释概念的话语具有多种表述的可能。准确地说,这种话语不是"说话的语言",而是一种具有观念性的"以超越词语层面的语境为定位的语义学"①,事实上,"概念史"和"语言史"不可避免地是相互依赖的。为了表达其所正在谈论的,一种话语需要基本的概念。而对于概念的一种分析也需要语言的和非语言的背景,包括那些由话语所提供的背景。只有掌握了这种背景知识,分析者才能判定一个概念的多重意义,以及概念的内涵和重要性,以及判定在多大程度上概念是争议性的②。由此可见,考察概念的转义史要求人们观看和理解隐藏在概念符号中所表达的事物和价值的理想类型,以及在此基础上的概念构思过程。

从概念话语角度,荷马和赫西奥德(Hesiod)之前的公正话语主要集中在神话体系中,缺乏系统的语义描述,就更谈不上严格的语词界定了。即便在荷马和赫西奥德的文本中,公正作为一个概念话语也主要是史诗叙事的附属品,而作为一种一般原则的公正概念则无处可寻。相对于荷马,赫西奥德对确立公正的概念话语影响更大一些,他将公正作为一个单独的主题并且使之成为其作品中的正式话题。在《工作与时日》这部八百余行的诗篇中,有近一百行的内容是以公正作为其核心内容和独立主题的③。当然,此时还处于前文本

---

① 〔德〕汉斯·恩里克·鲍德克:《概念·意义·话语:重新思考"概念史"》,载〔英〕伊安·汉普歇尔-蒙克:《比较视野中的概念史》,周保巍译,华东师范大学出版社 2010 年版,第 96 页。

② Koselleck.'Response'in Lehmann and Richter,The Meaning of Historical Terms and Concepts,No.15(1996):65.

③ 荷马式的词语"dikē"(英译"justice")在 73 个六韵部诗中以单数形式出现了 20 次,复数形式出现了 8 次;荷马式的词语"dikaios"(英译"just")出现了 5 次,而 adikos(英译"nonjust")出现了两次;除此以外,还有复合形容词"ithu-dikēs"(赫西奥德以此来形容正直公正的人)。平均计算,两个半六韵部诗中就出现一次与公正概念有关的话语。而事实上,有一段由 23 个六韵部诗组成的段落中只出现了 4 次"dikē"及其变型,这说明在其他部分中,公正的概念话语的比重更大。参见 Eric A.Havelock.The Greek Concept of Justice:from its Shadow in Homer to its Substance in Plato.Cambridge,Massachusetts:Harvard University Press,1978,p.194.

时代向文本时代的过渡时期,公正仍主要是一种"广场话语"(declared-in-ago-ra),但是公正概念的"意义之场"(a field of meaning)已经为它的概念话语之树奠定了基础,哈维诺(Eric A. Havelock)较为系统地总结出:"Loeb 版本中dikē 一词的单数形式被解释为正直、公正与惩罚,而复数形式被解释为判断、评价;在 Penguin 版本中对 dikē 的解释更加宽泛,单数形式可指正直、公正、裁决、惩罚与法律,而复数形式则可指判断(审判)和控诉,而其他释义都被忽略了,此外,其形容词形式则可同时用于描述诚实的人、公正的人和重罪犯"①。在此之后,公正的概念话语在"语词密林"中寻找能够成为文本句法的表义形式,换言之,在赫西奥德和柏拉图之间的大部分时间内,公正的概念话语主要是一种过程性话语而非原则性话语。正因为如此,在公正概念历史理解中柏拉图的伟大之处正是其将公正的概念话语从游吟式转变为原则式,并使用"dikaiosunē"代替"dikē",奠定了"justice"的核心范畴,并将赫西奥德搜集的公正概念的"原型文本"(proto-literate)抽象地整合为可被描述、释义、定义和诠释的基本概念。而这无疑是其提出"理念正义"的根基。

众所周知,柏拉图明确地将公正或正义作为基本的社会准则(social for-mula),并且从灵魂的德性高度看待这种准则。如果从概念话语和概念转义的角度来看,柏拉图的贡献甚至更大。没有柏拉图,就没有统一独立的公正概念话语,也就不存在公正概念的转义。其一,公正的语词符号由此具备了的语言的一贯性,从而成为了概念话语,这意味着公正成为一个正式的概念或者具有独特性的概念,而不是一种观念。其二,作为一种概念话语,公正开始具备较为固定和单一的否定形态,不再任意使用"对语"(antithesis)。其三,日常用语成为固定表述,使公正的概念话语获得了自己的概念内核,甚或是一个"概念实体"(entity)②。由此,公正作为一种政治概念,只存在不同的公正概念话语和不同话语间的转义,不再是一个被动的观念输入型的语词符号,而成为一种具有规定性的框架概念。此种框架概念的形成表明"公正如果表现为

---

① Eric A. Havelock. *The Greek Concept of Justice: from its Shadow in Homer to its Substance in Plato*. Cambridge, Massachusetts: Harvard University Press, 1978, pp.230-231.

② 参见 Eric A. Havelock. *The Greek Concept of Justice: from its Shadow in Homer to its Substance in Plato*. Cambridge, Massachusetts: Harvard University Press, 1978, p.312.

'给每个人他所应得的'这种基本的形式,那么它在任何社会共同体中都是一项必不可少的道德原则。它要求每一个成员依其成员的身份,给予伙伴成员们应得的东西,并从他们那里获得他所应得的东西。假如没有这一原则,就不会有诸如'成员'一类的身份,因而也就不会有共同体。至于具体什么是每一个成员应该得到和给予的,则取决于共同体的性质,即取决于它的成员资格的条件,它的各种价值和制度,以及与这些相关的各种不同角色。因此,抽象的公正原则是社会生活自身的差别导致了不同的公正概念,反映了道德的多样性"①。

亚里士多德既继承柏拉图将公正看作一个整体性概念的认识,又反对将概念话语的文本类型和非文本类型截然对立分开。这种方法不但继续提升了公正概念的重要性,而且增强它的历史性和全面性。这种努力表明亚里士多德在理解公正概念时的两个努力方向,即阐明公正是政治社会的首要德性且说明这一概念得到了一致性的广泛认同。或者说,亚里士多德第一次系统地建构了如何就一个公正的概念话语形成共识的理论体系,是他"把公正誉为政治生活的首要美德,一个社会如果对公正概念缺乏切实可行的一致意见,就必将缺乏作为政治共同体的必要基础"②。亚里士多德并没有像柏拉图那样将公正概念与具体的公正社会联系起来,对何为公正的人或公正的社会共同体也没有给出完整系统的最终方案。亚里士多德与柏拉图理解公正概念的分歧看似是理念公正与现实公正的分歧,实质却是他们各自对公正的概念语言世界中位置选择的不同。柏拉图认为只有哲学家(政治哲学家)能够发现和描述理想社会的样子,因此,公正作为理想社会的真正属性,也只有政治哲学家才能理解和解释。而亚里士多德则认为理解公正概念应"主动参与政治共同体的事务,即便这种参与对改变现有状况只有有限的作用"③,政治哲学家

① A.J.M.米尔恩:《人的权利与人的多样性——人权哲学》,夏勇等译,中国大百科全书版社1995年版,第58页。

② [美]A·麦金太尔:《公正:变化中的美德观念》,程立显译,载苏国勋、刘小枫主编:《二十世纪西方社会理论文集IV:社会理论的政治分化》,上海三联书店、华东师范大学出版社2005年版,第662页。

③ Richard Kraut. *Aristotle: Political Philosophy*. New York: Oxford University Press, 2002, pp. 100-101.

是在这一参与过程中解释公正的,与他人无异,不同之处在于政治哲学家善于用哲学语言将这种参与中的日常话语组织成概念话语。正是在这个意义上,亚里士多德真正将公正的概念话语带到了历史理解的舞台上,也是他为日后出现不同的公正概念解释提供了可能的问题视域①。亚里士多德已经将公正看作一个框架性概念了,他不是在"完备型概念"和"灵活型概念"之间进行选择②,而是试图实现二者的有机统一,发现两种理解途径的共同基础并找到它们真正得以融合起来的概念话语。在这个意义上,"公正是一切德性的总汇"③的关键在于"一切人"和"总汇",而德性则是合法的全部内容,而非自我意愿的产物(having one's own)。这种概念话语强调要在牢靠坚实的习俗规范体系中架构高度的秩序性,公正能够成为使得任一共同体掌控由所有规则和法律组成的稳定系统。

当代学者普遍认为,《查士丁尼法典》不但解释了公正的基本原则,提供了一个标准的定义④,而且为古希腊的总体性公正、共识性公正和政治公正提供一个可靠的载体或表现形式。但从概念话语的转义角度而言,《查士丁尼法典》或罗马法的贡献在于它综合了柏拉图和亚里士多德对公正的不同定义,并将其概括为三个律令,在他们看来,这三个律令等于全面地界定了公正或提供了一种对公正概念的解释。这是三个律令是"*Iuris praecepta sunt haec：honeste vivere, alterum non laedere, suum cuique tribuere*",即正直地生活、无害于

---

①　亚里士多德在《尼各马可伦理学》中对公正概念进行了开放式的概念分析,而在《政治学》中将表达了公正概念的理解与可能的城邦形态之间已经剧由广泛的关联性的观点。这完全不同与柏拉图的理想主义,也因此提出了很多深刻的政治哲学问题,这些问题极大地影响了日后对公正的理解和解释。这些问题包括,如公正是否应与法律要求和通则严格对应? 如果应该,公正是否可能因其他更重要的考虑而被忽视? 某个法律系统能否允许其公民拥有自由裁量权以判断法律规定的内容? 确定违反严格划一的法律规范的错误行为,是否是公正概念的特征? 如果一个人无法反抗不公正的对待,是否就意味着他失去了公正的德性? 等等。

②　参见 Richard Kraut. *Aristotle：Political Philosophy*. New York：Oxford University Press, 2002, pp.101.

③　《亚里士多德全集》第 8 卷,颜一等译,中国人民大学出版社 1994 年版,第 96 页。

④　原文为"*Iustitia est constans et perpetua voluntas ius suum cuique tribuendi*"(英译为"Justice is the constant and permanent will to render to each person what is his right."),意思是"公正是赋予每个人权利的、稳定而持久的意志。"由于"*suum*"的多义性,它可以被理解为"本应"(his due)、"应得"(his deserves)、"所得"(what is owned to him),因此它既具有包容性又是一种空洞的形式。

他人、使每个人成其所应是。*Ius* 不同于 dikē,它扬弃了 dikē 中具有的希腊式的抽象性、理念性和绝对性,其"不仅意味着公正,更重要的是它意味着补救办法,它是某种具体的东西,'它得到了人类权威的认可,也能够由它来实施'。它是实际规则的总和,不管这些规则是通过使用、通过司法决议,还是通过颁布政令而产生的"①;*Ius* 也不同于 *iustitia*(正义),它实际比后者要宽泛,是上述三种律令的综合。之所以后世习惯使用"justice"作为公正概念的综合定义形式,一部分是因为"justice"总的来说能够应用于法律制度,另一部分则是受教父哲学和经院哲学影响的结果②。

尽管神学带有神秘主义的色彩,但是它对公正概念的解释却是实在而具体的。概括而言,公正概念在希腊式概念话语和罗马式概念话语中集中体现为德性总和的公正和规则总和的公正,但它们仍都是不充分的。对于前者,公正既不是唯一的政治德性也不是最充分的政治德性,至少它不能涵盖均衡和友谊这两种重要的政治德性;对于后者,正如阿奎那指出的,对人类生活的正当秩序而言,公正自身仍有不足③。正是在这里,圣约传统(Covenantal Tradition)将德性和法律结合起来,催生出了公正概念的新话语。这一新话语植根于圣约思想的神学基础之中,主要体现在《圣经》中神义(God's Righteousness)的概念以及改革的教宗(Reformed tradition)特别是清教主义的思想之中。对公正概念而言,基督教思想家、神学家与圣典学者(canonist)的解释中最抽象的内容不是公正的概念话语本身,而是其解释的前提,即:实在而具体的公正依赖于神所给予世界及其人类的全部事物。这种抽象假设的目的在于说明形式上的"富人和穷人之间的公正"④,而在具体内容上分为矫正正义和分配正义,"认为前者弥补伤害,后者分配财富,前者严格按照平等原则,后者把财富

---

① [英]厄东斯特·巴克:《希腊政治理论》(上),卢华萍译,吉林人民出版社 2011 年版,第202 页。

② D.D.Raphael.*Concepts of Justice*,New York:Oxford University Press,p.57.

③ Josef Pieper.*The Four Cardinal Virtues*,Notre Dame,Indiana:University of Notre Dame Press,1966,pp.104-113.

④ 奥古斯丁在《新约布道》中清楚地阐释了富人和穷人之间的公正应该是"富人,捐出你的钱;穷人,不要去抢劫。富人,分配你的财富;穷人,约束你的欲望。你没有像富人一样的房子,但是你有同样的天堂和同样的光明。只寻求小康,适可而止,不要渴望太多",需要注意的是,富人没有义务、穷人没有权利主动实现这样的公正,这与今日的分配正义是大相径庭的。

和美德结合起来"①,这完全继承了亚里士多德的思想。总体而言,神学的"圣约公正"(Covenantal Justice)的概念话语有三层意思:"首先,'圣约公正'是以上帝为中心的(Theocentric),神义是衡量所有人类社会公正与否的标准;其次,'圣约公正'是关联性的(relational)非抽象的,相比起来,圣约公正更关注邻里之间的需求关系,并不追求人类行为与某种善的理想模式相一致或者服从于绝对的道德律令;再者,'圣约公正'在评价人类价值时,根本上采用了平均主义和兼容性(inclusive)的态度,这体现在所有人类共同享有与神的普遍关联"②。由此可见,神学体系中的公正概念已然是一种同时具备了总体性、实在性和共识性的概念话语,这体现了它在公正概念的历史理解中特殊而重要的地位。

假如亚里士多德对公正概念的解释意在形成一种较为保守的共识,那么神学或圣约公正则是包容性共识,蒂利希称之为"重构性公正"或"创设型公正"("transforming" or "creative" justice)③。圣约公正探求囊括各种形式的人类社会和文化之间的转化,而且人因其由"神的形象"(image of God)而创造,具有同样的自由和平等,因而圣约公正将平等主义传统融入到了人们对公正的理解中,这种创设型的概念话语进而揭示出公正就是"不断重聚的爱"即"爱实现自身的形式和途径"④,由此公正是相对的,那么任何对公正概念的解释就不可能是永恒的、普遍的。在这里,圣约公正使得公正与自由、平等等政治概念开始纠缠不清,并为罗马法中"*suum cuique tribuere*"注入了世俗社会的可能性,是此后诸善之公正与公正概念分化的始作俑者。从某种意义上,古典时代的公正概念话语汇入了神学体系内的圣约公正中,经过它的"排列重组"后又开始了新的转义历程。

如果说圣约公正之前关于公正概念的解释都是以概念的完整性、总体性为己任,那么此后的概念话语则更倾向于具体的、类型化的。分配公正、矫正

① [美]塞缪尔·弗莱施哈克尔:《分配正义简史》,吴万伟译,译林出版社2010年版,第28页。
② E.Clinton Gardner.*Justice and Christian Ethics*,New York:Cambridge University Press,1995,pp.48-50.
③ Paul Tillich.*Love*,*Power*,*and Justice*,New York:Oxford University Press,1954,p.64.
④ Paul Tillich.*Love*,*Power*,*and Justice*,New York:Oxford University Press,1954,p.71.

公正、交换公正等具体类型更多地出现在严谨的学理研究中,公正一方面成为一个自我颠覆的概念,另一方面却演变成为一种通俗的日常话语。或许,公正依然"可以作为道德上的善、作为政治目标、作为衡平的理念,这些或许全都能和其他内在的规则、原则、价值、标准,或者是其他外在的善、目标和理念加以权衡"①,但是其义界内核却空洞化了,中世纪恩泽众生的神义在划分出不同等级的法的同时,也分割了公正概念。而现代公正则是在横向的人类社会的生活模式中,按照人类对"好的生活"的需求,将公正在历史上的总体规范性和在不同的社会话语——在教育的、科学的、社会的、政治的或经济的——结合起来,寻找它的具体话语。当公正概念与"人类的善"(human good)联系起来时,公正概念的分化也就不可避免了,准确地说这种概念分化"预示了概念的冲突,而如果没有这些冲突,也就不再有公正问题,也没必要思考公正概念了"②。

在开始具体考察这种以公正的概念分化为特征的转义之前,有必要指出,这种分化为公正概念史带来了学术研究上的繁荣,但也促使总体性的公正概念逐渐走向了衰亡。造成这种衰亡的真正原因也许十分复杂,但一个较为明显的理由是这种衰亡体现了公正的实践性、动态性,这决定了其概念的框架性、争议性,也因此显示了它在人类生活中居于基本概念的特殊地位③。对此,政治诠释学为公正概念的历史理解而辩护,需要展示此种概念分化的后果。

其一,这些概念分化的首要特征是将公正与广义的分配正义等同起来。霍布斯曾说:"自然法是根据将按理应属于各人的东西平等地分配给每一个人的法则而来的。遵守这一自然法就谓之公道。正如前文所说,这也称为分配的正义。违犯这一自然法就称为偏袒"④。广义的分配正义不仅是对经济利益的配置及其关系的调整,也是对包括生存资源、发展权利、政治机会和社

---

① [德]贡特尔·托依布纳:《自我颠覆的正义——法的或然符咒,或是超验符咒?》,载郑永流:《法哲学与法社会学论丛》(总第 14 期),北京大学出版社 2009 年版,第 242 页。

② Eugene Kamenka, Alice Erh-Soon Tay. *Justice*, New York: St.Martin's Press, 1980, p.17.

③ 今日看来,公正话语的滥觞与其作为一种体现理念的、关于正直的、伦理的、慈善的,且具有语词符号的局限性的概念话语,却因为它的模糊性、包罗性、道义性和形式性而成为一种意识形态的概念话语,以至于成为一种支配性观念。

④ [英]霍布斯:《利维坦》,黎思复、黎廷弼译,商务印书馆 1985 年版,第 118 页。

会结构的调配。如此一来,公正"也就变成了分配正义的同义语,只不过分配正义更明确地点出了公正(正义)的实质在于其分配功能"①。

其二,公正概念话语的分化凸显了人们对"善"的理解密切相关。在古代,"善"既是具体的又是总体的,具体是指它的内容是具体的,而总体则是指人们将上述具体内容作为公正的总体性内容。经过圣约公正的转义,总体性与具体性成为对立范畴,总体性的公正作为一种完备的框架概念只能出现在"上帝之城",而人类社会只有具体的、有差别的"善",那么对于这些善的权衡、调配就成为世俗社会中公正或分配正义的主要任务。而"善"本身则成为一种抽象范畴,是一种形式性的完美状态。这种改变不仅体现在公正概念之中,而且广泛地存在于这一时期许多政治概念的话语转义中,黑格尔甚至将此与现代性的诞生等同视之。他说:"古代的德行,本有它一定的可靠的含义,因为它在人民的实体里有它内容丰富的基础,并以一种现实的善,已经实际存在着的善作为它的目的;因而它当时也不是旨在反对现实性,并不是把现实性当作一种普遍的颠倒错乱来反对,也不是旨在反对一个世界进程里。但现在所考察的德行却与此不同,它已脱离了实体,它是一种无本质的德行,它是一种只属于缺乏任何内容的观念和词句的德行。"②只不过,公正概念的历史理解更为巧妙地掩盖了这种历时性的转义,而更突出地呈现了公正概念的多义性。

其三,公正概念话语的分化孕育了个人主义和社群主义的公正概念话语的长期争论。基于个人权利的公正和基于社群利益的公正原本都属于一个共同的概念话语。事实上,公元 1000 年时的公正概念话语还没有出现明显的个人主义和社群主义的区分。人们应该注意到,以个人权利来定义公正,以自由平等来界定个人权利,以抽象的社会契约来解析个人主义公正概念话语中自由平等的关系。而出现这一分殊的原因主要是因为"11 世纪末和 12 世纪初建立的城市里,市民之间以及市民与上层当权者之间订立了一种真实的合约,它规定了市民的个人权利、自由和平等。从 12 世纪起,欧洲王室政权和封建政权的上下层之间也订立了类似的合约"③,而这些合约源自于早期纯粹的社

---

① 贾可卿:《分配正义论纲》,人民出版社 2010 年版,第 40 页。
② [德]黑格尔:《精神现象学》,贺麟、王玖兴译,商务印书馆 1981 年版,第 258 页。
③ [美]伯尔曼:《信仰与秩序》,姚剑波译,中央编译出版社 2011 年版,第 255 页。

群主义基础。从某种意义上,公正概念话语的分化既来自这场声势浩大的"分离运动",又加速巩固了这种颠覆性模式。当然,这种二分带来的争论并不是破坏性的,反而使得公正(正义)成为了政治学的基本概念。在今天,公正的概念话语往往置于个人主义和社群主义的争论之间,体现为一个寻求个人利益和社群利益共生的政治概念。

其四,公正概念话语的分化与"现实的善"——将"人类的善"从其"抽象性的无颠倒成为现实性的有或存在"①——的类型、依据和条件密切相关。首先,与公正概念相关的"现实的善"是可分配的(allocable goods),而不是潜在的理念,不同类型的"善"产生了不同类型的公正;其次,公正概念与这些可分配的现实的善的数量有关,"善"的多少决定了公正概念的具体内容;最后,现实的善是存在于人类共同体的法权现象领域中的,对公正概念的不同解释与其相关的"善"的存在条件不可分割。

其五,上述话语转义带来了四种分化,对应于"现实的善"的四个主要范畴。这些分化的主要依据是:(1)能够为涉及公共政策中的公正及相关问题的判断提供充分的依据;(2)不能作为武断的公理性标准,而仅以其清晰性和简单性为计;(3)这些划分应被认为是首要的(Ultimate);(4)如果其受到根本性挑战,那么其并没有完全令人信服的辩护(即这些范畴的综合并不是必要的也不具备分析意义上的真理性);(5)虽然这些范畴的分类不是绝对的,但是对其类型的认同并不应是偶然的和任意的;(6)这些范畴是相互束缚(的),它们之间的冲突和优先性问题具有实践的现实性。② 以此观之,公正概念的话语分化对应了四个主要范畴,即"经济范畴的善,包括收入、财产、生产任务(productive tasks)等;发展范畴的善,主要指人获得发展的机会;政治范畴的善,主要是指公民身份、领导地位或权威;承认范畴的善,主要是指荣誉、地位和声望等"③。与经济范畴的善相关的公正概念体现了公正的存在价值,其将

---

① [德]黑格尔:《精神现象学》,贺麟、王玖兴译,商务印书馆1981年版,第258页。

② William A.Galston. *Justice and the Human Good*, Chicago: The University of Chicago Press, 1980, pp.56-58.

③ William A.Galston. *Justice and the Human Good*, Chicago: The University of Chicago Press, 1980, p.6.

个人主义作为公正概念的基准,体现了人的存在需要对公正的决定作用,而此种存在是在社会状态中的人的存在。例如,斯宾诺莎所言"给己之所有以与人,或夺人之所有以归己的意志,是无法想象的。换言之,在自然状态下,即无所谓公正或不公正,唯有在社会状态下,经过公共的承认,确定何者属于这个人,何者属于那个人,才有所谓公正或不公正的观念"①。与发展范畴的善相关的公正概念表明"在个体实力之内发展某个或更多的生存能力,需要考虑自身的统一性和融贯性,实现众多能力之间的平衡及与其他社会阶层间的能力平衡"②,具体而言,这是一种发展机会的平衡,包括实现人性的独有方面(distinctive humanity)、良好的发展状态、相对的包容能力以及实现较为广泛和持久的一致性尊重等,由此可引申出能力、资源、德性等不同的解释。与政治范畴的善相关的公正概念就是广义的政治公正,其包括(1)狭义的政治公正,即公正的制度、公民间的均势以及权利平等等政治生活领域内的结构性公正,以及(2)法律公正,即公正反对"法的自然态势,它们与先例、习惯作法、安定性、稳定性、权威和传统联系在一起。公正(正义)反对在法中已置入的井然有序的自我延续的态势,公正(正义)青睐的是无秩序、反叛、叛离、变动和改变。它以社会、以人、以自然的名义提出抗议——如此作为是出于法的内部隐密"③,正因为如此,爱尔维修、霍尔巴赫、狄德罗等人才提出了法是公正概念的形式、实现途径与基本保障等各种解释。最后,与承认范畴的善相关的公正概念则体现了公正概念的幸福价值、理性价值,犹如康德所见——"善良意志就是公正,它是一个力求达到而永远不能达到的目标,它只存在于彼岸世界,在可知的现实世界中,只能在依德性分配幸福的精确比例中实现公正"④,此种公正概念一方面强调了承认范畴的特殊性(即尊严、荣誉、地位),又包含了其他范畴的共同性(即共同取向、比例计算、理性均衡)。

当然,在这种转义过程中,政治哲学语境中的个人主义又将公正概念的话

---

① 转引自汤玉奇等:《社会公正论》,中共中央党校出版社1990年版,第32页。

② William A.Galston. *Justice and the Human Good*, Chicago:The University of Chicago Press, 1980,p.69.

③ [德]贡特尔·托依布纳:《自我颠覆的正义——法的或然符咒,或是超验符咒?》,载郑永流:《法哲学与法社会学论丛》(总第14期),北京大学出版社2009年版,第247页。

④ 转引自汤玉奇等:《社会公正论》,中共中央党校出版社1990年版,第46页。

语分述为:适当的公正(合法的公正)、功利的公正(福利的公正)以及契约的公正(衡平的公正)①。两种转义模式的区别之处仍在于,与"人类的善"相关的公正概念的话语分化在逻辑上延续的是圣约公正缔造的前理解;而以个人主义为基准的公正概念的话语分化则是以当代人的思想来克服古今概念话语"时间距离"的结果。当然,前者并不否定后者,二者之间亦存在交叉、互构的可能性和现实性。简言之,前者是政治诠释学视域中公正概念历史理解的必然选择。

三、理念架构:公正概念的构义史

公正概念的转义史阶段是公正成为政治哲学基本概念的重要时期。一方面,公正的概念话语在经验的语词符号与一堆复杂的现象之间"来回"运动,而这种运动的结果并不能与古典时代的理解完全对应;另一方面,这种概念话语的"来回"运动并不是杂乱无章的,而是在尽可能地解释和分析公正概念的过程中形成的,其表达方式不同,话语转义也不是唯一方式。对公正的概念史而言,之所以不同的理解和解释被归入"话语转义"的范畴中,其主要原因在于相关的解释都遵循了相似的原型模式,解释者的阐释和分析往往具备某些相同阶段,"起初是对某个经验领域的隐喻的描写,然后是对其诸因素的换喻的解构,接下来是对其表面属性与其假定本质之间关系的提喻的再现,最后是对任何对比或对立的再现,这些对比或对立在话语再现的第三个阶段所表现出来的总体特征中能够被合理地辨认出来"②,即以概念的话语建构或定义形式表现出来。每个话语都力图如实地描述和客观分析公正概念,它们具有不同的阐释方式。尽管它们更加充分并且具体地展示出公正概念的可叙述性、可认识性与价值性(意识形态性),揭示出公正概念所应具备的内在属性和基本准则,但不容否认它在概念话语上存在混乱。这一现象普遍存在于政治概念的解释结果(如定义)中。对此,分析哲学给出的解决方案是——"对于那些不可言说的,必须保持沉默"(Where of one cannot speak, there of one must be

---

① 参见 Philip Pettit. *Judging Justice: An introduction to contemporary political philosophy*, London: Routledge & Kegan Paul Ltd, 1980.
② [美]海登·怀特:《话语的转义》,董立河译,大象出版社、北京出版社 2011 年版,第6页。

silent)。这种"沉默"也宣告公正概念的转义阶段告一段落了。

当20世纪实践哲学的第一缕曙光洒向公正概念的时候,公正概念已经不再为"概念话语的来回运动"寻找超越的方向,而开始思考如何利用话语转义中的基本要素,重新诠释公正概念。

这个新阶段首先将公正概念话语转义的成果概括为以下五个基本点,包括:(1)将公正作为一套规范人们行为的原则,使得任何人都能够借此保护自身,避免成为他人的附庸,是将人们对于自我存在、人际关系和互相约束抽象化的首要结果,公正在这里"总是具有某种共有的属性或属性集合,那么就可以判断,根据我们情感构造的一般规律,这种特定的属性或属性集合是否能够引起具有那种特有性质和强度的情感,抑或这种情感是无法解释的,只能把它看成我们本性当中的一种特别的天赋"①。(2)公正概念成为一种理性的评价社会结构、社会制度的基本概念,现当代人们普遍接受的公正已经是"在任何冲突下人们所诉诸的最高裁判官……各社会中基本的、有机的、统治的、最高主权的原则……用来衡量一切人类行为的标准"②,从根本上讲,"公正(正义)[Gerechtigkeit]概念,是一个法权(juridical)概念或法定(legal/Rechtlich)概念"③。(3)公正概念是对政治生活乃至社会事实的合理性采取的最高表述,是最首要的政治概念。尽管公正作为一个法权概念需要依赖于特定的生产方式及与之相配的政治权威,但它是现存的政治秩序中的基础范畴。具体而言,公正"是一个直白的概念(meager notion),它关心定分止争而非全面增进人类团结;是一个斤斤计较的概念(jealous notion),它注重在精确分配社会资源时所有人的配额而并非挥霍无度;还是一个严格的概念(harsh notion),它在分配失调时倾向于惩罚那些干扰分配或多占资源的人而非改善他们的(行为)"④,这种概念的优先性就不再是古典时代强调的个人对其德性所属

---

①　[美]约翰·罗尔斯:《政治哲学史讲义》,杨通进等译,中国社会科学出版社2011年版,第279页。

②　《马克思恩格斯全集》第18卷,人民出版社1964年版,第307页。

③　[美]艾伦·伍德:《马克思对正义的批判》,林进平译,载李惠斌、李义天:《马克思与正义理论》,中国人民大学出版社2011年版,第5页。

④　Jeffrey Reiman. *Justice and Modern Moral Philosophy*, New Haven: Yale University Press, 1990, p.7.

位置之义务的比例性匹配,而近似于"社会制度的首要德性"①。(4)公正是真正建立在理性基础上的政治概念,不是认识论意义上的理性,而是政治哲学或实践哲学的理性。经过话语转义阶段的公正概念,其显著特点之一就是破除了"强者即正义"的观念,这不仅否定了强者的利益应该受到维护且具有公正的合法性,而且试图调合强者与弱者、成功者与失败者、富人与穷人关于公正概念的差异性思维标准,这种统一的标准就是"理性"。不论是理论理性还是实践理性,它们之所以能够成为公正概念的思维基础,是因为它们实现了"一致性的最大化"(maximizing coherence)②,具体而言,理论理性能够使人对公正的阐释信仰(explanatory belief)的一致性最大化,而实践理性则以此种阐释信仰为标准使其目的和行为之间的一致性得以最大化。③(5)社会契约的思想和要素日益成为公正概念的基础理论。社会契约与公正本是两个不同的范畴,但是随着公正概念与"具体的善"的关系日益紧密之后,公正不再是"不可比"的而是"可比的"(comparative),要求"类似情况类似处理,不同情况不同处理"④,并以扩大社会合作和共同利益为着力点。在公正概念的话语转义过程中,社会契约思想逐渐发展成为解释公正的主要理论模式,公正概念的历史理解与社会契约的理论发展相互纠缠并且似乎越来越成功地展示出这种结合对(公正)概念具有指导性的影响。⑤

这些成果可以进一步体现在三个主要方面。首先,分配正义作为公正概念的基础性规范模式的地位日渐巩固并不断一元化(unitary)。人们普遍接受公正概念的本质是"正当占有"(rightful possession),其"集中关注人与某些特定'事物'(广义上)之间的道德关系,这些事物可由人或在人们之中加以配给

---

① 事实上,罗尔斯自己业已指出"一种社会正义观将在一开始就被视作是为确定社会基本结构中的分配而提供的一个标准。然而,这个标准不可混淆于确定别的德性的原则,因为社会基本结构和一般的社会安排可能是有效率或无效率的、自由或不自由的,等等,就像它们可能是正义或不正义的一样。"参见[美]约翰·罗尔斯:《正义论》(修订版),何怀宏等译,中国社会科学出版社 2009 年版,第 8 页。

② Gilbert Harman. *Thought*. Princeton, N. J.: Princeton University Press, 1971, pp.158-159.

③ Gilbert Harman. *Thought*. Princeton, N. J.: Princeton University Press, 1971, p.168.

④ J. Feinberg. *Non-comparative Justice*, Philosophical Review, 83(1974):312.

⑤ Jeffrey Reiman. *Justice and Modern Moral Philosophy*, New Haven: Yale University Press, 1990, p.11.

(*allocated*)、分配(*distributed*)或赋予(*bestowed*)。"①而且此种分配正义是广义的,"决定着人的共同生活及重要物品分配,并由此深刻影响各社会成员生活前景的,并不是个人的个别行为本身,而首先是整体社会制度的作用。"②据此,最简单却最重要的公正是一种制度化的分配正义,而任何社会都是特定的分配规则所支配的。这一模式认为公正就是设定并利用分配规则,以此界定公正和不公正,以及此规则授权何者与何物制定、执行和解释法律,其基本功能是确定属于特定社会共同体的社会主体的地位和权利。以此观之,公正的概念是在决定社会所产生利益的分配的社会安排和支持适当的分配份额的共识之间进行选择的一套原则,或者说"是按劳绩分配善恶"③。广义的分配正义仍具有抽象性,而狭义的分配正义由于具有术语上的便利性,因而往往成为理解公正概念的主要形式,其"核心问题是收入和财富的分配。分配正义理论试图从规范意义上澄清各种社会不平等的性质和对待方式,区分个人和社会的责任,从而为合理的社会制度设计和政策制定提供规范和原则。"④客观而言,公正作为基本概念的历史地位,是在阐释分配正义的原则、规则、内容、途径等过程中巩固的,并且由此成为一个重要的跨学科的术语。其次,公正概念与自由、平等具有更加密切的形式关系。公正概念本来与自由、平等之间并不存在必然的关联性。但是,公正概念的话语转义史恰与西方政治哲学中自由主义的发展过程同步,而自由主义政治哲学的基本思想与自由和平等两个概念密切相关。在自由主义政治哲学中,公正是解决自由的界限问题,而平等则是自由界限的本质要求,它是自由和平等关系的形式概念。自由主义政治哲学认为公正是描述良好政治生活的概念,而良好政治生活就是要思考"生活在一定政治社会中的公民们如何才是平等自由的"⑤。作为自由和平等的

---

① John Kane. *Justice*, *Impartiality*, *and Equality*: *Why the Concept of Justice Does Not Presume Equality*, Political Theory, 24(1996):378.

② [美]乔治·恩德勒:《经济伦理学大辞典》,李兆荣、陈泽环译,上海人民出版社 2001 年版,第 164 页。

③ [英]亨利·西季威克:《伦理学方法》,廖申白译,中国社会科学出版社 1993 年版,第457 页。

④ 何建华:《分配正义论》,人民出版社 2007 年版,第 45 页。

⑤ 龚群:《罗尔斯政治哲学》,商务印书馆 2007 年版,第 3 页。

形式关系的公正概念,是从一种纯粹的描述性形式概念到优先的综合性形式概念的转变。前一种情况中,公正从属于自由或平等,这时的自由与平等是不相容甚至对立的,"例如在习见的左右之分或者自由主义与社会主义之争中,自由与平等被视为两种相互无关或相冲突,又或者被分属于两种政治立场"①,于是公正常常被其中一种价值所吞噬。后一种情形则将自由和平等看作构成公正的一部分内容,对公正的不同理解决定了不同的自由、平等及其相互关系,公正是一个综合概念。例如,罗尔斯提出公正优先于自由、平等,认为"自由和平等的价值是联系在一起的,而没有平等的自由是形式的"②,在这个意义上,与巴里(Brain Barry)提出的"作为公道的公正"③不谋而合。最后,公正概念的话语层次与应用层次出现了关键性的交汇。所谓公正概念的话语层次,是指形式的公正概念的话语层次。众所周知,分配正义(社会正义)滥觞之后,实质公正被形式公正取代,为了使公正"应用于特定社会群体的各种规范和规则能够连续不断地、持之以恒地适用于该社会群体内的每个成员"④,美德(德性)的公正与制度的公正只成为作出判断的依据而不是目的。这是两种主要的话语层次。任何具体的公正概念都可以在话语描述上皈依于一般的道德或德性的概念,抑或在不同时间通过不同方式受迫吸收法律性的概念。⑤ 与此同时,公正概念逐渐明确它的三个主要应用层面,即群体内的公正(共同体的公正)、国家内的公正以及全球正义。群体内的公正是应用在群体或共同体内部成员之间的,国家内的公正也称国家正义是"分配权利、义务和利益的方式,体现为国家的政治法律制度和社会经济政策"⑥,而全球正义则适用于国家间关系。而话语层次与应用层次在制度的公正与国家内的公正发生交汇,从而使得公正概念体现出了双重性,即保存制度的公正与批判制度的公正,并成为当代公正理论中最基本的争议性议题,塑造了公正与秩序的逻辑

---

① 钱永祥:《政治思想史的哲学面向:以正义概念的内在逻辑为例》,载丛日云、庞金友:《西方政治思想史方法论研究》,社会科学文献出版社 2011 年版,第 94 页。

② 姚大志:《当代西方政治哲学》,北京大学出版社 2011 年版,第 8 页。

③ Brian Barry.*Justice as Impartiality*,Oxford:Clarendon Press,1995,p.7.

④ [匈]阿格妮丝·赫勒:《超越正义》,文长春译,黑龙江大学出版社 2011 年版,第 5 页。

⑤ H.L.A.Hart.*Justice*,Philosophy,Vol.28,No.107(Oct.,1953):348.

⑥ 姚大志:《何谓正义:当代西方政治哲学研究》,人民出版社 2007 年版,第 14 页。

关系。由此,法权现象领域的公正概念就是要实现秩序和衡平,正如博登海默所言:"一个法律制度若不能满足正义的要求,那么从长远的角度来看,它就无力为政治实体提供秩序与和平。但在另一方面,如果没有一个有序的司法执行制度来确保相同情况获得相同待遇,那么正义也不可能实现。因此,秩序的维系在某种程度上是以存在着一个合理的、健全的法律制度为条件的,而正义则需要秩序的帮助才能发挥它的一些基本作用。为人们所要求的这两个价值的综合体,可以用这句话加以概括,即法律旨在创设一种正义的社会秩序"①。

在此基础上,公正概念的构义史揭示的就是对这些基本要素进行话语重构的过程。所谓概念的构义就是"回归本体论"的概念理解,即从理解概念的要求出发"解释公正意味着什么,而且如何成其所已是"②。这才是公正概念的"当代史",因为只有充分展现公正作为一个政治概念的逻辑多样性和价值多元性之后,才能使人们抛弃绝对主义的概念认识论,从而产生"回归概念的本体理解"的意愿。对于这种本体理解,拉兹在分析价值概念时曾指出"概念的解释,是实践性思想的核心,是理解人之为人的原点,是一种目的性行为的能力,换言之,就是解释与价值、作为价值、持有价值或价值的存在等紧密相关的概念。解释价值概念就是解释价值的属性(即本质内容)"③。而实现这种"概念的解释",就需要将凝结在公正概念的转义过程中的解释话语引向深入,康纳利(Connolly)称之为"本体政治学的解释"(notopolitical interpretation)。康纳利认为,所有的政治行为和政治解释,不论在何种程度上沉浸在其特定的历史语境中,也不论它们建构在多么丰富的素材之上,都存在着一个"本体维度"④——塑造一个必要和需要的基础框架,而实现这一本体维度就不能满足于那些静态的、形式的公正定义、原则和解释,而应该植根于动态的、不断解释的框架概念之中。正因为"诠释

---

① ［美］E.博登海默:《法理学——法律哲学与法律方法》,邓正来译,中国政法大学出版社1999 年版,第 318 页。

② Michael Dillon.*Another Justice*,Political Theory,Vol.27,No.2（Apr.,1999）:159.

③ Joseph Raz.*The Practice of Value*,Oxford:Clarendon Press,2003,p.121.

④ William E. Connolly. *The Ethos of Pluralisation*, Minneapolis:Minnesota University Press,1995,p.1.

本身就反对诠释的霸权"①,所以理解公正这一本身形式化的动态命题才能真正"回归"公正概念的本体之境。对于公正概念的不断理解展现了它的概念意义,不同解释揭示了公正概念的总体性所具有的不同侧面,这种现象学意义上的关联性使得一切目的、意图、原则、建构方法等被明确地映入解释者所领会的历史理解之中,并且从"为了作……之用"或"成为……之态"的角度将公正的概念意义分解、组合和重塑,这就产生了新解释,一种不再是形式化的、部类性但的确是特定先见结构上的"总体性解释",其本身具有"作为……的公正"的解释结构。这种结构"并不单纯地给某某东西命名:问题中的东西被认作某种东西;被命名的东西也就作为那种东西得到领会。在领会中展开的东西,即被领会的东西,总已经是按照下述方式而被通达的,那就是在它身上可以明确地提出它的'作为什么'。这个'作为'(Als)造就着被领会的东西的明确性结构。'作为'组建着解释"②,例如:作为公平的正义、作为交互性的公正、作为互利性的公正、作为发展能力的公正、作为自愿平等公正、作为复合平等的公正,等等。这些理解和解释的集合就是公正概念的构义。当然,开启这个概念史过程存在某个历史节点,就是在专门研究中这种"作为"结构才开始出现或被人们所称道,如罗尔斯的《正义论》。但公正的概念史并不是以此为原点,"回归"本体维度也并非向某个"作为"结构的版本靠近,其真正的意义在于众多"作为"结构共同组成的"具有进行区划分环勾连"的整体,这应是一个不断延伸和持续的过程。

政治诠释学视域中的公正概念史,是公正概念从词义生成和发展,到话语转义,再到回归概念的"本体构义"的过程。这不是描述或加工公正概念的历史理解,而是探讨公正作为一个概念是如何形成、发展和自我超越的。正如拉斐尔所言,这种概念史的研究表明理想的公正概念不是静态的:"它可按照经验的要求而有所增添,或许可以作为一种更加普遍发展的伦理思想的一部分。与此同时,它的古典意涵不仅随着改变的公正概念而变化,而且还存在于厘清

---

① Barbara Johnson, ed., *Freedom and Interpretation*: *The Oxford Amnesty Lecture* 1992, New York: Basic Books, 1993.

② [德]马丁·海德格尔:《存在与时间》(修订版),陈嘉映、王庆节译,三联书店 2006 年版,第 174 页。

其本来面目之中"①,这使得不断更新的公正概念具有更加复杂的话语结构和逻辑体系。就如"公正的概念史自身所展示的,这一进程仍在继续,它的使命并未完结"②,在政治诠释学视域中理解公正需要投身于公正概念史的"回归本体"的运动中,从"作为"的结构中继续探究"另一种公正"。

① D.D.Raphael.*Concepts of Justice*.New York:Oxford University Press,p.242.

② Ben Jackson.*The Conceptual History of Social Justice*,Political Studies Review,Vol.3（2005）:
370.

第四章　政治诠释学对公正的解释

对公正概念的历史理解表明,政治诠释学只有在一种关系结构中才能真正解释公正。也正是此种关系结构,使政治诠释学对公正的解释具有了独特性。也就是这种关系结构,使政治诠释学视域中的公正概念与近似概念区别开来。当然,政治诠释学并不能限定对公正的其他解释,也需要面对解释公正的冲突现象。在政治诠释学视域中研究公正概念,"必须将理解视为深植于语境之中的东西,而解释却是真正使理解成为清晰可见的东西"①。在此基础上,政治诠释学对公正的解释主要表现为以下三个方面。

第一节　政治诠释学视域中公正的三维结构

政治诠释学认为,历史理解必须具有"先见",它在一切当下的解释中会发挥作用。当公正概念史进入构义史阶段后,"先见"提供了一种新的解释公正的表述式,即"作为……的公正"。这种表述并不是简单地"包装材料",而是真实地反映了对公正的解释的关系结构。正因为如此,政治诠释学并不似传统那般,以在"主体—客体"评价关系中置入具体的领域、阶段、层次、原则的限定来界定公正,而是借助某种意义性的结构来解释公正。

一、公正概念的三维结构

任何概念的内在分析都在试图使概念实现可普遍化的规范需要。所谓可

---

① ［美］帕尔默:《诠释学》,潘德荣译,商务印书馆2012年版,第176页。

普遍化,是一种概念的事实状态的理性设计。围绕这种设计的概念论,需要若干基础性的分析结构,或称之为"维"。所谓维,"是我们认为之所以可度量的方式和原因"①;换言之,将零散的具有公正概念要素意义的单位,通过意义转化,生成一种符合合理性原则的"维",进而生成完备性的概念分析。如果说公正的历史解释提供了足够的"要素单位",那么当代诠释则偏重于意义转化和维品选择。

所谓意义转换,即将"有公正价值的对象"转换为"公正价值对象"。作为有根基对象的价值与价值本身不同,后者不具有直接的实在性,而是具有观念性存在的对象。这种外在的对象需要经过意义转化成为内在的对象,形成了所谓"心灵的划分"、"均质的划分"等形式,"造成数的这一方式,就被相应称作维品"②。维品具有多元属性。而在这里,应用伦理学、元伦理学(语义分析)将其看作多元主义的必然性,而"罗尔斯模式"的正义理论则索性选择返回对象世界。我们认为,公正概念的维品具有多元性,但并非缺乏确定性和连续性。一方面,各种不同的维是有限的、内在化的,是主体选择的抽象化结果;另一方面,各种不同的要素,在形成符合合理性原则的维品的过程中,必须抛弃来自绝对主义和唯理论的干涉,即不断地从根本上将主观感性与概念分析的维度选择相剥离。而这种剥离指引我们将视野转向公正概念论的维度设计。

具体而言,作为概念语境的政治哲学具有特定的结构,即由政治原则、政治评价、政治主体认同和政治实践效果组成的有机统一的基本结构。上述四者既彼此相对独立,又相互影响且循环支撑,共同构成了整个体系。在这个体系中,公正范畴具有特殊的意义。第一,公正是政治原则基本内容且是基础性原则;第二,公正特别是社会公正是政治实践的基本结果;第三,公正是政治认同的前提条件;第四,公正是政治评价的价值标准。更为重要的是,公正在政治哲学的综合结构中体现为一种综合判断,是政治实践正当化和政治伦理实践化得以有机统一的动力、目的、保障与自我修复的"综合"(Congruence)。

---

① [法]笛卡尔:《探求真理的指导原则》,管震湖译,商务印书馆1991年版,第93页。
② [法]笛卡尔:《探求真理的指导原则》,管震湖译,商务印书馆1991年版,第95页。

这种"综合"表明公正范畴不是单个的概念过程,而存在于若干不同的、相对独立甚至性质差异的语义场中。我们认为,这种综合过程可以通过四个命题加以说明,并由此指向公正概念之"维"的基础判断。命题一,公正是作为抽象的价值符号存在的,因此公正是一种本质因与形式因的综合判断。命题二,关于公正的价值判断不能独立构成对公正概念的解释。可以发现,诠释公正概念包含多种要素,如平等、个人权利、正义理想等,而且这些要素可以根据主体(言说者)的选择不同而呈现单一、多项或者复合的组合形式;这些概念要素及其选择可能的双向过程经过抽象化、体系化和逻辑化的组织,成为主体对于公正范畴的概念认识,即表现为公正价值(如分配正义、资源正义、能力正义等),但是这种组织却产生了绝对单一的公正概念判断(如公平的正义、占有的正义、福利的正义等);在这里,相对单一(完备化)的公正概念需要指向现实和沟通的政治认识,但由于概念要素的多元化和概念目标的单一化之间存在矛盾,因此诸多公正概念认知在对立、博弈的过程中逐步破碎化;这种无法言状的悖论又导致了公正概念要素和主体选择的再次双向化依赖。这是一种明显的论证循环,故而公正价值的本质判断尚不能独自阐明公正概念。命题三,如果将命题二中论证循环的前三个阶段分别以 A、B、C 代指,那么可以发现 A 是现实理性,而 B 是规范理性,而它们在各自阶段的论证中都是合理的;C 作为综合化需要而出现,其"应用需要的公正认识"(C^1)和"悖论破碎的公正认识"(C^2)是整个论证的断裂之处也是对既有公正概念分析进行批判的切入点。正是在这里,综合 A 和 B 需要一种更加完备的结合方法。这是一个"维"的选择问题,也是如何认识悖论而利用悖论分解和整合后理解概念悖论并消解悖论的问题。

这便指向了最为关键的命题四,即作为公正概念诠释要素的"维"的选择。"维"的选择应遵循基本的"度"。这主要包括三个方面:(1)时间度。即所有公正概念都存续于一定的时间中,都具有时间属性,按照柏格森学派的观点,时间度"吞食"一切存在的事物。因此,具体存在的公正概念及其要素和选择需要都是面对时间"吞食"。(2)空间度。即所有的公正概念设计,均在一定的领域,或对一定的对象,产生认识和发生效力,没有任何一种公正概念其效力范围是普遍的,它能解释的价值认同也并非毫无限制的。(3)事实度。

即任何一种公正概念的提出,都与一定的公正现象(或公正问题)有关,直接提出"什么是公正"是毫无意义的虚假问题。任何一类、一种或一组公正概念均对应一定的现象或一类情事。不论这种现象或者情事是真实的或者抽象的、概括的,其必定出现在公正概念的认知和描述中。在公正概念史中,符合上述原则,能够囊括外部公正需求和内在公正要素的综合化需要的基本维度也就指向了政治评价行为、政治生活结构和政治价值构建。而在上述三者的互动过程中,公正既维护了自身概念结构的合理性,也体现了形上概念的开放性,即它不仅是基础的,而且更是说明性和正当性的必然。

总之,"维"始终存在不同领域中而面对多种可能,其决定了"有诠释意义的公正概念"的存在。每一个"维"都是理解公正概念的必要条件但又非唯一必要条件。在这里,公正概念的"维"结构和政治生活相结合,产生了政治公正的基本属性,即隔阂与和解的"维"的选择,或称之为"均衡的政治多维",并不断随着"维"的交互优先性而变化发展。其根本意义在于提供了一种公正概念之维选择的语境判断、方法设计和选择论证,并提供了"维际均衡"的事实判断,以此抛弃那种理想的、思辨的、经验的等纯粹的公正概念的价值判断(或评价路径)。当然,获得关于公正的概念,是一项艰巨的任务,因为它不仅仅意味着获得,而且意味着如何获得,获得是否适当,这是并不新颖的新命题。

我们认为,政治诠释学在面向理解公正这个问题时,超越了以主客二分为特征的科学主义认识论,注重解决自身对于公正概念的认识途径,即方法问题。这一方法问题的本质命题在于概念论。语源和型变,特别是中西语境中的特殊性、共同性和交融性是概念论分析的基础。按索绪尔所言,"在一定的时刻,经由假设的行为,名称被分派给事物,经此行为,概念和符号之间,所指和能指之间,可达成一种契约,此行为处于纯粹想象的领域。这是一个想象,受到我们拥有的符号之任意性这一观念的激发,我们意识到它不属于现实。……我们探寻符号呈现为不变性的原因时,历史因素就会出现。"①公正作为一个实践性概念,特别是一个具有价值属性的评价谓词,它的语言符号应

① [瑞士]费尔迪南·德·索绪尔:《第三次普通语言学教程》,屠友祥译,上海人民出版社2007年版,第112页。

该体现相应的内在语言逻辑。显然,公正在其术语原型和与语源中具备了不偏不倚的、公共的、理想的、政治世界属性等基本要素。与此同时,鉴于语言符号的不变性和可变性,以及公正概念的历史多样性,一种具有解释说服力的公正概念应该能够获得最大可能的社会语境的支撑。正是在这里,"一种语言构成了一个系统,……在这一方面,语言不是完全任意的,而且里面有相对的道理,同时,也正是在这一点上表现出大众不能改变的语言。因为这个系统是个很复杂的结构,人们要经过深切思考才能掌握,甚至每天使用语言的人对它也很茫然"[1]。这种现实要求摆脱历史要素的桎梏,而成为一种现实的规定性,它的内在语言的逻辑性要求能够被实现的语言形式。正因为如此,作为解释性框架概念的公正不仅是一个术语,也是一种关系结构。其使政治世界成为一种潜在评价向现实评价转型的载体,从而符合政治世界在法权现象领域的自我去蔽的过程。同时,在共同去蔽过程中,公正是一个存在于政治世界内的价值概念,它必须基于政治行为、政治心理和政治结构的存在而存在,是可感受的,而非理念或不可体验的(如正义),也非具体评价活动谓词形式(如平等、公平),更非跨越个体与共同体之间而具有双重性和背反性的价值范畴(如自由)。显然,政治诠释学对公正的解释存在于一种关系结构中,而这种关系结构不是语言性的,而是意义性的,这种关系结构更为开放,比语言性的逻辑系统更为深厚,它将语言性的各种要素重新调整并置入法权现象领域的关系整体中。在这里,关系结构的"意义性并非人赋予客体的某种东西;它是客体通过提供语词和语言的本体论可能性而给予人的东西"[2]。由此可见,公正概念的结构就不再是主体—客体式的单纯命题,超越了依据主体和客体的解释情境的旧有模式。

在政治诠释学视域中,作为解释性框架概念的公正是一个具有三维结构的公正概念。这个三维结构不是对于人类对公正认识的层次、领域或者内容而设定的,而是人如何解释公正,公正如何制约人的判断,及其三维结构的均衡关系共同设定。其之所以是诠释学的,就在于它并不建立在"公正主体"和

---

① 〔瑞士〕费尔迪南·德·索绪尔:《普通语言学教程》,高名凯译,商务印书馆 1980 年版,第 108 页。

② 〔美〕帕尔默:《诠释学》,潘德荣译,商务印书馆 2012 年版,第 176 页。

"公正客体"的单向关系中,而是建立在公正概念的内在语言逻辑的现实社会语境基础上的非象征符号的反思性解释框架。作为解释性框架概念的公正在概念论中不能被简单地定义,即不是内涵规定和外延界定及其相统一的概念形式,而是一种在接受概念定义的基本逻辑原则的基础上,更加注重证明和选择的概念图式,是为公正概念的一般理解和特殊运用提供意义基础的规范性求证。这是关于概念的一个古典问题,定义不是概念分析的全部,"肯定会有某个阶段,那时进一步提出问题或寻找更多的理由是没有意义的。但是在到达该阶段的过程中,我们可以期待着在进行评价时发现某种与别人共同的基础,这一共同的基础意义重大"①。正因为如此,尽管日常语言可以较为随意地使用"公正",但政治诠释学不能接受这种任意性。

与日常语言不同,作为解释性框架概念的公正所提供的是一种政治哲学关于政治世界不断向现实的人展开并获得更多价值性、结构性均衡的解释话语。正如西季威克所言,"直觉方法却假定——虽然也许是隐含的模糊的——'公正'这一词语指一种最终值得人们在行为和社会关系中实现的品质,并且假定对这种品质可以做出这样的定义,……这就是说,在寻求这样一种定义时,我们可以把日常用法的出入之处取齐,但是不可以删去日常用法的任何重要的部分"②。由此可见,公正的概念图式不仅是一个价值定义,更是一种思考政治世界的整合性语言。具体而言,作为解释性框架概念的公正具有政治评价行为、政治生活架构和政治价值三个基本维度,且体现的是三个维度的均衡结构③。

二、三维结构的基本内容

在政治诠释学的视域中,公正概念的三维结构具体是指:

---

① [美]乔万尼·萨托利:《民主新论》,冯克利、阎克文译,上海人民出版社 2009 年版,第 283 页。

② [英]亨利·西季威克:《伦理学方法》,廖申白译,中国社会科学出版社 1993 年版,第 282—283 页。

③ 此一部分曾以《作为三维均衡之上的公正概念》为题发表于《学海》,收入本文时,笔者对原文的观点和表述进行了修改。参见亓光、杨海蛟:《作为三维均衡之上的公正概念》,《学海》 2010 年第 1 期。

其一,政治评价行为是指公正是对社会政治生活的各种组成成分具有反思、认知、认同和批判的评价活动和结果。公正总是相对于不公正而言的,因此,公正是对于不公正因素的反思;而对于不公正因素的分析需要获知何种事物需要公正分析、不公正是否真实存在、不公正与公正的界分何在、公正和不公正的相互关系如何等问题,这些分析的综合就是公正认知;公正认知首先存在于"个体"之中,具有多面性和独立性,为了避免"公正认知"诱导"消解公正"的悖论,个体、群体、共同体等主体间需要一种"认知平衡",这是一种简单共识,或称为"公正认同";在完成了这样一系列的评价行为后,公正就代表了一定生产方式下社会政治生活的文明属性,这种文明属性是"建构性的",但是历史是不断发展的,经济、社会、政治的矛盾运动决定了一种"作为文明属性的公正认同"需要继续被超越,由此公正的反思在不同"素材"的基础上再次启动。对于这样一种螺旋式上升的公正概念发展过程,可称作"公正概念的批判性发展"。由此,公正评价行为成为解释性框架概念中的有机组成部分。

其二,所谓政治生活架构,即法权现象领域的组成结构,又或政治世界的基本内容,大致包括社会生产方式、政治制度和政治机制。显然,"人应该在实践中证明自己思维的真理性,即自己思维的现实性和力量,亦即自己思维的此岸性"①,那么公正作为现实的人的一种价值实践活动,如何获得这种此岸性呢? 如果对"人的政治、社会、道德特性决定了公正概念的属性"这一命题没有异议,那么公正就应该包含在一定阶段的社会生产方式中并能体现出其相应的现实性。马克思在批判资本主义正义观时,已经将此前设为科学地分析公正概念的必要条件。显然,不同的社会生产方式产生不同的政治生活,不同的政治生活决定了对公正概念的批判发展的不同阶段。不同阶段的差异性在政治生活中具体体现在政权组织形式及其具体管理形式的政治制度。例如,在基督教公正论中,其解放了奴隶和奴隶主之间存在人性的不公正关系,因此它获得了公正概念的可接受性,却采取了宗教专制的制度模式,由此导致其被资本主义公正论取代。资本主义的公正概念,最强调的是自由和平等的

---

① 《马克思恩格斯选集》第 1 卷,人民出版社 1995 年版,第 16 页。

政治解放意义,使"社会(成为)一种在自由而平等的人之间存在的公平的社会合作体系",因此资本主义公正论开辟了公正概念分析的新领域,将其转向更为广泛的宪政民主制度。但是,此种宪政民主是资产阶级的宪政民主,公正价值的至上性更多地体现为为资产阶级获取、占据和巩固其统治地位开辟更多的"自由领域"。在这里,资本主义国家的政治制度无法摆脱对"民主的恐惧",无法解决在实在真理观的作用消弱后人们如何接受或忠诚于日渐松散的理解体系中的公正认同,职能退守"选举制民主"。这种制度决定了现代民主国家框架里的公正概念实则是维护资产阶级从选举过程中获取"贵族统治"的永恒性。那么,政治制度的公正如何获得装饰呢? 这成为政治机制表演的舞台。政治制度的公正和政治机制的公正本是不同的,而"分配的公正"、"占有的公正"、"程序公正"等亦属于不同的概念体系或层次。但在公正概念面向的政治生活结构要素中,它们不过都是某种政治机制的公正化描述。它们是一些已经被决定了的或者"普遍被使用的"关于公正如何实现的经验性概念。正因为如此,分配公正极易成为热议的对象,甚至很多人试图从分配公正中获得对于公正整体的认识,以至于发展成为"公正—普世价值"的"可靠依据"。这不啻为盲人摸象或缘木求鱼。

其三,政治价值建构则是指在一定历史阶段的社会政治生活中,以某些理想性和现实性、评价性和行动性、批判性和引导性的价值要素体系化构成的,具有意识形态属性的,并最终体现为政治客体对政治主体(尤其是阶级、阶层或者利益集团)的"需要—满足"关系,是某一社会形态成熟的主导观念体系和最终标志。作为一种政治价值,公正自然具备政治价值的基本属性和结构特点。在很大程度上,政治价值是一个兼具历史性、阶级性和社会性的范畴。社会生活实践形成的关系必定是具体的、现实的,任何政治价值都不可能是单纯的符号,任何有关于政治生活发展、政治行为选择、政治制度设计、政治主体培育的评价、准则问题,都是在实际的政治运行中通过人的实践体现出来的。政治价值不仅不是一般价值形态的具体化,也不是永恒普遍的理想追求。包括公正在内的一切政治价值并非独立而抽象地存在,也没有所谓空洞的、虚幻的一般理念和普世价值,政治价值的存在必定依赖于一定的社会生产方式,在生产力的发展中不断丰富自身的内容、完善自身的结构。政治价值也不能同意识形态、政治观念等概念相混同。政治价值具有自身的范畴边界和结构特点，它能够体现出价值、价值观、价值观念的合理要素，是一种辩证的、复杂的主客体关系的体现，但与此同时，政治价值又不断地实现主客体的相互影响、推动价值观念的体系化和价值观的自我完备性的调和。人们认识政治价值的过程是漫长的，较难从系统和宏观的高度认识到政治价值的巨大历史意义，没有认清政治价值是一定社会形态成熟化的根本标志。政治价值并不存在最终实现的问题，诸如自由主义政治价值和社会主义政治价值的争论是政治价值发展的一般形态，而其实现程度和最终实现的结果或形式，则是以生产方式的发展、变革为基础，不断发展、克服、升华自身亚社会性和稳定性的历史进程。

三、三维结构的内在关系

上述三个结构要素看似是彼此独立的结构，但实际上公正的评价行为决定了公正实践的动机和来源，公正的政治生活结构是科学地认识、实践和体现公正的评价行为的现实路径，而公正的政治价值建构则完成了公正的主客观统一。在这里，公正成为了一种均衡的结构，一种不可分割的结构。

作为解释性框架概念的公正内在地存在于上述结构中，但是需要获得三者之间的均衡结构，公正需要具备什么概念结构呢？这就是公正概念从"圆融的结构"走向"破裂的实践"的过程中最为关键的内容。我们认为，公正是一种批判、选择、优先化的复合结构。众所周知，均衡是博弈论的核心概念，是指博弈达到的一种稳定状态，没有一方愿意单独改变战略。经济学中，均衡一般是指经济体系中变动着的各种力量处于平衡，因而变动的净趋向为零的状态。可见，均衡大概具有稳定、秩序和渐变的特点。而在社会政治生活中，公正是一种政治结构的存在、发展和完善的重要衡量标准。一般认为，一个公正的社会的政治建构必定是稳定、均势的，即社会各阶级、阶层和不同群体、个体之间的矛盾能够通过政治结构、形式和行为得以缓解而控制在一定秩序范围之内。对此，斯宾塞的"社会有机体"理论就蕴含了这一理论动机，其认为社会政治生活应该在整体性地成长的过程中而结构复杂化，使各部分成为一个个"超有机体"。那么，为了符合这样一种"动态均衡"，公正意味着一种对称，或者对等、均等的策略、路径，即人们耳熟能详的"给人以应得"或"等利（害）

交换",如"公正乃是具有均等、相等、平等、比例性质的那种回报、交换行为,
是平等(相等、同等)的利害相交换的善的行为"①。很多人认为,这种认识来
自亚里士多德,因为他认为"如若不公正就是不均等,那么公正就是均等,这
个道理不用说,人人都会明白。……公正就是比例,不公正就是违反了比例,
出现了多或少,这在各种活动中是经常碰到的"②。这显然是对亚里士多德公
正概念的狭隘理解。在亚里士多德那里,公正始终存在整体和部分两种公正
概念,整体的公正概念即"公正是一切德性的总汇",与此同时,他还指出"我
们要探索作为德性一个部分的公正。正如我们所说,存在着某种这样的公正。
同样也存在着作为部分的不公正。……公正显然不只一种,在整体德性之外
还有其他意义的公正。我们必须把握它是什么,是种什么样的东西"③。此
处,部分的公正并不等同于"均等的公正"。均等的公正,或可称为分配性的
公正,是亚氏部分公正概念中的"部分",他明确指出"这里所说的只是一类公
正(均等的公正)。其余一类是矫正性的公正,它生成在交往之中,或者是自
愿的,或者是非自愿的。这是与前者不同的另一类公正",更为准确地说,均
等的公正是有严格限制的,即"分配性的公正,是按照所说的比例关系对公物
的分配。(这种分配永远是出于公共财物,按照各自提供物品所有的比
例)"④。诚然,均等的公正标志着公正概念在具体实践领域的一种客观表述,
但是它不是整体的公正,因此并不等于公正概念的全部内涵。亚里士多德的
公正理论展示出公正是一个多层次、多维度的价值(德性)实践结构。但是,
他也带来了公正价值和公正实践二者束缚于"此岸"与"彼岸"的机械区分。
而抽象的政治生活观,使得亚里士多德无法理解公正面对的社会政治生活的
多元化,加之阶级和利益分析的局限,那种依靠"公共财物"和个人领域之间
的分配与交往的区别也显示出他公正理论的困境。事实上,公正作为一种实
践性的政治价值,它指向了整个社会政治生活。对于政治哲学而言,这意味着

① 王海明:《公正:以德治国的最重要原则》,《北京大学学报(哲学社会科学版)》2001 年
第 5 期。
② 《亚里士多德全集》第 8 卷,颜一等译,中国人民大学出版社 1994 年版,第 99、101 页。
③ 《亚里士多德全集》第 8 卷,颜一等译,中国人民大学出版社 1994 年版,第 97、98 页。
④ 《亚里士多德全集》第 8 卷,颜一等译,中国人民大学出版社 1994 年版,第 101 页。

公正概念面对的是一个复杂的政治体系。在这里,既存在着个人自然能力的区别,也存在着因袭的身份差异;既包括物质经济的占有需要,也包含提升精神文化水平的诉求;既需要尊重道德和习惯,又必须尊重权利和义务;既能够统合自由和平等,又能够整合个体和集体,等等。简言之,如果将公正看作一个"观察者",那么它面对的政治世界就是五彩斑斓的。这些因素经过人的实践和认识活动融入到公正的评价行为、政治生活结构和政治价值建构等三个主要维度中,并体现在各个维度的自身存续和彼此影响之中。显然,"公正的单个因素"在进入不同的层次和体系后,面对对立和否定的局面。根据均等的公正理论,这就是不公正,需要"矫正"(不等同于亚里士多德的矫正公正)。加之社会对物质资源的需求不断膨胀,物质生活水平成为社会发展的主要衡量标准,公正逐渐与效率相对立,而矫正公正等同于经济调控手段。正因为公正是批判、选择、优先化的复合结构,它才跳出了均等的狭隘结构,而指向均衡,即指在社会政治生活布局上公正的三个主要维度内及间际中的等量不等形的平衡。所谓等量,指的是在任何一个维度或维度之间存在对公正认知的简单共识、基本制度的架构和政治价值的体现。而不等形则是指,此种等量体现并非 1:1:1 的对称关系。因此,对于公正而言,出现了单维度的超越或者匮乏,就需要在三种维度及其项下要素中探求导致这一现状的原因、合理性,即公正的批判路径;在需要承认等量等形的公正结构是一种彼岸性的乌托邦理想同时,公正需要人们在三种维度间作出一定的优先性选择,即选择何种维度作为公正价值实践在特定时期能够接受的超越,而不致导致其他维度失去均衡可能的匮乏。在这里,矫正意味着选择,而不是对于分配结果的修正。随着主导维度的不断变化,公正在三个维度内和间际获得了普遍的发展,表现为一种主导维度和辅助维度的动态制衡,即通过约束、促进、沟通和外接的方式方法将公正实践的范畴边界有效扩大,对政治生活的调控层次逐渐深化。最终,在一定社会生产方式条件下,成就一种"瞬间点式"的公正的价值体系。这种批判、选择、优先性的复合结构,是一种动态的结构,是一种尊重和理解社会政治生活不同发展需要的结构,是一种能够扩展并密切联系经济公正、社会公正、伦理公正等公正部类的政治公正结构。

在政治诠释学的视域中,公正必须具备不偏不倚、公开性、公共性,而不是单纯的个体德性或者政制品质。它不仅仅是作为主体的公正评价者对公正客体的判断、评价等单向性谓词关系，而是具有多元性的多目评价谓词结构。概括起来，作为解释性框架概念的公正，是指在一定历史阶段的政治世界中，通过交往沟通的批判过程而形成的具有内在语言逻辑的，并由政治评价行为、政治生活结构和政治价值构建这三个必要结构要素组成的均衡结构，其通过主导维度优先性的占有、矛盾和消解运动，进而反思、激励和重塑其他辅助解释性概念作用，使得三者在吸收政治世界的多元性同时实现公正解释的概念图式。

公正并不存在某个完备的定义。在某种意义上，定义是还原和主体支配的典型产物，它的作用体现在将复杂问题简单化和条目化的需要。事实上，在人类活动中，特别是人的思维活动、社会活动乃至一切人际交往中，科学定义始终是一个不可完成的任务，它是对于相关解释的相对固定化，是有待继续解释的概念形式。"因此，重要的不是对某一叙述（statement）中人所共知的内容的简单解释，而是对那种将我们引向某一既定主题的兴趣的探索。……每一叙述都必须被看作对于一个问题的反应，只有一种方法可以使我们理解一种叙述，即把握那个问题本身（叙述是对于它的一种回答）。这个先在的问题具有自己的意义方向，为了把握问题，我们不能从一种背后动机的网络入手，相反地，倒是应该搞清楚意义（它为问题所包含，并且沉淀在叙述之中）的更加广泛的前后关系"①。对于公正而言，最精确的定义就是"各得其所、各司其职"，但是最精确的定义并不能等同于公正概念的规范性解释，也必须被不断解释。正如上文所言，恰恰是在对这一基本定义或原则的理解与应用中，人们产生了太多难以调和的冲突。定义不过是概念的象征符号。在此之上，将公正看作作为三维结构的解释性框架概念，一方面否定了那种主客对立的机械定义观，一方面符合公正作为一个评价谓词的解释意义，同时也符合公正概念作为一种框架性概念的政治哲学属性。这里，一种理解公正的解释性长链与系统哲学的"演化说"相似，即"（1）形成子系统耦合的稳态，这是子系统之间的互动表现为稳态的自我的维系；（2）紊乱（Chaos）；（3）原有稳态被破坏后，

---

① ［德］伽达默尔：《科学时代的理性》，薛华等译，国际文化出版公司1988年版，第93页。

各子系统从旧稳态走向新的耦合稳定"①。换言之,公正是一种特殊政治概念,它是对于三维结构中一切要素的评价性均衡,这时它具有支配各个子结构的价值高位;同时,它又是通向"政治和谐"——几乎是一种美学的理想状态——的途径,此时它需要在更高水平上重组它三维结构中的要素及任何一个维度内的不同要素,由此出现了模糊性、不稳定性和多元性的"混乱";最终,它将在更高阶段的三维结构的稳定状态中形成对特定历史阶段中政治世界的系统解释,并与相应的社会生产方式特别是政治社会的性质相一致,标志着新的政治世界的成熟。

第二节　政治诠释学视域中公正与近似范畴的关系

毋庸置疑,政治诠释学对公正的三维结构的解释是一种概念分析,而对概念分析而言,其解释既需要具有内在合理性,又需要具有外部合理性。上文侧重于内部合理性的分析,而外部合理性则有赖于对公正与相关范畴的比较分析。为此,只有在政治诠释学提供的概念比较尺度下,真正科学地把握作为公正与其他近似概念的相互关系,才能表现出公正作为基本概念的重要性。

一、概念比较的政治诠释学尺度

相近或近似概念的比较方法很多,根据不同的标准、前提和素材,比较的结果往往大相径庭。例如,中文语境中的概念比较侧重于字形和词义上的比较,而西方语境中的概念比较则偏爱在概念的抽象意义和应用范围层面上进行比较。盲目地进行比较,非但不会增强概念解释的说服力,反而可能会降低解释的合理性。对此,政治诠释学从理解问题的特殊性角度出发,认为应该首先明确概念比较的尺度,继而才能进行具体的比较。

毋庸置疑,概念比较的尺度不是唯一的。在政治诠释学视域中,此种尺度建立在两种向度的基础上。具体到公正与近似范畴的比较中,就是从外在和内在的二种向度将公正及其相似、相近范畴进行概念组合,加以比较,并将概念组

---

① 金观涛:《探索现代社会的起源》,社会科学文献出版社 2010 年版,第 47 页。

合作为其比较的基本模式,而将概念组合中的外在标准、内在标准扩大化,而不停留在作为形式相似的外在比较及逻辑关联的内在比较的层面上。总体而言,内在的向度是范畴自身的结构特点,而外在的向度则是范畴存在的结构特点。

对于政治概念而言,其内在向度分为一元和多元,而价值范畴的自身结构的组织形式是建立在某种特定的单一基础或者是多种结构要素的共同映像,如由特定类型主体、或者主体的某一特定性质决定的价值范畴就是一元的,而建立在多主体、多客体或者主体客体之间具有多维联系的价值范畴则是多元的。而外在的向度则可以分属于封闭性的和开放性的,这与价值范畴的边界和尺度相关,封闭性向度内的价值范畴往往具有还原性和单一性,强调它的纯洁性和排斥性,而开放性向度内的价值范畴则是复合型的,较为注重该范畴的包容性特别是对其他范畴的适应性,往往要求自身在维护其核心属性的同时与范畴关系网络保持最有效的沟通。一般而言,多元性是一元性的高级阶段,而开放性是封闭性的发展方向。不过,两种向度因存在层次的不同,而可以产生不同的组合,这些不同组合使得价值范畴具有更多的概念形式,这也是价值概念较为复杂的重要原因之一。此种情况下,特定价值范畴至少存在两种向度解释的可能,而每个向度中又存在多种内容和变型,这也就带来解释的复杂性。不过,这种复杂性能够在上述向度上体现为不同层次,因此具有比较的逻辑性,克服了原本处于单一向度内比较的任意性。

在政治诠释学视域下,作为一个解释性框架概念,公正是由政治评价行为、政治生活结构和政治价值构建这三个必要维度构成的政治概念。一方面,作为解释性的框架概念表明公正具有多元性。公正概念的词义史表明它具有不偏不倚、公开和主动性(基于“我主张”这一语义来源),同时它又具有规范性、共同性和一致性的价值诉求。因此,公正在概念上的统一性,并非定义或者对象的统一性,而是思维的统一性,即人们共同普遍的思考公正问题和相互且无一例外进行理解公正的解释活动。因此,对于解释性框架概念的公正而言,“任何一个单独的概念定义都不具有自明的哲学合法性——它总是思维的统一体,单个概念的功能只有在这种统一体中才得其合法性的意义规定”①。进而言之,多

---

① ［德］伽达默尔:《诠释学Ⅱ:真理与方法》,洪汉鼎译,商务印书馆 2010 年版,第 99—100 页。

种概念及其认知主体的多元性并非真正的多元性,因为它们与对公正的概念性和作为概念的公正的彻底追问无关,它们的最大意图在于抛出一种观点、声音或者符号。所谓公正概念的内在多元性,是指公正作为独一无二的解释性的框架概念,不仅仅是容纳关于自身的差异性理解,而且也包容和解释其他价值范畴的"前理解"。主体的多元性、解释的多样性和概念的相互性共同体现于此。另一方面,作为三维均衡结构的公正是开放性的。既然开放性与否是外在向度的判断,那么从何为开放性的结构本身可以反知为何三维的解释性框架符合开放性的要求。一切社会结构的状态要么是离析化的,要么是混沌化的。必须承认,人们对于公正概念的理解都是从片面、偏见和表象逐渐深入全面、完备和内在的,尽管关于内在即真理的观点不同,但是追求真理的过程却大同小异。在转向实践的现象学理论中,本真和现象的本体二分已经逐渐被"表象—显示"的现象揭示过程所取代。这里揭示的基本意义就是自身开启或者从自身封闭中显露出来。虽然伦理生活或者政治生活时常被用作价值范畴存在的基本结构,但是它们也存在于某种特定的整体关系中,即所谓的伦常。不同社群有不同的伦常,而不同时代的不同社群之间的伦常的差异更大。伦常使得人们对于价值范畴的认识处于一种约束状态中,它当然能够保证某一价值的认同性,但是却缺乏相互性。正如人们首先被灌输"金规"——要求人们做到自己做到那些他亦期待别人做到的同样的事情,而后才去理解"金规",而且这一约束力使得人们可以在承认约束的前提下违反约束,并且借由不同伦常之间的矛盾而突破约束。例如,贪污腐败的官员往往都同意贪念是恶的,而利用权力实现贪念是违法、违背伦理甚至人性的,但是人们还是突破了这一伦常甚至法规的约束。政治生活和伦理生活提供了这样的单纯显性却较为有限的解释性框架,它在自我说服和自我突破中产生悖论。政治诠释学认为,理解政治概念应该在一定的法权现象领域中,这种结构不是静态的,也不是没有起前见的理想空间,而是建立在"世界即从其隐蔽状态中出现,而且是作为提供众多行动可能性的空间向度而出现"①,即政治世界。而在政治世

---

① ［德］克劳斯・黑尔德:《世界现象学》,孙周兴编、倪梁康等译,三联书店 2003 年版,第 231 页。

界的"显现"过程中,作为一种解释性框架,它面对的是解释的不确定性、冲突性,提供的是一种价值预期,因此,对于预期的遵守和突破都包括在这样框架内,那种因为对有限性伦理规范的突破而导致的价值悖论也应被纳入这一解释性框架中,并作为负面预期展示给不同的解释着和实践者。换言之,"我们可以预期一个安全的未来,而这个未来则为任何政治行为预先确定了目的。所以,人们妄想能够将不可支配的未来之事网罗在人类认识和支配所及的范围之中"①。作为解释性框架概念的公正在这个意义上才是一个开放性的价值范畴,它进行的解释是针对政治实践中的不确定性的,即人们在认知、行为、制度等各个维度上的相互性困境,意在取代抽象的或者封闭的伦理、政治的价值纲领,提供的是一种对于有限性价值范畴及其存在封闭性结构的反思与反抗。

在上述向度组合的意义上,公正与自由、平等、公平、正义才具有概念比较的合理性。比较之下,外在向度——封闭的、开放的——具有比较条件的优先性,是更为基础的概念关系标准,因此外在向度是必要条件,内在向度为充分条件。以此观照,可按照从低到高的顺序对上述概念与公正的组合关系进行说明。当然,这种设计不同于罗尔斯建构正义原则时的"词典式优先"。如果存在另外一种标准以避免无序的概念组合比较,那么也将是概念解释的可能结果,这本就属于解释冲突的范围。

二、公正与近似范畴的比较

为了准确地把握作为解释性框架概念的公正,我们试图通过对与公正相似或者相近的几个范畴的比较,在政治诠释学视域中深化对公正概念的理解。

(一) 自由、平等与公正

长久以来,自由都被作为一种人的最高价值。自由主义之前的自由论者将自由看作人在法治国家中的存在状态或者免除奴役的身份性,自由主义者认为"自由的状态就是人类自然的状态"②,而马克思主义经典作家则从人的

---

① [德]克劳斯·黑尔德:《世界现象学》,孙周兴编、倪梁康等译,三联书店 2003 年版,第240 页。

② [英]昆廷·斯金纳:《自由主义之前的自由》(修订版),李宏图译,上海三联书店 2003年版,第 13 页。

解放的高度上将自由解释为"人的全面发展"①。但是,"古老"的自由却是一个实在认识论与放任意识相结合的产物。自由是一个封闭性的价值范畴,即自由价值的存在必须依赖于其对立范畴,它只能存在于自身对内扩张而对外节制的矛盾循环中(而非矛盾对立的辩证关系),同时它还必须存在于个体与共同体的绝然对立中②。事实上,自由概念是人在思考自身与自然的关系问题时的"孳息",来源于将人的存在看作偶然性的判断之中。随着自然本体论的衰微,自由逐渐从一个偶然性范畴上升为作为人类存在本质的必然性范畴。但是,人们逐渐发现自由作为必然性范畴后,人类非但摆脱不了自然规律的约束,而且还要面对作为普遍具有自有本质的人如何相处并保证同质的自由能够获得共同实现的悖论中。事实上,绝不存在毫无约束的自由。如果说"凡是仅仅由自身本性的必然性而存在,其行为仅仅由它自身决定的东西叫做自由。反之,凡一物的存在及其行为均按一定的方式为他物所决定,便叫做必然或者受制"③,那么自由在本质上与内在的必然或者受制是一个封闭性的矛盾循环整体,这便是自由具有封闭向度的第一种形式。这种封闭循环性带来的无助感将自由与意志联系起来,以此试图证明自由是人的实践活动的绝对价值。但是,外部的节制性链条以意志、绝对命令、权力、暴力、专制乃至协商的面孔轮番出现,而只有剪断人与人类社会的历史性与阶级性之间的"脐带",才能真正地全面发展。这就意味着,自由与限制、干涉、阻碍、挫折以及约束同处于一个封闭的价值范畴。事实上,"如果我们严格地把它解释为行为的自由本身,自由权利原则似乎就将包含任何程度的相互烦扰而不包含限制。但

---

① 马克思恩格斯关于"自由"的著名命题指出:"代替那存在着阶级和阶级对立的资产阶级旧社会的,将是这样一个联合体,在那里,每个人的自由发展是一切人的自由发展的条件。"参见《马克思恩格斯选集》第1卷,人民出版社1995年版,第294页。

② 马基雅维利、弥尔顿、哈林顿等人曾经设想存在"公共自由",意图解决个体与共同体在自由问题上的悖论关系,但其实质仍旧是一种服从关系而背离了自由关于"放任"的本源意义,他们的论证"一个自由的国家是一个共同体,在这个共同体中,政治体的行动仅仅由作为一个整体的所有成员的意志来决定",这显然只能存在于公共自由理论家们意愿所能支配的地方,而其对于宪政和公民权的假设则重新回到了对自由本意的节制上来。因此,自由始终处于个体与共同体绝对对立这一封闭性的结构内。引文参见[英]昆廷·斯金纳:《自由主义之前的自由》(修订版),李宏图译,上海三联书店2003年版,第18页。

③ [荷]斯宾诺莎:《伦理学》,贺麟译,商务印书馆1983年版,第4页。

是,显然谁也不会对这种自由感到满意"①。由此可见,政治世界的法权现象揭示了自由与这些节制性要素之间的关系乃至优先性,但不能分离它们;换言之,自由的反面不是"不自由",而是"何者为不自由"。

在概念本质的"封闭性"概念语境中,解释自由就是探究"自由的最终限度是什么,和自由在决定为其条件的权利时,它的作用是什么"。在这一探究过程中,解释自由必然与一种理解的普遍现象学关联起来,从而产生了现象意义上的自由解释。概括起来,主要包括"作为自由意志的自由"(freedom)、"作为权利内容的自由"(liberty)和"作为自主的自由"(Autonomy)。在封闭性概念本质的影响下,这三种解释的内在向度必然是一元的,即自由仅能存在于单一主体之上(内),而不能同时存在于多个主体之间,否则这就会进入自由与必然的二律背反;自由是作为认识主体、行为主体、实践(改造意义上的)主体才具有的品格,而单纯的客体与自由无关,在与主体决定的主客关系中,依旧只有主体本身的意志和判断才能决定自由是否存在;在更为根本的意义上,自由是一种主体的内在一致,是内在意志要求最大可能实现"放任"的外在形式,而关于放任的程度和内容仍取决于单一个体的自我认识。由此可见,不论自由论者如何掩盖,或者强调自由是对于不正当、不合理、非法或者强加等干涉的否定,甚至将自由置于共同承认的道德高度论证它的多元性,其本质仍旧是一元的。正是在上述两个方面的意义上,自由可被纳入一元封闭性的价值范畴。

将自由与平等对立起来是一个晚近的观点,而传统中的平等观与个人自由没有太大的关系②。在一定意义上,平等成为一个基本概念与自由不无关系。在概念史中,平均、均等最早表示占有者的支配权,而非基于人性、人的本质和法定权利的对等或同等的价值目标,平等因自由的介入才具备后种意义。只要明白了平等与自由的伴生性,就不难接受平等是一个封闭性范畴,它需要依赖于自由及其法权形态而获得其规范性、价值性和原则性。而自由权利的

① [英]亨利·西季威克:《伦理学方法》,廖申白译,中国社会科学出版社1993年版,第293页。
② [美]希拉里·普特南:《实在论的多副面孔》,冯艳译,中国人民大学出版社2005年版,第40页。

具体内容往往是平等的对象或构成平等关系的特殊约定,诸如政治经济权利、交换价值、劳动量、人性乃至人格的限制则又巩固了上述封闭性。与此同时,平等的封闭性还表现在它的结构悖论中。这表现为平等是一个共识和否定同时存在的范畴,即所谓的"平等主义高原"。事实上,几乎没有人相信平等,但是每个人都同意"平等地对待"的重要性,不一致的地方只是在如何解释这一要求①。这表明,解释平等需要复杂的论证,并且这些限制从条件性逐步成为概念的要件,规定了平等的范围。在属性上,这种悖论的封闭性体现在平等的人为性中。当代,人们普遍认为"平等作为一种应该如何的道德原则,也就只能是人为平等而不能是自然平等"②,这也是一切平等概念的存在范围。此外,平等的封闭性还存在于有限主体和有限对象之间,且仅仅存在于能够进行具体描述的有限主体和有限客体之间。换言之,A、B 对于 a 是平等是有意义的,但是 A、B……对于 X(未知)是平等则可能是无意义的,平等并没有一个独立的解释框架,它的概念框架依赖于他者,无法仅从概念本身获得其意义。

不过,虽然平等具有封闭性的概念本质,但它的内在向度却是多元性的。不难理解,作为一种具有评价功能的范畴,平等不是"一目的",需要存在于二者或在有限主体和有限客体的前提下的多个主体之上。同时,在封闭的对象结构中,平等的客体可能是单一的,如权利或财富或职位;也可能是复合的,即单个对象的排列组合;甚至有可能是综合二元的,如统治阶级关于各种资源的共同占有的平等状态与被统治阶级关于各种资源的共同"无"占有的"平等状态"。无论如何,上述情况说明了平等在客体上具有多元化的现实以及更大范围的可能性。在此基础上,平等关系是多元的,即不同领域、不同主客体之间以及不同历史阶段中的平等关系不但在上述差异性中保持多元性,而且在同类平等关系中也存在程度、内容范围或者发生基础等方面的多样性。沃尔泽的复合平等观较好地说明了前者的多元性,而在人权平等的历史嬗变和权利内容的变化中验证了后一种多样性。但是,平等概念在外在向度上的封闭性毕竟限制了其内在向度的多元性,也正因为如此,很多人将平等看作有限的

---

① [英]亚当·斯威夫特:《政治哲学导论》,萧韶译,译林出版社 2006 年版,第 102 页。

② 王海明:《公正与人道——国家治理道德原则体系》,商务印书馆 2010 年版,第 170 页。

政治生活的伦理原则。但是,作为一种价值范畴而言,平等永远只是针对不平等问题且为既成的不平等问题而能有效解释,而无法依据自身结构提出问题或者预测问题,这意味着平等只能停留在理想社会中,只有不平等消失,平等方能永恒。

将自由、平等一并与公正加以比较,这是政治诠释学的独特性。虽然概念比较通常应该有两个条件:一是相比较的概念之间应该具有本质属性或者特有属性的相似性,因而对于概念的思维过程存在相应的近似性;二是相比较的概念之间存在包含与非包含的逻辑关系,且此种逻辑划分关系与相关概念的外延范围密切相关。而自由与公正并不符合这两个标准。但是,如果从概念框架与其范畴的内外尺度的角度看,这种比较不但是可能的,而且有利于说明公正作为解释性框架概念的合理性。

其一,自由和平等都是封闭性的价值范畴,而公正则是开放性的价值范畴。虽然封闭性具有不同的内容和层次,但开放性不但包括这些内容和层次,而且可以产生其他内容和层次。尽管自由和平等的封闭性并不一致,但是它们的存在论域和对象是有限的,无法实现范畴的不同层次的一致性,而且受限于主体与主体、主体与客体的对立关系中。或许自由和平等是"任何一个人的",但是这存在于假设之中,而所谓的"被认为能够是(在某个特定时代的某个特定社会的某个排他性集团的内部的)任何一个"①也能说明每一个人都是均质的。由此可见,在现实社会中,开放性不可能来源于主体、客体及其相互关系的普遍性。事实上,自由和平等之所以是封闭性的范畴,归根结底是因为它们在内在逻辑结构上的还原性。正如科耶夫所言,"理念、本质、理想、普世而必然(即永恒)的效力、真理、自在的正义(所有这些如何表述并不重要),所有这些都不是开端,而是结果,不是存在物,而是生成物,并且是一种严格意义上的生成物"②,自由和平等是人类存在的自主性和相互性两种必然性的"生成物"而非作为价值前提的"存在物"。与此不同,作为解释性框架概念的公正,要求人们认识到"概念帝国的虚幻性",强调任何概念要素及其体系从政

———————
① [法]科耶夫:《法权现象学纲要》,邱立波译,华东师范大学出版社 2011 年版,第 94 页。
② [法]科耶夫:《法权现象学纲要》,邱立波译,华东师范大学出版社 2011 年版,第 92 页。

治诠释学的角度看都是解释与否定此种解释的综合。解释公正具有时间性和语言性,仅在法权现象领域中具有一般性,而这种一般性在更大的范围内仅仅体现为一种框架概念的相对性。这正是公正具有开放性的根源。

其二,自由和平等都是公正的具体内容。一方面,自由、平等作为一种具体范畴存在于公正之中,公正既对自由、平等自身的演变过程提供生成框架,又包容和消解二者由于其各自封闭性带来的对立矛盾,同时公正为自由、平等的概念综合化提供评价标准;另一方面,作为解释性框架概念的公正本身就包含了自由、平等的属性,而在其内在的结构上实现它们与其他价值的均衡,并将自由、平等的具体形式与政治世界的存在和发展相结合,以此保持它们各自的独特性。

其三,自由和平等仅在评价维度上与公正具有相关性,而且是其一种具体标准。在这个意义上,公正是自由、平等的基础。这不仅停留在它们在内容上具有差异性,而且来自它们之间结构性的真包含关系。在政治诠释学视域中,公正具有政治评价行为、政治生活结构和政治价值构建三个维度。就此而言,自由和平等仅仅在政治评价行为这一维度中与公正产生上述内容上的比较关系,而无法在政治生活结构和政治价值构建层面上形成比较。这既有封闭性和开放性方面的原因,也有自由和平等不具备"普遍尺度"范畴的因素①。

其四,价值体系内的自由平等是外在价值映像,而公正是联系价值体系与政治世界的综合映像。自由和平等试图通过"承认关于一个必定具有特定结构的动态的社会的(至少是原则上)权威"②的存在,而体现自身作为基本概念的重要性。但在这一过程中,它们却需要不断回溯到其合理性的内在价值逻辑中,仍是人对于价值性存在的外在映像,难以解决这些外在映像的权威性来源的相异性问题。而公正提供了这种合理性的基础,它意图提供的不是某

---

① 关于这一论点具体论述我们将在下文中进行专门讨论,这里可以简要说明的是,自由和平等之所以不能具备与政治价值体系构建的结构一致性,主要原因在于它们的内在向度是一元或者封闭多元的,即它们需要指向个体或者若干个体的价值诉求,而只能停留在有限的政治生活中,无法通过政治世界与社会生产方式发生关系。

② [美]希拉里·普特南:《实在论的多副面孔》,冯艳译,中国人民大学出版社2005年版,第47页。

种具体的权威性,而是对一个对政治世界的丰富而又多层次的反映①,并将此作用到具体的思想、行为和制度的产生和运行中,它提供的是人作为独立性和相互依赖的社会存在与这种存在的政治世界之间的内在映像,并以此说明作为知识性的自由、平等及其相似价值命题之间的必然联系,为它们进入政治世界提供作为事实和价值的合理性。

(二) 公平与公正

公平是一个典型的复合词。在较为古典的用法中,公平是作为一种特殊的品质,其与作为普遍德性的公正具有密切的关系,亚里士多德曾说"公平的事虽然是某种公正的事,但不是法律意义上的公正,而是作为对法律公正的一种修正。……公平是公正的一种类型,而不是与公正不同的品质"②。但随着正义、公正、公平等概念的历史演进,公平的内涵开始变得模糊不清。在当代,人们普遍将公平作为一种描述分配正义的代指,多与效率、分配活动、社会财富的转移支付情况和国家福利的状况相关,是衡量一个社会是否平等的复合概念。在此,经济学、社会学、法学对于公平问题的研究相对较多。社会学将公平解释为社会正义的简化形式,认为在社会生活中实现公平应该遵守四个基本原则,即保证原则、事前原则、事后原则和社会调整原则;经济学的视野中,公平与效率作为一组必然矛盾,且以经济效率为参照,包括"从经济生活的环节看,包括起点公平、过程公平、结果公平;从经济运行机制来看,包括机会均等、制度公平、规则均衡等"③;

---

① 笔者借此处转介一下普特南的"道德映像"理论,以此从侧面说明外在价值映像和综合价值映像的差异性。普特南指出,"把一个理想描述为一种道德映像,是说这远不只是把某个人的特征或某个人的行为模式刻画成为有德性的。固然,康德式的道德映像却是包括这个断言,即反思自己将如何生活是一种美德,确切地说,它也包括许多其他思想。它包括这个思想,即这种美德不只是一种美德,而我们修炼这种美德的能力是我们具有的最重要的到的能力;它包括这个断言,即一个已经选择不去反思自己将如何生活的人,或被迫'要求'不能去反思自己将如何生活的人,已不能过一个健全人的生活。它也包括对为了那种能力而要相互尊重的个体人社会的想象,包括这些思想,即关于这样一个社会应该如何组织,关于这样一个社会的成员所持的道德立场,关于他们能够和不能够知道什么。简言之,它是对保函和组织一个复杂的价值系统的一种想象。"参见[美]希拉里·普特南:《实在论的多副面孔》,冯艳译,中国人民大学出版社2005年版,第53—54页。

② [古希腊]亚里士多德:《尼各马克伦理学》(注释导读本),邓安庆译,人民出版社2010年版,第200—201页。

③ 李龙:《公平正义的法理学解读》,载徐显明:《法治与社会公平》,山东人民出版社2007年版,第4页。

而法学解释中的公平基本是等同于正义或公正,主要可从法治理念、法制结构和司法关系三个方面加以理解。与此相比,公平较少被政治学与政治哲学讨论,这或许是因为公平具有一定程度的从属性和具体性,难以与其他本质性范畴相提并论。在政治诠释学视域中,公平之所以区别于其他概念,主要是因为其存在具有解释意义的领域和维度①。

在内在向度上,公平是一元性的。公平的一元性也是由于它的设定者和限制者是同一的。例如,在某个具体法律关系中,A 对公平的设定与其对公平的限制是一致的且只能在 A 的解释中达到一致。不过,公平的一元性并不要求将其设定者和限制者局限在个体或者不断向个体还原。具体而言,公平的一元性体现在以下三个方面:

第一,公平是对评价者而言的,而这个评价者并不局限于个体水平。公平是具体的,它是对具有多种价值要素的对象关系的平衡性评价。作为一种评价性范畴,评价者是单一的。虽然在评价关系中不论对象数量多少、价值冲突与否,它总是具有一个相对静止的状态,而且各状态是否公平取决于评价者自身,但评价者"既可以是一个个体,也可以是一个群体、团体和集团,还可以是一个地域性共同体"②。可见,公平的一元性是有条件的。评价对象关系的复杂性决定了它的评价主体不仅仅是人群,而且可能是抽象化的阶级、阶层、共同体、差异性群体(如性别、职业、年龄)或者利益共同体,甚至特定利益关系中的国家、社会。因此,常见的"公平感"是一个不准确的概念,其并不能反映整个社会的公平程度,而只能反映部分社会主体类型的评价态度。在这里,因为具体的公平解释是一元性的且一元性的范畴是难以获得社会认同的,所以很难存在一个绝对的公平标准。因此,公平的常见功能在于对社会稳定性提供一种预警机制和参照标准,而不宜以此说明社会(多元的主体范畴)公平(一元的主体评价)的状况。

第二,公平存在于单一的评价关系中。公平的一元性不仅仅存在于社会主体的一元性中,也存在于主体间的单一性中,这与阿玛蒂亚·森所谓的封闭

①　Charles Taylor.*Interpretation and the Science of man*.Introductory Reading in Philosophy od Science,pp.117-127.

②　杨海蛟:《平等:人类对理想社会的诉求》,吉林人民出版社 2004 年版,第 19 页。

公正类似①。在这个意义上,罗尔斯"作为公平的正义"的内在限制性才显现出来,因为"对焦点团体的成员来说,'无知之幕'要求他们对他们在焦点团体内部的确切身份一无所知,这可能是克服焦点团体内部的个人偏爱的一种有效程序。……作为整体性的政治分析的手段,这种程序并不适合于满足客服团体偏见的必要性"②。换言之,在单一的评价关系中的公平是对特定主体范围内的社会判断和社会安排的适当性评价,它固定于而非存在于相对静态的评价关系中,因此特定的评价关系与特定的评价主体是一致的,即内在限制在特定焦点上。例如,在司法关系中,评价者(C)对于 A 和 B 之间形成的某一个对象关系的评价是公平的(C^1),而 C 在 A 和 B 的另一个关系的评价中也是公平的(C^2),在两组评价关系中,主体都是单一的,评价都是"公平",但是 $C^1 \neq C^2$。这是因为 C^1 和 C^2 分属于不同的评价关系,且它们各自都是单一的评价关系。概言之,公平在内在向度上不仅是主体范畴上的单一,而且这种主体范畴的单一性与其存在关系的单一性是一一对应的。

第三,尽管公平是针对单一性的对象关系形成的评价判断,但是公平不是一种事实,而是一种"人的价值给予"。这种一元性使得它具有一定的独特性,如亚里士多德认为公正与公平都是一种德性、人的品质,它们之间的差异来自公正作为普遍性标准的例外,即公正的普遍性需要借助公平的补充性,但是这一观点并没有解释为什么公平能够具备这样的性质。公平离不开人的给予性,因为它作为一种"自在自为有价值的评价性概念"从属于一种在其传统和现实的结合中要求社会主体承认的价值分配。在政治诠释学视域中,公平虽然"无法将其许多个别的特征统一到性情的共同一致中",但也是"看重那生活、纠缠于诸事件及存在者之中并随同后来的目的而相对成熟起来的东

_____

① 需要指出的是,森所谓的开放性和封闭性是一种针对"社会判断和社会安排的评价中焦点团体"的位置问题,即在焦点团体内的就是封闭的公正,而在焦点外的就是开放的公正。这与本文在价值范畴的外在向度上所论及的封闭性与开放性根本不同。森将公正概念的论证者作为其划分标准,却类似于本研究中价值范畴的内在向度中关于主体、主体关系、主客体关系的单一性和多元性的分析。不过,本文并不认为"公正的第三者"作为开放的公正具有更高水平的选择意义。

② [印]阿玛蒂亚·森:《后果评价与实践理性》,应奇等译,东方出版社 2006 年版,第434—435 页。

西"①。

在外在向度上,公平则具有开放性的尺度。从某种角度看,这种开放性是平等范畴在演进过程中的重要后果之一。虽然平等在内在向度上是封闭的,但是平等具有数量相等和比值相等两种表达形式,且具有一种鼓动和扩张的能力。就如"法治就是这样一种表达平等的理想(所有公民在法律面前人人平等)。民主则推崇政治平等,即所有公民参与集体决策或至少选出代理人来的资格平等"②一样,公平也深受平等的影响。不过,公平并不仅仅是平等范畴在演变过程中的被动反映和附属品,相反,公平因其内在逻辑的多元性实现了其外在向度的开放化,不同于平等受特定主体范围限制的特点,更具开放性。与平等在当代屡遭诟病的理解境遇不同,公平在更广大的社会实践领域中愈发显示出基本概念的特点。时至今日,这种开放性已经普遍存在于从社会体制上消除人为的不平等、社会和政治条件上的完全相同、最大限度的平等福祉、最普遍的机会平等等大部分领域,沃尔泽的"复合平等"正是"作为公平的平等",而罗尔斯的"作为公平的正义"中的"公平"则是将上述多元化环境下的平等共识通过去除它们所负载的外部条件而形成的抽象。它们都可以在公平的开放性的外部环境中找到自身的边界和实践的范围。与此同时,公平的开放性与它具有的矫正功能不无关系。"公平的本性就是这样:它是对法律因其普遍性而总是带有的缺陷的纠正"③,正是因为矫正性需要建立在"缺陷结构"的出现基础上,这就为公平制造了开放性的范畴存在环境。如果上述两种情况可被描述为"扩展性"和"矫正性"的开放性,那么还存在另一种激励性的开放性情况。借助形式逻辑的思维和观点,$K_f/J_f \geq C_f$这一表达式可说明激励性的开放性。其中,K_f代表公平的扩展性的开放程度与范围,J_f代表公平的矫正性的开放程度与范围,而C_f则代表公平的既存的边界。"激励性的开放性要求"认为公平在扩展性开放范围和矫正性开放范围的结构和相应程

---

① 《伽达默尔集》,严平编选、邓安庆译,上海远东出版社1997年版,第285页。
② [英]杰弗里·托马斯:《政治哲学导论》,顾肃、刘雪梅译,中国人民大学出版社2006年版,第178页。
③ [古希腊]亚里士多德:《尼各马克伦理学》(注释导读本),邓安庆译,人民出版社2010年版,第200页。

度并非完全一致。一般而言,前者往往具有前瞻性和导向性,后者则具有后发性和限定性;前者的开放性面向的是人类活动的一切领域,而后者的开放性则主要针对存在缺陷的不公正领域。因此,扩展性的开放范围和矫正性的开放范围相比较,要么是现有公平范畴的基本论域,要么就要超出这一论域,这就要求公平在更大的范围和基准上扩展自身。在这里,公平的开放性更加强调动态性。

从表象看,公正和公平都赞同一般意义上的平等,但公正是系统化的公平价值观及其制度安排,公正属于原则领域而公平属于规则领域,公正可以接受一定程度的不平等而公平则更强调完备的平等。这种比较虽然能够部分解决日常生活中公平与公正的概念选择难题,但尚未解释二者的本质差别。对此,有的学者则认为,"公正同公平这两个概念之间存在着以下几个方面的差别:第一,公正带有明显的'价值取向',它所侧重的是社会的'基本价值取向',并且强调这种价值取向的正当性;而公平则带有明显'工具性',它所强调的是衡量标准的'同一个尺度',用以防止社会对待中的双重(或多重)标准问题。……第二,只有现代社会才有可能实现真正意义上的公正,而传统社会则是在一定程度上、一定范围之内存在着公平的可能性。……第三,相比之下,公正的'应然'成分更多一些,而公平则带有更多的现实成分"①。从政治诠释学的角度看,这一观点不仅没有在概念比较上注意内外向度的不同,而且在概念分析上也并不准确。事实上,公平的规范性来自于它的开放性,即公平作为一种社会整合的前提,或规则、或标准来自于它所存在的语境和场域,是关于正当的不同认知条件和水平决定了对公平的不同界定。与此同时,公平的有效性则来自于它的一元性,何种公平界定能够得到较为普遍的承认主要取决于不同主体的公平观念或公平感。正是不同的公平感将不同公平概念认知的主观条件和客观条件综合起来,形成了人们所理解的公平。

严格而言,公平还不是一个框架概念。虽然公正一般可指公平正直、没有偏私,而公平也有"处理事情合情合理,不偏袒哪一方面"的相似含义,但是产生它们的基础不同。一般地,"公正"侧重的是社会的基本价值取向,是一个

———————

① 吴忠民:《社会公正论》,山东人民出版社 2004 年版,第 103—107 页。

现实的制度原则;"公平"则强调衡量人们在现实利益关系上标准的"同一个尺度",是公正原则的现实结果,是对社会制度原则的一种补充处理,这种处理可以完善社会制度并使得具体的处理方式就总体而言具有一种公正(或正义)的性质①。在政治诠释学视域中,造成这种区别的原因在于公正是一个解释性框架概念。这就是说,公平的外在向度虽然是开放性的,但它的每一个开放性结构仍依赖于公正的解释性框架的边界。对于扩展性的开放结构而言,它突破的是封闭的平等关系,但平等关系也离不开公正范畴,因为"第一,公正是一个关系概念。它不是就单个人而言的,而是就人与人之间的关系而言的,在一个社会内部,是就其所有成员而言的。第二,公正具有分配性质。公正问题总是在人与人之间分配什么东西(如财富、权利、机会)引起的。第三,公正所涉及的内容是社会资源,其中主要是社会角色及其权利和义务。第四,公正是一种价值要求,要求分配公平、合理"②。不难发现,公平存在于公正之中,是在这种普遍的平等(公正)范围内的具体价值标准,同是调整若干具体的平等之间或之上恰当的相互关系的最高概念。对于矫正性的开放结构而言,公平是公正的补充,是公正完善其解释性框架的周延性的需要。形象一点说,假如公正是冲积平原,公平就是冲击平原形成的水流动力。而公平的扩展使得公正接纳了更多的平衡关系,公正通过其自身的均衡作用将这些"具体素材"调和、理顺并进入自身解释性框架的内在优先性循环和外在解释评价活动中。从某种意义上说,公平始终在把处于既存公正范畴之外的平等关系输入公正的解释框架,而公正则是公平的终点。此外,正因为"公正是公平的目标",所以对公正的缺陷结构而言,公平是绝对性、普遍性的;而对于公正的解释框架整体而言,公平仍是部分的、相对的。

（三）正义与公正

一般而言,区分正义和公正的确很难。这种模糊性的最大问题在于,它拒斥对二者的比较。如果说,自由、平等、公平仅仅是在某一个方面因为与公正的具体内容、结构或者功能产生了重合而导致它们之间的模糊性,那么正义和

---

① 王桂艳:《正义、公正、公平辨析》,《南开学报(哲学社会科学版)》2006 年第 2 期。

② 杨海蛟:《平等:人类对理想社会的诉求》,吉林人民出版社 2004 年版,第 39—40 页。

公正则是在结构本身就发生了混同。对公正的分析难以绕过正义的概念史，这不仅是因为二者在概念符号上的相似性，还有内在语言逻辑乃至概念框架结构上相似性和继承性方面的原因。在这里，作为解释性框架概念的公正需要将正义的概念史作为必要的"前历史理解"。柏拉图曾经有句名言——责任在于选择①，概念史是一种问题史，解释概念就意味着批判作为问题史的概念语言，也意味着发现一种留待他者批判但更加包容的概念语言，即面向内在语言的框架概念。政治诠释学认为"'前见'其实并不意味着一种错误的判断。它的概念包含它可以以具有肯定的和否定的价值"②，"关于古典型概念的解释并不要求任何独立的意义，而是想唤起一个普遍的问题，这个问题就是：过去和现在的这种历史性的中介，正如我们在古典型概念里所看到的，最终是否作为有效的基石成为一切历史行为的基础？……理解甚至根本不能被认为是一种主体性的行为，而要被认为是一种置身于传统过程中的行动，在这个过程中过去和现在经常地得以中介"③。在这种具有时间距离的概念图式中，与正义和公正共同具备的古典概念的特性之上，公正与正义具有解释意义。

正因为如此，公正与正义的差异性"在那种掩盖着词语和概念之关系的形式的根深蒂固的遮蔽中，自然很少会显露出来，而在通过术语上的固定化而体会出关于词语于概念、词语范围与它的界限之关系的地方，则是显而易见的"④。这种启发表明公正和正义的比较不能停留在具体内容和内外在的概念向度上，而应深入政治诠释学的视域中进行比较。

（一）与正义主要作为伦理生活的评价范畴不同，公正是一个评价政治生活的基本范畴

价值在日常话语体系中往往与伦理生活相关，是一种道德评价形态。诚

---

①　这句名言来自柏拉图在《理想国》第 617 节阐述生活模式的选择及其必然性问题时的论述，他借由苏格拉底的神话描述指出："不是神决定你们的命运，是你们自己选择命运。谁拈得第一号，谁就第一个挑选自己将来必须度过的生活。美德任人自取。每个人将来有多少美德，全看他对它重视到什么程度。过错由选择者自己负责，与神无涉。"参见［古希腊］柏拉图：《理想国》，郭斌和、张竹明译，商务印书馆 1986 年版，第 421 页。

②　［德］伽达默尔：《诠释学 I：真理与方法》，洪汉鼎译，商务印书馆 2010 年版，第 384 页。

③　［德］伽达默尔：《诠释学 I：真理与方法》，洪汉鼎译，商务印书馆 2010 年版，第 411 页。

④　［德］伽达默尔：《伽达默尔集》，严平编选、邓安庆译，上海远东出版社 1997 年版，第 152 页。

然,价值论的两个根本问题——价值和事实悖论、目的和手段悖论——都与道德判断相关,价值哲学也植根于伦理生活。但是,这种观点的根本意义在于人们需要始终思考"何者为人",即人存在的现实与原因、个体生存与生存价值、存在与发展的思考,这种思考被最终定位在道德或伦理认知层面上,由此,关于"至善"的思考将价值和伦理混淆了。此种情况下,价值是一个极其宏大的整体,在其中各种价值要素不但寻找自己的意义,而且不断试图寻找一种可靠且能够获得最可能一致性的"词典顺序"。显然,证明这种词典顺序的存在,不是"自说自话"的。历史证明,一切依靠强制维持的"价值秩序"早已崩溃且不再具有理性的合法性。那么,如何实现价值秩序呢?人们希望可以通过建立一种人类社会至少是政治生活之内的普遍同意基础上的共同认知而确立上述价值顺序及价值秩序。在这里,自然法、社会契约论、功利主义、多元主义轮番上场,自由、平等、正义、博爱、秩序、民主、公平、公正也就成为了论证对象。人们获得某种价值秩序的愿望如此强烈,以至于他们将各自关于至善生活的认知付诸于价值顺序的排列中。这一过程的结果是正义成为道德共识的最高价值。但是,"争论"与"决裂"并没有因此而得到融合和平复。显然,作为所谓"至善"的正义是一个被抽空价值内核、失去价值评价和实践意义的术语,是一个近代以来个体伦理的机械组合的产物。与其说人们在思考和讨论什么是正义的问题,不如说人们在确立何者能成为至善的核心内容的问题,对此,自由、平等等价值要素早已成为周而复始的论说,而神祇、理性、幸福等也不乏拥趸。正义往往成为人们可以接受的社会存在、社会统治甚至直接制裁的同义词。这恰恰说明了正义是一个以伦理认知取代政治价值,自我评价代替社会共识的乌托邦。政治价值是价值体系的有机组成部分,它既不是价值体系的基础,更非价值体系的全部。人们试图在政治价值的建构中获得一种普遍的共识的同时,正义作为伦理思考的政治价值解说的"双面性"就已经产生了。马基雅维利创造性地将政治从伦理中解救中出来;而洛克则将"兽性"的政治装上了"伦理"的大脑。但是,洛克的努力决然划分了政治生活和道德乌托邦的界限,并用社会契约进行了划分。伦理认知是政治生活的基本要素,但它不是政治生活决定要素。而当下一般意义上的正义恰恰就是政治生活伦理化的集中体现。如果说,伦理生活具有自己的终极因和目的——权且称之为

"至善",那么政治生活也具有自己的终极因和目的,前者非但不等同于后者,而且包括与超越了后者。不论人们最初是怎样联合起来的,但是一个结论是毋庸置疑的:从人们联合起来组成一个社会,而以社会的形态生存发展开始,伦理生活就只是这种生存的一个组成部分,所以伦理生活的评价体系相应地就不再具备个体意义上的决定意义。在政治社会中,人对于自己、人与人、人与团体、人与社区、人与国家、人与社会是一个以自我为价值评价基准的衡量维度,同样,团体与团体、团体与社区……,社区与社区,社区与国家……,国家与国家,国家与社会……,社会间际……,等等也是类同的衡量维度。我们并不能因为他们的本质关系是人与人之间的生存与发展的关系,而仅承认人与【X】的价值关系命题。罗蒂指出,"人的道德同一性取决于他所认同的团体,这里的认同是指,如果人不能忠诚于这个团体就无法成为他自己"①。因此,作为伦理评价概念的正义,只能受困于"理性"与"情感"的选择困境中,追求"至善"与"完备"的正义,越是稀薄,就越完成不了从分析道德概念推导出同一性的道德判断。据此,人们那种从个体伦理生活出发而逐步抽象并最终形成的"政治价值的最高形态"——正义——就不再名副其实,因为它甚至脱离了政治价值,只是评价认知的扩张。正因为如此,公正尊重人、尊重政治生活、尊重其间一切价值关系,强调多维结构的存在意义,强调均衡的意义就在于抛弃那种建立在伦理评价体系基础上的决定论、优先论和顺序论,转而通过广泛的社会政治实践而形成的一种包括政治评价行为、政治生活结构和政治价值构建这三个必要结构要素的均衡结构。正如亚里士多德指出的,"城邦出于自然的演化,而人类自然是趋向于城邦生活的动物(人在本性上,也正是一个政治动物)。凡人由于本性或者由于偶然而不属于任何城邦的,他如果不是一个鄙夫,那就是一位超人,这种'出族、法外,失去坛火(无家无邦)的人',荷马曾鄙视为自然的弃物。这种在本性上孤独的人物往往成为好战的人;他那离群的情况就恰恰像棋局中的闲子"②。而在这种人那里的任何价值要素必然是普遍的、最高的,因为普遍已经成为一种"符号",而不再具有政治价值的

① Richard Rorty.*Philosopgy as Culture Politics*.New York:Cambrighe University Press,2007,p.45.
② [古希腊]亚里士多德:《政治学》,吴寿彭译,商务印书馆 1981 年版,第 7—8 页。

意义。一切妄图实现"普世价值"的政治努力之所以枉然,就因为其违背了政治价值存在和政治生活存在的基础。公正是一种政治价值的评价活动,它不仅仅是这一活动的客观对象,也并不依赖某种伦理生活评价活动。如果必须对其定位,则可称为"政治生活的秩序需要"对"德性的完满运用和实现活动"的同一性。显然,公正并非"普世价值",却仍得以成为政治生活的秩序基础。

（二）正义来自于单一向度的价值信仰,而公正则是面向多维价值的认识范畴

正义是一种单一的价值信仰,这主要突出体现在正义是价值信仰,而且是一种单一性的价值信仰。正义通过价值的虚无化和不断充溢这两种路径成为单向度的价值信仰。前文已经提及,正义是一种追问个人生存终极因的多元方程,在解答过程中,它的任何变形和阶段都是有意义的。然而这些变形和阶段也在削弱了正义的唯一性和至善性,将多元困境引入了正义的价值认知。但是,为了维护正义对于"社会"的最高价值地位,人们巧妙地将正义与个人生活（并暗喻式地扩展到了共同体生活）勾连起来,并演变成为价值信仰。尽管正义的诉求来自于对于不正义的种种社会经验和个人体认的不满,但是随着正义"所涉及的问题'愈一般',……问题的文化意义就愈广泛,通过经验认知获知一个明确的答案就愈不容易,个人信仰的最高公理和价值观念在其中发挥的作用就愈大"①。这种信仰在早期还依靠宗教、迷信和小型社会的纽带作用存在于人类社会中,但当社会生产不断扩大并导致社会规模日益增大之时,正义作为一种价值信仰就脱离公民个体、社群、国家与共同体了。此种虚无化的"正义之理念,是在人类自由理念之外,存在于人与人的外在联系之中。因此,它与人们与生俱来的实现幸福的追求没有具体联系,同样,它也与规定人们以何种方式实现幸福没有具体联系"②。具有讽刺意味的是,很多观点恰恰认为只有在有价值信仰的前提下,实际地赞成价值判断的努力才有意义。其实,此种作为价值信仰的正义并不承认存在虚无过程,它仍在运用各种

---

① ［德］马克斯·韦伯:《社会科学研究方法》,韩水法、莫茜译,中央编译出版社 2008 年版,第 7—8 页。

② ［英］迈克尔·奥克肖特:《近代欧洲的道德与政治》,顾玫译,上海文艺出版社 2003 年版,第 63 页。

思想素材和逻辑手段将一种来自于生活经验的思辨和解释作为这种价值认知有效性的合法性来源,不断强化正义与实在、正义与理性、正义与真理的关联性。显然,非但政治社会的经验活动无法实现这种正义,即便是审慎思考政治价值的规范思辨也无法从"价值纷争"的相对主义困境中抽身。为了脱离这种虚无化的状态,正义作为一种价值——甚或至善——需要其可以存在和实现的价值领域。价值领域的设计一方面修正了单纯信仰的抽象性,同时也带来了一个最重要的问题,即任何价值领域的设计都是一种方法论的需要。一般而言,政治价值、经济价值、社会价值、伦理价值等大多与某个具体的经验相关,因此最初引入价值领域被认为是解决价值信仰虚无化的有效策略。不过这并不是绝对的。应该说,文明社会以来,人类的身份和角色随着社会系统的复杂化而复杂化,人们需要在经济、政治、伦理、社会等行为领域中不断地转换角色,而价值评价作为一般性认识活动能动地与这些具体实践产生有机的关联。不过,这种关联是价值领域的萌芽状态,人们意识到正义等价值需要一个对象化的价值领域,而"在合理地确定这一领域之前,关于赋值和评价题材的讨论完全就像是在黑暗中向某个被认为是存在于某处的东西开火,而恰恰所谓'某处'是最模糊不清的"①。为了澄清这种模糊感,人们通过运用自己的认识能力从方法论的意义上建构了一些基于行为基础的价值领域,或可称为"假设改造后的人类社会"。在这种价值领域中,正义被赋予了行为的现实性、多样性,同时其并未舍弃正义决定个体意义的终极因的取向。于是,愈发多样的行为衍生出了不断充实的正义领域,每个领域均依靠、并为了坚持各自的至善性,继而人们在选择困境中再次使用假设方法,从所有价值领域共同接受的价值属性角度将正义确定为人类多元政治社会的统一的价值评价。最终,作为价值领域不断充溢(次元化、多维化)结果的正义,亦成为一种价值信仰。更为重要的是,作为价值信仰的正义具有单一性的价值属性。从逻辑上看,不论是虚无化的正义还是不断充溢的正义,它们都需要在现实的政治社会实践之外建造一个属于彼岸的正义世界;而在内容上,"正义有着一张普洛透

---

① [美]约翰·杜威:《评价理论》,冯平、余泽娜等译,上海译文出版社2007年版,第197页。

斯似的脸(a Protean face),变幻无常、随时可呈不同形状并具有既不相同的面貌",而且"各种各样的不尽一致的'真正'的正义观,而这种种观点往往都声称自己是绝对有效的"①。与其说是一个个不同的正义面庞从人们面前走过,不如说是一个人在使用不同的面具屡次出现在人们面前。因此,各种内容要素的扩大非但没有改变建造逻辑的彼岸世界的初衷,反而利用优先性理论实现了正义价值的单一优先性。总之,揭去"多元正义"的面具,正义仍是一种单一性的价值信仰。而公正则不然。公正集中存在于政治生活中,是政治价值领域的本质。它是一个政治性概念,而非伦理观念或者道德体系,公正是人类政治社会在权力结构、运行中寻求个体、社群、国家、社会之间和谐发展的政治底线。它是在一定历史阶段的社会政治生活中,在交往沟通的批判过程中,政治主体通过广泛的社会政治实践而形成的均衡结构的概念图式,其通过主导维度优先性的占有、矛盾和消解活动,进而反思、激励并重塑其他次要维度,使得三者在吸收政治生活多元性的同时实现社会政治生活整体的协调发展。由此可见,公正是对此岸的价值认知的概念话语,具有相对稳定的边界、评价对象的明确性和结构性,将差异消解于理性博弈的相对性和对等性中。公正,接受且要求人类社会政治生活中的一切政治价值都应有助于社会系统的发展,尤其是控制权力架构中的政治生活。正因为如此,公正在制度层面的实现才离不开民主政治的不断推进。

此外,正义从某种意义上进行的是一种离场性的评价,倚重于身份政治基础之上的直觉性政治概念;而公正是一个"即时性"的政治概念,更加强调入场性,依赖于具体政治实践。对于人类的思维活动而言,一般存在辩证法和形而上学两种认识路径。简而言之,如何看待思维与其他行为(包括自然条件)之间的关系是区别上述路径的基本标准。前者认为思维与现实之间联系的本质是流动的、发展的、相互联系和转化的,而后者则将这种联系看作固定的、一成不变的、现实的。政治价值活动和对它的分析也存在着这种差异,政治价值是由不同的结构内容、结构层次、结构阶段及结构体系构成的,人们在政治生活中,借助

---

① [美]博登海默:《法理学——法律哲学与法律方法》,邓正来译,中国政法大学出版社1999年版,第252页。

价值认识活动,在认识过程中从政治价值内容推进到价值结构层次(个别到一般),从具体的价值要素(自由、平等、公平等)推进到抽象(正义、公正),从政治价值的内容、层次、阶段的局部认识推进到政治价值的结构体系的本质认识,从复杂的偶然性推进到必然的规律性。由此可以看出,正义和公正与其他政治价值要素的最大差异在于,它们不但可以在一定环境中充当价值要素的一元,而且在逻辑上它们是代表政治价值活动总体性结构和指向的价值要素的"综合"。正因为如此,正义和公正才须臾不离,难以区分。而从任何所谓哲学原则角度分析公正或者正义,其结论也都将回归到二者在价值元素方面的一元属性上。伦理生活探求人的本真的现实存在,而政治生活探求人的现实存在的本真。这具有极大的差异,前者的最突出的特点就是在概念解释中否认概念的相对、相反、相关这三项基本关系是对立统一的;相反,借助理念论、心性论、自然法或者客观历史说明任何价值活动都具有一种本原性质的"元术语";而后者则认为政治生活中的价值活动最根本且最突出的标志是在承认价值诸要素的相关性上,保持各要素结构的同一性同时,能够容许相反的性质。当然,正义概念也在改造自身的话语体系,已然成为制度首善,是一切政治活动尤其是权力运作的本质诉求。但这种诉求离不开"相对性"。在政治正义话语中,正义来自于"他者"对于"自我"的相对关系。政治社会中,人的存在是身份的存在,人的任何角色的行为都可以化为身份。不但公民、公务员、政治家是一种典型的政治性身份,而且包括父亲、妻子、爱人、朋友等传统的伦理角色也因为社会关系的责任化、规则化而成为一种"非典型的政治身份"。在身份的世界中,人们可以通过量化的原则和规范判断身份的价值。因此,与其说是"我"在寻求正义的环境,不如说是身份要求获得承认的正义性。通过检视罗尔斯的正义二原则有助于明确这种认识。罗尔斯正义二原则最初提出:"第一个原则:每一个人与其他人所拥有的最广泛的平等基本自由体系相容的类似自由体系都应有一种平等的权利。第二个原则:社会的和经济的不平等应该这样安排,使它们(1)被合理地期望适合于每一个人的利益;并且(2)依系于地位和职务向所有人开放"①;继之,他将

---

① ［美］约翰·罗尔斯:《正义论》(修订版),何怀宏等译,中国社会科学出版社 2009 年版,第 47 页。

正义二原则修正为:"第一个原则:每个人对与所有人所拥有的最广泛的平等的基本自由体系相容的类似的自由体系都应有一种平等权利。优先原则:两个正义原则应以词典式次序排列,因此自由只能为了自由的缘故而被限制。这有两种情况:(1)一种不够广泛的自由必须加强由所有人分享的完整自由体系;(2)一种不够平等的自由必须可以为那些拥有较少自由的公民所接受"①。在最终的总结中,罗尔斯发现"人们应当认为这些不平等并不是不正义的,因为完全实现两个正义原则的条件并不存在",那么"两个正义原则应以词典式次序排列,因此,自由只能为了自由的缘故而被限制"②。事实上,正义原则下的自由不是被自由限制的!真正限制这一切的只不过是政治生活中身份依据,以及罗尔斯试图将那种伦理纯真植入身份社会过程中的困惑。不难发现,从最初的"地位和职务"对于一般正义的修正,到接下来优先原则的阐述,及至最终作为公平的正义彻底完成。如果再考虑到《政治自由主义》对于正义原则、原初状态、无知之幕的解释和修正,罗尔斯的正义论更侧重体现一个"正义的人"如何向"身份的正义"屈服的过程。马克思早已说过,政治正义不过是一种幻想,权且不论阶级对立带来的非正义,即便是用阶层消解阶级的当代,正义仍难以在融合各种身份的自由、平等、秩序及其优先关系中抽身,也就导致人们无法直接回溯到一般的正义观③。正因为如此,那种以实现政治正义为目的的正义观——如,"作为公平的正义"——仍将受制于直觉主义,"由一批最初原则构成的,这些最初原则可能是互相冲突的,在某些特殊情况下给出相反的指示;其次,它们不包括任何可以衡量那些原则的明确方法和更优先的规则,我们只是靠直觉,靠那种在我们看来是最接近正确的东西来决定衡量"④。对于当代政治社会而言,与其说是追求自由民主,不如说是探求共和发展。此

① [美]约翰·罗尔斯:《正义论》(修订版),何怀宏等译,中国社会科学出版社 2009 年版,第 196—197 页。
② [美]约翰·罗尔斯:《正义论》(修订版),何怀宏等译,中国社会科学出版社 2009 年版,第 237 页。
③ 这一论述在《正义论》的修订版中被删去了,转而为正义原则和优先规则提供给较为稀薄的理论辩护,但本文认为其对一般正义观的排除有其特定的理论意义。参见[美]约翰·罗尔斯:《正义论》,何怀宏等译,中国社会科学出版社 1988 年版,第 303 页。
④ [美]约翰·罗尔斯:《正义论》(修订版),何怀宏等译,中国社会科学出版社 2009 年版,第 27 页。

条件下,身份的意义,不仅仅是针对共和国、民主政治而言是深层次地进入到政治社会的结构中,进入到对和谐社会的诉求中。那么,正义所能接近的最正确的选择条件,就是身份。而不同的身份所选择的价值要素,就成为了正义的来源。这一认知伴随着身份确定的过程,在这个意义上,正义是一种"离场的"评价话语,是一个在身份政治的基础上的"直觉性"的政治概念。

当然,政治生活中的公正也具有身份特征。身份是政治的基本属性,离开了身份,政治将不再是政治。因为,人们如果依从自然人的性质是永远无法组织在一起的。人类的历史证明,两种生产决定社会制度,而人的生产在进入国家状态之后就不再是生理生产那般简易,而更多的是以社会关系的形态存在,即在确定身份、褫夺身份、交换身份中存在。在不考虑一个共同体、社会、国家等组织体系问题的时候,先见地掺入个体的决定论就体现了直觉主义的一元决定论。事实上,亚里士多德早就说过:"人们要研究'城邦政制'这个问题,考察各种政制的实际意义及其属性,就应该首先确定'城邦'的本质;这样,我们先要问明'什么是'城邦'。……我们必须先行确定城邦的本质,然后才能理解一切政治活动和政治体系"①,今天看来,这样的论断表明了政治生活、政治身份和政治价值的基本关系。公正,作为政治价值的整体,接受政治生活的基本语境,承认政治身份对于其具有决定意义的相关性,同时在政治价值中将其规定为各种价值要素的"宾位语"。以近代以来的正义观为例,自由和平等是正义的基本要素,正义确定了自由和平等之间的关系——某种优先关系,为了选择必定需要某种合法性依据,这种依据来自于自己的经验、并将这种经验通过身份语境的改造成为一种优先性理论。最终政治生活的正义就演变成为了某种身份的需要的直觉意识。而公正则不同,公正承认自由和平等是始终对立的,不论是权利自由还是任何分配形式的平等应该普遍以自由为原则,这些不过都是两者之间无法消解的对立的表象。在政治社会中,自由和平等来自于自由民获得平等对待的历史过程中,自由民作为一种身份,本身就带有极大的限制性。换句话说,自由和平等的对立不是价值属性的对立——它们不过都是一种政治的善,他们的对立反映了政治价值的本质,因此它们的对立是

————————

① [古希腊]亚里士多德:《政治学》,吴寿彭译,商务印书馆1981年版,第109页。

相关者的对立,同时也是相反者的对立。前者相互依存,后者相互疏离。在正义语境中,自由和平等作为相反者的具体对立的承载者,不在任何方式之下相互依存,而是彼此相反的。因此,任何正义原则都必须是"让步式的结构"。而公正则建立在对于身份的统一理解上,即将身份的不同、冲突看作一种历史的现象,是不断在解决的实践问题。在任何一个历史阶段,只要身份的决定意义存在,任何政治价值就必须统合于这一前提条件下。那么,对于一个社会而言,其社会属性的增长意味着消解政治对立,而政治对立的消解则有助于身份隔阂的融合,身份隔阂的彻底消失则必然导致身份意识——决定政治价值趋向——的消亡。因此,公正的存在与发展应体现在政治社会发展的任何一个阶段中。国家必然要消亡,但并非是瞬间消失,而是一个长期的过程。社会主义社会的存在在某种意义上就是为了加速实现国家的消亡。一个公正的政治生活,当它保持着自身的同一性的时候,却同时能够容许有相反的性质。在这里,公正——区别于正义——成为一种承认变化、允许变化的政治价值。也正因为如此,公正则是一种"入场的"价值活动,是一种在特定的政治实践发生过程中存在的"即时性"的政治价值实践。

当然上述比较只是一种初步探索,深入思考正义和公正的关系仍是一个需要不断推进的研究。不过,根据笔者所能够掌握的资料,如果审慎而缜密地整理、归纳、分析和区分西方话语和中国语境中公正和正义的研究——当然这包括两者的比较研究,可以发现很多论争是可以避免的。不难发现,人们经常将正义看作政治社会存续的最高原则,将其作为个体道德行为准则的训诫,并且赋予其不同的内涵。例如,正义通常被理解为"给人以应得",那么"为什么要给人应得"呢?是因为人们具有平等的权利,那么"平等权利"又缘何而来?可能的回答就包括人性论、契约论、功利论、系统论等;而至于人们在正义所表述的"应得"中包括什么的问题上,自由、平等、权力、秩序等就跃然纸上了;那么为了实现这种应得,平均、比例、对等、均等等分配策略则理应有所选择。笔者无意由此追究,因为一个正义是什么的命题能够推演出的结论及其反驳已经反复上演,并由此构成了正义理论的庞杂精深。问题在于,国内公正研究可能忽视了一个极为重要的现象,即西方语境中的正义理论是建立在特定假设前提下,以具体研究内容为指向的正义命题。仍以罗尔斯为例,他的正义理论体系十分庞杂，但归根结底无非是要讨论两个基本问题，即人类社会尤其是政治社会为什么需要正义，而正义的理想社会在现实中如何实现。对此，他的对手并没有从前者对其进行否定，而普遍集中在对后者进行具体的批判。然而，罗尔斯的敌人只不过是从他们各自对于前者的认知中形成了第二个问题的某些策略、路径和结论，并以此批判罗尔斯对于正义社会的错误认识。试想，这样的批判何以解其惑、释其难呢？渐渐地，许多论者认识到了正义理论是一个不可能完成的任务，因此他们更多地从分配正义（公平问题）、权利正义（自由和平等问题）、持续正义（博爱问题）、发展正义（和谐问题）等不同角度进行争辩。这就在无形中分解了作为完整系统意义存在的正义。遗憾的是，关注公正与正义研究的人们较少关心这个差异，而主张公正与正义同构的人们则重于将公正的蕴涵（甚至其他价值的内涵）负载到各自的论述中——而差异在其理论建构之时就已然存在了。正因此，政治诠释学视域中的公正和正义，必须明确它们各自在其理论发展中的主要脉络和理路红线，并不能因为正义的崇高"形象"，而忽视其理论中的顽疾，同样不能将公正作为一种正义的子形态而加以轻视。审慎地理解公正，意味着在使用公正和正义概念的时候，必然存在主观上的混同，不是追究细节的辨析剥离，而是从二者在内涵本质和价值属性层面上先行求解。这要求人们有勇气运用自己的理智，尽可能地明确公正是何种政治价值，把握其与政治价值的关系，并且认清公正作为政治价值的内涵尺度问题。

三、公正作为基本概念的重要性

通过公正与自由、平等、公平、正义这些近似概念的比较，政治诠释学对公正概念进行解释的独特性和重要性逐步显现。这些论述意在传达一个信息，即在政治世界中，公正作为基本概念之一与整个概念体系具有高度的一致性，它能够说明这个范畴的合理性和体系化的方向，这是其他概念或范畴所不具备的。从解释性框架的角度而言，上述论证说明了公正与其他概念在其解释性框架内的关系，而并没有阐明公正与政治价值体系之间的关系。正如本文界定的公正是解释性、框架性、争议性的概念所言，如果其仅仅作为一种可以"包含他者"的框架，那么其必然应该按照其内在均衡属性与其他概念在概念体系内实现优先性选择。事实上,公正是在更大意义上成为一种解释性的框架概念的,这种具有高层次理论特征解释框架使得公正和政治概念体系具有更本质的关联,这可以从以下四点来说明。

（一）公正的完备性决定了政治概念体系的完整性

政治概念的系统存在是以现实社会人的政治生活的普遍性为前提的。因为"现代的社会不是坚实的结晶体,而是一个能够变化并且经常处于变化过程中的有机体"①,所以政治概念只有适应并体现社会发展的整体性和系统性,才具备构建的合法性。任何政治概念体系都具有较为明显的同一性、历史性、稳定性的特征,反映一定历史和社会条件下的社会生产方式的健全程度。从整体上看,政治概念既表现为某种精神现象、理性关系和历史体系,又是它们的综合。因此,一方面政治概念是在体系化的过程中不断丰富,另一方面政治概念的自我提升和发展又推动着政治概念的体系化。在这一过程中,概念理解的主观性,体系建构的逻辑性、历史发展的选择性综合作用于对政治概念的解释中。这种体系化的过程并不是自明的,而是在各个政治概念的建构、争论和选择中形成的。知识论上,这一过程可称为科学知识与直观知性的辩证同构,其具体表现为两个主要趋向。具体而言:其一,公正的自我完备,即公正从"前理解"向"当下解释"的转变。公正曾经是一个平面维度的价值概念,表现为某种线性的规则、秩序和状态,并由此获得了各司其职、各守其序、各得其所的属性;而此种应得属性的来源需要通过人的本性或者契约等模式加以证明,因此产生了公正是强者的利益、彼此快乐的契约的理论直观;由此,人们通过不断丰富的政治实践将这些利益、契约的基本内容表述为人的自由、平等、尊重、宽容等内容;而由于这些内容的模糊性和交叉性,公正的标准成为超越了这些具体的内容分析,在这里,公正的德性论、功利论、实在论、道义论、公意论等获得了证成的意义。这些具体的阶段和内容构成了公正向基本概念的完备性发展的过程。历史地看,公正一直是核心的政治概念之一,不可替换或交换。没有公正概念,任何政治概念体系和政治话语体系就难以产生。同样,公正只要继续在自我完备,政

---

① 《马克思恩格斯选集》第 2 卷,人民出版社 1995 年版,第 102 页。

治概念体系和政治话语体系就会不断完善。其二,公正的"比较"完备。从实现公正的角度,可以分为分配公正和矫正公正。这是一种尺度性划分,它是比较的,而非判断的,"之所以称为'比较的',是因为一个人应得到什么,是通过把他的要求同他人的与他相反对的要求进行衡量后来决定的,因此,社会上他人的条件影响了一个人应得的多少"①。进而言之,与其他基本政治概念较为强调概念的自明性和不可改变性相比,公正更强调多维性、解释性和框架性,它处于绷紧的概念网络中,在创设意义的同时也向其他概念索取意义,公正无法将其他政治概念进行简单的不可通约的排列,而是在建立一种概念的集合,以此实现集合内各个平行概念相互交错和有序优先,推进概念体系的均衡发展。

(二) 公正在政治概念体系中具有较高的价值位阶

按照历史唯物主义的观点,对政治概念的评价和批判越一致,它的价值位阶就越高。一般而言,政治概念的价值位阶越高,它所反映的政治生活与个体生活的协调性就越高。对于个体而言,公正是一种"理想类型"、"理想图像"或者"思想图像",而"政治的公正,或者是自然的,或者是传统的。自然的公正对全体的公民都有同一效力,不管人们承认还是不承认"②,而这种结合了自然和传统的公正,在历史、社会的发展过程中秉持了上述个别性的特征,并且"这种思想图像将历史活动的某些关系和事件联结到一个自身无矛盾的世界之上,这个世界是由设想出来的各种联系组成的。这种构想在内容上包含着乌托邦的特征,这种乌托邦是通过在思想中强化实在中的某些因素而获得的"③。与此同时,公正从来不是一种单纯个别事实的一般概念,它是一个关系性的价值,一个更多地与"政治共同体"、"政治生活"、"国家"等集合性概念相关的价值命题。然而,公正作为一个框架概念反对从伦理、道德和形而上学的角度抽象出一个本质的善。透过政治概念所表达出来的不应是

①　[美]彼彻姆:《哲学的伦理学》,雷克勤等译,中国社会科学出版社1990年版,第328—329页。

②　《亚里士多德全集》第8卷,颜一等译,中国人民大学出版社1994年版,第108页。

③　[德]马克斯·韦伯:《社会科学研究方法》,韩水法、莫茜译,中央编译出版社2008年版,第39页。

所谓"共同的善","关系的善以及基于其他范畴的善在一切知识中也是共同的,没有一种知识或能力要说明在每物中共同的这种善,说明这种共同的善也不是政治学的事情"①。事实上,将善(good)作为公正的同位语,等于重新回到了公正的个别性论述中。而"公正是一个关系的概念……或者说,公正属于任意某个事情 X 与 Y 之间的特定关系 R,即不可以随便站在某种立场上认为别的事情是坏的"②。公正改变了正义对个体性的过度强调,而将自身付诸于社会和政治生活的整体建设、批判和评价。此外,公正的自我完善过程不是一种判断先行、实践验证的过程,而是在其不断地将其解释性和框架性向社会政治生活所能接纳的最大限度的逐步扩展过程。譬喻之,不自由的终究不能成为自由的,而不公正的必然需要成为公正的。综上,公正是一个"超越暂时与使用简单化概念无关"③的基本概念,具有较高的价值位阶。

（三）　公正的整合性决定了政治概念体系的系统性

如果将整个政治概念体系比作一个金字塔结构,那么公正应该位于塔顶。对于"金字塔"式的政治概念体系而言,较高的价值位阶并不是永恒的,而具有整合性的政治概念对它的存续发展更为重要。而公正之所以具有整合性,是因为它可以包容其他政治概念,矫正它们的缺陷、调节它们的选择、推动它们的拓展。比方说,假设公正为范畴圆 A,其存在于政治概念体系的范畴圆 B 中,A 在不断趋同 B 的过程中,并不挤压或者将其他范畴圆 C、D……排除于 A,而是吸收、交换、包含 C、D……的有益性(c_1、c_2……,d_1、d_2……);而并不替代它们,公正通过自身的整合活动在政治概念体系的持续扩展过程中维护它的系统化。更为重要的是,只有公正是一种解释性框架概念,才能使得 B 的扩展具有可能性,而不被其他"实在领域"挤压或限定;只有在政治诠释学视域中,这种扩展才可能出现,即以理解公正的动态性和扩展性支撑公正概念的框架性、解释性和扩展性。申言之,公正,抑或自由、平等、民主,它们同样作为政治价值诸元的一维,但与其他价值要素要求严格的概念边际不同,公正生长

---

①　《亚里士多德全集》第 8 卷,颜一等译,中国人民大学出版社 1994 年版,第 245 页。

②　赵汀阳:《论可能生活——一种关于幸福和公正的理论》,中国人民大学出版社 2004 年版,第 171 页。

③　［德］怀特海:《思维方式》,刘放桐译,商务印书馆 2004 年版,第 15 页。

于此种模糊性。维特根斯坦指出,反对那种本质主义的抽象的单一价值,不能否定抽象结果,而应反对这种抽象的前提。他不同意"根本共同",因为共同之处"不过它们通过很多不同的方式具有亲缘关系"①,它们的相似性是"因为家族成员之间的各式各样的相似性就是这样盘根错节的:身材、面向、眼睛的颜色、步态、脾性,等等,等等。——我要说:各种'游戏'构成了一个家族",而在它们之间,"线的强度不在于任何一个纤维贯穿了整根线,而在于很多纤维互相交缠"②。对于公正而言,它既有"单一纤维"的解释性,又始终将它的解释放置于如何将其自身并包括他者"交缠"在一切的过程中。作为解释性框架概念的公正不意图替代自由、平等等范畴,而是"用来消除或防止误解的——即那种也许不加解释就会发生的误解,而不是所有我能设想出来的误解"③。在这里,公正作为基本概念的重要性并不是因为它是政治概念体系中的最优选择,而是因为它对增强政治概念体系的完备性具有无法替代的整合作用。在政治诠释学视域中,公正是一种路标,它允许任何一种到达它的路径,这就是公正的整合性,这不是僵硬的体系化,而是动态的系统化。

（四）公正的聚集性维护了政治概念体系的稳定和发展

公正不仅是一个概念符号,而且是一种意义行为,它在政治概念体系中具有较高的价值位阶,能够通过自身的整合性推动概念体系的系统化。但是这些都需要建立在存在一个统一的政治概念体系的基础上。对此,公正作为解释性框架概念的特性就发挥了十分重要的作用。一般而言,"概念是对意义的聚集,这种意义是历史过程中人们的认知、思想和观念的体现和凝聚,并在一定的语境中为了特定的目的而使用"④。政治诠释学视域中,公正不仅具有这种聚集性,而且在它与近似相似概念构成的概念群(概念结构、概念的谱系)直至概念体系中具有无可替代的凝聚作用。其一,任何政治概念都必须在一定的政治和语言环境中为了一定的目的而不断被使用,并在这一过程中形成某些较为集中和固定的意义与指向,这就是政治概念的实体性意义。公

---

① 〔德〕维特根斯坦:《哲学研究》,陈嘉映译,上海人民出版社 2001 年版,第 48 页。

② 〔德〕维特根斯坦:《哲学研究》,陈嘉映译,上海人民出版社 2001 年版,第 49 页。

③ 〔德〕维特根斯坦:《哲学研究》,陈嘉映译,上海人民出版社 2001 年版,第 61—62 页。

④ 李宏图:《概念史与历史的选择》,《史学理论研究》2012 年第 1 期。

正通过政治评价、政治生活、政治价值的三维结构将这些实体性意义综合起来,并且是公正概念的有机组成部分,这就塑造了一个基于不断理解和解释的框架概念,为概念群或概念谱系的存续提供了可能和条件。其二,公正概念的框架性是包容性的,具有多层次、多维度的特点,能够较为全面地反映社会政治的现实和实践。解释公正的过程,往往就是不同的个体、群体和派别在发表何谓社会政治的优良状态的观点。对公正的解释从未停留在观念层面上,总是变成了政治实践,并在不同的政治实践中又丰富和建构着对公正的理解。在这里,政治诠释学将公正塑造成一个解释性框架概念,这不仅体现了公正具有丰富的历史理解,而且表明在多元化的公正解释中,公正能够获得思想和实践的统一。作为解释性框架概念的公正既是公正"诸种意义"的显示器,又是整合这些意义的推进器。这种概念自身的凝聚性,不仅可以解决公正解释的内部分歧,而且有益于调整概念群的结构关系,有利于概念体系的稳定。其三,公正概念的解释性是能动的、批判的和实践的,它不是对既存的政治概念体系的反映,而是在不断制造着概念群或概念谱系的新结构。公正概念的解释性一方面通过再现和扩展公正的意义空间来打破话语垄断或术语专制,将公正与其"主流的概念化方式"拉开距离,借以达到批判的目的;另一方面,这种解释性在"通过赋予旧概念以新的意义,通过铸造新的概念,新的社会政治实践得以生成"①。在这种政治诠释学的诠释循环过程中,公正的概念框架日渐丰满,而整个政治概念群也随之持续丰富,每个基本概念的意义变迁都在相互交叠中得以扩充和发展,概念体系也就能够稳定发展了。

总之,从上述四个角度分析,公正都是一个重要的基本概念,它在政治概念体系中的作用是不可替代的。

第三节　政治诠释学视域中解释公正存在的冲突

现实中,"政治概念常常成为学术和意识形态争论的主题。拥护相同原则或具有相同理想的人们之间发生政治争论也并非新鲜事。因此,概念上的

---

① 周保巍:《概念史研究对象的辨析》,《史学理论研究》2012 年第 1 期。

不和也是政治本身的战场之一"①。在理解公正的过程中,人们对公正的解释既非一成不变,也不是一致无二的。问题在于,如何看待解释中的冲突。在政治诠释学中理解公正不仅是有历史理解和逻辑阐释,而且需分析理解公正中的解释冲突。

一、理解公正过程中的解释冲突

政治世界需要公正,即它不仅要能够被理解,存在不断解释的可能,而且要获得某种实践效果。回顾关于公正的概念史可以发现,理解公正的问题实际上就是从对公正丰富而多样的解释中产生出来的。在政治诠释学的视域中,可以将哪些具体的、碎化的含义之间的竞争性纳入到解释性框架的概念结构内。换言之,与其苛求实现公正含义从碎化变为整体,不如审慎地考虑潜藏在这种要求背后的真实期望。事实上,解释公正的冲突与公正本身的多元性和开放性直接相关,因为"除去所有那些进入到知识的内容外,真正的知识必须清楚地认识到尺度"②。更进一步说,解释公正就预示着冲突的出现,没有冲突就没有理解公正的问题,也就没有研究公正概念了③。在这个意义上,解释公正的冲突来自其内部,主要包括三个方面:

冲突一,部分与整体的冲突。这种冲突主要存在于作为解释性框架概念的公正的整体与它的相关维度之间的关系。整体和部分的表述可能并不准确,因此需要说明的是,这里的整体和部分并不意味着整全性与特殊性,不是一种关于什么是善的独特见解能否获得普遍接受的问题区别。罗尔斯认为,整全性学说或者观点是一种理想,它主要表现为宗教学说、康德的道德哲学及其自律理想、边沁和西季威克的功利主义以及对价值王国的一种多元论解释,它包括作为涵盖各种政治价值的一部分的政治观念等四种主要形态。在他看来,整全性学说或者观念的特点在于"接受该政治观念不是那些持不同观点的人们之间的一种妥协,而是依赖于在每一个公民认肯的完备性学说内部所

① ［英］安德鲁·海伍德:《政治学核心概念》,吴勇译,天津人民出版社2008年版,第7页。
② ［德］伽达默尔:《科学时代的理性》,薛华等译,国际文化出版公司1988年版,第107页。
③ Eugene Kamenka, Alice Erh-Soon Tay. *Justice*. New York: St. Martin's Press, 1980, p.17.

具体规定的种种理性的总体性"①，而他将自己的"政治观念"标榜为一种特殊性学说，是建立在重叠共识之上的推演性、动态性的共识。在这里，罗尔斯否定整全性实际上是惧怕整全性的过度设计而违背了其应依存的民主政治"普遍自由"的本性。对此，森指出建立在基本善的观念之上，却机械地为防止陷入整全性学说的探究在起点上就不牢靠，他指出："一个人的手段（诸如基本善或资源）与目的之间的相互关系的变化有两种来源：一种是目的之间的偏差，即，不同个人所拥有的关于良善生活的不同观念。另一种是个人之间在资源（如基本善）与追求目的的自由之间关系上的偏差"②，纠缠于整全性学说的是非仅仅是第一个差异内的解决方案，而无法回答第二个偏差。事实上，公正和其他政治概念一样是历史的产物，它的形成需要全部以往的历史，而不应停留在某个历史片段中。恩格斯分析平等时曾说："无论以资产阶级的形式出现，还是以无产阶级的形式出现，本身都是一种历史的产物，这一观念的形成，需要一定的历史条件，而这种历史条件本身又以长期的以往的历史为前提。……说它是什么都行，就不能说是永恒的真理"③。政治概念的历史性决定了它的局限性，它的阶级性决定了它的有限性，而要么为了掩盖这些局限和有限，要么为了揭露既存的掩盖和虚妄，任何在"善的内容"、"善的实现"以及"正当性的行为"的基础上对公正的解释就必然兼具"整全性"和"特殊性"，这是一组必然矛盾。进言之，在费尽周折地论述人们是自主自由地选择并不断再选择一种公正解释的时候，只是这种必然矛盾的外在形式。对于类似的公正，不论其是否自称"整全性的"还是"特殊性的"，都称之为"部分的"。那么，在部分的公正观层面上的争论并不是人们对于公正的意见是否一致的判断依据，正如德沃金所言，"公正有其发展的历史；当我们采取解释的态度去对待我们发现其他人以正义的名义提出来的要求、理由和辩解时，我们每个人都被抛入这段历史了。我们之中极少有人能以……解释礼貌的方式去自觉地解释这段历史。但是，我们每一个人都比其他人更多地思考了形成

---

① ［美］约翰·罗尔斯：《政治自由主义》，万俊人译，译林出版社 2000 年版，第 181 页。
② ［印］阿玛蒂亚·森：《后果评价与实践理性》，应奇等译，东方出版社 2006 年版，第 220 页。
③ 《马克思恩格斯选集》第 3 卷，人民出版社 1995 年版，第 448 页。

公正概念的某一方面的观念,这仍是一种解释,而且我们有些人还不时在修改我们对公正的解释。……不断发展的再解释越转移越发复杂,但是我们每一个都在前者的基础上重构着解释的实践和态度"①。之所以如此,是因为这些解释希图通过某个"善"的公正属性,或者多个善的公正组合以获得某个在本质上不同的结合,甚至是超出这种合成优点的更高水平的善,而将这种更高水平的善通过不同共识途径的使之被认同就称之为"作为……正义",它在民主政治中的具体形式就是"此种正义的公正"。有所区别的是,他们在具体的善、善的种类、组合的形式、获得共识的形式等方面存在分歧或者各有侧重。

　　对于作为解释性框架概念的公正,框架意味着整体性,但这个框架与那些部分的公正解释之间不是构成关系,而是冲突关系。为什么呢? 因为任何一个公正解释都是一种对象化的公正认知,如公正是实现强者的利益、公正是知道如何进行最好的行动、公正是彼此的快乐或者相互性的义务、公正是正义即公平的实践属性、公正是人的美德、公正是一种中道的程序标准。围绕这些核心对象,公正解释被局限在对象所处的范围中,界定越是精确,越是远离人对于公正的把握。例如,罗尔斯为了说明一种最佳的公正状态以及最值得选择的公正原则,就必须将人获知这种状态和原则的背景稀薄化(原初状态),而加厚理解公正的条件性(无知之幕)。另外,部分的公正解释解决了公正规则的问题,人们往往在公正规则和公正原则的对接中出现了偏差,将规则的单义性运用在了原则问题上。这是值得商榷的。公正规则在成为公正原则并进而上升为公正的概念之时,单义性就失去了它的一元决定论的地位,因为原则乃至概念的最终范围是人类社会的无限复杂性和可能性的综合,即政治世界具有的"伦理—价值—政治"属性的表现。作为一种规则判断的公正解释,无法穷尽作为"政治事业"的公正的一切皆是的可能性。与此不同的是,解释性框架本身将公正作为一种解释本身,而非对象,"在这个意义上,解释的作用是'集合','使平等','使同时和相似',所以真正地创造出某人自己的原先异化的东西"②。这种整

---

①　Ronald Dworkin.*Law's Empire*.Cambridge,Massachusetts:The Belknap of Harvard University Press,1986,pp.73-74.

②　[法]保罗·利科尔:《解释学与人文科学》,陶远华等译,河北人民出版社 1987 年版,第163 页。

体性的关键在于当下性,即将主体与那些对象化的公正解释的间距在解释过程中扩大承认(而非共识),主体生活在一个既定的存在多种公正观(德性的、契约的、义务的、正当的、权利的,等等)的政治生活中,通过它自身将这些公正前见通过理解而转化为一种独特的公正解释(既可能是上述一种,也可能是它们的组合或综合,又可能是对它们的否定、抑或提出一种新的公正观),并以此补充和完善在价值体系层面上的公正状态。在这里,不同主体的理解却又旋即成为前理解的动态解释性框架,这是一个整体,其包含部分的公正解释,却不是它们的集合。因此,解释性框架的特性决定了冲突的公正解释首先是这种框架的整体与作为其具体内容的部分之间的冲突。这是作为解释性框架概念的公正在实践智慧中的第一个基本冲突。

冲突二,优先与选择的冲突。无论公正是体现主观心理的政治概念还是表现历史选择的政治概念,它都需要一个存在于主体的集合性之上的价值标准。政治诠释学中,这种集合性意味着,在政治世界的横断面即具体的历史社会条件下,作为解释性框架概念的公正不仅是三维要素各自对于不同观念、原则、行为和体制等均衡化的融合,而且是这种融合的产物——三维均衡的公正解释——之间的融合,解释性框架体现的是"视域融合"的效果。正因为集合性,公正兼具确定性和不确定性。前者"是从判断正义的标准这一角度而言的,是指正义标准的肯定性和明确性"[1],近代理性主义的兴起使人们确定他们可以通过自己的理性活动而发现最终的公正标准并以此衡量一切社会实践活动;而后者是对确定的背反悖谬,它认为确定性只不过是形式与程序意义上的确定,一旦涉及对于"公正"的实质内容,确定性就不复存在了,其"本身既是对正义实质的不确定性的一种替代,又是对正义实质的不确定性的一种承认"[2]。由此,存在于确定性与不确定之间的公正往往会催生这种判断:公正不是一个独断的价值原则,而是多种价值原则的组合,这种多样性意味着公正需要在这些原则中进行优先性选择,即判断什么是一个公正社会最基本、最占先的价值原则,依次递推设计出某种"价值秩序",这就带来了优先性问题。

---

① 沈晓阳:《正义论经纬》,人民出版社 2007 年版,第 124 页。
② 沈晓阳:《正义论经纬》,人民出版社 2007 年版,第 126 页。

事实上,在那些"部分的"公正解释中,公正的实质内容均来自于优先性问题的判断,有的是对于具体价值原则的优先性问题,有的是社会资源的占有、分配与再分配之间的优先性问题,有的是公正诸领域内的优先性问题,又或是个体直觉与集体认知之间的优先性问题。优先性问题的重要性在于它提出了一个范围问题,即理解公正与解释公正能够在多大范围内获得规范性和有效性的统一的问题。罗尔斯认为,这一判断来自于直觉主义的贡献,"即在什么范围内我们有可能对我们深思熟虑的有关正义的判断给出一种系统的解释"①。在他看来,解决优先性问题是公正理论的基本问题,可以借由"一个无所不包的单一原则,(……或)通过一批词典次序排列的原则"②加以解决。他反对功利主义所支持的单独普遍原则,阐明了词典编辑序列的正确性:1. 没有办法避免一批原则的存在,因此对原则的衡量是正义观的一个基本的而不是次要的部分;2. 也许把原则放入一种词典式的序列中去,即要求我们在转到第二个原则之前必须充分满足第一个原则的序列,然后,在满足第二个原则之后才可以考虑第三个原则,如此往下类推;3. 对直觉的有限依赖可以通过提出更为限定的问题和用明智代替道德判断来减少,即必须经过审慎思考才能作出评价③。表面上,作为优先性问题的公正是建立在最大多数社会主体的共同选择和普遍同意(当然不是无一例外的同意)的基础上的,但实际上,优先性问题将只是说明了公正作为一种解释性框架可以对人的各种欲望、价值诉求以及一切能够被合理排序的对象加以排序。它将把优先性判断交付给无限多的个体,但却没有说明诸种作为优先性问题的公正解释如何进入同一个"词典式的序列"。当然,罗尔斯建议可以将此交付人们相互之间的义务、社会存续的基本条件以及公共理性,但是这已经不是优先性问题了,而是优先性来源的问题了。

布伯曾说:"在关系的直接性面前,一切间接性皆为无关宏旨之物。即使

① 〔美〕约翰·罗尔斯:《正义论》(修订版),何怀宏等译,中国社会科学出版社 2009 年版,第 32 页。
② 〔美〕约翰·罗尔斯:《正义论》(修订版),何怀宏等译,中国社会科学出版社 2009 年版,第 36 页。
③ 〔美〕约翰·罗尔斯:《正义论》(修订版),何怀宏等译,中国社会科学出版社 2009 年版,第 33—35 页。

我之'你'已成为其他'我'之'它'（普遍经验的对象），或者可能因我的真性活动而变成'它'，一切也无所改变。因为，真正的界线虽然摇摆不定，却既不在经验与非经验之间，也不在给予的和非给予的之间，更不在实在世界与价值世界之间，它同时跨越所有这些境界而伫立在'你'与'它'之间，现时与对象之间。"①这段看似玄妙的论述实质上论述了一个精辟的道理，即人存在于"它"的世界中，为了人自身的生存和发展需要，任何个人都必须把他者当作"异己"的存在物，这就使得人与人之间不存在相互性的基础，也无法形成共识；而同时，人犹存在于"你"的世界，他者作为"你"与自身不断相遇，任何个体都在与"你"的相遇中将日常生活中一切偶然性转变为一种必然性，因此"作为他者的"自我能够对某事物获得一致同意。在此启发下，作为解释性框架概念的公正并不存在一个优先性问题，而是在面对选择性问题，即选择在何种层面上理解公正的问题。解释性框架概念的公正通过其具体维度及其内在要素均衡化运动已经说明了优先性问题。假设存在诸多公正解释（I_1，I_2，I_3，…），不同公正解释都需要处理同质同量对象（a，b，c，d，e，f，…）的优先性问题，那么可能的结果是 $I_1 = \{a,b,c,d,e,f,…\}$，$I_2 = \{b,a,c,d,e,f,…\}$，$I_3 = \{c,b,a,d,e,f,…\}$，…。显然，$\{I_1,I_2,I_3,…\}$ 各自都解决了优先性问题，而它们之间的矛盾并没有消除。换言之，它们之间矛盾是否还能用优先性问题概括呢？答案是否定的。因为，$\{I_1,I_2,I_3,…\}$ 的存在是一种人将其生活经验中关于诸维度中对象按照自己的需要对象化的产物，它们的优先性判断是一种人将他人作为"它"看待而忽略不计后的产物。而解释性框架概念的公正面对 $\{I_1,I_2,I_3,…\}$ 之间的矛盾，这就是所谓的选择问题，形象地说"选择此物而非彼物，……，不是喜欢此物胜过彼物，而是宁要此物而不要彼物。因此，在任何测量选择的企图中，我们不是测量'喜欢'或'快乐'的强度，相反，我们是衡量选择，或者说我们宁愿所具有的东西"②。优先性确立的是一种单一的公正解释，不论产生它的过程如何，甚或是多种意见妥协或协调的结果，其结果仍旧是独断的，社会主体进行的优先判断是一个对"作为……的正义"的正当程

---

① ［德］马丁·布伯:《我与你》，陈维钢译，三联书店 1986 年版，第 27 页。
② ［美］R.B.培里:《价值与评价——现代英美价值论集萃》，刘继译，中国人民大学出版社 1989 年版，第 24 页。

序而已。作为解释性框架概念的公正的显著特点就是跳出了这种目的论证的循环论证，而展现无限的可能性，由这些可能性及其之间关系的不确定中发现它们的冲突性，从而推动不断解释，这实际就是理解公正的不竭动力。选择和优先的冲突的实质在于它们对待"唯一方案"的态度，前者虽然是非此即彼的选择，但是它允许不断解释的可能；后者看似是一种包含无限可能的优先判断，但它至多是含蓄的骗术①，必将局限在某个或某些社会主体的公正证成中，超出此种"优先性判断"是不被允许的。

冲突三，有机与混合的冲突。上述两个冲突表明，作为解释性框架概念的公正在框架层面和维度层面上具有不同的内容。简言之，第一冲突体现的是在解释性框架内的不同维度内诸多事物（Sache，一译内容）的复杂性、矛盾性，第二冲突则体现了不同维度内诸多事物经过不同解释而形成的不同公正解释之间的多样性、非一致性。它们既存在于生活杂事和世间万物之中，又并非是零散的而是经过解释的可供人们理解和共同分享的价值观念、行为模式与习俗等，并由此存在于在整体性意义上的公正概念的解释性框架之中。不过，那么关于整体性本身也存在进一步的冲突，即有机的整体性与混合的整体性之间的冲突。

在政治世界中，作为解释性框架概念的公正（I）在不同维度及其相互关系中生成大量的公正观（I_1, I_2, I_3, …），这些公正解释的组合形式是作为解释性框架概念的公正的直观表现或者实践视野（如下图），它们之间如何组合决定了解释性框架的开放性、有效性和"普遍性"。在政治诠释学的视域中，这些公正解释可以根据相互组合、排序以产生一个与它们在本质上都不相同的解释性框架。这一框架在内容和形式上都具有确定性，因此可以成为普遍有效的解释尺度。而这种解释性框架本身是不可继续解释的，即元解释性。沃尔泽对于正义诸领域的分析与此类似，其认为"有三个相互联

---

① 利科在谈到正义层级问题的时候，有一段名言："妥协永远比不同城邦之间的内部纽带要脆弱。那么，其结果就是：如果某种更高位阶的共同善仅仅是由一般性相互影响而达成的妥协所追求的目的的话，那么，就像妥协而建立起来的纽带是脆弱的一样，这种共同善也是不确定的。在没有伊甸园的乌托邦的情况下，总是受到'可能成为危害'的威胁的妥协，仅仅会沿着一个斜面自动诉求人们对其进行调整和管理，这让人们想起沃尔泽在'转化'的语义中所谴责的反常效果。"参见［法］保罗·利科：《论公正》，程春明译，法律出版社2007年版，第107页。

系的主张引导着我们的思考:1.社会善具有不可逆转的大量性;2.每种善都依赖于某种共享的象征主义;3.依据处于社会善关系中的团体所达成的共识性理解,每种善都建立了一种内部逻辑,即同时决定其有效性范围和其作出的诉求的限度之理由。……(由此)提供了相关社会善的识别标准、所蕴含的象征意义的区分标准,以及相关领域的界定标准这样一个三维标准"①。有机整体的解释性框架是典型的乐观主义产物,它确定存在着一个总和的状态,尽管诸多公正观可能存在变化,但是在有机整体层面上,这些变化并不影响解释框架本身,而仅仅存在于各个公正观之内。由此,即便是各个公正观之间可以是没有规律或者比例的相互组合,但它们仍旧可以被纳入既定的有机整体内。

$$\begin{cases} I_1 = \{a,b,c,d,e,f,\cdots\} \\ I_2 = \{b,a,c,d,e,f,\cdots\} \\ I_3 = \{c,b,a,d,e,f,\cdots\} \end{cases}$$

事实上,此种判断的基础在于,公正与政治价值在体系性的可比性与同位性上的比较。正如前文曾经论及的,政治价值体系是政治世界在某一社会历史条件下达到最显化,即某一社会政治形态最为成熟时的标志。即便这种框架在既存历史和现实生活中尚未出现,或者仅在不同社会历史阶段的交替时刻出现过它的雏形,但完全可以从前一逻辑中推演出存在这种有机整体的必然性。笔者认为,正是从这个意义上,亚里士多德"寻求真理是一切思考的功用,而实践思考的真理要和正确的欲望相一致"②的判断才能顺利推演出罗尔斯的判断"正义是社会制度的首要价值,正像真理是思想体系的首要价值一样"③,而二者归根结底都体现了有机整体的解释性框架的内在特质。

显然,有机的整体非常符合人们的秩序性偏爱,尽管对公正的解释千差万别,但人们都愿意承认公正应该反映一种有机的秩序性,例如公正的德性来自

---

① [法]保罗·利科:《论公正》,程春明译,法律出版社2007年版,第92页。
② 《亚里士多德全集》第8卷,颜一等译,中国人民大学出版社1992年版,第122页。
③ [美]约翰·罗尔斯:《正义论》(修订版),何怀宏等译,中国社会科学出版社2009年版,第3页。

于中道,公正的规则是明确一贯的,公正的原则是对基本益品的有序排列的准则,而公正的制度则是对社会资源最合理正当的有序安排,这些解释看上去很有说服力,但并非无懈可击。事实上,这种有机的整体性不是指公正是其他一切价值范畴的总和或者统一体,而且由于政治价值的体系化是一个不断变化的过程,它的完成临界点总是"一瞬而过",因此也难以确定何时公正能够与其有机统一,这表明机械地将公正看作一种通约性的价值范畴尺度并非其解释性框架的本质,或者说不是这种框架概念的全部本质。事实上,即便能够找到此种临界点,也不能证明公正能提供一种有机的解释性框架。这就是莱尔德分析价值尺度的通约性时曾指出的整体性困境:

> "如果我们知道任何因素都是包含在某个有机整体之内的,那么去考虑整体的价值就比去考虑因素的价值来得稳妥;而且当然存在这样的情况,那就是有的事物表面上看来并未包含于任何整体之中,但事实上却包含在整体里面。不过,在日常生活中我们还是有相当的把握来弄清这种问题的。一个鲜活的躯体就具有一种死寂的躯体所不具有的统一性;蜂房也不可能具有教堂中的石头具有的统一性。当教堂坍塌之时,那些石头仍然存留下来某种统一性,但却仅仅是堆积的统一性。无疑,我们可以设想整个宇宙就是一个虎虎有生机的动物(没有外在的环境),因而即使是那些我们不甚了解的坍塌的石头,也是这个未知但却可想而知的庞然大物的组成部分。然而,我们同时又没有任何起码的理由、或者任何可能性和最基本的证据去否认一堆废墟从整体上比较而言,是有别于一幢高耸的装饰一新的大厦的"①。

从框架的整体性角度看,作为解释性框架概念的公正不仅是一种可度量、可通约的价值范畴或者评价性概念,而且还是一种能够在"不同整体性"及其元素之中产生凝聚效果的价值范畴。由此可见,"如果所有的价值都是可通约的,那么就存在着一个单一的可被度量的独立价值系统,大概所有的价值都是可通约的,通过时间逻辑的全部领域对优点的多寡所作的理性的比较(在

---

① [美]R.B.培里:《价值与评价——现代英美价值论集萃》,刘继译,中国人民大学出版社1989年版,第29—30页。

原则上)是可能的;在某些价值的某些领域中,无需不恰当的或引入歧途的约定就可以使用数字的比较,而在其他领域,明白无误的算术则未必是可行的"①。这二者看似矛盾,却都可以在反思实践的过程中通过其解释性的本体作用而得以体现,即作为解释性框架概念的公正是一种作为政治诠释学视域中的政治概念。伽达默尔指出,"因为实践包括选择和决定做某事(而不做其他事),在这样做时,实践的反思是有效的,它本身有着最高程度的辩证性。当我有意志要做某事时,那么一种反思就介入了,靠它我用一种分析程序的方法在我眼前带来那些可以做到的事情:如果有意这样做,那么我必须先那样做;如果我想要这个,那么我就不得不先有那个……;直到最后我回到我自己的情境,在那里我自己亲手把握住那些事物"②。这意味着蕴藏在公正概念中的三维映像结构及其比较尺度的中心性需要通过反思而进入复杂的法权现象领域中,即民主政治背景下政治世界显性化过程的实际载体和主要领域,或日常语言中的政治生活。进而言之,公正的诠释学意义并非一种空洞的概念解析或者内在结构的均衡,而是超越这种静态安排的反思实践的解释作用,它更加关注不公正的现实世界,其不仅意在以公正概念为核心而形成一种公正理论,而且意图从公正概念存在的语境中获知去增进现实生活世界中公正的可能。这来自于解释性框架的公正及其解释冲突,而在反思实践中不但解释了冲突本身,而且揭示了公正概念的实质性进步,正如罗斯所言:"与有着对称结构的或者草率达到的简洁性相比,尊崇事实更加具有价值"③。当然,人们担心公正的解释性框架变成一种相对主义的产物而不能合理地解释社会事物,但是,抛弃有机整体论只是在不同公正观的组合上否定一种既定排列的可能,而没有否定这种联结本身的合理性,人们可以就某种联结状态达成共识,也许这种联结是混合的,但这种混合性的公正观结合方式只是将解释性框架的形成复杂化了,但并没有损害它。从某种意义上,这种混合性更好地体现了公正作为政治概念的开放性和多元性,以及解释作用的可持续性。

---

① [美]R.B.培里:《价值与评价——现代英美价值论集萃》,刘继译,中国人民大学出版社1989年版,第38页。

② [德]伽达默尔:《科学时代的理性》,薛华等译,国际文化出版公司1988年版,第71页。

③ W.D.Wood.*The Right and the Good*.Indianapolis:Hackett,1988,p.23.

更进一步说,有机整体论还面临着两大危险。其一,它背离了公正概念的多元性和开放性,因为在解释性框架层面上的有机整体不过是另一种封闭性的代称,而这种有机整体的最终决定意义也将掌握在部分解释主体手中,违背了多元性的基本要求;其二,有机整体论是不可实现的,在现实中解释性框架概念的公正存在于一种预期性的解释活动及其内容中,而有机整体论的解释性框架则是一个后果论的产物,即它可以预判出公正概念的最终含义,因此二者之间完全不是以"有机"方式结合在一起的。换言之,在提出一种符合有机整体的解释性框架的公正概念时,它已经不再是解释性的,也无法为任何公正解释及其具体内容提供解释性框架了。当然,有机与混合的冲突是最为复杂的,它要求我们先对前两种冲突进行辨别,但其仍旧是现实和适当的。

二、政治诠释学对解释冲突的反思

理解公正过程中的解释冲突表明,解释性框架不应是静态的、决定性的最终判断,而是趋向承认和赞同,即要求形成任何公正判断都能在这个框架内进行衡量,说明自我选择的倾向性与合理性。在政治诠释学视域中,公正概念在被解释的过程仍在趋向精确,并不会成为一种相对性的概念话语。简而言之,反思实践的解释作用必须处理这些冲突,并以此证明作为解释性框架的公正的有效性。

(一) 政治诠释学的反思

反思(拉丁文 Reflexio,英文 Reflection,德文 Reflexion)是哲学的基本思维形式。它的本意是反应、返回、沉思、间接性等,主要是指一种人们重新审视自身的认识活动,特别是重检自己的思想、自己的成见与自己的情感,并使它们借由反思而得以表达,成为自我意识或自我意识的主要内容。西方哲学家一般强调反思是指精神(思想)的自我活动和内省方式。在洛克看来,反思是可以脱离人的物质经验并与之平行的心灵活动,它是以人的主观世界即人的精神、意识和思维活动为对象的反省活动。此种作为内在经验的反思是一种简单的观念,它"是人心关于其他观念的各种活动——人心从外面接受了(诸如空间观念、广袤观念、形相观念、静止观念和运动观念等)各种观念以后,在反省自己时,在观察自己对那些观念所发生的作用时,便又会从内面得到别的观念,而且那么观念亦一样可以为它的思维对象,正如它从外面所接受的那些观念似的"①。在此基础上,黑格尔进一步指出反思是知性思维,是抽象的思想和反思的形而上学的形式即"知性的抽象思维";反思与后思相同,即洛克理解中的反思,也泛指对意识的形式、感觉、表象的内容加以反复思索;还可以指处于知性与消极理性之间的阶段,其使彼此对立的各个规定与别的规定性处于关系之中,而相互联系、相互反映(反思),是知性思维通往理性思维的桥梁;此外,反思与异化也有联系,指思维主体将他自己异化为自己的对象,并从异化返回到自身②,马克思主义经典作家指出旧哲学体系中的"反思"是脱离实践而虚无缥缈的玄思,而反思应是社会主体通过实践活动获得了初步的感性材料,人们可以通过思维活动的能动性将这些朴素的感性材料上升到理性认识的高度,这一过程就是反思。反思并不是人的思想或者知性的"自反"或者"反身性"自省,而是社会主体思考事物的高级阶段。正如恩格斯所言"这些对立和区别,虽然存在于自然界中,可是只具有相对意义,相反,它们那些想象的规定性和绝对意义,只不过是由我们的反思带进自然界的"③。

不难发现,"反思"往往存在于"两极"、"两端"之间,是在相互对立、隔离、异化处建立关联性的"沟通途径"。对于反思,认识论和诠释学具有深刻的对立。前者认为反思是一种可普遍化的判断,即通过反思活动反思主体通过其反思活动与其反思的对象相联系,是一种间接的对现象本质的思考,并且对于这种间接性的再反思即可上升成为对现象本质的直接反映,由此反思主体成为必然主体,是普遍的,在这里,反思主体与反思活动实现了内容的统一,从而实现了必然性判断。而后者认为反思是建立在主体和客体、本体与方法、自我与他者之间的"交谈机制",它并不产生必然性的普遍结果,而其本身的持续存在却是普遍,即只要人们需要理解事物、自我,就必然存在反思活动,而反思活动作为一种实践智慧的载体就能够为人们理解上述对象提供开放而不断扩展的领域。对现实的政治世界而言,认识论的反思预示出存在一种最佳的政治状态,是社会主体通过反思活动而形成一致意见的结果,是可以实现

① [英]洛克:《人类理解论》(上),关文运译,商务印书馆2009年版,第99页。
② 《哲学大辞典》(下),上海辞书出版社2007年版,第1656页。
③ 《马克思恩格斯选集》第3卷,人民出版社1995年版,第352页。

的;而诠释学的反思则反对这种目的性后果,认为政治世界是充满矛盾和无法最终一致(唯一的一致可能是政治的消亡)的,生活在这种局限性中的社会主体需要通过不断反思的解释性活动,将未知的、狭隘的或者独断的见解相互交流,生成一种"普遍反思的解释实践",在这个过程中将解释性框架与社会现实联系起来。易言之,认识论的反思是以消除矛盾和冲突为目的的,而诠释学的反思则展现冲突的合理性,并将其控制在由人们不断进行的解释活动而形成的"动态结构内",使之不至于损害政治生活的稳定,防止其阻碍政治世界的不断显化,由此促进团结和相互理解。对此,理查德·罗蒂曾经有过一段精彩论述:

　　"诠释学把种种话语之间的关系看作某一可能的谈话中各线索的关系,这种谈话不以统一着诸说话者的约束性模式为前提,但在谈话中彼此达成一致的希望绝不消失,只要谈话持续下去。这并不是一种现在先存在的共同基础的希望,而只是达成一致的希望,或至少是达成刺激性的、富于成效的不一致的希望。认识论把达成一致的希望看作共同基础存在的征象,这一共同的基础也许不为说话者所知,却把他们统一在共同的合理性之中。对诠释学来说,成为合理的就是希望摆脱认识论(即摆脱这样一种思想,认为存在着一套特殊词语,谈话的一切组成部分均应表诸于该词语中),并希望学会对话者的行话,而不是将其转译为自己的话语。对认识论来说,成为合理的,即去发现一组适当的词语,谈话的一切组成部分均应转译为该组词语,如果要达成一致的话。从认识论来看,谈话是含蓄性的研究。从诠释学来看,研究是惯常性的谈话。认识论把参与者看作统一在奥克肖特所谓的一种 universitas(整体)中,即在追求共同目的中由相互利益统一起来的一个团体。诠释学把参与者看作统一在他所谓的一个 societas(社群)中,社群中的个人的道路在生活中结合起来,个人是由礼仪而不是由共同的目标、更不是由某一共同基础联合起来的"①。

---

①　[美]理查德·罗蒂:《哲学与自然之境》,李幼蒸译,商务印书馆 2009 年版,第 337—338 页。

以此推之,在政治诠释视域中,"反思是对我们生存的努力和存在的欲求的占有,这是通过那些能为这努力和欲望作证的活动来占有的;这就是为什么反思不仅仅是对道德判断的简单批判而已;先于任何判断的批判,反思就是要反思由我们在我们的存在的努力和存在的欲望中展开的这种存在行动"①。而对于作为解释性框架概念的公正而言,反思的解释不是消除将解释性框架在具体实践中面对的矛盾和冲突,而旨在破除将这一框架作为"普遍有效性"和将公正作为"最高准则"的思想神话,而使二者在反思中相互交叉,并在二者的两极性之间建立一种可应用的公正解释。利科认为,在更加宏观的意义上,因为人们在不断争取从异化向和谐、自由、美发展,那么哲学就是伦理学;这意味着反思是一种使命,而非达到某种客观性真理的单一性思维,这也就是伽达默尔将真理看作"客观性"和"价值性"相统一的初衷,而它们不过都是亚里士多德对实践智慧的设定。事实上,那种超越性的哲学并不是伦理学,因为只有伦理学并不纯粹是道德学或道德哲学的时候,这一命题才可能成立;而今,现代伦理学已经不再具备这种特征,而"古典伦理学"才是政治哲学。由此可见,公正作为一种政治范畴,不但有符合其内在解释性结构的必要性,而且也具备其存在于政治世界中的自身设定的充分性,正如亚里士多德所言"我们称之为公正的是在这样一种意义上:它在城邦共同体中带来并保存幸福及其组成部分",而"这种意义上公正就是总的德性,不是一般的总德,而是与所有他人都相关的总德。所以,公正常常被视为德性之首,作为一种德性它美丽的如此神奇,'无论晚星还是晨星都不如它熠熠生辉'。还有谚语说,'公正是一切德行的总括。'它之所以被视为总德,因为它是完整德性的直接应用。它之所以是总德,因为拥有公正之德的人也能以此德待人,而不仅仅以此德为己"②。

(二)政治诠释学反思下解释公正的冲突

尽管作为解释性框架概念的公正与具体的公正解释及其日常表达之间存

---

① [法]利科:《解释的冲突——解释学文集》,莫伟平译,商务印书馆 2008 年版,第407 页。

② [古希腊]亚里士多德:《尼各马克伦理学》(注释导读本),邓安庆译,人民出版社 2010年版,第 168、169 页。

在着一定的间距性,但是公正概念通过其解释性可以包含它的内在冲突。形象地说,人们理解公正的过程就是对公正的不同解释相互接近的过程,人们在主张公正是"各司其职、各守其序、各得其所"时,争议的不是规则本身,而是针对单义性规则与实际生活之间因间距效应而产生的矛盾或张力。传统诠释学最终都将其最高使命抛向了语言或者文本,这是一种"怀乡病",即认为解释来自于对于历史文本和人际翻译的理解活动。事实上,如果从广义上理解文本、符号、语言,就会发现诠释学的"最终方案"有二:一则是"数字语言",如计算机语言;一则是"混沌语言"(Chaos),即心理语言性(当代诠释学完成了声音语言性向文本语言性的转向,如果从媒介转向角度,其具有向心理语言性即脱离语言形式作为其规定性的媒介方式的转变)。前者表现了一种浪漫主义和乐观主义,认为人可以通过解决语言差距和差异视野而实现理解的普遍性;而后者则更接近于一种批判主义和现实主义,特别是在历时的政治世界和现时的政治生活之中,人们不可能达到第一方案的目标,而是在特定的情景中相互理解、共存,类似于海德格尔式的"视域融合",但是解释不是为了理解回到理解本身(此在),而是回到理解的情境中。因为理解作为此在终将回归到一个封闭的结构和视域中,而实践诠释学不能停留在哲学玄想中,而应回到问题域中。由此可见,政治诠释学视域中公正的解释性框架与具体解释之间是此在与异在、近处与远处、开放与封闭的关系,而反思性解释是调整这些关系的方式,具体表现如下:

第一,解释性框架的本体性与具体维度及内在结构的对象性之间存在间距。作为解释性框架概念的公正在其解释性框架和其三个基本维度及其动态结构之间具有意义和象征的关系。这表明,对于具体维度及其内在结构的判断和公正的整体性解释之间并非一一对应的,而是间隔许多公正观解释,即对于公正的具体维度及内在结构的思想。这也意味着公正作为一个整体性概念,需要将上述二者相结合。一则是因为公正应该是一个具有实质内容的政治概念,而不应该停留在将其作为形式的框架概念;二则是因为公正的基本维度及其内在结构及与之相应的不同的公正解释仍旧停留在"经验与一般经验"之上,需要上升到"诠释学经验"。正因为"各处情境不同的两种意识间的超距交流,通过它们之间视界的融合,即它们具有间距性和敞开性观点的部分混合",才可能排除对于公正认知的偏见,而在包容不同公正观的过程中集聚关于公正理解的多种视域。这就要求人们不断回到解释框架和内容以及它们所存在的情境中,不断地在向公正的前理解中展开关于"何为公正"(针对公正所安排的对象)、"公正为何"(公正本身的判断或解析)的争论。这种复归性思考,是在否定当下判断和重构不同情境的基础上完成的,这就需要借助反思性解释。

第二,解释性框架的开放性与日常生活的公正论证的单义性之间存在间距。自人类进入文明社会以来,人始终生活在一定的政治生活中。不同的政治生活产生不同的政治系统,而且也塑造了对这些系统的认识。尽管政治生活的类型各不相同,但是往往"将政治系统构想为相互作用,通过这些相互作用,社会的价值得到权威性分配"①。正是在这个意义上,政治价值体系和政治生活架构之间的结合成为必然,而公正则恰恰成为这种权威性分配的价值载体,尤为关键的是,权威性的单一性特征同时影响了人们在进行这种价值跨接时的判断——人们倾向于通过对于符合这种合法性分配的结果的判断论证公正的单义性。此种单义性是指将公正看作一种优先性价值、一种整合性概念或者一种反复权衡的最终标准,它来自于人的动物性对于"自然秩序"的心理依附性,"希腊语 ethos 这个词指的是由自然指定给我们的、包括动物在内的生活方式"②,这也就是伦理教化的来源。但是,关于人和人类社会的思考——在海德格尔看来——不是一种对何种社会风范能够教化民众的思考,既不是告诉、证明或者提倡某种合理的社会秩序及其合法性,也不是确立某种可欲的道德秩序,更非将某种"被人们广泛接受的公正方式"以概念、规则的形式灌输给民众以期产生某种积极效用。解释性框架的开放性正是要求人们能够自由发挥这种带有实践理性品质的判断力。在确证性和解释性之间,理解公正的完整性应该更加尊重问题的无限性。有的人认为,如果公正在规则、命令等"主宰性证明过程中"不再具有一种唯一性和终极性,不再能够简单化地告诉人们何者应为、何者不应为,不再能够为一种政治系统提供合法性,

---

① [美]戴维·伊斯顿:《政治分析之框架》,转引自[美]罗德里克·马丁:《权力社会学》,丰子义、张宁译,河北人民出版社 1992 年版,第 16 页。

② [德]汉斯-格奥尔格·伽达默尔:《论哲学在政治上的无能》,张小简译,载于《哲学家的休息》,商务印书馆 2007 年版,第 58 页。

那么它就丧失了其本性。以此观照,"一个缺乏必要想象力去设想各种可能性的人,显然较少冒犯错误的危险"①,但是它同时也就使人类的自由本性屈身于人的动物本能中了。当然,提出的问题、做出的解释具有更多的可能性就意味着这些可能性中的许多内容将只能停留在"可能性"上。在这里,反思性解释承担着一种特殊的责任,它作为一种典范就是要同时审视这两极,而建立它们之间的联系,而非一种解决方案的"向上阶梯"。

第三,解释性框架的一般性与公正标准的普遍性之间存在间距。所谓解释性框架的一般性,或称"一般公正",是指对公正概念进行理解的一般性;而所谓公正标准的普遍性是指公正标准的主客关系,这是指向公正的对象安排的普适性的支配观念。事实上,一般公正能够包含公正标准。不过在现实中,对于什么是公正的回答更多地停留在了后者,即公正规则的普遍性表达与对公正标准的筛选和抉择。作为解释性框架的公正不但在概念、规则层面与部分存在间距,而且也在更为基本的对公正的一般性的判断上存在彼此远化的现象。准确地说,公正标准是解释性框架的一般性在有效性层面的判断,而它更为抽象的一般性即一种规范性的判断只能存在于前者之中,并与后者相互支撑才能互存。缺乏前者的后者,仅仅只能停留在"口号"或者"虚假的意识形态"之中。事实上,对马克思主义经典作家有无公正观的争论说明了上述二者之间的疏离性。具体而言,马克思否定的是公正标准的普遍性,并非怀疑公正具有解释性框架的一般性。马克思认为社会关系存在于个人自己的劳动活动中,个人占有并支配自己的劳动成果,这是公正的一般性,这种一般性是从实践上和理论上对非人性的社会关系的否定,即是对毁灭人类基本的特征的关系的否定,这一观点实际形成了马克思主义哲学公正观的概貌。公正的观念是由重要价值论假设来定义的。公正的观念构成对现存社会关系进行批判的道德基础"②,但是这种道德"不仅是一种许多命令、禁令和相互权利要求的体系,而且也是一系列人们之间友好相处的原则。这是一个更高的道德观。

---

① ［德］汉斯-格奥尔格·伽达默尔:《论哲学在政治上的无能》,张小简译,载《哲学家的休息》,商务印书馆 2007 年版,第 59 页。

② ［波兰］W.兰:《马克思主义的公正观》,《哲学译丛》1991 年第 5 期。

这个道德观并不限于使一个人把人们应得的报酬给他人,而且让他多给予"①。这表明,在社会生产方式与其上层建筑的关系及其相应的法权现象中,公正是将相互符合作为其一般性标准的;而在特定历史社会中,因此利益分化而凸显在不同阶级内的利益诉求,特别是通过统治阶级设置的法权结构而得以实现的公正标准,其普遍性来自支配性标准。将二者割裂,而妄论马克思公正观的有无,无异于盲人摸象。马克思正是在公正标准的普遍性标准之上,阐明了解释性框架的一般性,是一个真正的反思性解释的典范。当然,二者之间的关系不是非此即彼、包含与被包含的单向关系,而是建立在反思性解释基础上的反复理解的关系。

第四,解释性框架的系谱性与公正问题的未知性和预期性之间存在间距。一般认为,公正概念的不确定性以及关于公正是什么等问题的分歧使得一种确定性的公正理论很有吸引力。不过,这种确定性的公正理论也许能够将公正这个符号用于描述社会不公正的问题,但却很难预先判断这些问题将在何时、何地以何种情形出现,也无法确定其自身是否是唯一或者最好的答案。与此同时,公正体现了一种"价值共识",人们相信公正"告诉我们如何安排我们的关系,相互之间怎样行动才是正当的——因此我们必然希望我们能在正义提出的要求上达成共识,每个人都感到他的合法要求得到了满足"②。前者存在于公正问题的未知性和预期性的悖论关系中,而后者存在于解释性框架对系谱性的需要之中。但二者在同一条件下却无法统一。系谱性是公正在整个政治世界的展现过程中的所有节点的总括,而公正问题的未知性和预期性之间的悖论互动关系则是串起这些节点的连线。解释性框架的系谱性是对已经展现的公正问题的进行解释的理解集合,而正在展现的公正问题则是未来解释性框架的系谱性的必然对象。这种间距性集中体现在公正的历史变迁中,正如狄尔泰所言:"它们出现于感性世界,同时又表现着一种精神物,因此可以使我们认识后者"③,这种不断被展现的间距实际被看作在范围和种类上的

---

① [波兰]W.兰:《马克思主义的公正观》,《哲学译丛》1991 年第 5 期。
② [英]戴维·米勒:《社会正义原则》,应奇译,江苏人民出版社 2005 年版,第 29—30 页。
③ [德]狄尔泰:《精神科学中历史世界的建构》,安延明译,中国人民大学出版社 2010 年版,第 188 页。

两类差别。一方面是具有系谱性的解释性框架中既存的定义、判断以及更大的思想、制度和行为的理想类型;另一方面是同时具有未知性和预测性的公正问题依存的"展现过程"——可以是历史的展现也可以是人为的展现。以往,人们对于二者各自关注很多,但缺乏全面认识。事实上,作为解释性框架概念的公正之所以能够具有历史理解的有效性,其来自解释性框架的能动性;它的系谱性与其说是对于过去的批判性总结,不如说是在不断生成的解释中筹划的,是不断加以满足的各种解释可能性的集合。易言之,此种能动的而非执行计划式的系谱性是历史的,它的实现需要且经过了人们的反思性解释。

诸多事实及其抽象化的证据表明,作为解释性框架概念的公正的解释功能不仅仅存在于理论解释的内在逻辑中,而且存在于需要其面对实践解释的外在逻辑中。而反思性解释是否能够催生理解公正的有效性,这本身是一个实践智慧的问题,即公正的反思性解释如何实现的问题。

(三) 公正的反思性解释是一种实践智慧

人们对公正的诉求看似是由于社会经济发展中的非均衡或不平等造成的,此种解释更类似于一种工具价值和意识形态的虚假符号,或者是韦伯式的责任伦理学、康德的信念伦理学的产物;又或许教条地将公正问题归结为人类社会发展的局限性,此种解释不过是一种有限性的秩序,无法免于相对主义的干扰。因此,当代公正理论更多面对的应是如何理解公正的问题。不论是建构论者还是行动论者及其它们体现出的科学主义的认识论指导原则都将公正归结为或证明公正来源于一种"Ethos"(习俗、惯例),区别主要在于是存在于人的内在自律性中,还是存在于外部世界的伦理命令中,抑或二者的混合形态。这些论证提供的解释却带来更大的公正难题,即遮蔽了公正作为一种价值型的政治概念与人对其能动理解的互动展开的可能。

"Ethos"代表了一种约定俗称的力量。在罗尔斯那里,政治自由主义的三大基本理念中,公共理性实际说明了重叠共识和权利优先性如何能够符合民主社会要求,是将前二者的抽象性和后者的习俗性建构在一起的典范;而竭力反对罗尔斯的诸位论者,也都无一例外地在超乎于人的有限性的无限性场域中确定了某种人们普遍认同的惯例,如人对于占有的先天正当性、人对于不公正的普遍反感、人对于自我能力的普遍追求、人对于社会资源的理性分配等。

从表面上看,公正必须被接受,并且还不能把它当做盲目的命运或理念接受,而是作为富有被决定意义蕴含的确知性来接受。但是,事实证明,人类对于公正的理解和实践仍是在无限趋近"公正理想"。人正是在这种真正境况中才能了解自我、社会及其公正范畴的局限。在面向未来社会的探索中,时间的局限性决定了理解的局限性,海德格尔已经指出时间并非永恒的,而是来自于人在趋向存在的终局——世界——的此在的自我确认。在这种趋向过程中,一切理解包括理解公正都变成了有限的、可控的和可欲的。如此,不论习俗约定是社会的还是宗教的,不论是人与人之间还是人与"绝对命令"之间的,它们都不是决定理解公正的有效性的东西,公正仅仅在对它的解释活动中才成为一切为社会约定所确立的适当行为及均衡发展的社会的全部观点。

在政治诠释学的视域中,"政治实践"是可能的,它不但包括公正可能蕴含和不断展现的可能性,而且将发现这种可能性的机会交给任何一个社会主体。它通过反思性解释展现选择(Prohairêsis)及其竖立其上的实践智慧(Phroêsis)。而实践智慧告诉人们习俗仅仅是指"意见一致,而意见一致的作用并不是指纯粹以外部规定的规则体系的外表,而是指个体意识与在他人意识中表现的信念之间的同一性,从而也就是与人们创造的生活制度的同一性"①,其归根到底是何种合理性问题。而人类社会并不仅仅需要刻画 Ethos 的合理性,"在人类社会中最重要的是如何设定目标,或者说,如何使社会成员一致同意接受大家赞同的目标并找到正确的手段"②,而且要求人们必须献身于此。政治哲学和伦理学之间最重要且最不易察觉的区别在于它不是对道德本身的自我证明而是自我解释。在公正的解释性框架与具体的公正观、公正的对象之间的间距化现象中,反思性解释体现出了"自我解释",是正在实现的实践智慧③。

其一,通过反思性解释,公正不再是一种观念色彩浓厚的政治概念。当代

① ［德］伽达默尔:《真理与方法:诠释学Ⅱ》,洪汉鼎译,商务印书馆 2010 年版,第 409 页。
② ［德］伽达默尔:《真理与方法:诠释学Ⅱ》,洪汉鼎译,商务印书馆 2010 年版,第 410 页。
③ 以下五点的基本逻辑是,第一反思说明通过反思性解释的公正不是一个追求价值定在的概念,第二反思则指出在取消传统价值给定对公正概念的观念挟持后何者是认识公正概念的合格主体,第三反思和第四反思从语言和意识两个层面分别论述反思性解释在理解公正的解释性框架及其象征形式和结构之间的双重反思。

公正理论认为公正是一种再分配的关系中阐释自由和平等之间关系的概念，把公正看作克服由个体差异过渡到共同生存而产生的理念、制度和行动的观念。公正的诸多定义及其原则体系正是反映了这种问题意识的表现形式。因此，一方面公正需要肩负着解决政治世界中经济、社会、政治等各方面的不平等、不满意、不平等的困扰，同时另一方面它还要超越其上，对这些悬而未决的永恒问题和价值评价扮演一种客观、完备、唯一的可支配性概念角色。在这种逻辑下，公正概念的象征意义填补了它不断增长的在意义内容中的空位，在以人们创设的公正的象征物的世界里，理性居于中心地位。按照这一逻辑，公正的意义生成只须通过更新那些它的象征物、扩展象征空间的方法就可以解决公正概念的内涵与外延之间的适配关系。而人们在象征物及象征空间上的一致性就等同于对公正概念的共识。但是，反思性解释表明这仅仅是一种美好的愿景。公正概念的意义生成来自于人对理解公正的自主愿望，必将回到给定的解释情境中。就整体而言，最大的解释情境正是由不同公正解释及其存在的语境共同形成的解释性框架。理解公正的持续性证明了它并不来自于给定价值。其批判的基础是"没有什么抽象的东西能提供意义的生成，意义生成在具体的境地中。在这种解释中，没有什么胜出者，没有谁凌驾于谁之上，因为没有谁可以决定意义，意义在自我更新，直至今日"①的观念要求价值给定，而价值给定在有限的个人理解能力与认知水平上必然会产生诸多价值冲突。较之于分配多少和如何分配的分歧而言，它们更加难以捕捉与调和。因此，在一定社会阶段，生产力水平的上升并不必然带来更优、更好的公正制度和更广泛的公正共识。对此，反思性解释的任务就在于塑造为这些冲突提供一个阐释与选择的实践可能性，一种基于对公正的解释性框架的批判认同，不再将冲突还原为某种价值给定的描述，而是将其置于概念框架的持续解释中。对话伦理、交往政治的基础不是对话和沟通，而是反思性解释，二者近似于实践工具与实践智慧的关系。

其二，通过反思性解释，理解公正的过程体现出的是以"作为他者的自

---

① ［德］安东尼娅·格鲁嫩贝格:《阿伦特与海德格尔——爱与思的故事》，陈春文译，商务印书馆 2010 年版，第 134—135 页。

我"为基础的理解。随着实践哲学特别是当代政治哲学的兴起,人们日益重视反思,出现了海德格尔对于笛卡尔传统的反思,后现代主义者的解构理论,以及犹太复国主义、女权主义等多种表现。在这一过程中,承认问题逐渐凸显。特别是在理解公正问题上,人们究竟为什么要保持一个公正的社会,为何要倾听他人意见,如何在自我和他者之间建立一种均衡的政治关系,社会生活中的思想、制度、行动的关系如何协调,这些都可以归为对公正的理解问题。这就要求人们在解释公正及其他政治概念时应注意反思与对话、沟通之间的关系问题。进而言之,这个问题的关键在于中介物。对此,近代以来主要有三种理解方案:胡塞尔的主体间性、哈贝马斯的交往与共识理论和罗尔斯的公共理性。胡塞尔的主体间性概念,依靠"传统"和"制度"的中介而成立,即传统、制度是胡塞尔对反思与交往之关系问题的中介物;这一方案要求作为反思性解释是以个体为主体单位的,他们在共同的生活世界中(领域)以其共享的传统和共有的制度为媒介,产生叙述同一性的可能交往,并由此实现超越个体支配范围之上的"可期的相互作用"。哈贝马斯的交往和共识理论发展了这种"主体间性",其基础是交往理论的合理性与如何实现,他通过个人成长及其存在的现实和历史共同体的设定,按历时性线索和相互性要求的双重要求将人的反思在社会互动中逐步缔造"共识"(Consensus)。而且随着反思阶段的递进,在道德意识阶段、善和正义生活的理想领域中有效性主体性质在不断变化——从自然与社会环境到功利评价的参照人群再到政治共同体、一切公民乃至作为个体存在的所有最终达到虚拟世界的所有成员(例如,代际之间),这意味着具有反能力的主体范围的扩大决定了交往的类型和程度,并最终实现协调一致。而罗尔斯认为不论是个体主义的功利主义,还是整体主义的社会选择,都是一种完备性方案(整全性学说),前者依赖于后者的主体间性,而后者离不开前者的个体限定。他认为,反思的平衡不是在此种方法论的循环论证中,而是在"最深的层次上厘定一些基本的道德与政治价值,这些价值用于确定宪政民主政府与其公民之间的关系,以及公民相互之间的关系"①。公

① [美]罗尔斯:《公共理性理念新探》,谭安奎译,载谭安奎:《公共理性》,浙江大学出版社2011年版,第121页。

共理性的公共性①与社会的基本善是同构的,因此社会公正可以通过原则设计和制度安排实现规定角色、根本利益、彼此责任与社会荣誉等方面的合理配置,并在公共性和基本善之间通过"重叠共识"而有机地联系起来,换言之,公共理性是对重叠共识和基本善的反思性超越,转而成为它们的基础。这三种方案,在支配性上否定了既往科学主义认识论下主体对客体的决定性支配作用,强调了对于这种支配性认知的消极性。其最终归宿仍是孤立的、理想的、封闭的或者虚拟的主体,只有依赖于自我解释的反省才能获得解释的同一性。由此可见,这种自我反思对主体性、主体间性的强调是在反思过程中对于科学主义认识论的让步,仍是不彻底和抽象的。很多情况下,这种反思由于自身与其自身的绝对符合,经他者的中介成为不必要的。对我来说,反思是经过绕迂历史、文化,简言之,绕迂他者而实现的"②。这表明,反思性解释要求反思与交往、沟通、对话之间的关系的中介物不是"自我的幻影",而是实际的"自我与他人"的共同反思,是对于他者解释的期待,要求将他者的反思而非要求和自我和他者共同生活的具有交往可能性的制度作为反思的基本前提。反思性解释更多的不是展示自己解释的合理性,而是证明他者解释的有效性。长久以来,人们一致认为公正是对各方利益、诉求等分配物得以均衡性分配的标准和结果,是不同主张的综合和妥协,或者是人性中利他性的潜在作用。而这种交互性和相互性的基础恰恰是自我和他者,基于自我的解释和反思终将回到一切解释的起点,而只有作为他者的自我才能将反思性解释引向更加澄明的公正之界。

其三,通过反思性解释,公正不再是关于正当性、合理性、应得性、均衡性的属于符号,而是基于这些象征结构基础上的政治概念。从神话传说、解经论到契约学说、价值论分析,精确的公正概念总是隐藏在公正观念及其近似理念的共同元素中,并逐渐形成了一种意义结构。不同时代、不同社会、不同情境下的公正解释者总是采取不同的方式——思维方式、叙述方式、行为方式——

①　这种公共性包括:"作为自由而平等的公民们的理性;它是公共的理性;它的主题是关乎根本性政治正义问题的公共善,这些问题有两类,即宪政的根本要素和基本正义问题;它的性质和内容是公共的,它们通过一类被合乎情理地认定满足相互性标准、本身是合乎情理的政治正义观念在公共推理中表达出来。"参见[美]罗尔斯:《公共理性理念新探》,谭安奎译,载谭安奎:《公共理性》,浙江大学出版社2011年版,第122页。

②　转引自[法]高宣扬:《利科的反思诠释学》,同济大学出版社2004年版,第33页。

将公正的多重意义展示出来,同时又将曾经显露的意义隐藏起来。从此种意义上,一方面,公正观念的发展史,必须同正义观念、公平观念、平等观念等具有共同语义的概念史联系起来;另一方面,"正是在既藏又显的语义学中,正是在多义表达的语义学中",对于公正的语义分析才不断被加强。归根到底,描述一个"各司其职、各守其序、各得其所"的所谓公正状态,或者以此而形成一些原则、规则并建构相应的制度以规范人们的相互关系并不是或并不能完全体现公正的全部意义。特别是在当代政治哲学中,关于公正是什么的分歧已经无法弥合,而人们普遍探求的是如何通向一个关于公正的比较确定的解释区域,即如何为公正提供一个象征形式,而以此形成政治认同和社会认同,维系社会的稳定健康有序的发展。为此,公正概念与其象征形式之间是否能够体现正当性、合理性、应得性、均衡性的关系特征成为解释主体的反思指向;进而言之,反思性解释的需要在由象征符号、象征形式和象征结构构成的术语世界中开启"公正意义的建筑学"。这里的象征是指"任何意指的结构,在这个结构中,一个直接的、原初的和字面的意义附加地指示另一个间接的、从属的、形象化的意义,后一种意义只有通过前一种意义才能被领悟"①。而此处的反思性解释,就是在此种语义学领域内的直接意义和间接意义之间的双重反思。当代公正理论业已充分证明,对于公正的观念史是概念意涵的直接来源,而正当性、合理性、应得性、均衡性则是其间接意义的表达形式。不同的公正解释的差异性,既是由于直接意义和间接意义的不同理解造成的,也是二者之间的反思性解释的差异性决定的。看似针对复杂的社会现实和不公正困境的公正理论,都被化约为几个基本的问题:(1)怎样通过一定的术语符号去理解公正概念及人类对公正的整体意愿;(2)对公正的解释如何通过上述象征符号而形成公正的意义体系;(3)公正的象征符号是如何转达并发展其他隐含的意义的。在此,反思性解释的实际任务有二:其一,是将关于公正的象征符号及其代表的象征形式(现实的)尽可能罗列出来;其二,在这些罗列之后它将不同象征形式中蕴含的关于象征符号的共同因素抽象出来,并将它们组合排列成特定的象征结构。在完成这两个步骤后,反思性解释在语义学领域的意义建构就指向了将

① [法]利科:《解释的冲突——解释学文集》,莫伟平译,商务印书馆 2008 年版,第 13 页。

不同的特定象征结构纳入到作为解释性框架概念的公正的解释格式中。可见，突破公正的语词密林先要进入它，而反思性解释并非一开始就存在于理论与实践之间的，而是一种语义层面的双重反思，即"首先是在语义学领域研究各种象征的形式，分析各种理解中的象征结构，然后把各种解释格式加以对照，对解释的各个体系进行评论，归纳出相应理论结构的结构方法"①。

其四，通过反思性解释，公正不仅具有概念分析的规范性，而且具有解释作用的有效性。如果反思性解释停留在对象征符号和象征形式的双重反思上，其形成的解释格式只能停留在"语言的王国"中。如此一来，在解释语言和实际状况之间、在不同解释之间的间距和疏远将不断加大。当纯粹的语义反思占据公正概念分析的主要领域时，这种反思性解释本身就成为一种空洞的、抽象的、无意义的意指。在这里，第二反思和第三反思的结合将引发新的反思性解释——建立在公正的语义理解和解释主体的自身理解之间的纽带。利科最早在反思诠释学中提出解决作为方法论的符号解释和作为本体论的哲学解释之间的隔阂，从而实现由解释学的方法论意义经由文本理论、反思层面而逐步回归本体存在意义的转变是解释学最深层次的愿望。显然，并不必"在纯粹语义学层面上维持争论，并在单义意指方面为多义意指争取位置；然而，由解经科学发现的意义之添加造成的多义性，以及由逻辑捕捉的意义之混淆的多义性之间的主要的区别，不能仅仅在语义学层面上得到证明。在同一层面上不能存在两种逻辑。只有反思的问题才能证明双重意义的语义学"②。对于公正的语义理解和政治诠释而言，它们都是规范的，前者指向公正概念的意义的普遍的象征形式，而后者指向决定一个公正概念的意义的共同属性，它们也都是研究人们正确理解公正的准确含义，或者公正解释的应然性来源的理性反思活动。但是，二者尚未证明这种理性反思活动的有效性。在这里，反思性解释将前者的规范性分析所存在的解释情境，同后者的规范性分析所存在的解释情境联结起来。这种联结，一方面利用语义分析中形成的普遍性要素克服"作为他者的自我"来解释过程的起点选择问题；另一方面，用"作为他

① ［法］高宣扬:《利科的反思诠释学》，同济大学出版社2004年版，第131页。
② ［法］利科:《解释的冲突——解释学文集》，莫伟平译，商务印书馆2008年版，第21页。

者的自我"对象征形式的选择克服了语义分析中术语符号的多义性而导致的解释格式的相对化趋势,是在反思性解释过程中完成的对纯粹规范性的超越,一种对于解释间距和疏远化特别是"语言王国的封闭性"的改造。当然,这种有效性并不意味着某种公正的解释能够有效地应用到具体的社会实践中。这种有效性之所以是解释的有效性,主要是因为它开启了解释公正概念的解释性框架,使之能够指向实际的政治生活中,并帮助存在争议的、可能出现的和持续模糊的现实问题摆脱片面的、虚假的公正意识。在这里,任何主张自身能够直接指导现实生活或者是解决社会不公正问题的最优乃至最终方案的解释,都不是框架性的,是虚假意识。进而言之,非框架性的公正解释,往往会落入"直接意识"的观念陷阱中。不论是神祇、先验性、契约性还是人性本身,当某个解释从属于它们中的任何一个时,有效性问题就被规范性的膨胀蒙蔽了。但是,这种蒙蔽是脆弱的,无法解决"或然性"问题。反思性解释的有效性对公正的规范性解释的最简单要求是,满足未知与已知相互"同化",因为"未知晓的东西,无论如何(不管是审慎的、试验性的还是错误的)都必须与所熟悉的东西靠拢,否则,就根本不会存在对一切未熟悉事物的理性认识"[1]。申言之,反思性解释就是要突出提出解释性框架概念的公正的有效性,而要对此进行考察,唯一的办法就是将它放到对所有或然性法则相对立的反思过程中。

三、从解释的冲突到承认的理解

对理解公正而言,"我们看到的这幅图景是我们预先选择好、决定好了的,而且与其说是偶尔选择决定的,倒不如说是由一些人选择决定的。这些人有意无意地受一特定观点的影响,并且认为支持这一特定观点的一些事实是有保存价值的"[2],公正概念的理解历史就是尽可能地展现这种被保存和供选择的观点集合及其内在转变,而公正概念的解释框架则大致相当于将这些有价值的观点最大限度地整合为一个"框架概念",政治诠释学的工作不过就是完成这种展现和整合。但是,在这种看似"形式化"的解释过程中,却产生了一种公

---

① [美]赫施:《解释的有效性》,王才勇译,三联书店 1991 年版,第 200 页。
② [英]爱德华·卡尔:《历史学家和历史学家的事实》,载刘北成、陈新:《史学理论读本》,北京大学出版社 2006 年版,第 41 页。

正概念史的"理解观"和公正概念的"解释框架",这就具有了诠释学语境下的"视域性"。视域的存在产生了"视域融合"的需要,具体而言,就是产生了对此种"理解观"和"解释框架"的承认问题。歌德说过:我们必须不断地重复老的真理。而对于诠释学的任何工作而言,反思和建构并非目的,而是要将这种反思和建构引向"承认"其本身的可能之境。对于概念分析而言,"我们不能把理解简化为只是承认,但是我们可以假定承认是构成理解的一个重要的前提。凡是承认存在的地方,就可能有理解;凡是承认不存在的地方,曲解就不可避免"①。那么"承认"也就更加集中地体现在"概念承认的诠证"之中。

作为一个解释性框架概念,公正是一个具有多种理解可能的政治概念,必然会因"诠释学情境"的不同而有所差异。公正作为一个政治学基本概念的地位,并不来自于对某种绝对性规范的定义,而是它的概念框架能够反映政治生活的本质、负载政治价值的选择、塑造更加多元的政治结构,并且将这些需要通过实践理性——理解的整合和解释的共识——的活动,打破完备性学说的天真和怀疑主义的消极。

应该说,任何公正理论最终都要走向一种"承认学说",如果没有一种基本的承认,那么任何理论就是缺乏反思的玄想。不断对本身和他者的解释提出质疑的过程正是一段寻找"真理"的旅程,而在这种最深刻、无穷尽的追思的过程中,承认是避免反思陷入极端并力图在人的思维及世界的内在统一性上找到相互理解的阶梯。这种"承认"并不能在关于公正概念的定义或某个完备性学说中实现,只有回到"他们能合理地相互给出怎样的理由"②之中,才能从每一个公正概念的定义中"都可学到某些东西,这东西关乎政治生活的本质,而且被反映在最后的定义以及体现它的政制之中"③。

对"承认"的愿望,不仅仅是对某种概念分析的赞同,更是对存在一种可公度的概念解释的信念。在政治哲学的话语层面,这一目的表现为致力于为

---

① 薛华:《理解和承认》,《云南大学学报(社会科学版)》2002年第5期。
② [美]约翰·罗尔斯:《万民法:公共理性观念新论》,张晓辉等译,吉林人民出版社2001年版,第141页。
③ [美]布鲁姆:《人应该如何生活——柏拉图<王制>释义》,刘晨光译,华夏出版社2009年版,第33页。

复杂性概念的话语多义现象提供一种最大范围的论证结构,并通过语言加工,使之更加符合政治术语的单义性要求。在政治哲学的知识论层面,这一目的体现了一种知识论对限制的愿望,"即找到可资依赖的'基础'的愿望,找到不应游离其外的框架,使人必须接受的对象,不可能被否定的表象等愿望"①。而在政治哲学的方法论层面,实现这一目的的方法,可能是积极的,也可能是消极的,但为了实现普遍、客观或主体间的可公度性,它们都离不开作为公共理念的共同规范、共同信念或共同感情、共同实践行为。由此可见,对一个概念解释的承认是一个论证的过程,不是接受某种定义或者解释,而是在承认这种定义或解释之上的、深刻植根于实践理性之内的实践智慧。简言之,就是人们对无穷尽争辩的畏惧并极力"避免个人之间因各持无理之己见而产生的无意义的争辩"②的行为倾向。

在政治诠释学视域中理解公正概念离不开"承认的诠证"。而这一支撑必须建立在对"承认话语"的理解基础上,需要在对不同的承认话语的类型、方法的反思之后超越既有的方案。事实上,"只是当对于诠释学进行反思时,这个概念便变得重要起来,并得到关注。由于存在不同的诠释学形式,人们就不能不随时问到是谁或者是什么得到承认,和被承认为什么"③,进而揭示其在政治诠释学中的真正意义以及解释性框架概念的公正为何能够获得承认的诠证。

在 15 世纪末期形成中期英语(Middle English)时,承认(recognize 或 reorganization)才从古代法语进入英语(recognisen)。古代法语中"reconoître"一词由是重复性前缀(re)与"connaître"(认识)组合的复合词。"Reconoître"一词与"承认"的相关意涵很多,如"1. 将某人的观念或关于我们认识的某物的观念置于我们的心中。2. 据某种符号、某种标记、某种知识认出人们从未见过的人或物。3. 能够认识、能够领会、能够发现某物的真实性。4. 带有否定的承认有时意味着不再关注,不再倾听。5.6.7. 的意义在于向发现和探索未知事物的方向发散,'不管'涉及的是场所还是暗礁、危险。8. 承认、接受真实的、无可争辩的东西。9—15. 承认就是结束对真实的犹豫,但也提及它。……

---

① ［美］理查德·罗蒂:《哲学和自然之镜》,李幼蒸译,商务印书馆 2009 年版,第 335 页。

② 舒国滢:《法哲学沉思录》,北京大学出版社 2010 年版,第 238 页。

③ ［德］G.邵尔慈:《承认之为诠释学的要素》,薛华译,《世界哲学》2006 年第 3 期。

（表明）否认、拒绝并不遥远。……标记的观念、真理的观念以及困难的观念，甚至迟疑的观念就这样被归并到意义的领域中，……达到了供认的主题：'承认、坦白'。16.感谢，表示感谢"①。不可否认，我们在语言的生成、派生和翻译的过程中，已经剪除了许多词语意义的枝叶，但语言使用的多样性仍无时无刻不影响着政治哲学研究中相关概念的义界，也是"承认话语"本身体现出来的对概念多义性进行重构的重要原因。借助归类法，"承认"的哲学词义大概包括："Ⅰ.通过把对象的意象连接起来，将对象相关的知觉连接起来，心灵、思想把握（一个对象）；通过记、判断或行动进行区别、认同、认识。Ⅱ.接受、当成真的（或当成这类东西）。Ⅲ.通过感谢证明人们（因某事、行为）受惠于某人"②。这也是三种"承认话语"的基本历史类型，即在哲学或政治哲学研究中被类型化的理论模式。

最为常见的是作为认同的承认，"认同"与"承认"有着千丝万缕的联系。"认同"既可以指个体之间的相似性，同时又可指个体区别于他人的个性。"认同"与"承认"的第Ⅰ义项具有十分相近或相似的用法。在概念分析中，认同一种概念的解释意味着对某一解释及其定义的认同就是将其理解区别于该种解释但却根据此种解释的内容、优势或者变化而表达出了有限的、可变的承认。作为认同的承认不是承认，甚至因为认同的原子主义倾向和形式符号倾向而面临着不承认的考验。认同往往不是一种理解过程，而是认识过程，其取决于个人的偏好而非对他者与未知事物的"好奇"。尽管"认同话语"表现出了个人对于理性的掌控以及做出判断、评价和进行实践的主体决定性，但是也易受直觉和感性的影响，而"当知觉的判断让位于偏好的判断时，同一与他者的这种排斥关系同样清楚。选择采取了一种替换形式：非此即彼。由于一旦解决，就要这个而不是另一个"③。这种"承认话语"不符合公正作为一个框架概念的本质特征，以认同为目的，对公正概念的理解就会陷入分裂主义和绝

①　[法]保罗·利科：《承认的过程》，汪堂家、李之喆译，中国人民大学出版社2011年版，第5—6页。

②　[法]保罗·利科：《承认的过程》，汪堂家、李之喆译，中国人民大学出版社2011年版，第10页。

③　[法]保罗·利科：《承认的过程》，汪堂家、李之喆译，中国人民大学出版社2011年版，第130页。

对主义的悖论。实质上,认同强调各个解释之间的差异性,并不符合框架概念对融合和整合的内在要求。因此,"如果'认同'理论最终不能解决共同体的团结问题,相反,它却把人们引向分裂,那么,这个理论就不能够真正解决我们所面临的问题"①。代替作为认同的承认的是作为自我承认的"承认话语",与作为认同的承认不同,自我承认意味着对于概念解释的承认不是客观的,而是自我的。它强调的是"作为一个单一的意识整体,我的整体恰恰是这一为己之故而存在于他人之中的整体;这一整体是否被承认,是否被尊重,除非通过他人反对我的整体的行动的现象,我就无从知道;同样,正如我对他人显示为整体一样,他人也必须同等地对我显示为整体"②。与作为认同的承认相比,作为自我承认的"承认话语"不是单纯强调理解概念的自我规定性,不是从纯粹自我自身出发的,反对从先验的意义上将"经验性的他者"排除而捍卫不同的定义、概念的理想类型或者解释话语的客观区别。在自我承认的"承认话语"中,他者是与"同一"相对立的,解释的多样性与自我理解的差别都存在,不同解释之间必定有所差别。但是,以"经验性他者"面孔出现的其他解释并不意味着需要择其最完备或最优的一个解释以实现"认同"的同一,相反,自我承认并不是摆脱他者的单纯自我。在本质上,自我承认主张"限制/承认是相互的,自我承认他者并且自我也得到了他者的承认。从而,在他者的限制中,自我依然是自由的,是自己规定自己的,因为这个他者承认我的自由,同时我也承认了他者的自由"③。当然,自我承认意味着"框架概念"是可能的,而且表明概念解释的多义性并没有超出人对确定性、可公度性的掌控之外,为概念分析提供较为广阔的经验领域与反思领域。但"对于后续的承认过程来说最重要的是,那不断构成承认观念的坚硬核心的认同,在由某物过渡到自我时不仅仅改变了面对的东西,而且从被同一与他者之间相互排斥观念所支配的逻辑地位上升到了一种生存地位,根据这种生存地位,他者能够影响同一"④,而自我承认仅仅从自我

① 曹卫东:《从"认同"到"承认"》,《人文杂志》2008 年第 1 期。
② 参见[德]霍耐特:《为承认而斗争》,胡继华译,上海译文出版社 2005 年版。
③ 丁三东:《承认:黑格尔实践哲学的复兴》,《世界哲学》2007 年第 2 期。
④ [法]保罗·利科:《承认的过程》,汪堂家、李之喆翻译,中国人民大学出版社 2011 年版,第 130 页。

角度触及了这一巨大的思维过程,仍存在于"自我"主导的不对称性的承认话语中。这往往导致自我承认是暂时的、形式的,并且在许多未知的或可能达成共识的空间中无法实现真正的自我承认。例如,人们对于不公正现象的判断与认知就是一种借助于自我承认而获得的统一的公正观,作为合理要素的它逐渐成为一种清晰、统一的公正概念之要素,"但这些要素现在并不完全符合这个概念的各种理解"①,其主要理由之一就是这种"自我承认"仅是被动地接受他者的解释,而这种接受的范围与经验的范围决定了各种理解在自我承认中的地位,而最符合自我需要的解释才能成为主导及自我承认的前提。由此,作为框架概念的公正就失去了它应有的动态性,而重新成为一个静态概念。当同一与他者、自我与他者的割裂无法被某种具有单向性的辩证法解决的时候,交互性和相互性成为承认话语的核心要素,为其提供了新的空间。这种类型的"承认话语"被标上了"相互承认"的标签,其意味着概念解释之间是不可公度的。有人认为,同一与他者、自我与他者之间的承认话语都试图通过建立一门认识论而证明理解概念的公度性结果,为此,"关于可建立一种认识论的假定,就是关于存在这样的共同基础的假定。有时这种共同基础被想象作存于我们之外,例如存于与生成领域对立的存在领域内,存于既引导着要就又为其目标的形式内。有时它又被想象成存于我们之内,如在十七世纪这样的看法中,即通过理解我们自己的心,我们应当能理解发现真理的正确方法。在分析哲学内部,它往往被想象成存于语言中,语言被假定着为一切可能的内容提供普适的图式。指出不存在这种共同的基础,似乎就危及了合理性"②。之所以这种承认话语是互相的,正在于它意图使用交互性观念克服不同解释之间的原始的不对称性,并以此解决"不对称在某物的观念和他者的观念之间形成了鸿沟"③。在作为互相承认的承认话语之中,主要有三种方案,分别是视域型的互相承认、情境型的互相承认和方法型的互相承认。视域型的互

---

① [美]涛慕思·博格:《康德、罗尔斯与全球正义》,刘莘、徐向东等译,上海译文出版社2010年版,第290页。

② [美]理查德·罗蒂:《哲学和自然之镜》,李幼蒸译,商务印书馆2009年版,第336页。

③ [法]保罗·利科:《承认的过程》,汪堂家、李之喆译,中国人民大学出版社2011年版,第131页。

相承认主要包括二元(或多元)视域型和一元视域型,弗雷泽和霍耐特是两种观点的代表;情境型的互相承认则认为承认需要一种理想的谈话情境,认为"对任何政治理论(当然包括任何政治见解)的恰当的检验,在于其是否被这种商谈的所有参加者所接受"①;而方法型的互相承认则主要通过一定慎思的实践判断不断对于特定类型的解释与这种解释的背景信念形成一个内在一致的且不断推进对框架概念的共同承认,"反思的平衡"是这种互相承认的思想实验。

　　承认话语的出现、发展和变化是围绕"同一性"展开的。作为认同的承认试图证明存在一种客观的一般事物,而这个一般事物在理解过程中表现为解释、叙述、描述的逻辑同一性,进而体现在某个具体的定义、定理、规范、原则等表现形式中。而作为自我承认的承认话语则否定了一般性和真理性的解释是一种客观存在,而将同一性的建构过渡到"我能"、"我认知"和"我发现"的自我层面,同一性就不再是一元的,而是与相异性并存。但是,自我承认的同一性和相异性是一组平行范畴,是非此即彼的关系,其认为凡是不能被自我承认的解释都是不能存在的,这无异于否定了框架概念具有的解释多义性的特质。自我承认实用解释行为的同一性掩盖了解释对象的相异性,也就无法实现"自我"—"他者"之间真正的理解共识。与此同时,自我与他者的区分预示了相互性的存在,为同一性提供了取代一般事物与自我意识的新话语。毋庸置疑,承认是一个从认同到自我承认再到互相承认的过程,互相承认不是凭空出现的,而是建立在"反对他人的不承认"与"为争取他人对自身的承认"的辩证法基础上的相互理解过程。互相承认具有丰富的意义,它"建立在交互性上的交易想要充分发展的东西,恰恰是这些交易的主体的能力,这些交易本身是通过他们的行动能力而进行的"②。作为互相承认的承认话语将承认作为一个新的平等化运动。正是在这里,公正成为与承认密切相关的专有名词,且"两者的配合一直暗含于言说的能力中,在自我指称里,一种生活史汇聚在一

①　[英]杰弗里·托马斯:《政治哲学导论》,顾肃、刘雪梅译,中国人民大学出版社2006年版,第40页。
②　[法]保罗·利科:《承认的过程》,汪堂家、李之喆译,中国人民大学出版社2011年版,第217—218页。

个专有名词之下,这个专名在通过被命名者的嘴说出来之前已经由他人说出来"①了,这就使得本来是一个争议性概念的公正在公共生活层面获得了一种分享记忆的形式,这种分享尽管充满不同见解,却克服了"承认"与"不承认"之间的断裂,为互相承认提供了可持续的确定结构。这类似于罗尔斯的"公共理念",其"并不适于根本问题的所有政治讨论,而只适于那些……之所谓公共政治论坛的问题"②,只不过互相承认的中心问题并不是为了提供一种完备性学说,而是为各种完备性学说提供讨论的开放性平台。承认理论发展史证明,只有到了相互承认的话语层面,承认理论才获得了新的机遇期——从认识论到诠释学,才可能会高度关注"承认的界定、承认与政治基本价值(诸如正义、平等、自由等)、承认与社会冲突、承认与多元主义(诸如种族、文化价值与女权等)、承认与社群主义、承认与历史发展、承认与伦理及人类理想(诸如自我实现、人类解放、良善的生活等)"③话题,而作为解释性框架概念的公正无异于就是在政治诠释学的视域中探寻作为承认的公正概念。

"承认"与理解、解释之间是一脉相承的,它普遍地存在于理解和解释的活动和过程中。事实上,我们对公正概念史的理解以及对公正概念的三维映像、价值地位和实践作用的解释都是一种谋求话语承认的研究行为。正是由于只是当对于诠释学进行反思时,承认才变成重要的概念。如果说"理解—解释—应用"是诠释学问题里三个不可分割的要素,而"应用要素"并不是一种附属的技巧,而承认就是诠释学应用的核心要件,正是它从工具性误解中将"应用"解放了出来,重新恢复了它作为诠释学探究的真正中心问题的地位。

作为解释性框架概念的公正意在表达:在理解公正的过程中,人们所进行的是一种谋取互相承认的历史性理解,具体的政治结构、政治评价和政治价值以及蕴藏其后的原则、规范以及规则体系并不是公正概念及其特定界定获得承认的最终结果,而应在理解公正的过程中揭示出它可能被相互承认的义界

① [法]保罗·利科:《承认的过程》,汪堂家、李之喆译,中国人民大学出版社 2011 年版,第 219 页。

② [美]约翰·罗尔斯:《万民法:公共理性观念新论》,张晓辉等译,吉林人民出版社 2001 年版,第 143 页。

③ 陈良斌:《承认话语的当代诠释——霍耐特思想的研究述评》,《哲学动态》2008 年第 7 期。

的不同方式及其理解框架。政治诠释学的承认话语试图证明承认的交互性是面向未知理解的,是在理解他者的过程中才成其为可能的。我们并不是对一个既有的、固定的或静态的判断"讨价还价",而是在筹划将有限的概念解释与无限的理解概念相结合的必要性和可能性。我们更倾向于表达一种诠释学立场,而政治诠释学的视域对于理解公正则更多的是一种"希望的表达,即由认识论的撤除所留下的文化空间将不被填充,也就是说,我们的文化应成为这样一种状况,在其中不再感觉到对限制和对照的要求"①。慎言之,承认话语之所以是理解公正的要素之一,就因为它存在于公正概念的多元义界之中,存在于他者的理解中。这种关系的状态或过程本身就是作为解释性框架概念的公正一向都在试图进行说明的,在这个层面上,公正体现了每个人作为人都是平等的。我们必须不断地重复固有的真理,任何诠释学"无论明显还是不明显,都是经由理解他者的迂回而对自身进行理解"②,"只有他者的同等性同时得到理解,他者的他性才可能得到理解。理解他者终归首先意味着把他理解为这样的一个人:他是人类的一员。没有这样的同等性,也就不存在什么他者性,而单纯的他者性也不可能得到理解"③。

今天,许多政治哲学家已经敏锐地发觉,争议性概念仍会被某种观念或者思维形式束缚,而在"思想爆炸"的表象下,无奈进行着词汇的构造(Made with words)。须知,任何一种理解都是一种前理解,理解的使命不是揭示理解对象而是展示其自身。正如布莱恩·巴里(Brain Barry)所言,"分析的技巧取得的进步足以使我们宣称另类选择比以前更为精确与更为深邃"④。当然,从政治诠释学视域中思考公正概念的理解问题能否在一个合理有效的范围实现本研究的初衷,这并不能够得出一个显而易见的结论。

总之,理解公正概念是一项未竟的事业与持续的过程。将诠释学特别是政治诠释学运用到理解公正和解释公正的领域,还是一种有待深化的新探索。

---

① [美]理查德·罗蒂:《哲学和自然之镜》,李幼蒸译,商务印书馆 2009 年版,第 335—336 页。

② [法]保罗·利科:《解释的冲突》,莫伟民译,商务印书馆 2008 年版,第 18 页。

③ 薛华:《理解和承认》,《云南大学学报(社会科学版)》2002 年第 5 期。

④ [英]布莱恩·巴里:《正义诸理论》,孙晓春、曹海军译,吉林人民出版社 2004 年版,第474 页。

在诠释学特别是其与实践哲学合流的必然趋势中,作为解释性框架概念的公正更强调恢复公正概念的整体观和内在活力,不再纠缠于公正是什么,而是如何理解公正是什么。如果这种思考方法有所创新,那么其意义在于:1.作为解释性框架概念的公正首先强调的是对公正问题及其难题的经验,即从公正问题和公正难题的经验性中总结对应思维方式的类型,此种类型的总结就不再囿于认识对象、认识方法的类型模式中,也就可以在更加整体的层面上思考公正。2.作为解释性框架概念的公正反对独断论、封闭论,而主张多元论、开放性。正是在内在逻辑和外在逻辑的区分上,公正与相似价值范畴的比较才脱离了语言习惯和自我设定的窠臼,而更加具有合理性。3.向公正概念的实践性的回归,而非停留在公正原则、规范或准则的设计上。公正原则、规范或准则是一种"理性逻各斯",即在自我选择的习惯逻辑中将某种对"公正概念的理解"上升为普遍的或优先的;与此截然不同,作为解释性框架概念的公正提倡的是一种"持续对话",是对科学主义认识论支配的政治哲学思维方式上的反动。4.将解释公正概念的规范性和有效性结合起来,通过反思性解释真正实现实践智慧的现实要求。作为解释性框架概念的公正并不是还原公正本源,而是不断发掘公正原义(或者"金规")的隐喻,即在政治世界的去蔽过程中,实现解释公正概念的创造性。通过双重反思性解释,不断地理解公正意味着批判一切或然性的界定及定义或那些可成为或然性判断的限制与给定。

结语 理解公正与政治话语分析

　　在政治诠释学视域中的理解公正是本书的逻辑红线。为此,本书重点研究了政治诠释学的建构逻辑、政治诠释学与理解公正的关系、政治诠释学对公正概念史的理解及其对公正的解释四个主要问题。综合起来,可以将本研究的主要内容概括为:随着公正问题和相关研究的增多,人们在理解公正的过程中产生许多误解和分歧,公正理解面临着模糊化、碎片化和随意化等威胁,即"公正的理解问题"。较之于现有的研究思维,政治诠释学作为一门关于理解的理论,在分析和研究公正的理解问题上具有一定的优势。在政治诠释学的视域中,公正的概念史不再是语言史、理论史和事件史的杂糅,而是从词义到转义再到构义的理解过程;通过政治诠释学,公正作为一个解释性框架概念应有三个维度的映像,是一个重要的基本概念。在此基础上,政治诠释学借助反思诠释功能既揭示了解释冲突的实质,又为达到缓和冲突、塑造承认的理解提供了可能路径。

　　站在政治哲学的高度,政治诠释学为理解公正提供了一个新的视域。面向未来,理解公正将不再是对公正加以概念的解释,而是全面进入公正话语的解析。那么这就意味着:

　　首先,理解公正是一项专门性的研究,必须突出理解公正的重要性,而避免陷入泛化的、抽象的概念分析,而更加具体实在。一个社会,不但是由经济、政治、文化等具体的社会实践内容构成的,而且也离不开一定规模、规范和系统化的概念体系。特别是在政治生活中,人们只有运用政治概念才能表达政治意愿和进行政治沟通。在政治概念的体系中,有些概念不可替代,对政治共同体和语言共同体都具有十分重要的作用,这些概念被称为基本概念。公正就是一个典型的基本概念。作为基本概念,公正具有悠久的概念史、丰富的概念含义与大众化的话语普及程度,但是术语泛化、意义耗散、话语模糊、解释差异等问题也随之而来。诚然,人们可以根据自己的认知、思想、前理解和所处的语境来理解、界定和阐释公正。但是,当这些并不处于一个共同的理解层次或被过度强调相互之间的竞争性时,理解公正就不再是一个语言选择和现象分析的问题,而是一个重要的理解问题。与当前的公正研究相比,本书明确提出了"公正的理解问题",这主要是为了反对泛化地使用公正概念、抽象地进行概念演绎和缺乏理论预设的现象分析。本书之所以是专门性的著作,其主要是因为本书力图做到主题的集中性、对象的针对性、领域的具体性和思维方法的一贯性。所谓主题的集中性,是指以"公正的理解问题"为逻辑红线,紧紧地围绕它选择分析框架,建立分析框架与公正理解的相关性,并在选定的分析框架内对公正的历史理解、概念解释和解释冲突等问题加以分析,主题明确,环环相扣。所谓对象的针对性,是指本研究所指的"公正的理解问题",不是伦理的公正、经济的公正、法律的公正,也不是一般意义上的公正或正义,而是作为基本政治概念的公正,通过对对象的限定,进而就限定了理解问题的主体、层次和途径,避免了泛化的可能。所谓领域的具体性,本研究属于政治哲学研究,具体而言是微观的政治哲学,特别是指在语言转向背景下的集中于概念分析研究的微观政治哲学,这就不同于那些思想学说性、现实分析性和综合性的公正理论。所谓思维方法的一贯性,主要是指本研究选择和建构的政治诠释学,并透过政治诠释学视域,按照它的基本原则、通过它的认识结构、借助它的分析方法,将政治诠释学特有的"认真对待理解"的思维特质植入本研究的各个部分。通过这四个方面,本书既关注了"公正"这个大问题,又强化了"公正理解"这个小问题,为"从文本到行动"的下一步研究奠定了良好的基础。

其次,理解公正是一项系统性的研究工程,不同于单向度的研究和碎片化的理论。一般而言,衡量一个研究是不是系统的,主要标准有三:理论建构的整体性和发展性、对象内容的关联性和序列性、分析层次的结构性和因果性。具体而言,(1)理论建构的整体性和发展性主要表现在将理解公正过程中的各种误解、独断性解释和解释冲突看作实在具体的整体即公正的理解问题,通过分析、抽象、揭示出各种思维规定之后,达到思维具体的整体即政治诠释学视域中的公正理解。同时,这种建构不是一次成型、静止不变的,政治诠释学本身就具有理论与实践的双重性,而概念解释的过程原本就是"碎片化走向整体性"的过程,只有在不断理解和反复解释中,才能不断接近理解公正的目的。(2)对象内容的关联性和序列性主要是指本研究具有政治诠释学与理解公正两个核心范畴,而在这两个核心范畴之间存在以"理解"为纽带的内在联系与以"解释"为中介的外在联系,在政治诠释学与理解公正之间体现了相互作用、相互制约的关联性,而在政治诠释学与公正的概念史、概念解释和解释冲突之间则体现了在考察公正理解问题时的必然结构,符合研究公正理解问题的内在本质和必然规律。(3)分析层次的结构性和因果性则是上述两种关联性在研究层次和结构上的具体表现,政治诠释学的建构形成了政治诠释学的分析框架和理论视域,而这一框架和视域是否与公正理解问题相关则需要验证它的必要性、可能性与优越性,在政治诠释学视域中理解公正,就必须按照既已建构的原则、路径和方法对"概念的研究和诠释"中的基本内容进行具体分析,这显然是一个层层递进、因果相关的分析过程。

最后,政治诠释学作为理解公正的一种新视域非但离不开马克思主义的方法论之基,而且是其的深入展开和具体应用。尽管马克思主义的公正理论是否存在仍有争议,但是马克思恩格斯在批判和分析平等、公平和正义时的立场和观点却具有鲜明的特色,尤其是贯穿其中的历史唯物主义和辩证唯物主义的方法论更显示出深刻严谨和科学缜密的理论面貌。本书虽然立足于西方诠释学,但仍离不开马克思主义方法论的思维方式。马克思恩格斯在分析平等、公平和正义问题时,一针见血地指出之所以在这些问题上殊见迭出、争议不断,归根结底是因为始终缺少一个科学的研究方法作为理论指导。当前,之所以在公正研究中出现理论泛化、概念模糊和含义碎片化的问题,相关研究中缺乏方法论层面的思考与建构正是原因之一,而且拿来主义、机械主义和"实用主义"的风气渐隆。与此有别,针对"公正理解问题"的"理解实质",本书经过理论选择后提出以政治诠释学作为本研究的分析框架和解释方法,力图避免本研究沦为"脑子里做着的很有意思的体操"①。继而,将历史唯物主义和

---

① [日]川本隆史:《罗尔斯:正义原理》,詹献斌译,河北教育出版社 2001 年版,第 8 页。

辩证唯物主义的方法论思想运用到具体的分析中。就整体而言,之所以选择对公正的理解问题作为选题并使用政治诠释学作为理论框架,就是意图针对在理论研究和社会生活中普遍存在的含义竞争与术语混乱等理论困境,思考和探索公正理解问题何以产生、何种表现、怎样破解的问题。显然,这一研究的基础是问题选择的具体性和现实性,而展开研究的前提则是分析框架的针对性和适当性,这正是在"具体问题具体分析"这一科学思维的影响下的具体应用。又如,在公正概念史的研究中,通过比较和分析,笔者提出公正概念史可由公正概念的词义史、转义史和构义史三个部分有机组成,这展现的是公正从观念、符号到词语、术语再到概念、概念群逐步发展成为基本概念的历史理解过程,由此既否定了以今人之见裁定古人之思的做法,又避免了陷入历史素材的汪洋大海不能自拔,使公正概念史超越了语言史和事件史的限制。不难发现,这也是充分借鉴唯物史观的结果,是历史地、发展地看待公正概念的历史理解的必然写照。此外,在解释公正概念中,从谋篇布局到具体分析都受到"联系地看问题、全面地看问题"的启发,从公正概念的构义史中论述"作为……"公正概念框架到提出公正作为解释性框架概念,从公正概念的三维结构分析到公正与相似近似概念的比较,从分析解释公正的冲突到探索承认的理解的可能方式,它们都或多或少地借鉴和应用了唯物辩证法。柯亨指出,"马克思是一位不知疲倦的和创造性的思想家,他在很多方面都提出了丰富的思想。但他没有时间,也不打算,更没有书斋的宁静,来把这些思想全部整理出来"①,这些工作就需要我们在不断变化发展的理论和实践环境来完成。在某种意义上,这是继承和发展马克思主义在方法和方法论方面的真正要求。

在政治诠释学视域中,理解公正的"真理性"与其解释分歧之间是否陷入了"相对主义的解释循环"?进而言之,政治诠释学如果不能为公正确立真理性的解释,那么公正及其理论是否还有存在的必要?对此,回答是否定的。森(A.Sen)正确地指出,认识和运用公正时不应将比较性路径等同或者误解为相对主义②。

---

① [英]G.A.柯亨:《卡尔·马克思的历史理论:一个辩护》,岳长龄译,重庆出版社1989年版,"序言"。

② A.Sen.*The Idea of Justice*.Cambridge:The Belknap Press of Harvard University Press,2009,pp.15-18.

事实上,之所以在理解公正中存在分歧与矛盾,其原因在于公正理论(理解公正的结果)既具有"超前性"又具有"滞后性",而且两者是同时存在的。对此,努斯鲍姆指出:

> "(公正理论)应该具有一种一般性和理论性的能力,使之能够达到超越当时政治冲突的水平,哪怕这些理论本身就来自于此种冲突。"同时,"(公正理论)还必须对于整个世界及其最迫切的问题做出回应,必须在其框架内面向变化保持开放姿态,而且甚至在它们的理论框架中就可以对新兴问题或久拖不决的老问题做出回应"[1]。

继而,努斯鲍姆认为,在当代,根据涉及范围,在理解正义时(对于任何公正理论而言)就有三个共同问题是见仁见智、悬而未决的:

> "第一个问题是正义对待身心遭到伤害的人。……第二个迫切的问题是将正义拓展至全体世界公民,以此理论地表现出我们如何将世界看为一个整体,在这里,人们的出生与国别从一开始就无处不在地扭曲人们的生活机会。……最后一个问题则是我们需要面对涉及我们如何对待非人类动物的正义问题"[2]。

在一定程度上,努氏的论述表明任何公正理论只有理论问题的共同性或唯一性,却很难甚至没有解释的相融性与一致性。换言之,理解公正面对的是一种话语现象,而话语就意味着任何理论或者具体到每一种概念界定(解释)都不是唯一或最终的。对于公正概念而言,这种现象的核心是公正概念具有话语性。所谓公正概念的话语性,即围绕公正概念,在不同学科的学术话语框架下,以探求公正的本真性理解为目标而产生的多元解释及其相互影响的话语特性。为了说明公正概念的话语性,有四点要求(或者说,必须有四点基本考量)需要陈清。首先,人及其人们之间乃至人与其他生物体之间的关系是理解公正的基础,这些关系的具体局限性作为人类社会生活局限性的集中表现形式决定或制约着公正的解释;其次,正是存在上述局限,公正的诸理论或解释就必然要在相

---

①　M.C. Nussbaum. *Frontiers of Justice*. Cambridge：The Belknap Press of Harvard University Press,2006,p.1.

②　M.C. Nussbaum. *Frontiers of Justice*. Cambridge：The Belknap Press of Harvard University Press,2006,pp.1-2.

应的人类行为与社会的、制度的结构为个体选择和集体选择所提供"表现的舞台"上提出各自的"公正话语";再次,对于这样的"公正话语"而言,其主要涉及"人们应得什么及其原因的讨论"以及"对稀缺的有价资源有组织的生产与再生产的解释"时,必然存在两种基本认知,即(1)认为特定社会安排是无法避免的,(2)认为改变具有敏感性;最后,面向两种基本认知的公正话语,必然具有语境性、实践性、多样性与沟通性。显然,这样四点基本考量表明,理解公正,关键不在于它是否具有且如何阐明公正的真理性,而是指向由于公正具有的话语性而需要从话语分析中客观面对"公正的真理"及其争论。

但是,在以往的伦理话语框架下,为了维护其唯一性,公正概念在多学科语境中的话语性被隐藏起来,而变成了"先验性与比较性"等两种分析路径之间相互掣肘的现象。众所周知,公正的"实践指向"使得各种公正理论(实际上就是理解公正的理论)既应具有一般性并超越相应时代的政治冲突而具备理论效力,又必须应对现实世界及其迫在眉睫需要解决的问题。在这个意义上,围绕公正概念的话语性,是在科学认识理解公正的分歧和争论的基础上,寻找以话语分析的方式在不同公正理解的分歧与矛盾之上实现和维系一种平和性替代(A peacemaking alternative)。因此,假如公正具备一种真理,那么其也应是公正概念的话语性将公正的抽象性和现实性有机整合起来这一真理,而不是公正必然指向某个(或某些)具体目标和实质结果的"真理"。正如亚里士多德所言"寻求真理是一切思考的功用,而实践思考的真理要和正确的欲望相一致"①。面对公正概念的话语性,我们认为,应在理解公正时,注重作为解释公正之语境的不同学术话语体系,主要分析的是:公正的基本规定性("寻求真理")如何与不同学科的解释(正确的欲望)相互协调一致。对此,我们面对不同学科的公正话语,破除话语壁垒,在跨学科语境中进一步揭示公正概念的话语性。

在现代学科语境中②,公正概念存在于多学科的话语体系中。而在多学

---

① 《亚里士多德全集》第8卷,颜一等译,中国人民大学出版社1992年版,第122页。
② 在下文中,笔者使用了"公正的哲学(经济学、政治理论、社会学、心理学)话语"等表述,而在使用这些表述的时候,笔者会根据行文的方便与需要采用哲学的公正话语、经济公正话语、社会公正话语、政治公正话语等表达方式。需要说明的是,笔者在使用如公正的政治学话语、政治公正话语等表达方式时,如没有特殊注明,其之间大多是可以替换使用的。

科话语框架下,存在着"文化性滞后现象"(cultural lag),即"只有当某个学科中的研究者发现在其学科中的研究是完全不足信的情况下,他们才会接受其他学科的理论"①。由此,要对公正概念进行话语分析,首先要理清理解公正的多学科话语框架。这不仅可以克服单一学科因学科自我限制而在公正概念的解释中出现的狭隘甚至敷衍之解释的问题,而且能够主动运用其他学科所提供的批判性理解。与此同时,多(跨)学科的话语分析还能够为澄清公正之本质诉求并进而有助于降低现实不公正的水平。

将公正看作其核心议题的学科是哲学。在很大程度上,诸如柏拉图、亚里士多德等古希腊哲学家以及后续的古典哲学思想,都可以被概括为一种公正理论。不过,近代以降,公正的哲学话语越发依赖其他学科提供的话语要素。众所周知,功利主义是公正的近代哲学话语的主流。在近代功利主义的公正话语中,为了破解传统功利主义在"幸福量"计算与权衡方面的难题,在人们之间清晰明确地配置功利数额,计量经济学方法被大量引介并使用;而在功利数额的人际比较方面,特别是在解释"人如何公正而为"与"制度公正如何架构"等问题时,功利主义的哲学话语大量吸收了政治科学、社会学、心理学、经济学等学科的话语要素。除了功利主义的公正话语,罗尔斯的公正理论也明显具有此种依赖性。罗尔斯的公正论建立在"理想的心理学假设"的基础上,但却从来没有证明一个公正的或秩序良好的社会是如何从不公正的现实的社会改造为(或演进到)罗尔斯的理想公正社会;同时,罗尔斯认为人们的心理认知底线虽有代际间的经验性认知差别,但在其中立的公正原则下,个体获益如果能够不断增加则就足以为一个优良社会提供充分的物质资源。由此可见,罗尔斯公正论对心理预设的偏爱。如果上述公正话语都可归入自由主义的哲学话语,那么马克思的公正理论则从资本主义社会、经济、政治的现实问题出发,指出公正是资本主义社会诸多深层问题的表征(symptomatic),揭示公正的哲学话语非但不能指明解决公正问题的目标、原则和途径,反而是相关问题的"修饰",并在此基础上揭示了隐藏在"公正"等价值符号掩饰下的是基于生产力与生产效率而实现某种社会组织化的真实形式,这种形式的基

---

① Brain Barry.*Social Science and Distributive Justice*.Oxford:Clarendon Press,1981,p.107.

本要求是——无剥削的、民主的、没有压迫的、无阶级的。显然,无论建构抑或解构,公正的哲学话语都需要其他学科话语的要素与经验。

随着资本主义社会兴起,公正越发关系到市场中生产、交换、分配和矫正中的正当性问题,而经济公正连同交换公正、分配公正和矫正公正等术语开始成为公正的同位语。自那时起,公正的经济话语不但成为理解公正的重要组成部分,而且直接推动了公正理论的丰富和发展。麦克弗森(C. B. Macpherson)认为,经济公正是用来解决有价财物与可欲之物的分配与交易是否符合给予每个人其所应得的原则,而这就涉及经济问题、伦理问题与政治问题等多个方面①。从源流角度看,经济公正与市场经济的产生密切相关。在某种意义上,经济公正要解决的核心问题,就是将亚里士多德对公正设问置于市场经济社会中的具体阐释②,而这本身就已经超出了经济生活本身而与社会的历史方位、制度架构、社会心理、文化习俗等密切相关。"经济公正问题产生于商品化对已有的社会结构和生活方式产生冲击,而原有的政治社会尚有能力对此做出反应的情况下。当新的市场经济与原有的社会政治处于相持和胶着状态,经济公正就成为争论的焦点"③。而经济学家们对"经济公正"的阐释,只能孤立地回应一个市场社会为了符合亚里士多德道德律令所需要的规则是什么。一旦问题深入到此种规则基础上建构起来的社会内能否对"经济公正规则"的必要性达成共识,经济学话语就束手无策了。而这正是因为其进入道德心理学的领域。不过,"纯粹经济公正论者"认为这种困境是不能存在的(如哈耶克、弗里德曼),反而寄希望于强化更加严苛的自由市场假设,甚至不惜否定社会公正。对此,马尔库塞批判指出在市场制度方面出现的新古典主义论已经成功地催生了一种关于人的理性的特殊概念,这已然形成一种封闭的话语,塑造并依靠其所塑造的"单向度的人"来维系自由市场的公

---

① C.B.Macpherson. *The Rise and Fall of Economic Justice and Other Essays*, Oxford: Oxford University Press, 1985, p.2.

② 这主要包括了三个问题:其一,为了达到适当的平等,什么公正准则是一个市场社会所应确立的? 其二,这样一些公正准则是否允许一个市场社会既实现私人所有权的激励性优势又保全私人财产以使之对整个社会的共同财富发挥作用? 其三,假设交换公正实现了,接下来用什么准则去保障市场制度将满足分配公正的要求呢?

③ 汪行福:《经济正义概念及其演变》,《江苏社会科学》2000 年第 6 期。

正规则。毋庸置疑,市场资本主义产生了一种非常强大的话语能力,其将经济系统与其他社会系统相分离,形成了一个由技术经济、政治、文化三个主要方面之间彼此孤立却共同构成的社会,并认为经由此就证明"无人性的"作为公正的道德心理基础并无不妥,因为在技术经济领域的自由市场内,公正不需要处理道德困境。基于"新古典主义经济学"的公正观无法克服这样一种悖论,即纯粹自由市场所需的公正规则虽然能够建构一个市场社会,但同时必然会培育出一种阻止这种公正规则得以贯彻执行的社会心理。总之,公正不能仅仅依靠经济话语体系,反而要大量借用政治理论、公共政策、社会学等学科的公正话语。

不过,公正的哲学与经济话语都未能真正将公正上升到人类思想体系核心范畴的地位。而公正的政治话语旨在将公正从哲学话语的抽象性与经济话语的狭隘中解放出来,力图证明公正是当代社会政治性建构中最具充要性的要素。首先,公正的政治话语更加注重公正的立法与道德法典,而不是像哲学话语将公正停留在原则与道德感层面,而将公正及其原则确立为社会的基本制度准则。其次,公正的政治话语特别重视现实语境,而建立在非纯粹假设之上。众所周知,公正的政治话语兴起于现代自由主义。现代自由主义既作为一种特殊语境而限定了公正的政治话语,又提供了一种策略建构的语境条件而使公正转变为一种批判性政治话语。再次,公正的政治话语将平等主义与自由主义相互关联,抛弃自由与平等是矛盾范畴的古典论调,转而将自由主义等同于平等主义或者在不同程度上认为平等主义是自由主义的核心要件,后者因其是实现前者的必由途径①,这显然不同于古典自由主义的"equal rationality"或"equal passion"②。最后,公正的政治话语较为成功地通过区分"个体的基础性与现实性"来克服公正的个体道德心理学的困境。功利主义错解了人们(persons)之间的差别性③,将人的目标、诉求从人本身剥离出去,而"人造的人"就只能计算最大效益,那么在此基础上的公正难免是无

---

① Ronald Dworkin.*Taking Rights Seriously*.Cambridge:Harvard University Press,1978,p.116.

② A.Gutmann.*Liberal Equality*.Cambridge:Cambridge University Press,1980,p.119.

③ John Rawls.*A Theory of Justice（Revised Edition）*.Cambridge:The Belknap Press of Harvard University Press,1999,p.28.

力的。只有区分"人的概念"与"人性的理论",才能寻找到作为"公正的社会制度"的人,建构和维系一种公正的社会秩序及公正话语,而这至少体现了公正的政治话语在根本原则与制度建构之间提供一种可能的批判性路径。总之,公正的政治话语广泛地吸收整合多种学科话语中的公正要素,进而建构了一个复杂多元却又能相对独立的话语体系,避免公正概念在制度架构与建构问题面前沦为"政治气球"(political aeronauts)。

公正原本是一种"精英话语",而它得以"大众化"与社会公正即公正的社会学话语密切相关。虽然公正的社会学话语具有明确主题,但却并不具有明晰的客体。明确的是,社会公正所关注的主题是人们对其所"经历"(享受抑或忍受)的社会安排的公正性所表现出来的态度(意见)及其相应的社会行为。传统的社会公正观凸显的是"社会安排"的公正性,着重强调社会公正的要素、原则、准则与机制,这与公正的政治话语之间存在千丝万缕的联系。当代社会公正理论越发表明,社会安排的公正性并非至少并不绝对是社会公正话语的核心要素。事实上,社会安排可以存在多种解释方式,而与"公正"相关的仅仅是那些生活在这种社会安排中的人能否或者在多大程度上能够接受这种安排是"公正的"。申言之,任何社会安排都无法实现彻底的"社会公正",更确切地说,社会公正的话语背景是"不平等理论"。一方面,不平等理论立足于分层化的现实,而这决定了各种社会安排的支持者与反对者对其所做公正评价的差异性;另一方面,令人生厌的不平等才涉及公正问题,而社会公正也就不会对应于某种常态的"不平等"。由此可见,社会公正话语并非一成不变的合理社会安排的理论模型,而是一种关于公正态度的话语框架。因此,公正的社会学话语也需要综合不同学科的话语逻辑,其至少具有三个层次:其一,公正的社会学话语包含了一种充分尊重个人自愿的合作性契约(这需要依靠公正的经济假设);其二,公正的社会学话语认为由于人的差异性,任何合作性契约都存在有利之处与问题之患,只有通过多边复合的话语博弈才能实现结果相对均衡(这借助于公正的政治建构主义,如罗尔斯);其三,公正的社会学话语将这种基于合作性契约的话语博弈的均衡后果看作社会公正的核心,其根本原因在于这是一种促进不同社会分工阶层的社会成员实现自愿合作的必然过程,在一定程度上也是社会存在之可能性的基础所在(这根源于公正的哲学理念）。总之，公正的社会学话语就是生存问题在公正研究中的言语行动，其要么表述现实的大众情愫，要么则代表批判的集体回应。

当代，人们在理解公正的时候，已经很少选择定义法，而是将其看作一种评价性判断，进而探寻其原则、架构与运用的问题，而这正是心理学研究的贡献。上文中，不同学科话语体系中的公正话语或多或少都会面对"道德心理"的诘问甚至陷入解释的悖论之中。而支撑这一道德心理拷问的基础则在于心理学质疑甚至否弃了客观与公道的待人准则（公正准则），反而强调评价主观性的合理性。以公正的哲学话语作对比可见，其所关注的公正是我们应该如何决定什么是公正，而公正的心理学话语所强调的则是人们实际运用哪些标准来支撑上述公正观。不过，公正的心理学话语需要四个基础语境：其一是衡平理论的语境，即心理层面上的公正评价必须依赖于贡献与回报之间的合理比例的衡平理论；其二是公正诸概念的发展论语境，即公正的心理学话语的基本假设必然是"公正世界使存在"，而人对这个公正世界的认知是不断进步的；其三是程序正当性的语境，即公正的心理学话语所产生的公正评价是一种后果性评价，而这种后果性评价无法脱离程序正当性而独立存在；其四是性别等生理性指标语境，即任何心理层面的评价都需要涉及性别、年龄等具有社会历史学意义的生理性指标。不难发现，这些语境是任何一个人作出道德正当性的评价性判断时都会面对的，而这些语境的标准与内容来源于不同学科的话语体系。换言之，公正的心理学话语也是存在于多学科话语框架之内的。

当然，对"理解公正要立足于不同的学科话语框架"命题的根本挑战在于：假如不同学科的公正话语所指向的对象或所要实现的目标或遵循的基本原则大相径庭的话，那么在单一而碎片化的学科话语框架下理解公正非但不是不合理的，而且是正当有效的。对此，我们认为，理解公正虽然有不同的学科话语框架，不同的学科话语框架具有相对独立的特征与体系，但是他们之间仍然存在一定共同的预设前提与相同的基本问题，即公正理论（理解公正的结果）所真正关心的不是社会生活生产了什么、由什么构成、具有什么整体收益与责任，而是这样的收益与责任究竟在哪些"主体"间配置以及所涉主体依据何种理论而主张其所得份额是应得的。而相同的基本问题大致有四："其一，公正概念与不公正概念是如何进入某学科的理论史与实践史的。其二，那种从上述历史中涌现出来并且塑造当前该学科的公正讨论的最主要的论辩。其三,在可预见的未来,这个学科的研究规划中最迫切要解决的问题是什么。其四,从社会科学其他学科视角出发,这个研究规划中首先要求着手进行的具体方面是什么,以及这一工作如何能够提升此种研究规划对相应问题的理解水平"[1]。综上,要分析学科语境中的公正话语应该以共同的预设前提与相同的基本问题为核心,在展现不同学科的话语逻辑与偏好的同时,重视"文化性滞后现象"引发的"跨学科影响"。由此可见,要理解公正概念,必须把握公正概念的话语性;而把握公正概念的话语性,必须要在多学科话语框架中理解诸公正理论。由此,话语分析便成为一种重要的理解路径了。

　　假如通过上文的论述,我们认为理解公正要立足于不同的学科话语框架的上述命题成立,那么,理解公正在话语分析中的根本困境在于它始终是一个本质存疑概念。所谓本质存疑概念[2],是人们所提出的在一定程度上存在分歧的假设与理念有可能就是在用非常不同的方式去描述同一个概念(Shared Concepts)。本质存疑概念具有四个特点:"首先,它大抵须是有评价性意义的,即其指向或归结于某种有价值的结果;第二,这种结果必须具有一种内在复杂的特点,其价值的全部原因都归因于它作为一个整体而存在;第三,任何对这种价值性的解释因而必须包括涉及那些分别与其多元化部分或特性相关的因素,不过前提是任何一个可能对立的类型在其总体价值性上都不存在荒谬或矛盾之处,第一个此种类型将其组成部分或者特点看得很重要,第二个则将他们放到次要的位置上,以此类推。最后,公认的结果是其具有本初性(initially)多元化的描述性。第四,由于环境不断变化,公认的结果必须具有接受相应程度修正的特性,而且这种修正不能提前预设或预知"[3]。基于此,本质存疑概念从本质上就会在不同使用者之间卷入关于它们适当用法(理解)的

　　[1]　Ronald L.Cohen,edit. *Justice:Views from the Social Sciences*.New York:Plenum Press,1986,p. 11.

　　[2]　这一概念最早是由 W.B.Gallie 在其同名著名论文中提出的。参见 W.B.Gallie. *Essentially Contested Concepts*, Proceedings of the Aristotelian Society, New Series, Vol.56 (1955－1956), pp. 167–198.

　　[3]　W. B. Gallie. *Essentially Contested Concepts*, Proceedings of the Aristotelian Society, New Series,Vol.56 (1955－1956),pp.171–172.

无止境的争论中。

所有本质存疑概念都不得不面对语言牢笼(Linguistic Cave),而恰恰因为这牢笼无法逃离,我们就只能尽可能寻觅确定我们的理解处于牢笼何处。对此,维特根斯坦提出莫沉迷于现象的"政治",而应严肃对待"政治的"理解。而所谓"政治"是对于大多数人而言的,其恰恰是被我们忽视或者感到不满的现象,在语言牢笼中,它成为令人迷失之雾;相反,"政治的"则表征"体验一种意义与体验一种精神映像"①的理解态度,在语言牢笼中,它将人们习惯性的怀疑主义态度维系在适当的范围内;使复杂的政治性现象还原为一些较为简约的要素并在此基础上提供一些可有效评价的模式;进而将对理解话语现象的侧重点从一般性的解释转向了具体案例分析(如宪法文本、选举过程、司法判例等)。

在这个意义上,对公正概念的话语分析不是认识论而是政治哲学的,即"政治的"公正话语分析。对于公正而言,柏拉图认为它是人人各尽己任、各有己务的道德状态或境界,是一个协调、分工、合作的秩序整体;亚里士多德将公正限定为德性的一种状态,其应包括遵守法律、公平分配等适度性要求;阿奎纳则强调公正在于分配公正,是在社会创造及其与个体的合成基础上实现的协调交换、分配的普遍原则,体现了一种社会客观的均衡;休谟的公正观立足于财产概念,是利他的有限性、知识的局限性、资源的稀缺性共同缔造的公正;密尔认为公正只是个体获得其应得的、遵守承诺与公平无私的权利;罗尔斯则认为公正是积极建构的,是自由与平等冲突的评价准绳、民主社会的道德基础与基本社会结构的根本价值;而诺奇克将公正看作一种个人获得权利与资格而占有一定资源的判断原则。

实际上,上述解释为公正提供的实则是"标准"(Criteria),它们或体现在一种解释中,或存在于若干种解释中。而有的解释只表现一种标准,有的则综合了若干标准。这些标准或是相互协调的,或是彼此冲突的,又或是各自孤立的。在话语分析中,这样的标准可以抽象为若干种话语分析的二分法。例如,

① Ludwig Wittgenstein. *Philosophical Investigations* (*Philosophy of Psychology-A Fragment*), trans.by G.E.M.Anscombe,P.M.S.Hacker and Joachim Schulte,Blackwell Publishing Ltd,2009,p.184.

一则是积极性与消极性是一组二分类型,前者以"公正"为核心,而后者则以"不公正"为焦点;二则是改良(改革)性与保守性是另一组二分类型,前者将公正看作改变社会现状的催化剂而后者则将公正看作维持社会现状的稳定剂;三则是"左"与"右"是有一组二分类型,作为"政治的"概念,"左"的公正就是一种赋予人们与不公正的公共权力相抗衡,并为革命提供正当性辩护的政治价值,而"右"的公正则是以公正之论说去辩护政治理想的现实性与统治方式的正当性。不过,这些"二分类型"依然无法穷尽对公正概念的所有解释标准。公正作为一个"政治的"概念或者说话语现象,是无法自给自足的。换言之,即便是解释公正的标准是相同的,也会因为不同政治意识形态的存在而产生必然分歧。当然,政治意识形态是不同的社会生产方式和社会阶层分化而造成的,但是政治意识形态本身并非一种附属物,它一旦形成就会影响人乃至社会的思维方式,直接作用于人和社会的意识中,其对理解公正概念及其内在纷争性而言所发挥的作用是典型的语境功能,正如有的学者所言"由政治意识形态的不同呈现出不同的公正风貌,开始有自由市场的自由主义者的公正观,福利派自由主义者与社会主义者的公正观,它们依形式与内容而呈现的风貌与声音。这种政治意识形态的分歧,时常把正面的与负面的、改革的与保守的、右派的与左派的正义理念并列置于强调,致使主要概念的概念化分析无法全然的隔离于意识形态的争辩之外"①。而这些正是理解公正的概念语境。

对于公正的概念语境,不同的话语分析所采取的态度是不同的,但它们的切入点大多是"解释的争议"。这是因为:

(1)公正概念具有内在的复杂性与争议性。在形形色色的公正概念的解释或定义中,尽管有些解释或定义确实要显得更为重要和完备,但不能否认任何单一解释都无法建构一种公正的制度框架,也难以确认公正的行为或实践。进而言之,公正概念不仅是由于解释标准的多样化与差异性而成了一个具有内在复杂性的概念,甚至这些解释标准的任何一个本身也都是相对复杂和开放的。显然,公正是一个簇生概念(cluster concept)。对于簇生概念,理解它就要有差别地衡量相同的解释标准,整合不同方式分析具体解释标准的意义,

---

① 余桂霖:《当代正义理论》,(台北)秀威资讯科技股份有限公司 2010 年版,第 8 页。

在解释公正概念时有所取舍与替代。

（2）在解释公正时，不再受限于经验运作主义的局限。在传统解释中，对公正这样内在存疑概念的解释往往依附于经验运作主义。所谓经验运作主义，是一种人们在理解和界定某个概念时，所采取以精确明白的测试方式来验证概念界定的方式，主要表现在将某种概念的解释具体化，并力图通过将公正概念解释的议程框架与现实运作需要相结合的方式而实现各种对立界定之间的相互关联。而经验运作主义的局限在于，无法接受任何一个定义（或解释）是非操作性的，而且任何单一的操作性或者在小范围内呈现出多样性、关联性与简约性的操作性的定义（或解释）之间是不具备相互转译性（translatable）的，更为重要的是即便某种公正概念的解释更具操作性，但是这也不足以证明它才是唯一的解释——公正的真义。正如施莱辛格（George Schlesinger）所言，"尽管概念要与公共的经验世界相关联，但是其并不仅仅依据操作性而得到完备的界定"①。

（3）超越"分析—综合"的概念分析二分法。"分析—综合二分法"是实证主义概念分析的基础，但是对"政治的"公正话语分析而言，这种二分法却难以奏效。在一般意义上，在厘清簇生概念的过程中，分析—综合是难以穷尽一切可能性的。具体到政治哲学的概念分析，簇生概念具有的大量标准会在其自身的理论框架内发生变化，从而带来更加复杂的争议。在公正概念的话语分析中，解释的争议并非表象的或无关紧要的边缘现象，而是关系到理解其核心本质的基础理论变量。在这个意义上，公正概念解释的争议无法纳入"分析—综合"的二分化，公正概念实际上是在不同解释产生和争辩的过程中被塑造的。将"解释争议"看作理解公正概念的关键，是在解释的不确定性必然存在的情况下寻求相对确定性的基本前提，符合公正作为一个本质存疑概念的属性。事实上，尽管我们无法希冀得到处理这些解释争议的最佳方案，但是我们却在很大程度上从这种存疑中得到了公正概念的主要维度。在这个意义上，对于"公正是给人以其所应得"而言，任何解释都不能穷尽它的真义，但

---

① George Schlesinger. *The Sweep of Probability*. Notre Dame: University of Notre Dame Press, 1991, p.161.

任何解释却在不断增强该句所要表现的真义。

当解释的争议成为理解公正话语的切入点后,公正概念的话语分析就需要建构新的理解框架。正因为公正概念在话语分析中已经成为一种流行话语而且争议不断,所以要提供任何一种能让所有接受的公正话语分析是一件不可能完成的任务;非但如此,试图在各种不同的解释之间寻求获得一种能够涵盖所有真实内容的中立性观点,也难以实现。那么,我们需要的是一种模糊性话语分析框架。在话语分析中,模糊性作为话语的本质而成为一种基本要件,通过对不同公正概念解释的具体阐释,从这些差异性中去分析和厘清这些不同的公正概念解释是在什么样的语境下实现的,又是在何种话语条件下形成了某些共同的正确意义。罗尔斯就曾指出,"给人以应得"的公正界定看似准确却无法在一个竞争性的自由民主社会中具有实际意义。他认为,对公正概念的理解应指向一种在竞争性自由民主社会中的适当性均衡与稳定的准则体系,而公正就是形成这种准则的基础,那么对公正概念的解释就是阐明公正是作为此种均衡与稳定原则的理由。显然,这样一种社会建构原则并非必然冠以"公正",在解释范围层面,这就是一种模糊性话语分析。而这种模糊性是罗尔斯建构公正概念的一般性解释标准的基础。如今,这种模糊性的概念框架依然存在且在不断变化。在话语分析中,要把握公正的话语性,应将精确性限定在分析和界定的领域精确化上,而尊重概念本身因本质存疑性而出现的模糊性。

进而言之,对于公正概念解释而言,建构在"公正"这个符号基础上的是存在于解释者(主体)与关涉公正评价的社会现象或实践(客体)之间的公正话语体系。诚然,任何具体的公正解释(定义)都可能而且有必要从局部而深入并影响公正话语体系,但是这样产生的后果并不能将全部的不连续性解释还原为一种完备的同一逻辑。对于公正话语,其意义表现在对于公正概念解释的所有特征都能够将公正概念所应具备的要素——应得、平等、资格、能力等——连接起来并通过这种连接而确定此种关系的实践。不过,这些要素(elements)只有处于不同情景(moment)方能产生不同的话语效果。那么,如何将公正话语的要素与所应处的情景关联起来,就是任一公正概念解释所要实现的内在同一性(Identity)。在这里,就需要"话语节点"将这样的要素置入某个具有特定意义的情景而使之成为一种公正话语。进而言之,公正作为一个话语符号是一个"前存在"或者既有指代,而要是它具有话语意义,就必须将其与一个特定指代相关联(如自由主义),两者结合就产生了一种新的话语指代,而此种指代既不会影响公正的既有指代,又不同于任何其他关联后的话语指代。在这里,自由主义所提供的就是一种与公正"真义"无关却决定了如何解释公正的结构性节点(structural position of the nodal point)。具体到特定的公正解释,如诺奇克的公正解释观念是,公正就是每个人按照某种标准而占有的原则。在这里,个人是一种既有的话语指代,而业绩、应得、功利、阶级地位等以及它们之间的可能的排列综合的后果都有可能作为特定指代出现,两相结合,会产生不同的解释和话语后果。显然,"节点"是否存在或者如何存在决定了公正话语表达出来的意义。不过,公正所指向的社会现象与实践既变动不居又无法闭合,那么公正话语就是在不断填补这种"不闭合性"的过程中而存在的。拉克劳指出,"尽管社会的完备性与普遍性是无法彻底实现的,但是这种需要却从未消失过,其将始终通过这种缺陷的存在而表明自己的存在"①。这说明,公正的真义虽然无法实现,但追求理解公正的理念已然成为一种理想,而这也就是公正理论与实践的栖身之所。而在这样的理想出现与发挥作用的地方,就是公正的话语空指(empty signifier)。在人类思想史上,空指的存在是思想进步的助推器。例如,霍布斯的自然状态就是既有悖于现实社会中的无序与分裂状态之间却又深刻地影响到了后世政治理论的话语空指,而罗尔斯的原初状态与作为人的实际选择的社会背景之间的强烈反差也是奠定其公正论成功的主要话语空指。从某种意义上,公正等"政治—道德概念"之所以是内在存疑的,就是因为它本身就是一种空指。而广泛存在的不公正成为常态现实也表明公正在话语层面上的能指性是明显缺失的。在这里,各种公正概念解释都是在填补一个无法真正闭合的"公正世界"。以此观之,理解公正之所以是可能的,就是因为在公正概念的话语分析中,它能够通过话语空指本身所发挥的社会公正的建构性的不可能性而得以存续。进言之,在多学科语境下,公正概念解释既不存在各学科之间的话语优先性,也难

---

① Ernesto Laclau. *Emancipations*. Brooklyn: Verso, 1996, p.53.

以证明公正本身的优先性(真理),因而必须通过具体话语分析实现多学科语境下的公正理解。

　　在政治诠释学的视域下,公正的话语分析是理解公正的未来图景,其将展现公正的要素、标准是如何在特定的语境中衔接而成为特定的节点,并分析在不可能实现的完备性中公正是如何以话语空指的形式影响社会意识的。诚然,不同公正话语或强弱,或明显或隐晦,却均表现出了公正的两面性。"尽管正义的应用存在一个核心的客观道德性作为基础,但是这些应用本身却是复杂的与多元化的,将它们运用到不同领域,终将千变万化"①。在这里,理解就是在公正概念的不确定性中不断扩展对诸多争议解释的新理解,这可能是一个公正的政治哲学的变革,即理解的公正。事实上,这的确是一种新尝试,注定存在许多难题和不足。只有孜孜不倦地探索下去,才能不断接近理解公正的理想彼岸。

---

　　① Louis P.Pojman.*Justice*.Upper Saddle River:Pearson Education,Inc.,2006,pp.128-129.

参考文献

1.《资本论》(第1册),第一篇"商品和货币"第2章"交换过程",人民出版社2001年版。

2.《资本论》(第1册),第三篇"绝对剩余价值的生产"第5章"劳动过程和价值增值过程",《马克思恩格斯全集》第44卷,人民出版社2001年版。

3.《资本论》(第3册),第21章"生息资本",《马克思恩格斯全集》第46卷,人民出版社2001年版。

4.《共产党宣言》,《马克思恩格斯选集》(第1卷),人民出版社1995年版。

5.《德意志意识形态》,《马克思恩格斯选集》(第1卷),人民出版社1995年版。

6.《1844年经济学哲学手稿》,《马克思恩格斯选集》(第1卷),人民出版社1995年版。

7.《哲学的贫困》,《马克思恩格斯选集》(第1卷),人民出版社1995年版。

8.《黑格尔法哲学批判》,《马克思恩格斯选集》(第2卷),人民出版社1995年版。

9.《哥达纲领批判》,《马克思恩格斯选集》(第3卷),人民出版社1995年版。

10.《反杜林论》,《马克思恩格斯选集》(第3卷),人民出版社1995年版。

11.《论住宅问题》,《马克思恩格斯选集》(第3卷),人民出版社1995年版。

12.《论犹太人问题》,《马克思恩格斯全集》(第1卷),人民出版社1956年版。

13.《神圣家族》,《马克思恩格斯全集》(第2卷),人民出版社1957年版。

14.《马克思致施韦泽:论蒲鲁东》,《马克思恩格斯全集》(第16卷),人民出版社1964年版。

15.《恩格斯致马克思》(1861年12月2日书信),《马克思恩格斯全集》(第30卷),人民出版社1975年版。

16.汤玉奇:《社会公正论》,中共中央党校出版社1990年版。

17.唐能斌:《道德范畴论》,重庆出版社1994年版。

18.崔延强:《正义与逻格斯——希腊人的价值理想》,泰山出版社1998年版。

19.王海明:《公正、平等、人道——社会治理的道德原则体系》,北京大学出版社2000年版。

20.王海明:《公正与人道》,商务印书馆2011年版。

21.戴华、郑晓时:《正义及其相关问题》,(台湾)中央研究院中山人文社会科学研究所

1991 年版。

22. 慈继伟:《正义的两面》,三联书店 2001 年版。

23. 高兆明:《制度公正论》,上海文艺出版社 2001 年版。

24. 程立显:《伦理学与社会公正》,北京大学出版社 2002 年版。

25. 陈周旺:《正义之善——论乌托邦的政治意义》,天津人民出版社 2003 年版。

26. 张书琛等:《社会主义市场经济中的社会公正问题》,广东人民出版社 2002 年版。

27. 万俊人:《义利之间——现代经济伦理十一讲》,团结出版社 2003 年版。

28. 唐代兴:《公正伦理与制度道德》,人民出版社 2003 年版。

29. 袁久红:《正义与历史实践——当代西方自由主义正义理论批判》,东南大学出版社 2003 年版。

30. 吴忠民:《社会公正论》,山东人民出版社 2004 年版。

31. 吴忠民:《走向公正的中国社会》,山东人民出版社 2008 年版。

32. 赵汀阳:《论可能生活——一种关于幸福和公正的理论》,中国人民大学出版社 2004 年版。

33. 姚洋:《转轨中国:审视社会公正和平等》,中国人民大学出版社 2004 年版。

34. 杨海蛟:《平等:人类对理想社会的诉求》,吉林人民出版社 2004 年版。

35. 丛小峰、刘溪等:《社会公正与社会进步若干问题》,山东人民出版社 2005 年版。

36. 詹世友:《公义与公器——正义视域中的公共伦理学》,人民出版社 2006 年版。

37. 倪勇等:《社会变革中的正义观念》,山东大学出版社 2006 年版。

38. 沈晓阳:《正义论经纬》,人民出版社 2007 年版。

39. 董建萍等:《社会主义与公平正义》,国家行政学院出版社 2007 年版。

40. 陈少峰:《正义的公平》,人民出版社 2009 年版。

41. 黄显中:《公正德性论:亚里士多德公正思想研究》,商务印书馆 2009 年版。

42. 文长春:《正义:政治哲学的视野》,黑龙江大学出版社 2010 年版。

43. 李惠斌、李义天:《马克思与正义理论》,中国人民大学出版社 2010 年版。

44. 王广:《正义之后:马克思恩格斯正义观研究》,江苏人民出版社 2010 年版。

45. 贾克卿:《分配正义论纲》,人民出版社 2010 年版。

46. 汪荣:《经济公正论》,人民出版社 2010 年版。

47. 赵苑达:《西方社会的主要公平和正义理论》,经济管理出版社 2011 年版。

48. 洪汉鼎:《理解与解释——诠释学经典文选》,东方出版社 2001 年版。

49. 洪汉鼎:《诠释学——它的历史和当代发展》,人民出版社 2001 年版。

50. 张汝伦:《意义的探究——当代西方释义学》,辽宁人民出版社 1986 年版。

51. 张汝伦:《海德格尔与现代哲学》,复旦大学出版社 1995 年版。

52. 严平:《走向解释学的真理——伽达默尔哲学述评》,东方出版社 1998 年版。

53. 何卫平:《通向解释学辩证法之途》,上海三联书店 2001 年版。

54. 何卫平:《解释学之维——问题与研究》,人民出版社 2009 年版。

55. [法]高宣扬:《利科的反思诠释学》,同济大学出版社 2004 年版。

56. 殷鼎:《理解的命运》,三联书店1988年版。

57. 杜小真:《利科北大讲演录》,杜小真等译,北京大学出版社2000年版。

58. 王玉樑:《价值哲学》,陕西人民出版社1989年版。

59. 李连科:《价值哲学导论》,商务印书馆1999年版。

60. 王海明:《新伦理学》,商务印书馆2002年版。

61. 李从军:《价值体系的历史选择》(第3版),人民出版社2008年版。

62. 《中国大百科全书》(政治学卷),中国大百科全书出版社1992年版。

63. 《布莱克维尔政治学百科全书》,中国政法大学出版社1992年版。

64. 《大美百科全书》(第22卷),台湾光复书局1994年版。

65. 王守昌:《西方社会哲学》,东方出版社1996年版。

66. 李梅:《权利与正义:康德政治哲学研究》,社会科学文献出版社2000年版。

67. 李泽厚:《中国古代思想史论》,天津社会科学院出版社2004年版。

68. 王彩波:《个人权利与社会正义》,中国社会科学出版社2007年版。

69. 倪梁康:《现象学及其效应——胡塞尔与当代德国哲学》,三联书店1994年版。

70. 陈嘉映:《海德格尔哲学概论》,三联书店1995年版。

71. 罗建平:《汉字原型中的政治哲学》,广东教育出版社2008年版。

72. [古希腊]柏拉图:《理想国》,郭斌和、张竹明译,商务印书馆1986年版。

73. 《亚里士多德全集》(第8卷),颜一等译,中国人民大学出版社1994年版。

74. [古希腊]亚里士多德:《尼各马克伦理学》,廖申白译注,商务印书馆2009年版。

75. [古希腊]亚里士多德:《尼各马克伦理学》(注释导读本),邓安庆译,人民出版社2010年版。

76. [古希腊]亚里士多德:《政治学》,颜一、秦典华译,中国人民大学出版社2003年版。

77. [英]亚当·斯密:《道德情操论》,蒋自强等译,商务印书馆1997年版。

78. [荷]斯宾诺莎:《伦理学》,贺麟译,商务印书馆1983年版。

79. [英]威廉·葛德文:《政治正义论》,何慕李译,商务印书馆1980年版。

80. [英]休谟:《道德原则研究》,曾晓平译,商务印书馆2001年版。

81. [英]休谟:《人性论》,潘志华译,商务印书馆2002年版。

82. [法]卢梭:《论人与人之间不平等的起因和基础》,李平沤译,商务印书馆2007年版。

83. [德]叔本华:《伦理学的两个基本问题》,任立、孟庆时译,商务印书馆1996年版。

84. [英]伦纳德·霍布豪斯:《社会正义要素》,孔兆政译,吉林人民出版社2006年版。

85. [美]约翰·罗尔斯:《正义论》,何怀宏等译,中国社会科学出版社1988年版。

86. [美]约翰·罗尔斯:《政治自由主义》,万俊人译,译林出版社2000年版。

87. [美]约翰·罗尔斯:《正义论》(修订版),何怀宏等译,中国社会科学出版社2009年版。

88. [美]罗伯特·诺齐克:《无政府、国家与乌托邦》,何怀宏等译,中国社会科学出版社 1991 年版。

89.［美］阿拉斯戴尔·麦金太尔:《谁之正义？何种合理性》,万俊人等译,当代中国出版社 1996 年版。

90.［美］威廉·帕·克莱默:《理念与公正》,周征怀、王浦劬、方向勤译,东方出版社 1996 年版。

91.［美］罗纳德·德沃金:《认真对待权利》,信春鹰、吴玉章译,中国大百科全书出版社 1997 年版。

92.［美］罗纳德·德沃金:《至上的美德》,冯克利译,江苏人民出版社 2007 年版。

93.［英］弗里德里希·冯·哈耶克:《法律、立法与自由》(第 2 卷),邓正来译,中国大百科全书出版社 1998 年版。

94.［英］弗里德里希·冯·哈耶克:《哈耶克文集》,冯克利译,江苏人民出版社 2007 年版。

95.［美］桑德尔:《自由主义与正义的局限》,万俊人译,译林出版社 2000 年版。

96.［美］桑德尔:《公正:该如何做是好?》,朱慧玲译,中信出版社 2010 年版。

97.［美］戴维·米勒:《社会正义原则》,应奇译,江苏人民出版社 2001 年版。

98.［美］迈克尔·沃尔泽:《正义诸领域:为多元主义与平等一辩》,褚松燕译,译林出版社 2002 年版。

99.［美］布莱恩·巴里:《正义诸理论》,孙晓春、曹海军译,吉林人民出版社 2004 年版。

100.［美］布莱恩·巴利:《社会正义论》,曹海军译,江苏人民出版社 2007 年版。

101.［美］布莱恩·巴利:《作为公道的正义》,曹海军译,江苏人民出版社 2008 年版。

102.［德］奥特弗利德·赫费:《政治的正义性》,庞学铨、李张林译,上海译文出版社 2005 年版。

103.［印］阿玛蒂亚·森:《后果评价与实践理性》,应奇等译,东方出版社 2006 年版。

104.［法］保罗·利科:《论公正》,程春明译,法律出版社 2007 年版。

105.［美］塞缪尔·弗莱施哈克尔:《分配正义简史》,吴万伟译,译林出版社 2010 年版。

106.［美］涛慕斯·博格:《康德、罗尔斯与全球正义》,刘莘、徐向东译,上海译文出版社 2010 年版。

107.［美］R.G.佩弗:《马克思主义、道德与社会正义》,吕梁山、李旸、周洪军译,高等教育出版社 2010 年版。

108.［匈］阿格尼丝·赫勒:《超越正义》,文长春译,黑龙江大学出版社 2011 年版。

109.［日］沟口雄三:《中国的公与私·公私》,郑静译,三联书店 2011 年版。

110.［德］狄尔泰:《精神科学中的历史世界的结构》,安延明译,中国人民大学出版社 2010 年版。

111.［德］狄尔泰:《历史中的意义》,艾彦、逸飞译,中国城市出版社 2002 年版。

112.［德］狄尔泰:《精神科学引论》(第 1 卷),童奇志、王海鸥译,中国城市出版社 2002

年版。

113. [美]鲁道夫·马可瑞尔:《狄尔泰传》,李超杰译,商务印书馆 2003 年版。

114. [德]马丁·海德格尔:《存在与时间》(修订版),陈嘉映、王庆节译,三联书店 2006 年版。

115. [德]海德格尔:《存在论:实际性的解释学》,何卫平译,人民出版社 2009 年版。

116. [德]海德格尔:《形式显示的现象学:海德格尔早期弗莱堡文选》,孙周兴译,同济大学出版社 2004 年版。

117. [德]马丁·海德格尔:《演讲与论文集》,孙周兴译,三联书店 2005 年版。

118. [德]H-G·伽达默尔:《伽达默尔论柏拉图》,余纪元译,光明日报出版社 1992 年版。

119. [德]H-G·伽达默尔:《伽达默尔论黑格尔》,张志伟译,光明日报出版社 1992 年版。

120. [德]汉斯-格奥尔格·伽达默尔:《诠释学Ⅰ、Ⅱ:真理与方法》,洪汉鼎译,商务印书馆 2010 年版。

121. [德]伽达默尔:《科学时代的理性》,薛华等译,国际文化出版公司 1988 年版。

122. [德]伽达默尔:《赞美理论——伽达默尔选集》,夏镇平译,上海三联书店 1988 年版。

123. [德]伽达默尔:《伽达默尔集》,严平编选、邓安庆等译,上海远东出版社 1997 年版。

124. [德]伽达默尔、杜特:《解释学、美学、实践哲学——伽达默尔与杜特对谈录》,金惠敏译,商务印书馆 2005 年版。

125. [法]保罗·利科:《解释的冲突》,莫伟民译,商务印书馆 2008 年版。

126. [法]保罗·利科:《历史与真理》,姜志辉译,上海译文出版社 2004 年版。

127. [法]保罗·利科尔:《解释学与人文科学》,陶远华等译,河北人民出版社 1987 年版。

128. [法]保罗·利科:《哲学主要趋向》,李幼蒸、徐奕春译,商务印书馆 2004 年版。

129. [法]甘蒙:《从文本到行动——保尔·利科传》,刘自强译,北京大学出版社 1999 年版。

130. [美]赫施:《解释的有效性》,王才勇译,商务印书馆 1991 年版。

131. [美]理查德·罗蒂:《哲学与自然之镜》,李幼蒸译,商务印书馆 2009 年版。

132. [美]理查德·帕尔默:《诠释学》,潘德荣译,商务印书馆 2012 年版。

133. [加]让·格朗丹:《哲学解释学导论》,何卫平译,商务印书馆 2009 年版。

134. [美]D.C.霍埃:《批评的循环——文史哲解释学》,兰金仁译,辽宁人民出版社 1987 年版。

135. [美]L·德莱弗斯、保罗·拉比诺:《超越结构主义与解释学》,张建超等译,光明日报出版社 1992 年版。

136. [美]理查德·J·伯恩斯坦:《超越客观主义和相对主义》,郭小平等译,光明日报出版社 1992 年版。

137.［美］列奥·施特劳斯、约瑟夫·克罗波西:《政治哲学史》(上、下),李天然译,河北人民出版社 1998 年版。

138.［英］亚当·斯威夫特:《政治哲学导论》,萧韶译,译林出版社 2006 年版。

139.［英］杰弗里·托马斯:《政治哲学导论》,顾肃、刘雪梅译,中国人民大学出版社 2006 年版。

140.［美］詹姆斯·博曼:《社会科学的新哲学》,李霞等译,上海人民出版社 2006 年版。

141.［美］海伍德:《政治学核心概念》,吴勇译,天津人民出版社 2008 年版。

142.［英］昆廷·斯金纳:《自由主义之前的自由》(修订版),李宏图译,上海三联书店 2003 年版。

143.［德］康德:《判断力批判》(上卷),宗白华译,商务印书馆 1964 年版。

144.［德］康德:《任何一种可能作为科学出现的未来形而上学导论》,庞景仁译,商务印书馆 1982 年版。

145.［德］费希特:《全部知识学的基础》,王玖兴译,商务印书馆 1986 年版。

146.［瑞士］费尔迪南·德·索绪尔:《普通语言学教程》,高名凯译,商务印书馆 1980 年版。

147.［苏联］图加林诺夫:《马克思主义中的价值论》,齐友等译,中国人民大学出版社 1989 年版。

148.［美］R.B.培里:《价值与评价——现代英美价值论集萃》,刘继编选,中国人民大学出版社 1989 年版。

149.［美］彼彻姆:《哲学的伦理学》,雷克勤等译,中国社会科学出版社 1990 年版。

150.［英］亨利·西季威克:《伦理学方法》,廖申白译,中国社会科学出版社 1993 年版。

151.［美］哈特:《法律的概念》,张文显译,中国大百科全书出版社 1996 年版。

152.［美］博登海默:《法理学——法律哲学与法律方法》,邓正来译,中国政法大学出版社 1999 年版。

153.［英］C.D.布劳德:《五种伦理学理论》,田永胜译,中国社会科学出版社 2002 年版。

154.［德］卡尔·曼海姆:《意识形态与乌托邦》,黎鸣、李书崇译,商务印书馆 2002 年版。

155.［德］克劳斯·黑尔德:《世界现象学》,孙周兴编、倪梁康等译,三联书店 2003 年版。

156.［加］威尔·金里卡:《当代政治哲学》(上、下卷),刘莘译,上海三联书店 2004 年版。

157.［美］希拉里·普特南:《实在论的多副面孔》,冯艳译,中国人民大学出版社 2005 年版。

158.［美］列奥·施特劳斯:《自然权利与历史》,彭刚译,三联书店 2006 年版。

159. [印]阿马蒂亚·森:《论经济不平等、不平等再考察》,王利文、于占杰译,社会科学文献出版社 2006 年版。

160. [美]约翰·杜威:《评价理论》,冯平、余泽娜等译,上海译文出版社 2007 年版。

161. [美]涛慕斯·博格:《罗尔斯:生平与正义理论》,顾肃译,中国人民大学出版社 2010 年版。

162. [美]克里斯蒂娜·科尔斯戈德:《规范性的来源》,杨顺利译,上海译文出版社 2010 年版。

163. [美]托马斯·内格尔:《本然之见》,贾可春译,中国人民大学出版社 2010 年版。

164. [德]黑格尔:《哲学史讲演录》(第 1 卷),贺麟、王太庆译,商务印书馆 1959 年版。

165. [德]黑格尔:《法哲学原理》,范扬、张企泰译,商务印书馆 1961 年版。

166. [德]黑格尔:《小逻辑》,贺麟译,商务印书馆 1980 年版。

167. [美]罗素:《西方哲学史》(上、下),何兆武、李约瑟译,商务印书馆 1963 年版。

168. [法]法拉格:《思想起源论》,王子野译,三联书店 1965 年版。

169. [德]康德:《法的形而上学原理》,沈叔平译,商务印书馆 1991 年版。

170. [法]让-皮埃尔·韦尔南:《希腊思想的起源》,秦海鹰译,三联书店 1996 年版。

171. [美]德沃金:《法律帝国》,李常青译,中国大百科全书出版社 1996 年版。

172. [美]黑尔:《道德语言》,万俊人译,商务印书馆 1999 年版。

173. [英]迈克尔·奥克肖特:《近代欧洲的道德与政治》,顾玫译,上海文艺出版社 2003 年版。

174. [美]贝纳加:《施特劳斯、韦伯与科学的政治研究》,陆月宏译,华东师范大学出版社 2010 年版。

175. [德]怀特海:《过程与实在》,杨富斌译,中国城市出版社 2003 年版。

176. [美]芭芭拉·赫尔曼:《道德判断的实践》,陈虎平译,东方出版社 2006 年版。

177. [美]路易斯·P·波伊曼:《知识论导论》,洪汉鼎译,中国人民大学出版社 2008 年版。

178. [德]萨维尼:《萨维尼法学方法论讲义与格林笔记》,杨代雄译,法律出版社 2008 年版。

179. [德]马克斯·韦伯:《社会科学研究方法》,韩水法、莫茜译,中央编译出版社 2008 年版。

180. [德]郭蒂尼:《现代世界的结束》,陈永禹译,(台湾)联经出版事业公司 1985 年版。

181. Barry, Brian. Political Argument: A Reissue with a New Introduction. Hemel Hempstead: Harvester Wheatsheaf, 1965.

182. *Justice as Impartiality*. Oxford : Clarendon Press, 1995.

183. Bedau, H. A. Social Justice and Social Institutions, In Midwest Studies in Philosophy, Ⅲ: Studies in Ethical Theory, eds. P, A, French, T. E. Uehling, and H. K. Wettstein. Minneapolis: University of Minnesota Press, 1978.

184. Brighouse, Harry. Justice. Cambridge: Polity Press, 2004.

185. Campbell, Tom. Justice. London: The Macmillan Press Ltd., 1988.

186. Cohen, G. A. Rescuing Justice and Equality. Cambridge, Massachusetts: Harvard University Press, 2008.

187. Davidson, Donald. Inquiries into Truth and Interpretation. New York: Oxford University Press, 2001.

188. Day, J.P. Liberty and Justice. Ipswich, Suffolk: Croom Helm Limited, 1987.

189. Galston, William A. Justice and the Human Good. Chicago: The University of Chicago Press, 1980.

190. Gardner, E. Clinton. Justice and Christian Ethics. New York: Cambridge University Press, 1996.

191. Jasay, Anthony de. Political Philosophy, Clearly. Indianapolis, US: Liberty Fund, Inc., 2010.

192. Kamenka, Eugene, Alice Erh-Soon Tay. Justice. New York: St. Martin's Press, 1980.

193. Korsgaard, Christine M. Creating the Kingdom of Ends. New York: Cambridge University Press, 1996.

194. The Constitution of Agency : Essays on Practical Reason and Moral Psychology. New York : Oxford University Press, 2008.

195. Self-constitution: Agency, Identity, and Integrity, New York : Oxford University Press, 2009.

196. Miller, David. A Response. edited by Daniel A. Bell, Avner de-SH. Forms of Justice: Critical Perspective on David Miller's Political Philosophy, Oxford: Rowman & Littlefield Publishers, Inc, 2003.

197. Nagel, Thomas. Equality and Partiality. New York: Oxford University Press, 1991.

198. Nussbaum, Martha C. Sex & Social Justice. New York : Oxford University Press, 2000.

199. Frontiers of Justice: Disability, Nationality, Species Membership. Cambridge, Mass: Belknap, 2007.

200. Olsaretti, Serena. Desert and Justice. New York: Oxford University Press, 2003.

201. Pettit, Philip. Judging Justice. London: Routledge & Kegan Paul, 1980.

202. Pojman, Louis P. Ethical Theory: Classical and Contemporary Readings. Belmont, California: Wadsworth Publishing Company, 1995.

203. Raphael, D.D. Problems of Political Philosophy (second edition). Macmillan Education Ltd, 1990.

204. Concepts of Justice. New York: Oxford University Press, 2001.

205. The Impartial Spectator. New York: Oxford University Press, 2009.

206. Raz, Joseph. The Practice of Value. New York: Oxford University Press, 2003.

207. Ricoeur, Paul. Oneself As Another. Chicago: The University of Chicago Press, 1992.

208. Rosen, Allen D. Kant's Theory of Justice. Ithaca: Cornell University Press, 1993.

209. Scanlon, T. M. Moral Dimensions. Cambridge, Massachusetts: Belknap Press of Harvard University Press, 2008.

210. Scherer, Klausr. Justice: Interdisciplinary Perspectives. Cambridge: Cambridge University Press, 1992.

211. Sen, Amartya. The Idea of Justice. Cambridge, Massachusetts: The Belknap Press of Harvard University Press, 2009.

212. Strauss, Leo. Jewish Philosophy and the Crisis of Modernity. New York: State University of New York Press, 1997.

213. Sullivan, Robert R. Political Hermeneutics: The Early Thinking of Hans-Georg Gadarmer. The Pennsylvania State University Press, 1989.

214. Williams, Bernard. Ethics and the Limits of Philosophy. Cambridge, Massachusetts: Harvard University Press, 1985.

215. Making Sense of Humanity. New York: Oxford University Press, 1995.

216. Wood, W.D. *The Right and the Good*. Indianapolis: Hackett, 1988.

217. 王小锡:《"公正"新论》,《江苏社会科学》1988 年第 3 期。

218. 拉斐尔:《公正———一个复杂的概念》,永清、非文译,《国外社会科学文摘》1990 年第 9 期。

219. 张汝伦:《正义是否可能》,《读书》1996 年第 6 期。

220. 胡海波:《正义与正义观的哲学理解》,《教学与研究》1997 年第 8 期。

221. 杜承铭:《论公正的评价本质》,《江汉论坛》1998 年第 6 期。

222. 程立显:《论社会公正、平等与效率》,《北京大学学报(哲学社会科学版)》1999 年第 3 期。

223. 谢洪恩:《论公正及其实现》,《道德与文明》1999 年第 6 期。

224. 倪勇:《论正义标准》,《文史哲》2000 年第 1 期。

225. 高兆明:《多元社会的价值冲突与政治正义》,《江苏社会科学》2000 年第 6 期。

226. 江山:《再说正义》,《中国社会科学》2001 年第 4 期。

227. 姚大志:《呼唤公正》,《天津社会科学》2001 年第 4 期。

228. 冯颜利:《公正与正义》,《道德与文明》2002 年第 6 期。

229. 冯颜利:《公正(正义)研究述评》,《哲学动态》2004 年第 4 期。

230. 廖申白:《西方正义概念:嬗变中的综合》,《哲学研究》2002 年第 11 期。

231. 廖申白:《〈正义论〉对古典自由主义的修正》,《中国社会科学》2003 年第 5 期。

232. 张传有:《正义的困境》,《山东大学学报(哲学社会科学版)》2003 年第 4 期。

233. 麻宝斌:《政治正义的历史演进与现实要求》,《江苏社会科学》2003 年第 1 期。

234. 杨国荣:《全球正义:意义与限度》,《哲学动态》2004 年第 3 期。

235. 杨国荣:《"正义"的历史限度及其超越》,《学术月刊》2009 年第 10 期。

236. 洋龙:《平等与公平、正义、公正之异同》,《文史哲》2004 年第 4 期。

237. 王新生：《马克思超越政治正义的政治哲学》，《学术研究》2005 年第 3 期。

238. 王新生：《马克思是怎样讨论正义问题的?》，《中国人民大学学报》2010 年第 5 期。

239. 黄显中：《公正作为德性——亚里士多德的公正德性探析》，《中国人民大学学报》2006 年第 2 期。

240. 王桂艳：《正义、公正、公平辨析》，《南开学报（哲学社会科学版）》2006 年第 2 期。

241. 王南湜：《实践哲学视野中的社会正义问题——一种复合正义论纲》，《求是学刊》2006 年第 3 期。

242. 仲崇盛：《社会正义的政治性解读》，《思想战线》2006 年第 4 期。

243. 欧阳英：《关于正义的不同认识》，《哲学动态》2006 年第 5 期。

244. 易小明：《对等：正义的内在生成原则》，《社会科学》2006 年第 11 期。

245. 郭大为：《正义观念的三个支点》，《中共中央党校学报》2007 年第 3 期。

246. 冯建军：《论公正》，《河南师范大学学报（哲学社会科学版）》2007 年第 3 期。

247. 杨晓东、马俊峰：《政治正义的历史传统与马克思的正义观》，《北方论丛》2009 年第 1 期。

248. 吕艳红：《公正与公平、平等差异辨析》，《岭南学刊》2009 年第 1 期。

249. 陈进华、宋煜萍、张静芳：《三种公正标准的批判性考量》，《江苏社会科学》2009 年第 2 期。

250. 史少博：《中华原典论"正"的现代启迪》，《理论学刊》2009 年第 8 期。

251. 李兰芬：《公正标准体系的批判与重构》，《哲学研究》2009 年第 12 期。

252. 张天勇：《走进"差异的正义"》，《哲学动态》2009 年第 12 期。

253. [美]托马斯·博格：《作为公平的正义：三种论辩》，《马克思主义与现实》2009 年第 3 期。

254. 詹世友：《康德正义理论的设计与论证》，《华中科技大学学报（社会科学版）》2010 年第 1 期。

255. 陆树程、刘萍：《关于公平、公正、正义三个概念的哲学反思》，《浙江学刊》2010 年第 2 期。

256. 杨伟清：《正义的优先性问题》，《中国人民大学学报》2010 年第 2 期。

257. 许超：《正义与公正、公平、平等之关系辨析》，《社会科学战线》2010 年第 2 期。

258. 韩锐：《正义与平等——当代西方社会正义理论综述》，《开放时代》2010 年第 8 期。

259. 陈喜贵：《论罗尔斯正义理论的方法论困境》，《马克思主义与现实》2011 年第 1 期。

260. 周凡：《历史漩涡中的正义能指——关于"塔克尔——伍德命题"的若干断想》，《马克思主义与现实》2011 年第 3 期。

261. 黄勇：《论加达默解释学的实存主义倾向》，《学术月刊》1988 年 8 期。

262. 严平：《解释学的历史演变及其运用初探》，《湖北大学学报（哲学社会科学版）》1991 年第 3 期。

263. 江风扬:《解释学:现代西方各派哲学将要追踪的基础》,《云南社会科学》1993 年第 5 期。

264. 潘德荣、齐学栋:《诠释学的源与流》,《学习与探索》1995 年第 1 期。

265. 潘德荣:《理解方法论视野中的读者与文本——加达默尔与方法论诠释学》,《中国社会科学》2008 年第 2 期。

266. 张汝伦:《解释学在 20 世纪》,《国外社会科学》1996 年第 5 期。

267. 王金福:《解释学与对马克思主义的理解》,《江海学刊》1997 年第 4 期

268. 刘文旋:《新解释学及其效果》,《马克思主义研究》1999 年第 2 期。

269. 刘兴章、彭介中:《领悟马克思的解释学哲学理论》,《学习与探索》2001 年第 2 期。

270. 李红:《分析哲学和解释学的融合趋向》,《哲学动态》2001 年第 6 期。

271. 仰海峰:《"历史性"理解的合法性:解释学发展的深层逻辑》,《福建论坛》2001 年第 3 期。

272. 洪汉鼎:《诠释学与中国》,《文史哲》2003 年第 1 期。

273. 张能为:《伽达默尔与实践哲学传统和解释学重建》,《学术界》2010 年第 10 期。

274. 邵华:《论伽达默尔对实践哲学和解释学的融合》,《现代哲学》2010 年第 5 期。

275. 万斌:《略论政治哲学》,《政治学研究》1987 年第 3 期。

276. 应奇:《当代政治哲学的三足鼎立》,《国外社会科学》1999 年第 3 期。

277. 韩冬雪:《政治哲学论纲》,《政治学研究》2000 年第 4 期。

278. 罗贵秋:《我国政治哲学研究的现状》,《哲学动态》2002 年第 6 期。

279. 郑维东:《论政治哲学的性质、内容和功能》,《清华大学学报(哲学社会科学版)》2003 年第 6 期。

280. 任剑涛:《政治哲学的问题架构与思想资源》,《江海学刊》2003 年第 2 期。

281. 聂安祥:《西方政治哲学的范围、主题与沿革》,《东南学术》2004 年第 2 期。

282. 丁立群:《亚里士多德的实践哲学及其现代效应》,《哲学研究》2005 年第 1 期。

283. 张汝伦:《作为第一哲学的实践哲学及其实践概念》,《复旦学报(社会科学版)》2005 年第 5 期。

284. 万俊人:《从政治正义到社会和谐——以罗尔斯为中心的当代政治哲学反思》,《哲学动态》2005 年第 6 期。

285. 万俊人、李义天:《政治哲学研究:历史、现在与未来》,《马克思主义与现实》2008 年第 1 期。

286. 陈晏清、郁建兴、衣俊卿、孙正聿:《马克思主义政治哲学:阐释与创新》,《中国社会科学》2006 年第 6 期。

287. 侯小丰:《政治哲学中的阐释与创新》,《社会科学辑刊》2006 年第 6 期。

288. 贺来:《论马克思实践哲学的政治意蕴》,《哲学研究》2007 年第 1 期。

289. 韩水法:《什么是政治哲学》,《中共中央党校学报》2009 年第 1 期。

290. 邹诗鹏:《当代政治哲学的复兴与马克思主义政治哲学传统》,《学术月刊》2006 年第 12 期。

291. Armstrong, Chris. Arguing about Justice: Domestic and Global European. Journal of Political Theory, Vol.9, No.3, 2010: 376-375.

292. Arneson, Richard J. Justice after Rawls. The Oxford Handbook of Political Theory, Oxford University Press. 2006: 45-50.

293. Barry, Brain. A Commitment to Impartiality: Some Comments on the Comments. Political Studies. XLIV, 1996: 328-342.

294. Becker, Lawrence C. Impartiality and Ethical Theory. Ethics, Vol. 101, July 1991: 698-700.

295. Berkwitz, Peter. God and John Rawls. Policy Review, Vol.155, June/July 2009: 83-90.

296. Bufacchi, Vittorio. Why Political Philosophy Matters: Reading Brian Barry on Social Justice. European Journal of Political Theory, Vol.7, No.2, 2008: 255-264.

297. Butt, Daniel. On Benefiting from Injustice. Canadian Journal of Philosophy, Vol.37, No. 1, March 2007: 129-152.

298. Carey, Seamus. A New Vision for Justice. Social Theory and Practice. Vol.27, No.3, July 2001: 501-518.

299. Ceva, Emanuela. Plural Values and Heterogeneous Situations. European Journal of Political Theory, Vol.6, No.3, 2007: 359-375.

300. Claeys, Gregory. The Concept of "Political Justice" in Godwin's Political Justice: a Reconsideration. Political Theory, Vol.11, No.4, November 1983: 565-584.

301. Cooper, John M. Two Theories of Justice. Proceedings and Addresses of the American Philosophy Association, Vol.74, No.2, November 2000: 3-37.

302. Cottingham, John. Ethics and Impartiality. Philosophy Studies: An International Journal for Philosophy in the Analytic Tradition, Vol.43, No.1, January 1983: 83-99.

303. Duncan, Sam. The Borders of Justice: Kant and Waldron on Political Obligation and Range Limitation. Social Theory and Practice, Vol.33, No.1, Jan 2007: 27-46.

304. Fikentscher, Wolfgang. The Sense of Justice and the Concept of Cultural Justice. American Behavioral Scientist: Vol.34, No.3, 1991: 314-334.

305. Foster, Roger. Strategies of Justice. Philosophy Social Criticism, Vol. 25, No. 2, 1999: 87-113.

306. Gibbard, Allan. Constructing Justice. Philosophy and Public Affairs, Summer 1991: 264-279.

307. Goff, Edwin L. Justice as Fairness: The Practice of Social Science in a Rawlsian Model. Social Research, Vol.50, No.1, 1983: 81-97.

308. Goodin, Robert E. Clubbish Justice. Politics, Philosophy & Economics, Vol. 7, No. 5, 2008: 233-237.

309. Gougevitch, Victor. Rawls on Justice. Review of Metaphysics, Vol.28, No.3, March 1975: 485-519.

310. Hampshire, Stuart. Justice is strifePhilosophy. Social Criticism, Vol. 28, No. 6, 2002: 635 - 645.

311. Hardin, Russell. From Order to Justice. Politics, Philosophy & Economics, Vol. 4, No. 6, 2005: 175-194.

312. Harlap, Shmuel. Thrasymachus's Justice. Political Theory, Vol. 7, No. 3, 1979: 347-370.

313. Henberg, M. C. Impartiality. Canadian Journal of Philosophy, Vol. VIII, No. 4, 1978: 715-724.

314. Herzog, Annabel. Justice or Freedom. European Journal of Political Theory, Vol. 4, No. 2, 2005: 188-199.

315. Hockett, Robert. Justice in Time. The George Washington Law Review, Vol. 77, No. 5, 2009: 1135-1172.

316. Jecker, Nancy S. The Role of Standpoint in Justice Theory. The Journal of Value Inquiry, Vol. 41, 2007: 165-182.

317. Kane, John. Justice, Impartiality, and Equality: Why the Concept of Justice Does not Presume Equality. Political Theory, Vol. 24, No. 3, 1996: 375-393.

318. Kaufmann, Walter. The Origin of Justice. Review of Metaphysics, Vol. 23, No. 2, Dec 1969: 209-239.

319. Kirchheimer, Otto. Politics and Justice. Social Research, Vol. 22, No. 1, 1955: 377-398.

320. Krause, Sharon. Partial Justice. Political Theory, Vol. 29, No. 3, June 2001: 315-336.

321. Desiring Justice: Motivation and Justification in Rawls and Habermas. Contemporary Political Theory, No. 4, 2005: 363-385.

322. Mendus, Susan. Some Mistakes about Impartiality. Political studies, XLIV, 1996: 319-327.

323. Impartiality. The Oxford Handbook of Political Theory. Oxford University Press, 2006: 423-435.

324. Miller, David. Two Ways to Think about Justice. Politics, Philosophy & Economics, Vol. 1, No. 1, 2002: 5-28.

325. Justice and Boundaries. Politics, Philosophy & Economics, Vol. 8, No. 8, 2009: 291-309.

326. Musschenga, Albert W. The Debate on Impartiality: An Introduction. Ethical Theory and Moral PracticeVol. 8, No. 1, April 2005: 1-10.

327. Nathan, N. M. L. Democracy and Impartiality. Analysis, Vol. 49, No. 2, March 1989: 65-70.

328. Neal, Patrick. Justice as Fairness: Political or Metaphysical? Political Theory, Vol. 18, No. 1, Feb 1990: 24-50.

329. Nielsen, Kai. Marxism and Arguing for Justice. Social Research, Vol. 56. No. 3, 1989: 713-739.

330. Pettit, Philip. A Theory of Justice. Theory and Decision. Vol. 6, No. 1, 1974: 311-324.

331. Pogge, Thomas W. Kant's Theory of Justice. Kant-Studien, Vol.79, No.4, 1988:407-433.

332. Reeve, Andrew. Impartiality between what? Lifestyles, Conceptions of the Good, and Harm. Political studies, XLIV, 1996:314-318.

333. Rosen, F. The Political Context of Aristotle's Categories of Justice. Phronesis, Vol.20, 1975:228-240.

334. Sellers, Mortimer. Republican Impartiality. Oxford Journal of Legal Studies, Vol.11, No.2, summer 1991:273-282.

335. Sen, Amartya. Open and Close Impartiality. The Journal of Philosophy, Vol.99, No.9, September 2002:445-469.

336. Spiekermann, Kai. Clubbish Justice (Reply). Politics, Philosophy & Economics, Vol.7, No.4, 2008:447-453.

337. Spragens, Tom. Justice, Consensus, and Boundaries: Assessing Political Liberalism. Political Theory, Vol.31 No.4, August 2003:589-601.

338. Sugden, Rober. Impartiality and Mutual Advantage. Ethics, Vol. 101, April 1991: 634-643.

339. Tara, Smith. Justice as a Person Virtue. Social Theory and Practice, Vol.25, No.3, Fall 1999:361-384.

340. Toens, Katrin. The Dilemma of Regress: Social Justice and Democracy in Recent Critical Theory. European Journal of Political Theory. Vol.6, No.2, 2007:160-179.

341. Vanderschraaf, Peter. The Circumstances of Justice. Politics, Philosophy & Economics, Vol.5, No.3, 2006:321 - 351.

342. Wagner, R. Harrison. Impartiality and Equality. Theory and Decision, Vol. 12, No. 1, March 1980:61-74.

343. Watner, Carl. The Proprietary Theory of Justice in the Libertarian Tradition. The Journal of Libertarian Studies, Vol.6, No.3-4, 1982:289-316.

344. Whelan, Frederick G. Justice: Classical and Christian. Political Theory, Vol. 10, No.3, August 1982:435-460.

345. Woozley, A.D. Hume on Justice. Philosophical Studies, Vol.33, No.1, Jan 1978:81-99.

346. Impartiality. Encyclopedia of Philosophy. Thomason Gale Press, 2006:619-621.

347. Justice. Encyclopedia of Philosophy. Thomason Gale Press, 2006:862-866.

后 记

毕业四年,博士论文的研究工作终于告一段落了。

以政治诠释学来观察公正问题,准确地说是如何理解公正的问题,源于自己曾经的一种学术冲动。这一冲动产生于自己硕士时期对西方公正理论的关注以及由此产生的自我理解困境。自那时起,我暗自揣度,是否存在"虚无的公正",即理解公正问题的根结在于"理解"这样一个本质存疑的政治概念而非界定它。这一想法和论题是离经叛道的,但却充满了慎思的快乐,犹如赫尔墨斯遇上忒弥斯,两个似乎完全没有交集的神袛,却迸发出了一种翻转海平面的"绿光"。在这条面向"思"的道路上,我在批判与自我批判中收获了远远超出本研究有限内容的智识财富。我不仅依靠对这个论题的研究获得博士学位,萌生了一种基于理解的学术怀疑精神,而且在"政治诠释学"这个方法论框架之上开始思考一种基于"本质存疑概念"的"概念-语境"的话语理解路径。

对于本书的内容,我没有更多的解释了。这绝非是指本书的论证已经"圆满",而是因为还有更重要的感恩要表达。唯一需要"交待"的是,本书始终力图回归亚里士多德"公正是一种总体德性"的判断,而不是面向分配正义、矫正正义、社会公正等具体公正概念的前设语境。在这一点上,本书的尝试受限于笔者的能力。正如亚里士多德所言,"理解的对象不是永恒存在而不改变的事物,也不是所有生成的事物,而只是那些引起怀疑和考虑的事情。所以,理解和明智是与同样一些事物相关联的。然而,理解又与明智有所不同。明智发出命令,而理解则只作判断。"

转瞬间,师从杨海蛟先生已经整整十年了。回顾进入师门的十年,在年龄、身份、心境与精神的变幻间,一种来自老师的关爱如影随形。对于怯懦与粗鄙的我,老师之爱是博大的,使我忘记了自己的平庸,消除了自己的孤寂。老师是人生得意时为自己泼冷水的人,是手足无措时为自己暖心的人,是一位真正古典意义的师者——家师如父。十年间,从为人处世到生活细节,从人生规划到行为小节,老师的关怀无处不在;从引入学术之门到指导具体研究,从专题论文的讨论到毕业论文的推敲,从学术能力的培养到学术工作的支持,从高屋建瓴的思想到咬文嚼字的打磨,那些数不清的邮件、满篇红批的草稿与细细折起的书角,撑起了我的学术生命;从大气大派到大智大慧,从激昂豪情到底线原则,从坦率真诚到无私热忱,老师的"本真"诠释了为人师表的意义。长久以来,我一直感念与庆幸,尽管自己距离老师的要求还差之甚远。我想,这份感恩,是一辈子的。

我衷心感谢吉林大学行政学院给了自己攻读博士学位的机会。在吉大的时光,是轻松与美好的,特别是那里的冬与雪,让"天下为公"的铭言独有意境! 感谢周光辉教授、张贤明教授、王彩波教授在博士论文开题与答辩时的悉心指导,感谢徐湘林教授、韩冬雪教授、刘彤教授、张凤阳教授、孔繁斌教授、张星久教授、胡元梓编审在博士论文评议、答辩以及本书出版过程中对我的鼓励、肯定、建议与帮助。

在我攻读博士学位,特别是撰写与修改本书的过程中,林毅师兄的帮助与建议使我受益良多,而王维国、雷大川、王义保、王继、许超、王冠群、王英、王冠杰、马雪松、史晓冬、王琦、张立进、李猛等师兄(姐)弟给予我大量无私的帮助,陈新、秦相平、张克成、任庆伟、杨渊浩等学友让我感受到了同窗之谊的珍贵。

在这里,我要特别感谢池忠军教授。作为我的硕士指导教师之一,池老师的为人谦逊、工作勤奋、处事公道,他不仅是我进入杨门的引路人,而且多年以来一直关心与关注我的成长。

当然,由衷感谢人民出版社的毕于慧副编审,正是她的辛勤付出与细致编修才促成了本书的问世。

需要说明的是,本书的出版得到了中国矿业大学新兴与基础理论学科"马克思主义哲学新发展研究"(项目号:04212)的支持。

古人云,文约而事丰,此述作之尤美者也。相比之下,本书之"拙"显而易见,这正是我未来求学问知的着力之处。掩卷不禁唏嘘!本书确定论题之时我还是孑然一人,而付梓之际我已为人夫、父。感谢妻子张姝多年来的支持与宽容,祝愿爱子茁壮成长。

最后,谨以此书献给我的父母!

亓 光

2015 年 9 月 5 日于康奈尔大学

2016 年 6 月 2 日改定于徐州

责任编辑:毕于慧
封面设计:王欢欢
版式设计:边　娜

图书在版编目(CIP)数据

政治诠释学视域中的公正问题研究/亓光 著. —北京:人民出版社,2016.7
ISBN 978 - 7 - 01 - 016212 - 6

Ⅰ.①政… Ⅱ.①亓… Ⅲ.①政治学 Ⅳ.①D0

中国版本图书馆 CIP 数据核字(2016)第 103308 号

政治诠释学视域中的公正问题研究
ZHENGZHI QUANSHIXUE SHIYU ZHONG DE GONGZHENG WENTI YANJIU

亓　光　著

人民出版社 出版发行
(100706　北京市东城区隆福寺街 99 号)

北京龙之冉印务有限公司印刷　新华书店经销

2016 年 7 月第 1 版　2016 年 7 月北京第 1 次印刷
开本:710 毫米×1000 毫米 1/16　印张:19.25
字数:305 千字

ISBN 978 - 7 - 01 - 016212 - 6　定价:48.00 元

邮购地址 100706　北京市东城区隆福寺街 99 号
人民东方图书销售中心　电话 (010)65250042　65289539